中央编译局文库出版工作领导小组（编委会）

主　　任：贾高建

副 主 任：俞可平　魏海生　陈和平　柴方国　杨金海

委　　员：崔友平　沈红文　杨雪冬　季正聚　陈家刚
　　　　　赖海榕　郄卫东　张文成　刘明清

中央编译局文库出版工作领导小组办公室

主　　任：薛晓源

成　　员：徐向梅　苗永姝

中央编译出版社文库编辑中心编辑小组

刘明清　薛晓源　谭　洁　董　巍　贾宇琰
冯　章　曲建文　苗永姝　邓　彤　盛菊艳
李媛媛　薛迎春　董　妍

马克思主义研究资料

第21卷

主　编　杨金海
副主编　冯　雷（常务）　薛晓源

科学社会主义研究 Ⅲ

本卷主编　陈喜贵

《马克思主义研究资料》顾问委员会

贾高建　俞可平　宋书声　殷叙彝　詹汝琮　张钟朴

李洙泗　冯文光　赵家祥　严书翰　梁树发　郭建宁

《马克思主义研究资料》编辑委员会

主　编：杨金海

副主编：冯　雷（常务）　薛晓源

编　委　（按姓名拼音排序）

陈喜贵　冯　章　黄晓武　江　洋　李百玲　李义天

李媛媛　林进平　刘仁胜　刘　英　刘元琪　吕增奎

马　瑞　苗永姝　彭萍萍　盛菊艳　史清竹　武锡申

姚　颖　苑　洁　郑　锦　郑天喆　周艳辉

参加本卷编辑出版工作的有

薛迎春　苗永姝　薛晓源

总　序

呈献给读者的这套《马克思主义研究资料》丛书，旨在服务于我国正在实施的马克思主义理论研究和建设工程，积极吸收和借鉴国外马克思主义研究成果，对改革开放以来中央编译局编译的有关国外学者研究马克思主义的成果，以及少量相关的国内学者的研究成果整理出版，为我国马克思主义研究提供基础性的参考资料。本丛书计划出版37卷，三年内陆续完成编辑和出版工作。

编译国外学者关于马克思主义的研究成果，并对相关问题展开深入探讨，是马克思主义经典著作编译研究的基础性工作。中央编译局作为马克思主义经典著作编译研究的专门机构，历来十分重视这项工作。20世纪50年代以来，特别是改革开放以来，中央编译局的同志们编译了大量国外学者关于马克思主义的研究文献，也发表了不少自己的相关研究成果。这些成果曾经在中央编译局编辑的《马列著作编译资料》、《马列主义研究资料》、《马克思主义与现实》等刊物公开发表，或在内部刊物《马克思恩格斯研究》、《列宁研究》等刊载。这些成果对于推进马克思主义经典著作的编译和研究工作发挥了重要作用，时至今日，一些学者仍然把它们当做研究马克思主义的珍贵资料。

然而，随着近年来中央实施马克思主义理论研究和建设工程的深入推进以及马克思主义学科建设的快速发展，这些研究资料的留存情况已经远远不能适应形势发展的需要了。《马列著作编译资料》和《马列主义研究资料》早已停止出版，很多人难以找到原有资料；《马克思恩格斯研究》等内部刊物刊载的文章没有公开面世，也难以为人们广泛使用；而新编译的文献资料又很零散。因而，希望中央编译局提供马克思主义研究资料的呼声越来越高。

为了继承前辈的事业，适应学界的需要，尽可能全面系统地收集整理中央编译局近几十年来编译的国外学者关于马克思主义的研究成果以及相关的国内学者的研究成果，中央编译局专门成立了《马克思主义研究资料》丛书课题组，并对该项工作提供了基金资助。课题组不仅在局内组织力量进行工作，而且争取到社会力量的支持。经过课题组同仁两年多努力，已经形成一批编辑成果，还将继续补充、完善并陆续推出。这套《马克思主义研究资料》丛书就是这些成果的集中体现。

本丛书力求体现如下四个特点，这也是丛书编辑工作所力求遵循的四条原则：第一，保证文献性。本丛书主要收集改革开放以来中央编译局刊物发表的有关马克思主义理论编译和研究方面的成果，这些刊物包括公开出版的《马列著作编译资料》、《马列主义研究资料》、《马克思主义与现实》、《当代世界与社会主义》、《经济社会体制比较》、《国外理论动态》等，也包括内部刊物《马克思恩格斯研究》、《列宁研究》、《斯大林研究》、《马克思恩格斯列宁斯大林研究》等；少量收集其他杂志发表的中央编译局学者编译或撰写的有关文章；个别收集与中央编译局长期合作的其他学者的相关文章；对所收商榷性文章涉及的其他学者的成果，也作为附文收入，以示对相关学者的尊重，也便于读者在阅读正文时参考。收集整理这些学术成果的目的主要是为学界研究马克思主义提供参考资料,同时帮助人们了解马克思主义研究的历史进程和思想脉络。因此,本丛书所收文献力求保持其历史原貌,包括其中的人名、地名、术语、引文等,都不作改动,以便读者进行文献考证之用,只对个别错漏文字等进行校正,对于文中可能产生歧义的地方,以"本丛书编者注"的方式加以说明。其中读者特别应当留意的是译名、术语的不统一问题,例如关于《马克思恩格斯全集》历史考证版,就有多种表达方式:原文版、国际版和MEGA版,其中,往往又以"老"、"新"、"MEGA[1]"、"MEGA[2]"、"MEGA1"、"MEGA2"等来区分历史考证版第1版和第2版。第二,突出编译性。本丛书所收文献中,以国外学者的成果为主,包括国外学者关于马克思主义经典作家的著作、思想、生平事业,乃至书信往来、工作生活等方面的研究文献,凡比较有资料价值的,均在收集之列。如上所述,国内学者的相关考证性成果,包括经典著作翻译、版本、传播、重要术语考据等文献,凡具有资料价值的,也一并收入,但这部分内容所占比例较小。第三,力求系统性。上述几十年来形成的这些编译研究资料繁茂芜杂,十分零散,使用起来很不方便,编辑整理就更为困难。为把这些宝贵文献整理面世,使之更好地发挥作用,编辑人员下了很大功夫。在收集整理中,我们力图分门别类,尽可能将同类资料按照一定逻辑顺序编排,使之呈现一定的系统性,以便读者全面掌握有关资料。第四,力争权威性。本丛书力争选编国内外在相关研究领域具有一定权威性的专家学者的具有代表性和影响力的文献。为保证文献的权威性和准确性,我们对文献的引文进行了校订,特别是对有关马克思主义经典著作的引文进行了原版原文核对,并对注释尽可能地作了规范化处理,以便读者更准确地了解引文及其出处。

基于上述考虑，本丛书的编排体系大体分四个部分。第一部分是经典著作研究，包括关于《共产党宣言》、《资本论》等手稿、创作、版本、传播诸方面的研究文献；第二部分是基本理论研究，包括哲学、政治经济学、科学社会主义以及政治学、法学等方面的研究文献；第三部分是版本和传播、编译以及生平事业研究；第四部分是国外马克思主义研究。每一部分包括若干卷。每一卷都有本卷编辑说明，对本卷编辑的思路、内容和有关技术问题作简要交代。各卷内容按照逻辑顺序进行编排，在此基础上再按照时间顺序编排。各卷内容一般要作分类，并加分类标题，以便读者阅读研究。

需要说明的是，由于本丛书是整理编辑已有的文献，而且主要限于整理编辑中央编译局学者编译和研究的部分成果，这就决定了本丛书不可避免地存在一些缺憾。一是这些文献中有的观点不一定正确。选编这些文献并不意味着编者赞同其中的观点，我们的目的仅仅在于为人们研究马克思主义提供参考资料，其中正确的思想成果可以作为我们研究借鉴的思想资源，而错误的观点可以作为我们研究批评的对象。例如，对有关马恩对立论的观点，我们是不赞成的，但为了让研究者了解、研究和批评这种观点，也收入了相关文章。所以，谨请读者在使用这些文献时注意辨别是非。二是这些文献存在质量参差不齐的情况。由于这些文章的作者、译者水平不同，写作时间、背景、针对的问题、产生的影响以及发表的刊物等不同，其质量也就有一定差别。例如，有的概念和译文在今天看来不一定科学、准确，有的文献曾经很有价值而在今天看来最多只有学术史的价值。在选编过程中，我们尽量收入那些分量较重、影响较大的文献，但为了比较全面地反映学术史的原貌并提供尽可能详细的研究参考资料，也收入了一些篇幅较短、影响不大但有一定资料或史料价值的文献。另外，有少量比较重要的文献，由于作者或译者不同意收入，也不得不忍痛割爱。三是这些文献的系统性、规范性不太强。尽管我们努力按照上述编辑原则工作，对这些文献进行了分类整理，力求全面系统地提供给读者相关方面的文献资料，但由于这些资料十分繁杂，彼此之间的关联性不强，有的方面资料较多，有的较少，且发表的刊物、时间等不同，体例也很不统一，整理起来难度极大，加之各位编者的研究角度不同，水平各异，所以，每一卷书的结构、篇章、内容、观点等都不尽相同，其规范程度也不尽一致。对本丛书存在的以上不足或缺憾，谨请读者鉴谅；对其中可能存在的疏漏和错误之处，谨请读者批评指正。

本丛书在编写和出版过程中，得到了各个方面的大力支持。中央编译局对此项工作高度重视，始终给予鼎力支持。国家出版基金将本丛书列入2013年度资助项目。中央编译出版社为本丛书申报国家出版基金项目并最终立项，以及为丛书出版做了大量工作。本丛书所收文献的译者、作者和出版者，凡已联系上的，均给予我们大力支持，同意使用这些文献；对尚未联系上的，我们将尽力联系，也请相关同仁主动联系我们。丛书顾问委员会的专家对丛书的编写工作给予热情指导，编委会成员和课题组同仁为丛书的编写付出了辛勤劳动。在此一并致以衷心的谢意！

《马克思主义研究资料》
编辑委员会
2013年12月10日

编辑说明

本卷是"科学社会主义研究"类的第 III 卷，共收录了 22 篇文章，主要讨论了四个方面的问题。

一是社会主义运动中的理论和实践问题，探讨了马克思和恩格斯对无产阶级政权问题的理论贡献，分析了马克思和恩格斯在民主运动中的作用，研究了无产阶级政权和人权、政治自由的关系，介绍了左尔格在社会主义运动中的活动情况和 1898—1903 年德国社会民主党关于伯恩施坦问题的辩论情况。二是民族问题和国际主义问题，分析了马克思和恩格斯在这两个问题上的基本观点，探讨了民族主义和国际主义的辩证关系。三是共产国际的活动情况，介绍了共产国际的东方政策、统一战线策略，以及共产国际的理论贡献。四是马克思和恩格斯关于国际问题的论述，介绍了马克思关于 18 世纪欧洲的国际关系、关于俄国问题的基本观点，还论述了马克思和恩格斯对美国、非洲以及什列斯维希—霍尔施坦等国家和地区具体问题的深刻见解。

为保持文献性,本丛书的注释基本保持原貌,不作改动;但对原注释有错误或有遗漏的,我们尽可能查阅了有关文献,作了必要的规范和完善;对有些查不到的,保留原来的内容和格式。

目 录

重新认识马克思的无产阶级专政理论
 〔美〕穆罕默德·塔巴克 ………… 1
1885—1895年恩格斯关于无产阶级国家政体思想的发展
 〔法〕雅克·德克西埃 ………… 12
马克思和恩格斯为推动欧洲无产阶级运动和民主主义运动而斗争
 ——《马克思恩格斯全集》原文版第1部分第18卷前言 ……… 38
推动民主运动取得突破的无名英雄——马克思和恩格斯
 〔美〕奥古斯特·尼姆茨 ………… 63
罗莎·卢森堡与汉娜·阿伦特：反对政治自由的破坏
 〔德〕西多妮亚·布莱特勒 〔瑞〕伊雷尼·马蒂 著 ………… 95
"美国现代社会主义之父"——弗里德里希·阿道夫·左尔格
 菲力浦·福纳 ………… 110
1898—1903年德国社会民主党关于伯恩施坦问题的辩论
 周懋庸 ………… 122
论马克思恩格斯1859—1860年期间在民族问题上的革命立场
 〔德〕维利·汤 ………… 143

马克思与国际主义
　　〔美〕约翰·贝拉米·福斯特 ………………………… 154
恩格斯的国际主义与民族理论
　　〔美〕迈克尔·福曼 ………………………………… 167
国际和国际主义
　　〔波〕艾庐克·多伊彻 ……………………………… 190
共产国际第五、六、七次代表大会对东方政策的进一步制定（摘译）
　　〔苏〕阿·鲍·列兹尼科夫 ………………………… 202
共产国际的统一战线策略（1921—1928）
　　〔英〕珍妮·德格拉斯 ……………………………… 225
共产国际对社会主义经济问题上的修正主义观点的批判（摘译）
　　〔苏〕М.И.苏伏洛娃 ……………………………… 241
共产国际对马克思列宁主义理论的贡献
　　〔苏〕尤·安·克拉辛 ……………………………… 264
马克思《十八世纪外交史内幕》1969年英文版的《导言》
　　莱·哈钦森 ………………………………………… 290
马克思与俄国
　　爱娃·博罗夫斯卡 ………………………………… 327
卡尔·马克思论俄国在欧洲的霸权地位的起源
　　达·梁赞诺夫 ……………………………………… 346
马克思和恩格斯论1775—1783年美国独立战争
　　内利·鲁勉采娃 …………………………………… 440

马克思和恩格斯与非洲

　　〔美〕托马斯·梅森赫尔德 ·················· 469

美国学者梅森赫尔德谈马克思和恩格斯关于非洲问题的观点 ········ 480

马克思和恩格斯论什列斯维希—霍尔施坦问题

　　〔苏〕Л.К.罗特斯 ·················· 484

重新认识马克思的无产阶级专政理论*

〔美〕穆罕默德·塔巴克

美国《科学与社会》杂志2000年秋季号（总第64卷第3期）发表了穆罕默德·塔巴克的文章《回顾马克思的无产阶级专政理论》，对马克思的无产阶级专政理论及其实现形式提出了自己的看法。文章主要内容如下。

一、巴黎公社是无产阶级专政的一种形式

马克思没有公开称巴黎公社是无产阶级专政。恩格斯在马克思《法兰西内战》1891年单行本导言中第一次明确地称巴黎公社为无产阶级专政。马克思在1852年3月5日致约·魏德曼的信中和1875年《哥达纲领批判》中都说到无产阶级专政是一个过渡时期，是过渡的工具。马克思同样认为公社是一种过渡现象。这一点将有助于认识到公社与无产阶级专政之间存在密切关系。马克思说："公社是劳动在经济上获得解放的政治形式。"这意味着公社还必须实现从未被解放的劳动形式向劳动的解放、从资本主义向共产主义的过渡。在消除"阶级差别"的条

---

* 本文选自《国外理论动态》2001年第5期。

件下政治制度才会终结。公社并未达到这种条件。

当马克思在《共产党宣言》中规定"把一切生产工具集中在国家手里"时,他想到的是一种类似公社的机构,尽管在他获得公社的信息之前这一机构的机制或形式还不清晰。控制被集中的"全部生产工具"的国家只不过是"联合起来的个人"。因此,1848年马克思对"集中"的理解有很浓的民主意味,与1871年他对公社的描述并无不同。马克思断言革命会使无产阶级赢得"民主的战斗"。

二、马克思未将无产阶级专政设想成一种国家形式,公社与国家是对立的

一些承认公社对马克思而言代表一种无产阶级专政形式的理论家,包括列宁在内,将无产阶级专政设想为一种国家形式。他们认为无产阶级专政是作为一个中央集权国家出现的。但公社肯定不是中央集权国家。他们的看法会起很大的误导作用,特别是因为,如我们现在所认识到的,国家是一个中央集权的官僚主义工具。当然,马克思在《法兰西内战》中认为"仍须留待中央政府履行的为数不多但很重要的职能,则不会像有人故意胡说的那样加以废除"。但这并不意味着保存中央政府本身,因为马克思解释说,这些"职能"是要"通过消灭国家政权加以实现"的。公社要实行的不是任何一种政治或经济的过渡,而是通向无阶级社会的过渡,那么,一个官僚集权国家模式如何能监督这种过渡呢?

上述理论家的观点主要依据的是专政的消极(或负面)要素即镇压要素。无产阶级专政必须包含镇压要素,但这些要素不应使向社会主义的进步转变成官僚主义。用组织起来的阶级权力镇压反革命不能证明

官僚主义——斯大林主义式的国家是合理的，因为这类国家形式在理论上和结构上与共产主义的构成是不相容的。

对马克思来说，公社是作为"集权化的、组织起来的、窃据社会主人地位而不是为社会做公仆的政府权力"的国家的完全对立面。马克思认为在公社之前的所有革命和反动导致的是对工人阶级的压迫，因为国家机构、压迫工具只不过是"从压迫者的这一集团转到另一集团"。而公社的特点是"这次革命的对象不是哪一种国家政权形式——正统的、立宪的、共和的或帝制的"，而是"国家本身"。

马克思在《法兰西内战》中指出："工人阶级不能简单地掌握现成的国家机器，并运用它来达到自己的目的。"这句话应该与马克思上述反对国家的论述联系起来理解，但是后来许多马克思主义者把这段话错误地解释成马克思期望工人阶级建立自己的国家来对抗资产阶级的国家，并以马克思主义的名义证明苏维埃模式的国家的合理性。

马克思并未要求成立无产阶级的国家，而是要求彻底消灭国家。这是因为国家是奴役工人的"政治工具"，"不能作为工人解放的政治工具"。公社才能使他们解放，因为公社"是社会把国家政权重新收回，把它从统治社会、压制社会的力量变成社会本身的生命力"。

马克思和恩格斯对1871年以后出版的《共产党宣言》的唯一补充是无产阶级"不能简单地掌握现成的国家机器"。这并不意味着马克思对无产阶级专政、国家的观点在巴黎公社的经验之后有所改变，马克思早在1852年《雾月十八日》时就认为要打碎中央集权的国家机器。公社经验之后，马克思在1871年致库格曼的信中写道："如果你读一下我的《雾月十八日》，你就会看到，我认为法国革命的下一次尝试不是只把官僚军事机器从一些人的手里转到另一些人的手里，而应该把它打碎。"在他以后的生命中也没有放弃这一观点。1875年马克思在《哥达纲领批判》中重复了他早期的反中央集权论："自由就在于把国家由一个高踞社会之上的机关变成完全服从这个社会的机关。"

三、无产阶级专政不能是官僚制度

国家既然被打碎了，那么消亡的将是什么呢？既然无产阶级专政从打碎官僚主义的、中央集权的国家机器开始，那么消亡的将是无产阶级专政本身。无产阶级专政将一直延续到"阶级存在的经济基础被消除"。这意味着在社会主义革命期间，国家虽然被打碎，但是资本主义的经济"基础"仍旧存在，后来才被摧毁，而这将是一个长期的渐进过程。

对马克思来说，在无产阶级专政消亡的过程发生之前必须废除官僚主义的国家机器，这有两个原因：1. 官僚主义是与人类的彻底解放不相容的，特别是因为官僚化会使工人阶级四分五裂和非政治化；2. 官吏会成为一种自主的社会和政治力量并且抗拒消亡。

列宁在1917年断言："社会主义不是按上面的命令创立的。它和官场中的官僚机械主义根本不能相容；生气勃勃的创造性的社会主义是由人民群众自己创立的。"[①] 而列宁在1918年则宣称："正是为了社会主义，却要求群众无条件服从劳动过程的领导者的统一意志。"[②] 后一种叙述中的主要思想后来把马克思主义的无产阶级专政理论解释为中央集权的官僚机构国家的理论，这是不公正的。官僚国家的集团利益和等级制使官僚机构独立于社会并发挥职能。官僚国家只是在一种抽象意义上

---

① 《列宁全集》第2版第33卷第53页。
② 《列宁选集》第3版第3卷第501页。

代表人类解放，却并未触动社会不平等。在实现无产阶级专政的消极目标方面官僚主义国家是有效的，但它在制度上表现得不适合无产阶级专政的实现人类解放的积极目标。马克思认为"只有当人认识到自身'固有的力量'是社会力量，并把这种力量组织起来因而不再把社会力量以政治力量的形式同自身份离的时候"，人类解放才能完全实现。官僚国家使社会权力和政治权力的分离永久化。无产阶级专政必须像公社所做的那样竭力反对这种分离。公社的最正面的特点是使政治权力非制度化，从而使社会重新政治化。对马克思来说，官僚主义的国家是起异化作用的，因为它是"人的自由和人类自由间的中间阶段"，还因为它造成"脑力劳动和体力劳动之间的对立"。因此，人类彻底解放这一无产阶级专政的目标不能在官僚制度下实现。

无产阶级专政不能是官僚制度的第二个原因是：国家官僚机构一旦建立就会变成一种利益集团，其成员享有经济上的和与权力有关的特权。官僚不仅抗拒消亡，而且利用它的权力以各种手段使自己处于牢固地位。况且，在任何形式的经济制度中，作为寄生赘瘤的官僚机构都会为自身的存在找到各种理由和支持。由于这个原因，消除资本主义的经济基础不一定能使官僚机构消失。

与马克思不同，列宁一直坚持国家必须依赖一个单独的社会经济阶级。因此，列宁断定，随着消灭资产阶级，国家会"自行"消亡。这一理论失误使列宁主张把苏维埃（公社）改造成"国家组织形式"。这一政策使工人阶级组织成了服从于官僚主义的官僚机构。1921年列宁在俄共（布）第十次代表大会上提出同官僚主义作斗争的任务，他的解决办法是"从下面提拔工人"到领导岗位，却没有废除官僚主义的结构。列宁的建议没有抓住无产阶级专政的至关重要的方面。如果假定提拔工人到政府职位能消除官僚主义，就必须假定作为个体的工人生来就是非官僚的。有的理论家认为马克思也是这样主张的。当年巴枯宁就是根据这种看法批评马克思的。巴枯宁认为，过去的工人一旦成为人民的代表或统治者，他们就不再是工人了，而且他们将开始轻视普通工人；他们将代表的不是人民而是他们自己并且声称有权统治人民。但这是对马克思的曲解。从马克思关于巴黎公社的记述可以看出，他认为防止选出的或雇佣的官员成为腐化的统治者的不是工人的善良天性，而是无产阶级专政的结构。

作为官僚机构的形式的国家和作为国家的物质内容的官僚机构会相互自我实现和相互保护。因此，官僚国家本质上抵制消亡。另一方面，无产阶级专政的任务是使无产阶级成为实际权力以及专政的物质内容。这样，无产阶级就成为无产阶级专政的"最终目的"。这是官僚和无产阶级之间的本质不同，所以官僚国家不会消亡，而无产阶级专政会消亡。

官僚的自我实现是其自身的保存，无产阶级的自我实现是其自身的消灭。官僚是其自身的目的，无产阶级是其自身的否定，因为在政治上占统治地位的工人阶级不能保存自身的被征服地位。因此官僚不会让政治机构即其生存的源泉自行消亡，而无产阶级却必须让政治机构消亡。这样，为了避免官僚主义自我实现的困境，无产阶级专政既是一种非国家，又是反官僚主义的。

四、无产阶级专政的政治形式和作用

如果无产阶级专政不是国家，那么它应采取何种政治形式？

公社的经验给了马克思阐述无产阶级专政手段的经验材料。马克思从未认为无产阶级专政是与民主对立的。

许多马克思主义者，除了罗莎·卢森堡，都错误地认为无产阶级专政是仅仅为镇压反抗的目的而设计的一种特殊的政府形式。列宁把这概括为："专政的科学概念无非是不受任何限制的、绝对不受任何法律或规章约束而直接依靠暴力的政权。"① 而马克思在《法兰西内战》中认为无产阶级专政具有一种非国家的、公社的形式。立法机关和行政机关是各个由工人阶级统治的公社，由选举的或雇佣的公务员体现和执行公社的法律和规章，他们没有凌驾于公民之上的实际权力。他们已不再是官僚！对于马克思来说，认为没有中央集权制国家，就无法行使社会职能，是荒谬的；认为行政是神秘的事情，是高不可攀的职务，只能委托给一个受过训练的特殊阶层，即国家寄生虫、俸高禄厚的势利小人和闲职人员，是荒谬的。

掌握政权的第一个条件是改造国家机器并把它作为阶级统治的工具加以摧毁。但争取彻底解放的斗争并不以此告终。公社只是"社会解放的政治形式"，不是"工人阶级的社会运动，从而也不是全人类复兴的运动，而只是有组织的行动手段"。因此，公社"并不取消阶级斗争"。工人阶级"致力于消灭一切阶级"。工人阶级组织，如工会、联合会和政党，不是被改造成如列宁所建议的那种由国家控制的组织，恰恰相反，是被改造成无产阶级制度的基础材料。无产阶级专政在人类解放中的作用是提供"合理的，使阶级斗争能够以最合理、最人道的方式经历它的几个不同阶段"。公社"开始劳动的解放——它的伟大目标：取缔国家寄生虫的非生产性活动和胡作非为……"

无产阶级专政所采用的压制和防御工具也必须是性质合适的。马克思对宣布建立"保卫公民的"国民军的3月22日中央委员会公告的补

---

① 《列宁全集》第2版第12卷第289页。

充是:"人民只要在全国规模内组织这种国民军"。但我们不应把在"全国规模"组织的概念与少数官僚和技术专家治国论者掌握的中央集权国家机构相混淆。组织国民军足以根除常备军"这一个一直存在着的阶级统治"僭取政府权力的危险。显然,马克思担心政府"僭取阶级统治",想用国民军的形式保持镇压权力。但他不是想准确地规定无产阶级统治的镇压手段的形式,而只是为了保证无产阶级直接控制这些手段。

必须明确两个方面。第一,无产阶级专政包含镇压手段,但专政的制度设计应该是通过由无产阶级直接控制镇压工具来预防政府"僭取"权力,因此,马克思才建议采用非官僚主义的、国民军的形式。

第二,镇压不是常规状态。马克思预言公社一旦在全国规模内牢固地建立起来,它还"可能"要经受"奴隶主们的零星暴动"引起的"灾难","这些暴动尽管暂时会阻挠和平进步的事业,但只会增强社会革命力量,从而加速运动的发展"。无产阶级专政只是在"镇压资产阶级对革命的反抗时"才成为"专政的",在这个意义上,无产阶级专政的"专政"方面是不能排除的。但是在其他方面,它是正常的"和平的发展进程"。

五、无产阶级专政在监督经济向共产主义过渡时的政治职能

没有一部马克思的著作是不涉及人类解放的,任何一种无产阶级专政理论也不应不涉及这一问题。资产阶级和国家官僚机构的消灭不会自动导致人类的解放,认识这一点是至关重要的。从《1844年经济学手稿》到《资本论》,马克思一直坚持劳动过程和劳动组织有可能在体力上和脑力上对人类生活条件和人类自由有害。劳动机制和劳动组织在劳

动奴役中也能独立发挥作用。在资本主义范围内的这些发明也能被其他制度运用,如苏联"共产主义制度"所证明的那样。无产阶级专政应优先考虑纠正这种情况。首先是成为可以忍受的,然后是令人愉快的,最后是有人性的。

从《共产党宣言》和《哥达纲领批判》中可以归纳出一些能逐渐达到人类解放的经济手段:1. 缩短工作日;2. 满足"社会需求";3. 增加社会消费;4. 同时减少行政开支;5. 同工同酬。这些手段不是无产阶级专政的最终目标,它们在资本主义下也有可能实现。关键在于,在无产阶级统治下这些手段是连续的,并且它们以总目标作为参照点,而在资本主义下它们只是作为偶然的、被迫做出的反应出现。

马克思在《哥达纲领批判》中说到无产阶级专政的经济目标,在《资本论》第三卷中又明确说到了共产主义的先决条件。按照马克思在《法兰西内战》中的说法,工人一旦获得公社形式的政治权力,"以自由的联合的劳动条件去代替劳动受奴役的经济条件,只能随着时间的推进而逐步完成"。能使劳动获得自由的经济改造不仅需要"改变分配,而且需要一种新的生产组织"。"这一革新的事业将不断地遭到各种既得利益和阶级自私的抗拒,因而被延缓、被阻挠。""目前'资本和地产的自然规律的自发作用'只有经过新条件的漫长发展过程才能被'自由的、联合的劳动的社会经济规律的自发作用'所代替。"马克思所想象的社会向共产主义的改造与从农奴制向资本主义的转变非常相似。无产阶级专政"并不取消阶级斗争",也就是说,社会主义的政府——公社不用剥夺资产阶级来消灭阶级。公社只是成为社会改造的监督者。正如资本主义的"国家机器与议会制不是统治阶级的真正生命……只是旧秩序在政治上的保障、形式和表现",所以公社成为新秩序的政治保障,而不是"全人类复兴的运动"。尽管马克思期待在一个漫长的发展过程和"阶级斗争的几个不同阶段"之后能够实现劳动的完全解放,但是他声称,"通过公社的政治组织形式,可以立即向前大步迈进"。这些引文表明,无产阶级专政通过"公社的政治组织形式"使政治和经济这两个领域都处于无产阶级直接统治之下。那时,与资本主义截然不同,在这两个权力领域之间没有结构上的分隔。而且,与官僚主义的前苏东国家不同,被融合在一起的这两个领域在无产阶级制度下是非官僚机构化的。

六、结 论

马克思认为无产阶级专政是一种政治组织,不是社会解放的"普通运动"。无产阶级专政的任务不是消灭阶级,而是在政治上"保证"从资本主义社会向无阶级社会的过渡。对马克思来说,无产阶级专政只能是中央集权专制国家机器的完全的"反题"。官僚机构的自我实现和无产阶级的自我实现是两个相互矛盾的过程——前者要求自我肯定,后者要求自我否定,所以无产阶级专政不能具有官僚主义的性质。无产阶级专政必须在制度上与无产阶级的总目标相协调。只维持有效的镇压手段以保护革命成果是不够的。镇压手段必须从属于由建设共产主义的目标推动的积极的、建设性的手段和职能。这一事实限定无产阶级专政可能采取的形式应该是工人阶级的非官僚主义的、直接的政治组织。因此,无产阶级专政必须以巴黎公社的普遍形式和原则为模式。

在经济方面无产阶级制度的目标是使社会从"必然"王国过渡到"自由"王国。对马克思来说,"自由"王国不只是在于满足物质需求。人使其内在自我在外部世界客观化的能力和利用其意识控制世界的能力也是同样需要的。因此,无产阶级专政必须最终消除劳动异化的条件。

必须建立个体在一个非官僚主义的、非异化的环境中自由发展的条件。对马克思而言,建立共产主义社会的事业包含着消灭所有生活领域的资本主义的和官僚主义的因素。

当然,这并不是说19世纪的状况现在依然持续存在。巴黎公社也许不足以为我们提供建设现代无产阶级专政所需的一切。但是,苏联创造的,以其官僚主义国家和由这个国家造成的工人的政治被动性为特征的无产阶级专政失败的经验,使我们不得不重新考虑作为一个切实可行的替代方案的巴黎公社的优点。

鉴于全球化威胁着全世界工人阶级的生存、权利和利益,专制制度和资产阶级民主制度都已被证明不能满足工人的要求,被正确认识的无产阶级专政相对于现在存在的各种政治方案而言仍然是可靠的政治替代方案,只有无产阶级专政能够把人类的需要、满意和自由置于资本的需求和不断增长的官僚机构和资产阶级的特殊利益之上。

(曲延明 编译)

1885—1895年恩格斯关于无产阶级国家政体思想的发展[*]

〔法〕雅克·德克西埃

一、1885年对法兰西第一共和国认识的修正和对克列孟梭纲领的评价

恩格斯曾经在1880—1890年间,两次回顾共产主义者同盟和1848年德国革命问题,并写下两篇简短而出色的文章。第一篇题为"马克思和《新莱茵报》(1848—1849年)",发表在1884年3月13日《社会民主党人报》上。第二篇题为"关于共产主义者同盟的历史",写于1885年10月8日。这篇文章是恩格斯为再版马克思《揭露科隆共产党人案件》一书而写的。该书第1版发表于1853年,第2版的附录中载有马克思和恩格斯的《中央委员会告共产主义者同盟书》。这篇文章写于1850年3月,阐明了他们两人在50年代德国革命失败后的政治立场。他们认为,下次革命的爆发已经迫近,应为此做好准备并提出"目前在德国实行最严格的中央集权制是真正革命党的任务"。恩格斯在1885年重新发表这篇文章时,在此处增补了一个注释,该注释全文如下:"现在必须指出,这个地方是出于误会。当时因受到波拿巴派和自由派的历

---

[*] 本文选自《马克思恩格斯研究》1995年总第22期。

史伪造家的欺骗,大家都以为法国中央集权的管理机构是通过大革命才开始建立起来的,特别是以为国民公会曾利用这个机构作为战胜保皇主义反动派和联邦主义保皇派以及外敌的必不可少的和决定性的武器。可是,现在大家都已经知道的事实是:在整个革命时期,直到雾月十八日为止,各省、各区和各乡镇的全部管理机构都是由被管理者自己选出而可以在全国法律范围内完全自由行动的机关组成的;这种和美国类似的省区和地方自治制,正是革命的最强有力的杠杆;拿破仑在雾月十八日政变刚刚结束以后,就急忙取消这种自治制而代之以沿用至今的地方行政长官管理制,可见,地方行政长官管理制自始就纯粹是反动势力的工具。但是,地方的和省区的自治制虽然不同政治的和全国的中央集权制相抵触,然而它也不一定同自治州或乡镇的狭隘的利己主义联系在一起,这种利己主义现今在瑞士那里已经显得非常丑恶可憎,而德意志南部的所有联邦共和主义者在1849年却企图在德国把它奉为准则。"① 这个注释十分重要,因为恩格斯在这里重新审视了作为法国大革命特点的中央集权的管理机构。而马克思曾认为,法国大革命使君主专制的事业得到延续。现在这个观点彻底改变了,因为中央集权的管理机构不是法国大革命而是波拿巴建立的。马克思、恩格斯先前在这个问题上对法国大革命的看法不过是受了波拿巴派和自由派历史学家的影响。整个革命,特别是第一共和国时期的确实行的是中央集权制,但是第一共和国同时在乡镇、区和省各级建立了行政自治的体制。这种体制引起了恩格斯的注意,并在后来被他当做一种新的模式。恩格斯在这里所作的修正形成了马克思、恩格斯政治思想的深刻本质,因为它涉及的是在一个国家中如何铲除官僚的国家机器问题。在法国历史上存在着两种共和国,

---

① 见《马克思恩格斯选集》第2版第1卷第373—374页脚注。

一种是类似第三共和国那样的官僚的共和国,它保存了第一、第二帝国的行政的专制主义。而法兰西第一共和国则完全不同。它建立了民主的行政体制,只是在1798年雾月十八日政变以后,雅各宾派所建立的地方自治才被取缔并为行政长官制所取代。自此,法兰西人民遭受了上至皇帝、下至地方长官的官僚国家机器的压迫。粉碎这个国家机器是革命的任务,并且是向社会主义过渡的前提条件。这就是恩格斯1885年理论修正的实质。这个修正是恩格斯关于民主共和国是无产阶级专政的特殊形式思想的基础。

马克思、恩格斯最初涉及无产阶级国家政治形式问题是在1872年《共产党宣言》德文版序中,他们指出,巴黎公社告诉我们,工人阶级不能满足于利用现成的国家机器来实现向社会主义转变的任务,相反,它应该像公社社员们那样,在短时间内建立起新的政治形式,这是"终于发现的、可以使劳动在经济上获得解放的政治形式"①。公社采取了一系列强制性措施,把资本从所有者手中夺过来,把资本家所有制变成社会所有制,从这个意义上说,"社会共和国"是无产阶级专政的一种特殊形式。

但是,如果存在像法兰西第一共和国那样的非官僚化的民主共和国,那么在无产阶级专政的政治形式上,就可以打开新的视野。恩格斯在1891年同一年撰写了两篇文章。一篇是新版《法兰西内战》序言。他在这篇文章中坚持了公社是无产阶级专政政治形式的思想。另一篇是《1891年社会民主党纲领草案批判》,他在这篇文章中坚持认为,实行地方自治制的法兰西第一共和国和美国共和国形式是无产阶级专政的特殊形式。这两篇同一年撰写的文章并不矛盾。从某种意义上说,特别是

---

① 《马克思恩格斯全集》第1版第17卷第361页。

从本质上看，二者说的是一回事，即必须克服国家相对社会而言的独立化。马克思和恩格斯的文章都强调，国家虽然由于特定的历史条件而具有不同的形式，但最终都独立于社会。起初是服务于社会的机构，后来就成为某种特殊的、外在于社会并凌驾于社会之上的东西，而且越来越与它相异化。

现在我们来进一步考察，为什么恩格斯在1885年作出这个修正（这个修正一直被人们所忽视）。恩格斯是在重新发表《中央委员会告共产主义者同盟书》时作出这个修正的。这篇文章阐述了马克思、恩格斯在1848年革命前后关于不断革命的策略思想。因此这个修正是同他们的策略思想相联系的。当时的情况是，第一阶段的革命遭到失败，马克思、恩格斯预见革命运动即将复兴；在欧洲和德国，第二阶段的革命即将取得胜利。在革命的第一阶段，自由资产阶级背叛了革命并与封建的反动势力结盟。在即将来临的阶段，小资产阶级民主派将取得胜利。共产主义者同盟的不断革命的战略就是针对他们而制定的。这个通知考虑的首要问题就是如何在多方面保持无产阶级政党的独立：意识形态、组织、军事、选举、纲领等方面的独立。小资产阶级民主派是即将开始的斗争的暂时同盟者，但归根结底是很快就要实现的无产阶级革命目标必须打倒的敌人。《中央委员会告共产主义者同盟书》是马克思和恩格斯历来所写的、阐述无产阶级与其同盟者政治关系措词最为激烈的文章。这篇文章除了强调无产阶级政党的独立性以及它必须明确提出自己的要求以外，还给人们留下了政治极端主义的印象，因为这篇文章提出的不断革命，即在1850年的德国迅速实现共产主义革命的纲领是极不现实的。恩格斯在重新发表这一历史文献时，对当时革命形势的判断进行的反思，是理解他1885年在注释中所作修正的理论关键。

关于这一点，我们首先要说的是，恩格斯通过对法兰西第一共和国史实的修正，消除了共产党与小资产阶级民主党在"民主党"阵营内部在政体问题上的正面的对立。因为只有在政体问题上取得最低限度的一致，方谈得上某种意义的联合，虽然工人阶级政党与小资产阶级民主党的社会和经济纲领是截然不同的（例如《中央委员会告共产主义者同盟书》明确指出了二者在土地纲领上的传统区别：小资产阶级民主党主张保留农民的私有制，而工人阶级政党则提出在农村实行管理和所有制的集体化）。当然，这篇文章也尖锐地指出了两个政党在同经济、社会问题密切相联系的政体问题上的对立。小资产阶级民主派的目的是要巩固本身的地位和谋取私利，"为要实现这一切，他们就需要有一种能使他们及其同盟者农民占多数的民主的——不论是立宪的或共和的——政体，并且需要有一种能把公有财产直接监督权以及目前由官僚执行的许多职权转归他们掌握的民主地方自治制度"①。在谈到这一对立的实质时，恩格斯写道："民主派或是直接力求建立一个联邦共和国，或是当他们无力反对建立一个统一而不可分割的共和国的时候，他们至少也要设法赋予各个乡镇和各个省区以尽量大的独立自主权，借以使中央政府陷于瘫痪状态。工人应该反对这种意图，不仅要坚持建立统一而不可分割的德意志共和国，并且还要坚决使这个共和国的一切权力集中于国家政权掌握之下。"② 我们在考察了马克思、恩格斯1850年阐述的共产党和小资产阶级民主党在政体问题上的对立以后，再来看恩格斯1885年所作的修正，其意义就十分明显了。恩格斯声称："也如1793年在法国那样，目前在德国实行最严格的中央集权制是真正革命党的任务"，

---

① 《马克思恩格斯全集》第1版第7卷第291—292页。
② 《马克思恩格斯全集》第1版第7卷第297页。

这表明恩格斯仍坚持中央集权制,但这里增补的注释又说明,民主派提出的行政自治的要求不仅同中央集权制是不矛盾的、而且反官僚制的分权制也应该成为共产党人在国家问题上的基本要求。在中央集权制问题上,恩格斯在1885年仍坚持以雅各宾派为楷模,因为他们的共和国是"统一的、不可分割的"。但此时的雅各宾派已不同于1850年马克思、恩格斯观念中的雅各宾派了,而他们的中央集权制则是同以地方自治政府为基础的行政分权制和谐一致的。

恩格斯在《马克思和〈新莱茵报〉》一文中强调了共产党的策略纲领:德国共产党人必须坚持不断革命,才能达到《共产党宣言》中规定的最终目标。但是无产阶级革命必须首先经历民主的或"社会的"阶段。在这个阶段中,无产阶级只能给自己提出有限的、最近的纲领,并保持自己的独立性。这个阶段是必不可少的。因为波拿巴主义的君主制仍然在用合法的手段来镇压社会民主党。从资本的发展来看,在1850年进行共产主义革命只是一种幻想。甚至在35年之后,恩格斯认为关于民主革命的策略仍然是有效的。他在《关于共产主义者同盟的历史》一文中指出:"由马克思和我校审的这篇告同盟书直到今天还是有意义的,因为小资产阶级民主派直到现在也还是这样一个政党,它在即将来临的下一次欧洲震动(各次欧洲革命——1815年、1830年、1848—1852年、1870年——间隔的时间,在我们这一世纪是十五年到十八年)中在德国无疑会作为使社会摆脱共产主义工人的救星而首先获得政权。因此,在那里所说的,有许多今天也还适用。"① 这样就产生了两个问题:一是如何看待第一阶段,即民主革命阶段所取得的成果;二是在第二阶段,即无产阶级革命阶段如何利用第一阶段所取得的成

---

① 《马克思恩格斯全集》第1版第21卷第257页。

果。恩格斯认为，民主革命的胜利是资本主义特别是资本主义工业发展以及无产阶级政党斗争的结果。无产阶级的斗争包括两个方面，它同小资产阶级民主派联合反对君主制度的斗争以及它们之间的斗争。恩格斯认为，民主派和小资产阶级最终将成为无产阶级的敌人，他在1884年12月11日致倍倍尔的信中指出，纯粹民主派是反革命的最后堡垒。此外，恩格斯还认为，民主革命所取得的成果对无产阶级是有利的，无产阶级政党应该推动这一革命的发展。

恩格斯在1882—1885年谈论法国政治形式的多封书信中表明了这个立场。恩格斯特别强调了克列孟梭行政改革纲领的意义。他的这个思想同他对法兰西第一共和国政体的重新认识是一致的。恩格斯甚至认为，克列孟梭的改革有可能成为导向社会主义的政治上的演进。但是他同时提醒法国工人党应该坚持在同资产阶级左翼政党的关系中保持政治独立的基本原则，而不要像英国工人那样，成为资产阶级激进派的"尾巴"。他在1882年9月22日致伯恩施坦的信中指出："其实克列孟梭是一个很可以发展的人，在一定条件下可以比现在走得更远，特别是如果他懂得了问题在于**阶级斗争**的话；当然，只有到**迫不得已**的时候，他才会懂得这一点。盖得固执己见，认为对社会主义者来说，甘必大的'雅典共和国'比起克列孟梭的'斯巴达共和国'危险要小得多，因此想要预防后者，似乎我们——或者世界上任何一个党——可以阻止某个国家经历其必然的历史发展阶段。他也没有考虑，在法国，我们不经过克列孟梭式的共和国，未必能够从甘必大式的共和国走向社会主义。"① 那么，什么是克列孟梭式的共和国呢？克列孟梭所要施行的对国家政体的改革就是给予省和市镇以充分的自治权，其目的是废除官僚。"只要

---

① 《马克思恩格斯全集》第1版第35卷第362页。

克列孟梭能履行自己的一半诺言，只要他能**着手**消灭臃肿的法国官僚机构，那将是一大进步。"① 而且"只要这种改良一开始，对法国来说，那就是一场比1800年以后发生的历次革命还要大的革命"②。这里提到的年代是很有意义的。这个年代正是恩格斯在1885年重新发表的《中央委员会告同盟书》中增补的注释中所说的拿破仑在雾月十八日政变以后，建立地方长官行政制的时间。恩格斯高度评价废除官僚制的改革，实际上，马克思和恩格斯在巴黎公社时期就认为这是一个具有决定性意义的问题。在这里恩格斯又进一步指出，这一革命的重要性甚至超过了1830年和1848年革命。

现在的问题在于克列孟梭是否愿意或能够把改革进行下去。恩格斯认为存在着两种可能性，这完全取决于政治形势和阶级斗争发展的情况。克列孟梭很快就会面临这样的选择或者放弃自己的改良，并继续成为资产者中间的资产者，或者继续前进，并趋向革命。因为当时的法国的政治情况是，中间党派已被排挤，保皇派和激进派相对峙，因而造成了革命的形势。"无论如何问题是这样摆着的，或者'共和国在危急中'，或者建立'激进'共和国。但最可能的是后一种情况将取得胜利。不过那时激进派不仅必须履行自己的诺言，以省和市镇的自治取代拿破仑的中央集权的行政机构，就像1792—1798年时那样，而且必须依靠社会主义者。我们也不可能再期望更有利的形势。"③ 恩格斯认为这种形势的到来是不可避免的，因为法国始终是按照自己发展的独特的逻辑辩证进程向前发展的。

---

① 《马克思恩格斯全集》第1版第36卷第341页。
② 《马克思恩格斯全集》第1版第36卷第344页。
③ 《马克思恩格斯全集》第1版第36卷第359页。

在1882—1885年间恩格斯与伯恩施坦的通信中，恩格斯多次谈到克列孟梭激进派的反官僚制度的改革，他一方面指出无产阶级可以在一场起义中取得胜利；另一方面又强调反官僚制度的改革，哪怕是有限的改革，也是自1800年以来的最伟大的革命，国家机器的民主化有可能通过改革来实现。这说明从1871年到1891年，中间通过1885年阶段，恩格斯的思想发生了重要变化。在巴黎公社之后，马克思和恩格斯认为，巴黎公社式的国家是无产阶级专政适宜的形式。从1891年开始，恩格斯则设想了两种可能的形式：巴黎公社的形式和非官僚化的民主共和国形式。民主共和国的建立虽然还不是社会主义，但却是无产阶级有可能通过改革取得统治地位的政治形式。

二、1891年的理论革新：《爱尔福特纲领批判》

1890年，反社会党人法废除，社会民主党的纲领问题提上议事日程。恩格斯虽然有许多工作，但仍积极参加了制定纲领的讨论。他把批评意见寄给了考茨基，在代表大会上恩格斯赞同考茨基起草的该纲领的理论部分。这个纲领将作为世界其他社会主义政党的范本。与此同时，恩格斯还从事了马克思遗作《哥达纲领批判》的出版工作。这篇著作终于在爱尔福特大会筹备期间出版，尽管它的出版遭到某些社会民主党人的反对。在1891年起草《爱尔福特纲领批判》之前，恩格斯还为德文新版的《法兰西内战》写了一篇导言。我们只有把这三部著作联系起来看，才能理解《爱尔福特纲领批判》的内容。

《爱尔福特纲领批判》共分两个部分，其中第二部分即"政治要求"同我们讨论的问题有直接联系。在考察民主共和国问题之前，我们首先看一看恩格斯关于向社会主义和平过渡可能性的条件的论述。因为这些论述同政体问题密切相关。恩格斯在这一部分的开头写道：

"德意志帝国宪法，以交给人民及其代议机关的权利来衡量，不过是1850年普鲁士宪法的抄本，而1850年宪法在条文里反映了极端反动的东西，根据这个宪法，政府握有全部实权，议院连否决税收的权利也没有，正如在宪制冲突时期所证明的，政府可以对它为所欲为。帝国国会的权利同普鲁士议院的权利完全一样，所以，李卜克内西把这个帝国国会称作专制制度的遮羞布。"①

这就是当时德国的情况，这种政治形势是制定工人党的纲领和策略所必须加以考虑的。当时反社会党人法虽然已被废除，但有随时恢复的可能。一切希望建立共和国的要求都可能遭到镇压。因此，最恰当的做法应该是，实行人民权利至高无上的原则，而不提共和国。但是某些社会党人害怕恢复反社会党人法，主张承认德国当时的合法秩序，并通过和平道路实现自己的一切政治要求：建立民主的政治制度和实现社会主义的目标。恩格斯认为，这两个目标是不可能在波拿巴主义专制制度的条件下通过和平和合法的途径来实现的。在德国要想过渡到社会主义，就必须用暴力炸毁这个旧壳，就像虾要挣破自己的旧壳那样，从那还是半专制制度的旧社会制度中长出来。社会民主党的任务是十分繁重的，它必须进行政治的、社会的和经济的变革。鉴于德意志帝国的反动本质，如果起义只会使工人阶级冒着被屠杀的危险的话，那么就应该寻找新的策略，而不要放弃最终目标。但是在任何情况下，都不能把历史的发展建立在通过和平和合法途径进行政治和社会变革的可能性上。接着，恩格斯阐述了在什么样的国家以及在什么样的条件下，存在着和平过渡的可能性：

---

① 《马克思恩格斯全集》第1版第22卷第272页。

"可以设想,在人民代议机关把一切权力集中在自己手里、只要取得大多数人民的支持就能够按照宪法随意办事的国家里,旧社会可能和平地长入新社会,比如在法国和美国那样的民主共和国,在英国那样的君主国,英国报纸上每天都在谈论即将赎买王朝的问题,这个王朝在人民的意志面前是软弱无力的。但是在德国,政府几乎有无上的权力,帝国国会及其他一切代议机关毫无实权,因此,在德国宣布某种类似的做法,而且在没有任何必要的情况下宣布这种做法,就是揭去专制制度的遮羞布,自己去遮盖那赤裸裸的东西。"①

恩格斯在这里谈到了两个问题:第一,向社会主义和平过渡的可能性取决于政体本身的性质;第二,政体本身的性质则取决于政体的内容,即权力是否集中在人民的代议机构手里。恩格斯是从19世纪最后1/4年代发生的变化出发为工人运动制定新策略的。诚然,恩格斯当时仍然认为,一场在整个欧洲范围内的革命是必要的。但在使用暴力的问题上,他越来越审慎了。他认识到无产阶级只有在一系列政治条件都具备的情况下,才能举行起义,夺取政权。此外恩格斯特别担心,统治阶级会采取预防性的打击措施对工人阶级挑衅,然后进行屠杀。在这种情况下,恩格斯主张把武装斗争和合法斗争巧妙地结合起来,把普选制作为组织手段和衡量阶级力量对比的测量计,并选择适当的时机进行决战。按照这种设想,无产阶级不是要发动武装进攻,而是要争取合法的胜利。恩格斯认为,法国具备取得合法胜利的条件,虽然它的反官僚制度的改革没有取得成功。但德国仍处于完全官僚化的专制统治之下,因此,革命的暴力是不可缺少的,但它的使用是十分微妙的,必须选择适当时机,同时还要防止陷入统治阶级为使用反革命暴力而设下的陷阱。

---

① 《马克思恩格斯全集》第1版第22卷第273页。

恩格斯的革命策略是非常复杂的，它随着不同国家的不同政治形势而变化。他除了担心工人阶级遭到屠杀以外，还担心世界大战的爆发，他认为世界大战的许多后果是无法预料的，而且对工人运动很可能是不利的。

现在我们来讨论作为无产阶级专政政治形式的民主共和国问题。这里必须引证恩格斯的原话，因为正是这些论述遭到了列宁的曲解，另外我们也只有通过恩格斯的论述，发现导致理论革命的"微妙的"，但又是"涉及本质"的论点。这样的论点有两个，现在我逐一加以研究。恩格斯是这样说的：

"如果说有什么是毋庸置疑的，那就是，我们的党和工人阶级只有在民主共和国这种政治形式下，才能取得统治。民主共和国甚至是无产阶级专政的特殊形式，法国大革命已经证明了这一点。"①

这里的第一句话仍然是重申马克思关于民主共和国的思想。仅仅从这句话来看，就谈不到理论革命。列宁在《国家与革命》中恰恰认为，恩格斯的整段论述都是重申过去的理论，即认为民主共和国是无产阶级进行决战的场所，在民主共和国的条件下，无产阶级发动武装进攻，推翻资产阶级及其经济、社会和政治统治，然后建立无产阶级专政的国家。但是恩格斯的第二句话与列宁的解释完全不同。② "民主共和国甚至是无产阶级专政的特殊形式"绝不是说在民主共和国之后再建立无产阶级专政，而是说无产阶级专政的任务，即对资产者的剥削和随之而来

---

① 《马克思恩格斯全集》第1版第22卷第274页。
② 列宁在《国家与革命》中对这句话的评论是："恩格斯在这里特别明确地重申了贯穿在马克思的一切著作中的基本思想，这就是：民主共和国是走向无产阶级专政的捷径"。(《列宁全集》第2版第31卷第67页)

的政治上的强制要在民主共和国这个在历史上已经被人们熟知的政治形式下完成。还有一点要补充说明的是，恩格斯在这段话的结尾写道："法国大革命已经证明了这一点。"很显然，法国大革命并没有经历无产阶级专政，而是另一种专政。如果我们联系恩格斯1885年增补的注释，这句话的含义就明确了。这里说的是法国大革命时期的政体，其基本特征可以使它成为无产阶级专政的形式。这里的无产阶级专政是实质性概念，它将决定新政权的性质。民主共和国则是形式。在这个形式中，一切权力集中在人民的代议制机构手中。

现在我们来讨论第二个涉及本质问题的论点，即恩格斯所阐述的政治要求，它对这种特殊的政治形式作了进一步说明。

恩格斯首先提出在单一的共和国和联邦制的共和国之间作选择的问题。他分析了各个国家的不同情况，他认为德国应实行单一的共和国，但这仍然是形式问题，问题的关键在于共和国的内容。他指出：

"因此，需要单一的共和国。但并不是像现在法兰西共和国那样的共和国，现在的法兰西共和国同1789年建立的没有皇帝的帝国没有什么不同。从1792年到1798年，法国的每个省、每个市镇，都有美国式的完全的自治权，这是我们也应该有的。至于应当怎样组织自治和怎样才可以不要官僚制，这已经由美国和法兰西第一共和国给我们证明了，而现在又有澳大利亚、加拿大以及英国的其他殖民地给我们证明了。"①

恩格斯在这里对共和国作了区分。现在的共和国，即1870年9月建立的第三共和国，同法兰西第一共和国完全不同，而与第一帝国则没有什么不同。这一点恩格斯在1885年增补的注释中已经作了说明。值得注意的是，恩格斯在这一段的结尾把共和国形式又扩大到法国、美国

---

① 《马克思恩格斯全集》第1版第22卷第276页。

以外的英国殖民地国家。他在不到一年之后所写的《〈社会主义从空想到科学的发展〉英文版导言》中,对这种扩大作了说明:

"但是也只有这个英国法律把大陆上那些在君主专制时期已经丧失而到现在还没有在任何地方完全恢复起来的个人自由、地方自治以及除法庭干涉以外不受任何干涉的独立性,即古代日耳曼自由中的精华部分,保存了几个世纪,并且把它们移植到美洲和各殖民地。"①

同1885年增补的注释相一致,恩格斯对法国大革命和专制君主制在政体问题上作了区分,从而修正了马克思在《法兰西内战》中提出的在专制君主制和法国大革命之间存在基本连续性的观点。除此之外,恩格斯一方面肯定了法国大革命在民法中把古代罗马法(它表现了马克思称之为商品生产的经济发展阶段的法律关系)运用于现代资本主义条件,另一方面又肯定了法国大革命倡导的"个人自由"(马克思恩格斯以前对此全无所知),正是英国的法律把这些内容都包括进去了。

恩格斯除了对法兰西第一共和国和专制君主制在政体上作了区分以外,对共和政体本身,即对这种政治形式和它的内容作了区分。第三共和国就其内容来说是资产阶级的,因为大资产阶级居统治地位。这种共和国与第一帝国没有什么不同。关于恩格斯这方面的论述,我们还可以举两个其他的例子。其一是恩格斯1883年8月27日致伯恩施坦的信,它的目的是纠正伯恩施坦领导的社会民主党关于共和国的错误立场:

"波拿巴式的君主政体(它的特点,马克思和我分别在《雾月十八日》和《论住宅问题》第二篇以及其他地方阐述过)在无产阶级和资产阶级之间的阶级斗争中所起的作用,同旧的君主专制政体在封建制度和资产阶级之间的斗争中所起的作用相类似。但是,正像后一种斗争不

---

① 《马克思恩格斯全集》第1版第22卷第353页。

能在旧的君主专制政体下而只能在君主立宪政体（英国、1789—1792年和1815—1830年的法国）下才能进行到底一样，资产阶级和无产阶级之间的斗争也只有在共和政体下才能进行到底。因此，如果说，有利的条件和革命的经历曾经帮助法国人打倒了波拿巴，建立了资产阶级共和国，那么，同依然停滞在半封建主义和波拿巴主义的混合体中的我们相比，法国人有这样一个优越性：他们拥有一定会把斗争进行到底的形式，而这种形式我们还有待于**夺取**。他们在政治上要比我们先进整整一个阶段。因此，如果君主政体在法国复辟，其结果必然是争取恢复**资产阶级**共和国的斗争又出现在日程上，而共和国的继续存在就意味着无产阶级和资产阶级之间**直接的**、非隐蔽的阶级斗争将日益尖锐化，一直到发生危机。

"在我们这里，革命的第一个直接结果，按其**形式**来说，同样只能是而且**一定**是一个资产阶级共和国。但是，它在这里将只是一个短暂的过渡阶段，因为我们很幸运，没有一个纯粹共和主义的资产阶级政党。这个也许是以进步党为首的资产阶级共和国，我们可以首先用它来**为革命的社会主义争取广大的工人群众**；这件事将在一两年内完成，并将引起除我们以外还可能存在的一切中间党派彻底衰退和自行瓦解，只有到那个时候，我们才能胜利地取得政权。"①

这封信的意义在于它纠正了低估资产阶级共和国重要性的观点。下面我们还要看到，恩格斯同样批评了过高估计资产阶级共和国在社会主义革命中的作用的观点。至于如何评价资产阶级共和国的作用，其标准则取决于共和国的不同发展阶段及其内容。当然，从这封信里我们还可以看到，恩格斯在1883年还没有超越马克思关于共和国的

---

① 《马克思恩格斯全集》第1版第36卷第55—56页。

理论，即认为共和国是无产阶级和资产阶级进行斗争和决战的场所。恩格斯在这时还没有达到非官僚制的民主共和国是无产阶级专政特殊形式的认识。

对共和国进行区分的另一个例子是恩格斯1894年3月6日致保·拉法格的信。他在这封信中批评了饶勒斯的幻想，因为饶勒斯把以社会主义者名义提出的由国家垄断小麦收购的提案说成是社会主义的措施。恩格斯认为这是法国形式的"国家社会主义"，而德国社会民主党早在12年前俾斯麦的统治下，就已经领教了这种社会主义。法国政府不过是议会多数派的执行委员会，而议会本身则是形形色色投机者的代表机构。把收购小麦的监督权交给政府无异于把国家财政的监督权交给投机者，使他们拥有盗窃国库的新的手段。如果饶勒斯以全体社会主义者的名义，把国家社会主义这种"社会主义幼稚病"宣布为新生事物，那就是把同极端激进派结盟的后果强加给盖得派。恩格斯对也属于社会主义集团的激进派对待资产阶级共和国的态度作了批评：

"前激进派会对你们说，是啊，但是在法国我们有共和国！我们这里是另一回事，我们可以利用政府来实现社会主义措施！

"对无产阶级来说，共和国和君主国不同的地方仅仅在于：共和国是无产阶级将来进行统治的**现成的**政治形式。你们比我们优越的地方就是，你们已经有了它；而我们则需要花费二十四小时去建立它。但是，像其他任何政体一样，共和国取决于它的内容；当它还是**资产阶级**统治的形式时，它就和任何君主国一样地敌视我们（撇开敌视的**方式**不谈）。因此，把它看成本质上是社会主义的形式，或者当它还为资产阶级所掌握时，就把社会主义的使命委托给它，都是毫无根据的幻想。我们可以迫使它作某些让步，但是永远不能把我们自己的工作委托它去完成；即使我们能够通过一个强大得一天之内就能使自己变为多数派的少数派去监督它，也不能那样做。"①

恩格斯同极端激进派关于共和国的争论表明他仍然坚持他在《爱尔福特纲领批判》中阐述的关于民主共和国的思想。在这里，恩格斯一方面强调共和国是无产阶级将来进行统治的现成的政治形式，另一方面又强调共和国的实质取决于它的内容。他把资产阶级共和国等同于资产阶级君主国。同《共产党宣言》1872年德文版序言中马克思恩格斯提出的"工人阶级不能简单地掌握现成的国家机器，并运用它来达到自己的目的"的思想相比，"共和国是无产阶级将来进行统治的现成的政治形式"是一个全新的命题。但是从民主共和国的内容即一切权力归人民的代议机构掌握、行政自治、废除官僚制来说，民主共和国与巴黎公社的社会共和国又没有什么不同。相反，第三共和国实行的是非民主的行政长官制度，一切权力集中在国家手中；而这个国家又是由资产阶级统治着，因此就其内容来说，它与资产阶级君主国完全相同。但是这个内容是可以随着阶级力量的对比而改变的，当它由无产阶级统治的时候，就可以成为无产阶级专政的政治形式。恩格斯特别强调了无产阶级掌握政权的问题，他在信的结尾设想了一种中间状态，即无产阶级通过一个强大得随时能够使自己变成多数派的少数派去监督这个共和国，但是恩格斯认为，即使在这种情况下，也不能把它看成是社会主义的形式。

还有一点需要补充的是，恩格斯在1891年以后不再强调共和形式和君主制形式的区别，而是强调共和国的资产阶级内容。这是因为一方面，法国人，其中包括社会主义者，标榜自己的国家是各民族的先锋，扬言法国是共和国，这使恩格斯感到气恼。他反驳道：你们的共和国和我们的君主国同样是资产阶级的。另一方面，巴拿马丑闻使恩格斯感到

---

① 《马克思恩格斯全集》第1版第39卷第209—210页。

有必要指出，资产阶级共和国和君主国一样腐败。最后，法兰西共和国的沙皇的对外政策也使恩格斯感到不悦。他在1893年2月25日和6月27日致拉法格的两封信中，对资产阶级共和国进行了猛烈的抨击。他在第一封信中写道："'共和国万岁'……当时，人们兴高采烈地赞美的，是小写字母起头的共和国；自从它用大写字母开头以来，它就一点价值也没有了，无非是把它作为一个几乎过时的历史阶段。"① 针对巴拿马危机，他给左尔格写道："资产阶级共和国就是资本主义生意人的共和国；在那里，政治同其他一切一样，只不过是一种买卖；法国人通过巴拿马丑闻也终于在本国范围内开始领悟这个道理。"② 恩格斯在1893年6月27日致拉法格的信中对沙皇主义的法兰西共和国进行了抨击："你们的共和国……和所有我们的君主国的政府一样，它是资产阶级的；你们不要以为，在巴拿马的第二天你们还能够靠'共和国万岁！'这个口号在全欧洲找到哪怕是一个支持者。共和国的形式——这只是对君主制的单纯否定，而推翻君主制将不过是革命的必然结果；在德国，资产阶级政党如此破产，以致我们可以从君主制直接过渡到社会共和国……你们的共和国也好，我们的君主国也好，同样都是同无产阶级相对立的。"③ 共和主义的资产者和君主立宪主义的资产者都是无产阶级的敌人，就共和国的内容来说，纯粹共和主义的共和国和资产阶级君主国没有本质上的区别。而作为无产阶级国家的政治形式的民主共和国，其内容则是无产阶级专政，换句话说，共和国的形式＋无产阶级的内容＝社会共和国。

---

① 《马克思恩格斯全集》第1版第39卷第40页。
② 《马克思恩格斯全集》第1版第38卷第561页。
③ 《马克思恩格斯全集》第1版第39卷第87—88页。

恩格斯于《爱尔福特纲领批判》同年（1891年）发表的《卡尔·马克思〈法兰西内战〉一书导言》对社会共和国产生的历史条件和内容作了阐述。

这篇文章共分两个部分。第一部分是对法国19世纪的历史（到1871年对巴黎公社的屠杀为止）的回顾。恩格斯是从第三共和国的角度来回顾过去的。他写道："惩罚接踵而来。如果说无产阶级还不能管理法国，那么资产阶级却是已经不能管理法国了。至少是当时不能，因为当时资产阶级大部分还是保皇主义的，并且分裂为三个王朝政党和一个共和党。"① 这里所说的"至少是当时不能"就是从90年代出发对1848年形势的审视。但是从历史上看，当政的资产阶级共和派一旦控制了局势，他们就要解除工人的武装、对他们进行镇压。法国革命的辩证法虽然把工人阶级推上了政治舞台，他们也提出了自己的政治要求，甚至宣布成立"社会共和国"，但是这个共和国究竟是什么意思，就是工人们自己也不知道。总之，用鲜血换取了胜利的无产阶级，在胜利之后总是提出了自己的要求，这些要求虽然含混不清，但归根结底都是要消灭资本家和工人之间的阶级对立。不过，历史表明，一旦无产阶级作为一个具有自己利益和要求的单独的阶级反对资产阶级的时候，它就必然要遭到资产阶级的镇压，于是，在每次工人赢得革命以后就产生新的斗争，其结果总是工人失败。巴黎公社建立社会共和国的尝试遭到了更为血腥的镇压。这说明社会共和国的问题还没有真正提到历史的议事日程上来。

文章的第二部分是对历史事件的反思和总结。恩格斯特别指出："如果我们今天在过了二十年之后来回顾一下1871年巴黎公社的活动和

---

① 《马克思恩格斯全集》第1版第22卷第219页。

历史意义,我们就会发觉,对'法兰西内战'中的叙述还必须做一些补充。"① 现在我们就来考察这些"补充"以及它们同民主共和国的关系。

这些补充的重要意义就在于它们描述了新的真正民主的国家权力的几个重要特点。

恩格斯认为,巴黎公社的无产阶级专政是真正的民主。这不仅是因为它把经济和政治权力从资产阶级手中夺过来,还因为人民利用民主这个工具进行统治,这种统治具有一个新的政体,其特点是把人民同权力,即公社的宪法紧密结合起来。

恩格斯正是在这一点上强调公社的历史意义,因为公共机构相对社会而言的独立化始终是恩格斯关注的问题,他写道:

"以往国家的特征是什么呢?社会起初用简单分工的办法为自己建立了一些特殊的机关来保护自己共同的利益。但是,后来,这些机关,而其中主要的是国家权力,为了追求自己特殊的利益,从社会的公仆变成了社会的主宰。这种情形不但在例如世袭的君主国内可以看到,而且在民主的共和国内也可以看到。"②

恩格斯在这里阐明了这样的观点:并不是随便什么共和国都可以成为无产阶级专政的特殊形式。谈到这种民主共和国的时候,恩格斯曾经引证过法兰西第一共和国,也曾提到美国共和国。但是在这里恩格斯对美国模式提出批评,因为美国的政党官僚制正在使国家权力日趋独立。他写道:"正是从美国的例子上可以最明显地看出,起初只应充当社会

---

① 《马克思恩格斯全集》第 1 版第 22 卷第 225 页。
② 《马克思恩格斯全集》第 1 版第 22 卷第 227 页。

的工具的国家权力,怎样逐渐脱离社会而独立。"① 恩格斯认为美国虽然没有欧洲那种官僚制,因为那里没有王朝、贵族以及有固定职位和领取年金的官僚。但是轮流执政的政党,由少数政治家控制,他们拿合众国会和各州议会的议席来谋利,而国民却无力对付这些政客集团,他们成为事实上的统治者。为了防止国家和国家机关由社会公仆变为社会主宰,恩格斯建议采用公社实行的两个正确办法:一切职位交给由普选选出的人担任以及一切公职人员都领取工人的工资。恩格斯关于美国共和国的不同论述表明,建立适宜于无产阶级国家政治形式的民主共和国是异常复杂和艰巨的任务。

恩格斯同时纠正了对巴黎公社无产阶级专政的错误看法。公社是由布朗基主义者和蒲鲁东主义者组成的,但它的措施却往往是正确的。无论是蒲鲁东主义者或布朗基主义者,都按照历史的讽刺,做出了恰恰与他们学派的信条相反的事件。公社在政治方面的决策是由布朗基主义者做出的。他们要求把全部权力最严格地集中在新的革命政府手中。但是同时,他们在向法国各省人民发表的一切宣言中,号召巴黎和外省的公社联合起来,组成一个自由的联邦。公社所要破除的正是军队、政治警察、官僚这种旧的集权政府的压迫权力,"即由拿破仑在 1798 年建立的地方行政长官管理制"。恩格斯在这里描述的无产阶级专政并不是像人们所理解的即那种布朗基主义专政。恩格斯最后做出结论说:"近来,社会民主党的庸人又是一听到无产阶级专政就吓得大喊救命。先生们,你们想知道无产阶级专政是什么样子吗?请看看巴黎公社吧。这就是无产阶级专政。"②

---

① 《马克思恩格斯全集》第 1 版第 22 卷第 227 页。
② 《马克思恩格斯全集》第 1 版第 22 卷第 229 页。

我们在前面还提到，恩格斯在1891年初还出版了马克思的《哥达纲领批判》。这部著作可以帮助我们理解恩格斯在国家问题上的思想发展。当然，我们不能期待在这部著作中找到恩格斯在《爱尔福特纲领批判》中提出的论题，即民主共和国是无产阶级专政的特殊形式。马克思认为，民主共和国正是无产阶级和资产阶级在资产阶级社会的这个最后的国家形式里进行阶级斗争决战的场所。此外，他还认为："在资本主义社会和共产主义社会之间，有一个从前者变为后者的革命转变时期。同这个时期相适应的也有一个政治上的过渡时期，这个时期的国家只能是**无产阶级的革命专政**。"① 这里马克思提出的无产阶级革命专政的概念只是一个"实质"概念。它涉及的是过渡时期国家的政治、社会、历史内容。至于专政采取什么样的政治形式，马克思保持着沉默，因为他没有重提"公社是终于发现的政治形式"。这部著作涉及的政治形式仅仅是民主共和国。马克思指出，德国无产阶级应该要求实现这个国家形式，同时应该意识到，从专制的国家过渡到共和形式是十分艰难的。他批评德国共产党在提出一系列民主要求的时候，忘记了至关重要的一点："这就是这一切美丽的东西都建立在承认所谓人民主权的基础上，所以它们只有在**民主共和国**内才是适宜的。"② 马克思既反对拉萨尔派对国家的迷信，也反对小资产阶级民主派对民主的迷信。他捍卫了工人党的独立性，同时也捍卫了民主的最低纲领。马克思虽然没有说明无产阶级专政应采取的政治形式，但是却阐明了无产阶级专政的一般原理。它起到了指导我们确定适宜于无产阶级解放的政治形式的作用。从此以后"自由的国家"应该成为无产阶级追求的目标。"自由就在于把国家

---

① 《马克思恩格斯全集》第1版第19卷第31页。
② 《马克思恩格斯全集》第1版第19卷第31—32页。

由一个站在社会之上的机关变成完全服从这个社会的机关。"① 为了实现这个目标，必须解决下述问题：在共产主义社会中国家制度会发生怎样的变化？同现在的国家职能相比，哪些社会职能应该保留，哪些应该扬弃？哪些应该创新？恩格斯的理论工作正是对这些问题的回答。

三、结　论

我们对恩格斯从1885—1895年间所从事的关于无产阶级专政政治形式研究的理论活动作了考察。这些活动反映在他在这一时期的著述和书信之中，它们由历史唯物主义这条线索联系在一起。恩格斯为什么要进行这些理论研究呢？他在1893年7月14日致弗·梅林的信中，对这个问题作了回答。他两次强调了曾经被他和马克思忽视了的形式问题的重要性。他写道：

"对问题的这一方面（我在这里只能稍微谈谈），我觉得我们大家都有不应有的疏忽。这种情况过去就有：起初总是因为内容而忽略形式。如上所说，我就这样做过，错误总是在事后才清楚地看到。"②

这就是恩格斯理论研究的动因。他从1885年到1891年对民主共和国的研究就是为了解决形式问题。应该看到，从1848年革命到80年代，无产阶级革命专政的概念发生了很大变化。这个概念最初同内战和暴力联系在一起，因为这正是革命时代的特点。到了80年代，它就不再同起义密切相关了，而是变成了所谓的实质概念。马克思恩格斯政治

---

① 《马克思恩格斯全集》第1版第19卷第30页。
② 《马克思恩格斯全集》第1版第39卷第95—96页。

理论所面临的问题是：仅仅从内容的角度说明无产阶级的革命专政是社会变革历史阶段的特点是不够的，还必须指出这种专政是在什么形式下实现的。巴黎公社之后，我们得到了关于这个形式问题的第一个答案。但是马克思和恩格斯在讨论过渡问题的时候却没有提及这个答案。恩格斯在1891年就这个问题又给了我们第二个答案，同时他也没有否定第一个答案。这个答案的好处在于它表明，非官僚制的民主共和国同巴黎公社相比符合更为广泛和普遍的历史经验。从此以后，在政体问题上，人们再也没有理由指责马克思主义留下形式的空白了。之所以有人在1891年后仍然发出这样的诘难，是因为他们把马克思主义和对马克思主义的解释混为一谈。这种解释是列宁做出的，他否认恩格斯制定了关于形式问题的理论，而坚持马克思先前提出的民主共和国是无产阶级和资产阶级的最后决战场所的论题。列宁又重新回到了无产阶级专政的实质概念，并力图根据俄国的经验对形式问题做出回答。

恩格斯在政治形式领域制定的理论具有重要的史学意义，因为他所制定的理论回答了一个不容回避的问题：资产阶级革命的成果和后来发生的无产阶级革命之间有什么关系？或者进一步说，资产阶级民主革命的成果（民主共和国就是最先进的资产阶级革命取得的最显著的成果）一旦获得以后，它们在无产阶级革命中起什么作用？恩格斯1891年的理论革命认为，社会主义革命可以在政治领域把资产阶级革命政党取得的成果向前推进，如果它能够把这些成果继承下来的话。为了取得社会主义革命的胜利，无产阶级需要一个民主的政治形式，而这种形式已经被先前的革命创造出来了。这种形式如果已经存在，那么就保留和发展它，如果还不存在，那么就去争取它。

无产阶级专政需要一定的政治形式，现在的问题在于通过什么样的斗争形式（合法的和非法的、和平的和暴力的），通过哪些阶段，在各阶段又通过哪些联合才可以最终实现这种政治形式。这是两个不同的问题，它们之间既有联系又不能混为一谈。这两个问题恩格斯在《爱尔福特纲领批判》中都涉及了。在斗争形式问题上，恩格斯批评了那种认为在现存的合法制度下就可以过渡到民主和社会主义的荒谬观点。他认为，在现存的专制制度下合法地、和平地进行社会主义的政治和社会变革是不可能的。用暴力来建立民主和社会主义是必然的。问题在于什么时候，在什么条件下使用这种暴力，才可以在阶级搏斗中取胜。而在1895年《〈法兰西阶级斗争〉导言》这篇政治遗嘱中，恩格斯对德国社会主义变革进程的形式又增加了新的考虑。这已经不是1848—1850年不断革命策略中设想的两个明显的不同的阶段，而是其性质直接就是社会主义的革命。正是在这个唯一的社会主义革命的运动中，无产阶级政党将建立民主的政体。这个社会主义革命将附带地完成民主革命的任务，同时，也只有建立了民主政体，这个革命才能够进行。

我们应该把无产阶级革命专政的政治形式同社会变革的政治形式区分开来。这是两个性质不同的问题。使用或不使用暴力涉及的是社会变革的政治形式问题。巴黎公社的例子可以说明这一点。谁也不会指责巴黎公社践踏了民主。"起初就是行动"。公社进行了"不断的革命"。它在1870年6月恢复了共和国，而在1871年3月又把民主向前推进了一步，创造了无产阶级解放的新的政治形式。革命的暴力本身始终是一种民主的形式。

还有一点要补充的是，巴黎公社是在民主政体并没有真正确立的情况下使用暴力的。众所周知，1871年3月18日起义是对梯也尔政府进攻的回答，因为梯也尔想要非法地夺取国民自卫军的大炮。恩格斯对这一情况后来进行了认真的思考。这里有两个问题：一、正是资产阶级首先使用暴力，破坏了合法性；二、这种对暴力的使用可以被看作是一种挑衅，它导致了屠杀。因此担心新的挑衅会引起新的流血的问题始终困扰着恩格斯。对这两个问题的思考促使恩格斯以新的方式提出暴力问题。首先应该把事实颠倒过来：统治阶级用暴力破坏了自身的合法性，然后工人阶级才考虑使用暴力，作为对占有者阶级非法使用暴力的回答；其次，在那些存在着向社会主义和平过渡的可能性的国家，即资产阶级革命和民主政党（其中也包括工人阶级政党）已经建立了民主政体的国家（即使这些国家的社会仍然保留资产阶级和资本主义性质，从而在这些国家中，政治上的平等往往受到经济和社会结构的制约），进攻性地使用武装暴力是否合法，是否可能以及是否受人们欢迎？

（原载法国《当代马克思》杂志 1905 年总第 17 期）

（李其庆 译）

马克思和恩格斯为推动欧洲无产阶级运动和民主主义运动而斗争

——《马克思恩格斯全集》原文版第 1 部分第 18 卷前言*

本卷收入了马克思和恩格斯在 1859 年 10 月至 1860 年 12 月这一时期所写的著作、文章、手稿、声明和文献。这一时期正是马克思与波拿巴代理人卡尔·福格特的造谣中伤展开论战的时期——马克思关于此事发表的第一篇声明①写于 1859 年 10 月 19 日,最后一篇②写于 1860 年 11 月 24 日;他的抨击性著作《福格特先生》是本卷的中心点,发表于 1860 年 12 月。本卷还收入了恩格斯的小册子《萨瓦、尼斯与莱茵》以及马克思和恩格斯在 1859 年 10 月至 1860 年 12 月期间所撰写的报刊文章。

当马克思于 1859 年 10 月开始与由福格特所体现的庸俗民主主义的反共产主义立场展开公开辩论的时候,新的理论认识便是他政治态度的基础。他已经透彻地、科学地评论了 1848—1849 年欧洲革命的经验,特别在像《路易·波拿巴的雾月十八日》③这样的一些著作中阐明了这

---

* 本文选自《马克思恩格斯研究》1992 年总第 8 期。
① 《马克思恩格斯全集》第 1 版第 14 卷第 755 页。
② 《马克思恩格斯全集》第 1 版第 14 卷第 771—772 页。
③ 《马克思恩格斯全集》第 1 版第 8 卷第 117—227 页。

些经验,50年代前半期,他作了内容极为丰富的经济学摘录,①1857年和1858年,他在其手稿《政治经济学批判大纲》②中吸收了这些摘录,使之成为未来《资本论》的第一稿。由于马克思在这个手稿中准确地揭示出资本主义剩余价值生产的经济规律,从而揭示出工业雇佣劳动者受剥削的秘密,马克思主义从此才能提出其完整的理论武器。

马克思在40年代中期制定了唯物史观之后,揭示剩余价值规律是他的第二大发现,由于这个发现,社会主义最终完全由空想变为科学。在1859年10月以前的几个月里,马克思在其《政治经济学批判。第一分册》③中,第一次发表了他的经济学研究的成果,虽然从一方面来说,反对福格特的斗争使马克思的经济学理论的发展中断了一年多;但是,从另一方面来说,在马克思制定剩余价值理论,即第一次阐述了资本主义剥削机制之后,论战性小册子《福格特先生》是马克思在这个创作阶段所写的第一部具有历史意义的或者更确切地说具有现实政治意义的著作。

马克思和恩格斯始终把他们整个的理论和实践活动视为一个不可分割的整体,他们嘲笑把二者加以对立的所有企图,马克思撰写《政治经济学批判》这部著作是为党赢得"科学上的胜利"④。同样,他在反对福格特的斗争中也是为了用党的"坚决打击"去回击"资产阶级庸俗民主派"的"坚决打击";⑤他完全有理由认为这场斗争"对于**党在历**

---

① 《马克思恩格斯全集》原文版第4部分第7卷至第10卷。
② 《马克思恩格斯全集》第1版第46卷第51—520页。
③ 《马克思恩格斯全集》第1版第13卷第3—177页。
④ 《马克思恩格斯全集》第1版第29卷第554页。
⑤ 《马克思恩格斯全集》第1版第30卷第23页。

史上的声誉……具有决定性意义"①。自1848—1849年革命被镇压以来，庸俗民主派总是寻求幻想；而马克思和恩格斯所代表的共产党却有个"很大的优点，就是有一个新的科学的世界观作为理论的基础"②。

马克思在其抨击性著作《福格特先生》里从工商业的发展中得出的结论是他的理论认识的表现。此外，这里还阐述了资本主义生产关系，即资产阶级政治统治的物质基础。在《福格特先生》一书中，例如，在《泰霍夫的信》一章中，对历史进程的阐述说明，是马克思在《政治经济学批判》序言中所阐明的唯物史观原理③的移植。

马克思反对福格特的斗争是在50年代反动时期结束的背景下展开的。1857—1858年的危机不仅是1857年以来的第一次周期性的生产过剩危机，而且还是资本主义历史上第一次世界性的危机。它在欧洲和美国引起了一次新的政治高潮，推动了那个导致1861年美国废除奴隶制的内战和沙皇俄国农奴制废除的历史进程。

在中欧，资本主义生产关系的发展遇到了1848—1849年革命尚未解决的问题所造成的藩篱，首先在德国和意大利，建立统一的资产阶级民族国家已不容拒绝地提上议事日程。在这些国家里，民族运动广泛地兴起；1859年的北意大利的战争表明，在这些资产阶级民族解放运动的基础上武装冲突是不可避免的。在法国，人们对波拿巴独裁政权的不满日益增长；拿破仑第三开始从战争和战争恫吓中寻找出路。

"事实上，欧洲的历史只是从1857—1858年的危机以后才又带有一

---

① 《马克思恩格斯全集》第1版第30卷第449页。
② 《马克思恩格斯全集》第1版第13卷第528页。
③ 《马克思恩格斯全集》第1版第13卷第8—9页。

种尖锐的、也可以说是革命的性质。"①

自1859年以来工人阶级在政治上再度崛起是显而易见的。在英国，越来越多的工人聚集在工联里，重新进行普选权的宣传。法国的工人运动自1851年以来第一次比较强烈地显露出来，由于普鲁士的政治危机，很多德国工人参加了民族运动。

随着50年代美国、英国、德国、法国和其他国家的资本主义生产的迅猛发展，一个人数众多的工业无产阶级已经形成。工人阶级所面临的任务是在一个长期的和艰难的过程中在组织上、思想上以及政治上与资产阶级分离，以便能够完成自己的历史使命。当时这个使命首先是为工人运动在资产阶级改造的最后阶段和在建立国家统一的斗争中的政策制定出有科学根据的方案。

"50年代末和60年代民主运动复兴时期，马克思又投入实际活动。"② 马克思和恩格斯极其重视揭示外交政策上的复杂联系，揭露列强即英国、俄国、法国和奥地利几个列强的利益，正是在这些认识和看法的基础上确定刚刚兴起的工人运动的政治战略。出于上述愿望，恩格斯在1859年春发表了小册子《波河与莱茵河》。马克思于1859年夏天在伦敦《人民报》上发表了《斯普累河与明乔河》和一组没有写完的文章《Quid pro Quo》。正如马克思后来在《福格特先生》中所说明的，他为流亡者报纸《人民报》撰稿是为了让人们明白在阶级矛盾再度尖锐的情况下无产阶级和它所要成立的政党的立场。

马克思和恩格斯在他们于1859—1860年所写的著作和文章中揭示了民族内部的冲突和国际冲突的阶级性质。由于生产力的发展，1848—

---

① 《马克思恩格斯全集》第1版第14卷第480页。
② 《列宁全集》第2版第26卷第51页。

1849年革命期间在普鲁士形成的大资产阶级与封建势力的联盟,像法国统治阶级波拿巴主义式的行使权力一样,客观上已经过时。马克思在《福格特先生》中指出:"恰好是在1849年至1859年这一反动时期,工商业在大陆上得到了前所未闻的大幅度的发展,资产阶级政治统治的物质基础也随之加强了。"①

资产阶级革命最后阶段,也就是摆脱现存的封建关系和建立强大的有发展能力的民族国家,已提上了历史的议事日程。马克思和恩格斯很早就科学而准确地阐述了19世纪50年代末至60年代初具体的经济和政治事件的客观内容,列宁在1915年帝国主义时期强调工人阶级对第一次世界大战的态度时研究过这个问题,他指出:"当时,在1859年,构成欧洲大陆历史过程的客观内容的,不是帝国主义,而是民族资产阶级的解放运动。资产阶级反对封建专制势力的运动当时是主要的动力。"②

在这种形势下,小资产阶级独立的政治作用有规律地不断降低,迅速发展的工人阶级在政治上越来越重要,然而,这一进程当时才刚刚开始。1859年,德国、意大利、法国和其他国家的革命民主力量才刚想为即将来临的斗争组织起来。这时,任何地方都没有工人运动的固定组织,因此,马克思和恩格斯在报刊上发表文章,出版小册子和论战性小册子便有了更加重要的作用,收入本卷的马克思和恩格斯的所有著作和文章都应当算作他们这一类的活动。

当时马克思和恩格斯在任何情况下都没有强调或者由于某种情况不能强调工人阶级的立场,但他们在这一时期的所有文章都是从这一立场

---

① 《马克思恩格斯全集》第1版第14卷第480页。
② 《列宁全集》第2版第26卷第141页。

出发撰写的。他们一贯认为,在任何情况下只有尽可能广泛的人民力量起来坚决反对本国王朝才能实现民主统一和民族独立,波拿巴法国和沙皇俄国是欧洲一切民主运动和无产阶级运动的主要敌人,处处支持真正的民族愿望,坚决同波拿巴法国所大肆宣扬的对民族利益的虚伪的尊重划清界限,这关系到工人阶级的利益。

这时,马克思和恩格斯直接继续推行他们早在革命期间就已经维护的那种政策。马克思在与大资产阶级的《科隆日报》展开论战期间,于1859年11月在一篇反对福格特的声明中写道:"1848年和1849年,当我敢于在《新莱茵报》上出面来维护匈牙利、意大利和波兰民族时,指摘和叫嚣得最凶的是谁呢?不正是约瑟夫·杜蒙先生在科隆的报纸吗?不错,当时路易-拿破仑·波拿巴还没有把'自由主义的'恩惠赐予各民族。"[①]

恩格斯在1864年4月发表的小册子《萨瓦、尼斯与莱茵》中详细阐述了这些观点。自1860年1月以来,当时的报刊增加了对日益迫近的波拿巴法国对萨瓦和尼斯的吞并的讨论。在1859年的北意大利冲突期间还正式否认有领土要求的法国现在却用"自然疆界论"来解释它所提出的要求。这一理论也曾经是波拿巴对莱茵河左岸的德国领土提出要求的基础,恩格斯借助详细的军事战略和语言学的研究材料证明了该理论是站不住脚的,并且阐述了根据这一理论所制定的政策的侵略实质。

恩格斯在《萨瓦、尼斯与莱茵》一文中发挥了马克思的观点。马克思在1859年6月发表的《斯普累河与明乔河》一文中考虑过普鲁士会对正处在北意大利战争中的波拿巴法国进行武装干涉的可能性,认为

---

① 《马克思恩格斯全集》第1版第14卷第757—758页。

普鲁士的干涉会招致沙皇俄国的插手。马克思认为,如果军队不是在霍亨伦索王朝的动员下征集,"而是从积极行动起来的充满伟大的、所向披靡的革命热情和毅力的人民中去征集"①,那么它就能战胜法俄联盟。

在《萨瓦、尼斯与莱茵》这本小册子中,恩格斯继续发展了这些观点。他在其小册子的结尾写道:"同时,我们已经有俄国农奴这样一个同盟者。现在俄国统治阶级和被奴役的农民阶级之间的斗争正如火如荼,它正在动摇俄国对外政策的整个体系。这个体系只有当俄国内部在政治上还没有发展以前,才可能存在。"②

列宁在对《萨瓦、尼斯与莱茵》一文的摘录中强调指出,德国的民族解放与俄国农奴结成联盟是与沙皇俄国进行革命战争的关键问题。③

和已经发表的《波河与莱茵河》一样,续篇《萨瓦、尼斯与莱茵》也以小册子的形式在柏林出版。与此同时,马克思和恩格斯还在他们为《纽约论坛报》撰写的文章和发表在几家德国报纸上的声明中,极为有效地宣传了他们的观点。他们这一政治行动的目的是反对欧洲列强镇压人民民主运动和人民民族运动的任何阴谋,反对波拿巴主义的一切政治诡计,反对在普鲁士领导下统一德国的所有步骤。由此可见,阻止马克思和恩格斯对人民群众产生影响,这关系到像波拿巴一类的王朝势力和像庸俗民主派一类的大资产阶级势力的直接利益。因此,一个本身来自庸俗民主派营垒的波拿巴代理人开始从事反对共产党人的诽谤活动,这绝不是什么偶然的事件。

---

① 《马克思恩格斯全集》第 1 版第 13 卷第 438 页。
② 《马克思恩格斯全集》第 1 版第 13 卷第 679—680 页。
③ 《列宁文稿》1930 年莫斯科版第 13 卷第 345 页。

自1859年4月以来，马克思就已经留心观察福格特的活动。不久，他就意识到："福格特对我的攻击……应该说是资产阶级庸俗民主派以及俄国—波拿巴主义恶棍对全党的坚决打击。"① 最迟从1859年12月福格特的小册子《我对〈总汇报〉的诉讼》在日内瓦出版时起，人们对此再也不会有所怀疑了，马克思称这本小册子为福格特的"主要著作"②，是福格特"对我和我党同志所发表的奇谈怪论"③。

福格特作为庸俗唯物主义自然科学家曾获得一定的声誉。1848年，他是法兰克福国民议会的左翼成员，1849年是国民议会任命的5个所谓帝国摄政之一。由此可见，他享有威望并掌握着各种关系，自革命遭到镇压，他一直住在瑞士，12年以后才有材料证明，他在1859年是拿破仑第三雇用的密探。

马克思在《福格特先生》这部著作的前言中强调了在"已经完全没有可能通过法律手续来当众驳斥这类货色"以后，他为什么不得不力求"用文字予以驳斥"。④ 所谓的自由派报刊——首先是柏林的《国民报》和伦敦的《每日电讯》——曾经满意地刊登了福格特的所谓的揭露材料，对这些报刊所维护的建立德意志民族国家的王朝道路来说，最大的危险就是无产阶级民主运动的兴起。反共产主义的宣传是阻止这一运动壮大的根本方法。

不是所有的人都能充分地注意到，在《福格特先生》的辛辣的批驳后面，在大量真实可靠的文献和倾泻而出的一连串政治和文学隐喻后

---

① 《马克思恩格斯全集》第1版第30卷第23页。
② 《马克思恩格斯全集》第1版第14卷第404页。
③ 《马克思恩格斯全集》第1版第14卷第402页。
④ 《马克思恩格斯全集》第1版第14卷第402页。

面，隐伏着一个事实：该著作的出版可以说是革命政党重新建立的开始，因为仅仅把资料汇编起来就有利于无产阶级骨干的积聚。该书通过第一次概述共产主义者同盟史，使人们从第一个共产党的活动中吸取经验。马克思在说明反动派使同盟不可能继续存在时多次提到1852年的科隆共产党人案件，到那时为止发表的几乎所有的马克思和恩格斯的文章使人们了解到50年代科学共产主义发展情况。马克思在《福格特先生》一书中通过揭露波拿巴主义以及庸俗民主派的本质，阐述工人阶级的有科学根据的国家设想，使人们了解到重建工人政党的基本方针。

1860年，在马克思为其抨击性著作做准备工作时，聚集在他周围的除了恩格斯以外，还有一些共产主义者同盟的老战士，如恩斯特·德朗克、彼得·伊曼特、厄内斯特·琼斯、弗里德里希·列斯纳、威廉·李卜克内西、彼得·诺特荣克、卡尔·沙佩尔、安得列阿斯·谢尔策尔和威廉·沃尔沸，只有少数几个以前的战友，如斐迪南·弗莱里格拉特，拒绝在这个新的时期与马克思合作。马克思以书信形式与革命民主党人如律西安·列奥波特·若特兰、尼古拉·萨宗诺夫、维克多·席利和贝尔塔兰·瑟美列重新恢复了旧日的联系，或者与茜吉兹蒙特·波克罕和格奥尔格·洛美尔建立了新的联系。毋庸置疑，在新结交的战友中，流亡瑞士的德国老将约翰·菲力浦·贝克尔出类拔萃；他的"革命活动""从汉巴赫大典"扩展"到……维护帝国宪法的运动"。① 贝克尔在60年代是国际工人协会的重要领导人。

为了支持马克思反对国际波拿巴主义的宣传的斗争，前面所提到的人几乎都给马克思写过信；马克思在《福格特先生》一书中，详细援引了他们书信中的内容。

---

① 《马克思恩格斯全集》第1版第14卷第442页。

马克思和恩格斯早就认识到，工人阶级革命政党未来的新形式将会不同于共产主义者同盟；但他们还总是强调，从同盟的活动中总结出的经验是不可放弃的，为此当然需要准确地叙述事实，从而需要为同盟作历史的辩护，需要阐明同盟的最重要的政治决定，特别是同盟存在的最后阶段的最重要的政治决定。这一切都是《福格特先生》这一著作的内容。

阻止共产党的重建是福格特所维护的政治方针的目的之所在，工人们寻求政治上的独立性和相应的政治领导，而反共产主义的造谣中伤必然会在他们中间造成混乱。针对这种曾多次使用的手段，马克思捍卫共产党，刻画了它的敌人的特点，阐述了共产党人的原则立场，而且没有隐瞒1850年与共产主义者同盟内部的宗派主义观点进行争论的原因。同时他明确指出："……如果我们考虑到整个官方世界如何拼命地反对我们；为了要毁灭我们，他们对刑法典不是稍稍触犯一下，而是通通彻底违犯了；如果我们考虑到那些'愚蠢的民主派'不会原谅我们的党比他们自己具有更高的才智和风格而进行恶毒的诽谤；如果我们熟悉**同一时期的**其他一切政党的历史；最后，如果我们问一下自己，究竟能够提出什么**事实**……来反对整个党；那么我们就可以得出结论说，我们的党在这个十九世纪由于它的纯洁无瑕而出类拔萃。"① 抨击性著作《福格特先生》包含党的历史的大量文献和资料。该著作本身就是马克思主义编纂国际工人运动史方面的里程碑。就这一点而论，该书进一步阐述了马克思在《揭露科伦共产党人案件》② 和《高尚意识的骑士》③ 以及马

---

① 《马克思恩格斯全集》第1版第30卷第484页。
② 《马克思恩格斯全集》第1版第8卷第457—536页。
③ 《马克思恩格斯全集》第1版第9卷第537—571页。

克思和恩格斯合著的《流亡中的大人物》①中所获得的历史认识。

福格特的造谣中伤绝对没有出乎马克思和恩格斯的意料。早在科隆共产党人案件期间，普鲁士警探就炮制出对付共产主义者同盟的莫须有的罪名。马克思在《揭露科隆共产党人案件》一文中，已经揭穿了普鲁士反动派对付同盟的图谋。

在《福格特先生》的《科隆共产党人案件》一节和整个《警察作风》一章中，马克思深刻论述了反动政府对工人阶级政党所采取的行径。马克思断定，福格特的行动是科隆案件期间针对无产阶级而制定的政策的继续，马克思在《福格特先生》中指出："只要有一位福格特……施梯伯就会什么也干。"②

马克思在这一时期特别重视把科隆共产党人案件的倾向昭示于世，不仅仅只是为了对付福格特。1860年春，在柏林的一起诉讼案中对新闻记者卡尔·威廉·艾希霍夫进行了审理，他曾在一组文章里谴责施梯伯所作的伪证，马克思为了这起诉讼案给艾希霍夫寄去了《揭露共产党人案件》。为了工人阶级的利益和工人阶级正常的发展，马克思希望在这次诉讼过程中"整个科伦共产党人案件将会重新出现"③。

在马克思撰写《福格特先生》期间，加强与工人运动的联系并把自己新获得的科学认识介绍给工人运动，这两者构成了一个不可分割的整体。马克思在他的《政治经济学批判》这一著作出版以后，又开始在伦敦"向一部分优秀工人作政治经济学的义务演讲"④，其中有一些

---

① 《马克思恩格斯全集》第1版第8卷第259—380页。
② 《马克思恩格斯全集》第1版第14卷第439—440页。
③ 《马克思恩格斯全集》第1版第30卷第23页。
④ 《马克思恩格斯全集》第1版第14卷第681页。

曾经是同盟的成员。1860年2月，马克思在8年之后第一次又接受了伦敦共产主义工人教育协会的邀请，参加它成立20周年的庆祝会。正如马克思在《福格特先生》中所强调的，会上一致通过了一项决议，"把福格特的下列说法'**痛斥为**'一种'**诽谤**'，因为他硬说我'剥削'德国工人，特别是'剥削'住在伦敦的德国工人。"① 莱茵河畔的工人对共产主义者同盟仍记忆犹新，他们特别期待马克思回击福格特。②

《福格特先生》这一著作成为传播马克思主义认识的一个高潮。该著作的任务之一就是在论战中使工人对"我们的观点"有最基本的了解③。马克思援引了《共产党宣言》的《批判的空想的社会主义和共产主义》中的一段话。因为无产阶级与资产阶级运动的关系即使在1860年仍是政治进一步发展的核心问题，所以马克思在《福格特先生》中复述了《共产党宣言》中的一段话，因为马克思和恩格斯在这段话中非常明确地阐明了他们对这种关系的看法。④ 马克思为了阐明他的革命观点，还复述了《1848年至1850年的法兰西阶级斗争》中所表述的思想。恩格斯在他的《德国维护帝国宪法的运动》这一著作中，揭露了小资产阶级民主派的言词和它们的不彻底性。马克思引用了恩格斯的这些话，为了让人们注意波拿巴主义政策的实质，马克思在《福格特先生》的第一章里就援引了《路易·波拿巴的雾月十八日》中较长的一段话。

马克思还援引了他和恩格斯在革命前所发表的文章。例如，他指出

---

① 《马克思恩格斯全集》第1版第14卷第681页。
② 参见《马克思恩格斯全集》原文版第1部分第18卷第665—692页。
③ 《马克思恩格斯全集》第1版第14卷第475页。
④ 《马克思恩格斯全集》第1版第14卷第478页。

了自己于1847年在《哲学的贫困》一书中所获得的科学认识的方法论基础。马克思根据恩格斯的著作《英国工人阶级状况》指出,"无产阶级革命的首要前提"也就是"全国规模的工业无产阶级",① 建立全国规模的群众性革命政党是工人运动客观上日趋严峻的任务,因此马克思的这个提示具有特别重要的理论意义,这里也反映了马克思和恩格斯50年代前半期在试图将宪章运动的左翼发展成一个革命政党的实践中所取得的经验。

在共产主义者同盟的经验中无意义的革命活动和密谋活动对刚刚兴起的工人运动来说是一个重要的教训。在法国,早在1848年以前,在德国革命遭到镇压以后,事实就证明,这样的冒险行动必然会有利于反动的警察当局和司法当局。马克思在《福格特先生》一书中就这个问题援引了他的两篇文章《揭露科隆共产党人案件》和《高尚意识的骑士》。他引用了《揭露科隆共产党人案件》中的几段话,他曾经在这几段话里强调:1849年以后,共产主义者同盟和革命前一样,只能作为秘密团体存在,无产阶级政党的成员,无论是同盟成员还是随后建立的无产阶级政党的成员,都不能迷恋于搞革命的密谋活动,因为这种活动是受社会发展的客观情况制约的。

在马克思撰写《福格特先生》时所研究过的大量的资料中,《新莱茵报》占重要的地位(马克思1860年摘录《新莱茵报》的内容发表在《马克思恩格斯全集》原文版第4部分)。在马克思的这一论战性小册子中,有一章的标题就是"福格特和《新莱茵报》"。在这一章,马克思揭露了这位从前的帝国摄政在法兰克福国民议会中所起的不好的作用,马克思通过复述和评论威廉·沃尔弗在这个议会中的发言,赞赏无

---

① 《马克思恩格斯全集》第1版第14卷第477页。

产阶级革命者在资产阶级议会中的第一次露面,与此同时马克思并没有忽略强调,沃尔弗是《新莱茵报》的一位编辑。①

马克思断定,福格特对他进行的"无耻攻击……都来自波拿巴的营垒"②。马克思在《福格特先生》中指出,福格特所发表的言论在风格和内容上都抄袭了在巴黎出版的波拿巴主义的宣传小册子;因此,马克思在其抨击性著作中指出,福格特是以"**法国食槽**"为生的人之一。③1871年,在拿破仑第三垮台以后,报纸发表了皇室的文件,文件表明,福格特在1859年8月从拿破仑的秘密基金中得到过4万法郎。

与波拿巴主义展开论战是《福格特先生》这一著作的基本意图,就其意义来说远远超过了这种揭露本身。马克思早在1857年《路易·波拿巴的雾月十八日》中就已经指出,波拿巴主义是一种——由政治家和军官组成的小集团行使的——没有资产阶级直接参与执政、但符合资产阶级利益的独裁统治。波拿巴主义依靠军队和官僚,企图躲藏在民主词句的后面并在各阶级之间左右逢源,波拿巴主义虽然产生于法国的现有政权,但早在1859年它就已经不再是纯法国事情了。

50年代末要求民族解放和民族统一的呼声已不容忽视,民族运动不断发展,社会冲突爆发,这时波拿巴主义便成为欧洲反动势力的主要支柱之一。为了对民族运动施加影响,它就对波拿巴法国的社会基础加以歪曲,它所作的有关社会和民族的蛊惑宣传内容之一就是把波拿巴主义说成是工人的朋友。福格特在德意志工人协会洛桑中央节上声称,绝大多数的工人,尤其是巴黎的工人"目前",也就是说,在意大利战争

---

① 《马克思恩格斯全集》第1版第14卷第495页。
② 《马克思恩格斯全集》第1版第30卷第512页。
③ 《马克思恩格斯全集》第1版第14卷第595页。

的情况下支持拿破仑第三。① 波拿巴政策的特点正如马克思所指出的，是将拿破仑第三当作"工人专政者"向工人吹嘘，但又"仅仅为了'工人专政'这一字眼便……以资产阶级身份大发雷霆"。②

它们蛊惑人民群众的另一个做法是宣称，确立德国的统一是波拿巴法国的意愿之一，但是波拿巴主义的报刊却指责德国人民的民族运动是一种威胁法国的危险运动。马克思特别在《达－达·福格特和他的研究》一章中，揭露了这一政策的本质：民族解放运动的敌人冒充自己是这个运动的代表，企图使运动脱离其民族目标，并把这个运动引向反革命的轨道。

马克思为了能够正确强调欧洲列强之间的关系和矛盾，在准备写作《福格特先生》期间研究了16世纪以来国际外交的发展，这对马克思有很大的帮助。在《达－达·福格特和他的研究》一章中清楚地表明了这一点，通过分析国际外交史酝酿了马克思1864年在国际工人协会的《成立宣言》中表述为工人阶级的责任的认识；即"要他们洞悉国际政治的秘密，监督本国政府的外交活动，在必要时就用能用的一切办法反抗它；在不可能防止这种活动时就团结起来同时揭露它，努力做到使私人关系间应该遵循的那种简单的道德和正义的准则，成为国际关系中的至高无上的准则"③。

在《福格特先生》中，阐述波拿巴政策的实质和分析庸俗民主派的特性是紧密联系在一起的。马克思和恩格斯是这样刻画小资产阶级的政治代表的特征的：他们不再致力于完成他们本来所面临的为建立资产

---

① 《马克思恩格斯全集》第1版第14卷第597页。
② 《马克思恩格斯全集》第1版第14卷第597页。
③ 《马克思恩格斯全集》第1版第16卷第14页。

阶级民主关系而斗争的历史任务,而是以这种或那种方式与封建大资产阶级的阶级妥协和解,并且从这一立场出发竭力反对为实现工人运动在政治上的独立所采取的一切行动。庸俗民主派的重要代表都转入了资产阶级的营垒,对马克思和恩格斯来说,他们是一事无成的民主主义者。

1859年,庸俗民主派再次出来发表大量的宣言,但是,1859年的政治形势的发展也显示出庸俗民主派从1848—1849年革命起就开始的瓦解过程,马克思和恩格斯已经很了解庸俗民主主义者的政治观点和活动。在《福格特先生》中,马克思追述了早在1852年就已经完成的手稿《流亡中的大人物》,发表在《福格特先生》的《附录》中的文献(例如《老鼠与青蛙之战》)和与该著作的出版有关的报刊声明都证明,庸俗民主派的行动是完全矛盾的。在《庇护人和同谋者》这一章中,马克思证明,庸俗民主派的幻想能够轻易把人引入波拿巴的营垒,1848—1849年革命起家的资产阶级民主运动的重要代表变成波拿巴集团的附庸。对共产主义进行造谣中伤一向是庸俗民主派活动的基本重点。福格特在其著作的前言中断言,"共产党"打算"通过它的'无产阶级专政'消灭每一个与之对抗的人",并且"用毒药、匕首和抢劫的方式"来贯彻他们的意图。① 因为共产主义者同盟的历史本身与这种论断毫无共同之处,所以福格特就把维利希—沙佩尔派(或者更确切地说,他们领导的宗得崩德)和民主流亡者的言论与党的历史混为一谈。某些同盟成员在革命后热衷于小资产阶级民主的幻想、密谋活动和无意义的革命活动。福格特想把这些幻想解释为党的历史、宗派主义的立场硬说成是马克思自己的立场。然而,马克思和恩格斯在1850年9月15

---

① 卡尔·福格特:《我对〈总汇报〉的诉讼。——速记报告、文献和注释》1859年日内瓦版第7页。

日同盟的决定性会议上就已经强调指出，决定革命发展的不是主观愿望，而是实际情况，无产阶级为了自身能够具备实行统治的能力必须经历长期的阶级斗争。①

福格特的攻击首先针对革命的工人运动；此外，他还要阻止真正民主运动的重新兴起。因此，对马克思来说，对流亡者的历史发表看法具有重要意义。马克思克制地同时又带有解释地说明："对流亡者（少数几个除外）所能责难的，只不过是他们曾经抱过种种幻想，而这些幻想的产生是当时的各种情况使然的；此外，他们还干了一些蠢事，但这些蠢事也是他们所碰到的一种意想不到的特殊环境所必然引起的。"② 针对福格特所推行的波拿巴主义政策，马克思强调了流亡者的一段历史以利于民主运动的开展："如果把大约从1846年至1859年这一时期各国政府的历史和资产阶级社会的历史跟同一时期流亡者的历史比较一下，那就会是给流亡者所能写出的最出色的辩护书。"③

对马克思来说，重要的是强调阶级利益，特别是资产阶级的报刊由于阶级利益而采纳了福格特的观点并最终把它们描绘成自己的立场。对被压迫阶级利益的捍卫者采取这种行动在这一时期就成为一贯风气了。马克思在《福格特先生》中指出："不仅十二月的mouchards〔间谍们〕曾经在路易·勃朗、布朗基、拉斯拜尔等人的背后散布过这类恶毒的诽谤，统治阶级的告密者们也随时随地在同样无耻地对捍卫被压迫阶级利益的先进政治战士和作家造谣中伤。"④

---

① 《马克思恩格斯全集》第1版第7卷第620页。
② 《马克思恩格斯全集》第1版第14卷第402页。
③ 《马克思恩格斯全集》第1版第14卷第402页。
④ 《马克思恩格斯全集》第1版第14卷第453页。

在《福格特先生》中，马克思在表达方式以及论战方式上沿袭了《流亡中的大人物》。他为了阐明自己的观点，把科学的分析和艺术的刻画结合在一起，文章中所采用的大量警句和文学形象对福格特的图谋作了讽刺性的评论。恩格斯写道："这确实是你迄今为止所写的最好的论战性著作"。①

马克思出于维护工人阶级利益的热烈情感撰写了抨击性著作《福格特先生》。马克思的这部著作为驳斥反共产主义的造谣中伤提供了一个范例。

在《福格特先生》中，马克思暂时总结了他和恩格斯10年来为《纽约论坛报》的撰稿活动，他着重强调了他们的新闻创作与福格特所维护的政策之间的根本对立。同时，马克思还强调要宣传他们共同制定的民族计划；他在1859年的头几个月里就已经在《纽约论坛报》上开始这项宣传工作。但是，正如马克思所阐明的，在就这一计划与资产阶级报纸展开论战的同时，"我们也反对波拿巴主义的宣传"②。

因此，马克思非常重视强调他在发行量很大的纽约报纸上已经指出过的："《Bas Empire》〔'衰落时期的帝国'〕的财政状况和国内政治状况已经达到了危急点，只有对外战争才能延长法国政变制度的统治以及欧洲反革命的统治。"他指出："波拿巴式地解放意大利只是一种借口，目的是要奴役法国，使意大利屈服于政变制度，把法国的'自然疆界'向德国方面扩张，把奥地利变成俄国的工具以及把各国人民卷进正统反革命同非正统反革命的战争中去。"③

---

① 《马克思恩格斯全集》第1版第30卷第129页。
② 《马克思恩格斯全集》第1版第14卷第505页。
③ 《马克思恩格斯全集》第1版第14卷第505页。

马克思认为，就他与工人阶级的关系而言，重要的是驳倒福格特散布的谣言，说什么马克思靠"工人的血汗"过活。① 马克思为了驳斥这种说法，求助于查理·安·德纳，这个"'纽约论坛报'——这是第一流的美国的莱文报纸，它有 20 万订户……——的 managing editor〔主编〕"②。他要求德纳对他 10 年来为《纽约论坛报》从事有酬撰稿一事提出书面证明；后来，他把德纳的回信收入《福格特先生》的《附录》。③

收入本卷的绝大多数文章都是马克思和恩格斯为《纽约论坛报》撰写的。此外，这一时期恩格斯还在达姆施塔德的《军事总汇报》和在曼彻斯特出版的《朗卡郡和柴郡志愿兵杂志》上发表了军事问题的文章。④

德纳在他写给马克思的信中不仅证明，马克思在自己的文章中"对劳动阶级的幸福和进步一直表示最深切的关怀"；而且还准确地一般描述了马克思和恩格斯的政治观点，同时还道出了他们通讯稿的主要内容："在涉及沙皇制度和波拿巴主义问题时，我有时感到，您对德国的统一和独立表现了过多的兴趣和过大的关心。在最近的意大利问题上，这一点大概表现得特别明显。在**同情意大利人民**方面，我和您是完全一致的。"⑤

就资产阶级民族解放运动的进一步发展来看，在意大利，以 1860 年 4 月西西里人民为实现民族统一而举行的起义为开端的政治事件具有

---

① 《马克思恩格斯全集》第 1 版第 14 卷第 681 页。
② 《马克思恩格斯全集》第 1 版第 14 卷第 681 页。
③ 《马克思恩格斯全集》第 1 版第 14 卷第 748—749 页。
④ 《马克思恩格斯全集》第 1 版第 14 卷第 748—749 页。
⑤ 《马克思恩格斯全集》第 1 版第 14 卷第 748 页。

重要意义。1859年8月4日，马克思在《纽约论坛报》上发表了一篇题为"维拉弗兰卡条约"的文章，他在这篇文章中表示，希望意大利的革命在共和党人的领导下能够改变意大利的面貌。1860年5月，加里波第率领一个志愿军支援起义者在西西里登陆；这一事实清楚地表明，马克思在1859年8月所表示的希望并非没有根据。

1860年，对意大利事件——特别是在加里波第远征活动中占有很大比重。在加里波第开始军事行动时，存在着两个重要的问题：一个是加里波第是否能很快取得一系列军事胜利，以扩大他的群众基础；另一个是那不勒斯的雇佣军将怎样对待加里波第的志愿军团。

恩格斯在《加里波第在西西里》《加里波第的运动》《加里波第的进军》和《加里波第在卡拉布里亚》这几篇文章中，从军事战略的角度考察了加里波第远征的进程；并且证明，加里波第领导的志愿军团比雇佣军占优势。恩格斯在《加里波第在西西里》这篇文章中回答了马克思提出的问题："加里波第的胜利证明，那不勒斯王国军队仍然对这个曾经在法军、那不勒斯军和奥军面前一直高举意大利革命旗帜的人感到恐惧，而西西里人民对于他以及对于民族解放事业则没有丧失信心。"①

1860年7月，马克思从加里波第的一封信中了解了情况，并由此得出结论，加里波第同他对拿破仑第三的看法是一致的。马克思在他的《西西里新闻。——加里波第和拉法里纳之争。——加里波第的信》一文中提到了这封信，并且强调，加里波第认为自己的主要任务是不给拿破仑第三的外交干涉提供任何借口。在加里波第看来，只有他所领导的运动保持人民的性质，使运动本身不与王朝的扩张计划发生任何联系，

---

① 《马克思恩格斯全集》第1版第15卷第69页。

才能做到这一点。马克思认为，实现这个目标，意大利便能够取得符合人民利益的统一的解放。

马克思和恩格斯曾希望意大利的人民运动会推动欧洲其他国家的民主民族运动。但是，加里波第未能成功地把他的斗争进行到底，马克思指出了卡富尔伯爵所起的作用，卡富尔伯爵作为自由保皇派的领袖从一开始就企图阻止加里波第的远征，在这件事上他肯定得到了拿破仑第三的支持。①

马克思和恩格斯在1859年和1860年所研究的所有涉及欧洲各国政治经济发展的论题都与波拿巴主义的政策有关，它们在对内、对外政策上表明了波拿巴制度的反革命实质。有好几篇文章论证和阐明了马克思在《福格特先生》中所表明的反对波拿马主义的立场。

尽管法国的对外贸易有所盈利，但它的国内商业政策还是使国家变穷。马克思分析了法国的财政政策，并指出了官僚政治在波拿巴制度中所起的作用；② 他还证明了波拿巴法国制度内在的腐败。

然而，马克思在阐明这种冒险的、引起战争危险的对外政策时，也指出了欧洲各国政府对拿破仑第三的制度负有的责任："欧洲的统治集团由于害怕革命而承认了路易·波拿巴的制度，但是，周期性地发动战争却是这个制度存在的必要条件之一。"③ 马克思清楚地看到，即使在英国，为了统治阶级的利益，人们也利用所引起的战争危险来转移国内的阶级矛盾："只要善于利用，恐慌能够给各个所谓自由国家的政府提供许多好机会。当人们被吓得神经错乱的时候，能够很容易使他们的头

---

① 《马克思恩格斯全集》第1版第15卷第196—200页。
② 《马克思恩格斯全集》第1版第15卷第127—131页。
③ 《马克思恩格斯全集》第1版第13卷第607页。

脑摆脱危险的幻想。"①

马克思认为法国传统外交的第一条原则是阻止在它的周围形成强大的国家。这一政策在1859年和1860年首先是针对德国和意大利的。②除意大利的民族运动外,马克思和恩格斯还特别关心德国的政治发展,在德国发生的任何一次人民民族运动都首先遇到本国各反动邦的抵制,特别是奥地利和普鲁士的抵制。此外,反对它的还有欧洲列强,首先是波拿巴法国和沙皇俄国。

马克思在他的《为拿破仑在莱茵河上的未来战争做准备》一文中,深入研究了波拿巴法国的图谋,指出波拿巴法国企图占有莱茵河左岸的德国领土,为此它同意普鲁士政府建立以普鲁士国王为首的小德意志的计划,而整个南德意志应排除在外。

尽管反动列强的立场各不相同,但它们商讨的所有结果都是要阻止资产阶级民族民主解放运动的发展。③ 为了说明走这样的民族运动的道路并非没有成功的希望,马克思提醒人们注意欧洲各国的反动制度所面临的种种困难。④

马克思和恩格斯研究了德国各邦的内部矛盾,特别是普鲁士的内部矛盾。普鲁士的反动制度和与此相联系的军国主义都着眼于欺压每一场民主运动。马克思揭露了普鲁士的或者倾向普鲁士的资产阶级的政策,他们就威廉亲王就任摄政王一事散布一种"新时代"开始的幻想。马克思论述了普鲁士的自由派新内阁提出的这项政策的矛盾性和虚假性。

---

① 《马克思恩格斯全集》第1版第13卷第606页。
② 《马克思恩格斯全集》第1版第13卷第592—593页。
③ 《马克思恩格斯全集》原文版第1部分第18卷第444—447页和《马克思恩格斯全集》第1版第15卷第192—195页。
④ 《马克思恩格斯全集》第1版第15卷第157—162页。

他指出，新内阁不仅原封不动地保留了官僚制度和警察制度的所有枷锁，而且还把对此视而不见宣布为一种爱国义务。①

与此相对，马克思和恩格斯强调，人民群众的爱国任务是寻求一条消灭德国各反动势力的革命民主道路，从而通过民主的途径消除国家的四分五裂。

马克思和恩格斯在《奥地利病夫》《俄国利用奥地利。——华沙会议》《普鲁士备战》和《奥地利革命的发展》这几篇文章中，论述了奥地利君主制的衰落。奥地利卷入了镇压其他民族的国际冲突之中，集中生活在奥地利国家的各民族都要求独立。但是，放弃反动的对外政策意味着奥地利帝国内的各个组成部分各自独立，维也纳政府不得不在对内政策上做出让步。恩格斯注意到，在奥地利人们普遍同情加里波第，他追述了1848年在奥地利发生的革命事件，并希望加里波第的征讨能推动奥地利国内反对专制制度运动的发展。②

沙皇俄国的对内对外政策是欧洲局势进一步发展的关键性问题，马克思和恩格斯极其重视俄国农民要求废除农奴制的运动。马克思把俄国看作是一个"被阶级斗争弄得四分五裂或被财政危机弄得精疲力竭的大帝国"③。为了把人们的注意力从解放农奴问题上引开，俄国的政府和资产阶级取得一致，全力投入对外政策的冒险，马克思阐明了在这种情况下产生的沙皇对外政策的实质。④

马克思和恩格斯所作的政治评论是以认真研究经济发展为基础的。

---

① 《马克思恩格斯全集》第1版第15卷第45—46页。
② 《马克思恩格斯全集》第1版第15卷第141—144页。
③ 《马克思恩格斯全集》第1版第15卷第193页。
④ 《马克思恩格斯全集》第1版第15卷第192—195页。

大不列颠这个最先进的资本主义国家为认识资本主义世界市场的状况提供了极好的条件。马克思主要从这种观察角度来研究这一时期英国的发展。《法英之间的新条约》《英国的预算》《不列颠的贸易》《大不列颠。——金融市场的紧张状况》这样一些文章反映了这一点。马克思在这些文章里依据统计资料分析了资本主义的经济状况和财政状况。

马克思在《不列颠工厂工业的状况》一文中，阐述了对大不列颠资本主义的发展和工人阶级的状况的重要认识。每隔半年发表一次的英国工厂视察员的报告书包含有大量的反映英国资本主义发展的统计材料，马克思把这些报告书视为他的经济学研究的一个重要资料。此后，他在《资本论》里援引了这些报告书的内容。

伴随资本主义世界市场形成的是严酷的殖民政策。马克思以当时的英国殖民地印度为例指出，国家收入通过实行新的税收而大量增加。建造设防兵营使得英国殖民统治者没有资金搞公共建筑。①

马克思早在《新的对华战争》这组文章中就已经谴责了英法殖民统治者所推行的政策。在《对华贸易》一文中，马克思指出了英国资产阶级的狭隘性，因为它在对华贸易中不从实际存在的经济情况出发。中国的经济结构阻碍了英国对华出口贸易的扩大。

恩格斯在三篇文章中——一篇的标题是"对摩尔人的战争的进程"，另两篇的标题是"对摩尔人的战争"——论述了1859年11月由西班牙在北非开始的殖民战争。在这些文章中，恩格斯对战争进程进行了几乎面面俱到的评论。

收入本卷的恩格斯的文章都是涉及军事科学或军事史方面的文章，它们是马克思和恩格斯在1857年至1862年间撰写的。恩格斯在《论线

---

① 《马克思恩格斯全集》第1版第15卷第139—140页。

膛炮》和《步枪史》这两组文章中，论证了科学和军事技术之间的紧密联系，他认为，进一步发展武器的种类会对军事战略产生影响。

恩格斯联系对外政策的冲突论述了军队的训练水平和武器装备。他在《德国的军事改革》一文中，把德意志联邦的各支军队与法国军队作了比较。所谓的法国入侵的危险致使伦敦议会就防御计划问题展开辩论。为此，恩格斯在《纽约论坛报》上发表了一篇很内行的文章。① 在这一时期，大不列颠志愿兵部队由此而得到加强。恩格斯在与《泰晤士报》的争论中，强调了志愿兵部队的阶级性质。因此，他支持在不列颠居民中呼声很高的要求：使保守的军事制度民主化，吸收工人加入志愿兵部队。②

收入本卷的文章证明，马克思和恩格斯在1859—1860年期间仍然利用资产阶级新闻机构所提供的可能性维护他们的无产阶级立场。不过，对马克思和恩格斯的这一创作时期来说，具有决定性意义的是，《福格特先生》为争取建立工人阶级政党的斗争奠定了新的基础。

（原载《马克思恩格斯全集》原文版第1部分第18卷）

（章　林　译　　孙　魁　校）

---

① 《马克思恩格斯全集》第1版第15卷第115—120页。
② 《马克思恩格斯全集》第1版第15卷第80页。

推动民主运动取得突破的无名英雄
——马克思和恩格斯*

〔美〕奥古斯特·尼姆茨

迪·吕施迈尔、伊·胡·斯蒂芬斯和约·斯蒂芬斯在他们广泛受到好评的《资本主义的发展与民主》一书中令人信服地说明,在先进的资本主义国家,"工人阶级力量的增长和它建立自己的组织的能力的增强最终在民主运动取得突破的过程中起了最为关键的作用"。就像约·特尔博恩在早些时候的研究中发现的那样,他们也发现,工人阶级的成功通常依靠的是它与其他阶级比如农民阶级和中产阶级的联合。此书的作者强调,尽管他们并非对过程不感兴趣,但他们用以得出结论的标准仍"不是以分析政体转变的过程为中心而是以民主的结构为中心"。但是吕施迈尔、伊·胡·斯蒂芬斯和约·斯蒂芬斯在把结构放在首要地位的同时,过分地把工人阶级建立政治组织这件事描述为必然的或不可避免的。他们提出的理由是,"工人阶级不同于其他下层阶级,他们有能力建立自己的组织",这当然是正确的。但是,历史学家埃·霍布斯鲍姆在对19世纪最后25年的工人运动进行概述时就曾指出,"准备进行罢工和要求组织起来与认定雇主(资本家)阶级是主要政治对手,这两者之间没有必然的联系"。

---

* 本文选自《马克思恩格斯列宁斯大林研究》2001年第2辑。

本文认为，工人阶级要建立自己的政治组织，包括与其他阶级联合，需要有头脑的领导和组织者，即起推动作用的人，在这一点上，马克思和恩格斯所做的工作无人能及。那么，以此类推，我们得出了与普遍的观点相反的结论，即马克思和恩格斯在推动民主运动取得突破方面所作的贡献无人能及。虽然有些著作，如德雷珀和吉尔伯特的著作，令人信服地证明他们对民主做出了贡献，但这篇文章第一次试图将他们的政治活动与19世纪末20世纪初民主运动中取得的突破明确地联系在一起。为了给这些泛泛的论点找出初步为大家认可的根据，就必须超越仅仅把马克思和恩格斯看成是知识分子和理论家的框框，而把他们看成是他们自己所认为的那样的人：他们是以一对政治搭档的形式出现的革命活动家。① 通过对他们各个时期的实践活动加以考察，我想说明，他们对于民主运动的突破所作的贡献不是无意间做出的，而是抱有特定的目的。

从革命民主主义者到共产主义者

为了正确评价他们对民主进程的贡献，必须注意到，年轻的马克思和恩格斯在19世纪40年代遇到的那些社会主义和共产主义组织，尽管代表了许多不同的潮流和倾向，但它们至少有一点是共同的——对于政治和政治制度的普遍轻视。当然，是英国的宪章运动而不是当时存在的社会主义使年轻的马克思和恩格斯认识到工人阶级进行政治斗争的重要

---

① 在这里有一个基本假定，即马克思和恩格斯是一对有同样观点的政治搭档。因此，我不同意卡弗坚持的观点，即他们在哲学上是有分歧的。我这样做的根据是，卡弗的观点不适用于他们最认真对待的事情——他们的实践。

性。① 更具体地说，是宪章派为政治民主所做的斗争，也就是通过他们提出的六点纲领——男子普选权、秘密投票、消除财产资格限制、议会每年改选一次、支付议员酬金以及各选区一律平等——来扩大公民权和公民自由的做法对这两位年轻的德国激进分子产生了巨大的影响。恩格斯在努力使德国读者了解《英国工人阶级状况》一书的同时，强调宪章派中的无产阶级分子懂得，他们为政治民主所做的斗争本身不是目标而是达到社会平等的手段。"宪章主义的民主和过去一切资产阶级政治上的民主的区别也就在这里。"②

宪章运动在很大程度上是对资产阶级背叛工人阶级的一种反应，而工人阶级的支持对于1832年改革法案的通过起了至关重要的作用，马克思和恩格斯以及英国无产阶级中的激进分子汲取了这一教训。③ 顺便简单说一下，1848年剧变中其他地方的资产阶级和中产阶级对工人阶级的背叛使人们痛苦地认识到，只有工人阶级的独立的政治活动才能使工人得到他们想要的东西。马克思和恩格斯赋予这个结论以革命的意义。

---

① 这一点恩格斯后来在1893年指出："英国人在组织工人方面是我们的老师"。(《马克思恩格斯全集》第1版第22卷第480页)

② 《马克思恩格斯全集》第1版第2卷第523页。

③ "工人阶级"和"中产阶级"这两个概念必须放入历史背景中来研究。宪章派在将他们自己说成是"工人阶级"的代表和成员时，采用了当时流行的用法：他们所说的工人阶级大部分指的是手工业工人。马克思和恩格斯采用了同样的用法，他们用"无产阶级"来指产业工人，尽管不仅仅指产业工人。此时这一类人在英国仍是工人阶级中的少数。吕施迈尔、伊·胡·斯蒂芬斯和约·斯蒂芬斯用"工人阶级"指"农业以外的被雇佣的手工劳动者"。对于宪章派来说，"中产阶级"主要是指资产阶级和小资产阶级，即指介于土地贵族和工人阶级之间的阶级。通常在谈到英国时，马克思和恩格斯采用了同样的用法，而在谈到德国时，"中产阶级"则指的是介于资产阶级和无产阶级之间的那些阶层。

还应当记住的是，年轻的马克思和恩格斯是从革命民主主义者逐步转向共产主义的。马克思很早就断定，只要社会不平等，也就是阶级社会还存在，真正的民主——"人民主权"——就不可能实现。马克思和恩格斯与其他社会主义者和自封的共产主义者不同，他们认为，争取社会公正的斗争必须和争取民主权利的斗争联系起来，否则就不可能成功。因此，社会主义革命的先决条件是进行民主革命，即获得政治上的民主——这是被压迫者准备夺取权力和实行自治的最佳土壤。德雷珀的见解很独特，他认为"马克思是在自下而上地不断扩大民主监督的斗争中接受社会主义思想的第一个社会主义者的象征……他是第一个把争取政治民主的斗争和争取实现社会主义变革的斗争结合起来的人"。

马克思和恩格斯认为，无产阶级是唯一有能力和有兴趣实现"人民主权"的阶级，根据这一观点，他们第一次为有共产主义倾向的人们——不管给这部分人下什么样的定义，他们指的是在范围很广的社会主义运动中依靠无产阶级的那一派别——提出了一个明确的纲领，还阐明了这部分人和民主斗争的关系。马克思在恩格斯为《共产党宣言》所写的草稿的基础上，在《共产党宣言》的第二部分"无产者和共产党人"里对这部分人的立场的本质作了阐述："共产党人的最近目的是和其他一切无产阶级政党的最近目的一样的：使无产阶级形成为阶级，推翻资产阶级的统治，由无产阶级夺取政权。"在后面的几页中他又指出，这样做的目的是"争得民主"。① 他们把共产党人说成是"民主政

---

① 《马克思恩格斯选集》第 2 版第 1 卷第 285、293 页。恩格斯在他的草稿里以问答的形式回答了这个问题，"这个（无产阶级——译者注）革命的发展过程将是怎样的？答：首先无产阶级革命将建立民主的国家制度，从而直接地或间接地建立无产阶级的政治统治。"（《马克思恩格斯选集》第 2 版第 1 卷第 239 页）

党"中最"先进的"或者说是"最坚决的部分",因此,他们认为,争取政治民主的斗争是一项基本任务。

必须强调的是,在从激进民主主义转向共产主义的过程中,马克思和恩格斯并没有放弃实现前者这一要求。恰恰因为他们从未将政治民主本身视为目标,所以他们才毫无疑虑地把它视为社会主义变革的工具。马克思在1847年发表辩论文章说,像宪章派一样,德国无产者"不仅能够而且应当参加**资产阶级革命**,因为这个革命是**工人革命**的前提。但是工人丝毫也不能把资产阶级革命当做自己的**最终目的**"①。对这一重要问题的明确阐述使共产主义者与其他民主主义者区分开来。即便是后者中最先进的人,像恩格斯在他的草稿中提到的"民主主义的社会主义者"也不能理解当无产阶级掌握政权的时候"如果不立即利用民主作为手段实行"这样一种变革,"那么,这种民主对于无产阶级就毫无用处"。②尽管他们反复声明,政治民主是一种工具,但它仍然是进行社会主义变革的最佳手段,因而必须争取实现它并捍卫它。当1892年一位批评家指责马克思和恩格斯忽视了民主政权的形式的时候,恩格斯反击道:"马克思和我在四十年间反复不断地说过,在我们看来,民主共和国是唯一的这样的政治形式,在这种政治形式下,工人阶级和资本家阶级之间的斗争能够先具有普遍的性质,然后以无产阶级的决定性胜利告终。"③

在这里所能强调的仅仅是马克思和恩格斯思想的一个方面,即他们

---

① 《马克思恩格斯全集》第1版第4卷第347页。
② 《马克思恩格斯选集》第2版第1卷第239—240页。马克思和恩格斯为了将他们与"民主主义的社会主义者"区分开,有时称他们自己为"民主主义的共产主义者"。(《马克思恩格斯选集》第2版第1卷第245页)
③ 《马克思恩格斯全集》第1版第22卷第327页。

认为民主没有国界,他们在《宣言》中指出,这正是因为"工人没有祖国"①。无产阶级国际主义和国家的独立自主——比如波兰和爱尔兰——是与民主的发展密切地联系在一起的。他们是布鲁塞尔以及其他一些地方民主运动中的激进分子,早在1845年就赞同这些看法。这和他们1847年建立第一个有组织的共产主义或马克思主义团体,即共产主义者同盟的努力是分不开的——正是这个团体委托他们撰写《共产党宣言》。按照他们的观点,建立一个共产主义者的组织是和民主斗争的发展紧密相连的。正是因为"民主斗争"的胜利是社会主义变革的先决条件,所以共产主义者必须组织起来成为这场斗争中最坚定的战士。有了这种观点作支持,他们两人立即开始着手推动欧洲的民主运动,特别是其中的无产阶级派别的发展。

1848 年的教训

巴黎和维也纳起义之后,1848 年 3 月德国革命爆发,马克思和恩格斯有机会使他们的策略经受他们所说的"真正的历史运动"的检验。他们首先做的一件事是写了一个题为"共产党在德国的要求"的具体纲领,用它来补充刚刚发表的《宣言》。《宣言》在很多方面都是一种预言,它仅仅为德国提出了一种策略的框架。在争取民主的斗争中,"每当资产阶级采取革命的行动"时,共产党人就应该"同它一起去反对专制君主制、封建土地所有制和小市民的反动性"。② 原文不是"每当"——这是恩格斯1888 年的译文——而是"只要"。德雷珀认为,

---

① 《马克思恩格斯选集》第 2 版第 1 卷第 291 页。
② 《马克思恩格斯选集》第 2 版第 1 卷第 306 页。译文稍有改动。

这就证明马克思和恩格斯对资产阶级有很高的希望——简单插一句,后来一些事件使得这种期望落空了。

《要求》为在德国进行一场彻底的资产阶级民主革命列出了17条措施,还包括宪章派纲领的几点内容,它对总策略做了一次意义深远的调整。① 他们不是把小资产阶级视为敌对力量的一部分,而是号召这个阶级与无产阶级和"小农"联合起来为了《要求》而斗争。他们把小农包括进来,还提出了废除小农的封建义务的特殊要求,这是值得注意的,因为《宣言》中对待农民的方式使得马克思和恩格斯低估农民的作用这一谣言广为传播。这种联合——恩格斯在早期的著作中称之为"人民联盟"②,在其他地方则称之为"民众"——实际上是阶级联盟,他和马克思试图在德国革命中缔造这种联盟来"获得民主斗争的胜利"。《宣言》指出,在取得这个胜利之后,应该"立即开始反对资产阶级本身的斗争"③——他们后来把这场斗争称为"不断革命"④。

马克思和恩格斯以设在科隆的新总部为据点,设法组建共产主义者同盟并开始贯彻他们的观点。一个直接的障碍是工人运动中对人民联盟的狭隘的看法。同盟盟员为一个在别的地方和别的时期被称为"经济主

---

① 这个纲领被印成小册子,发行量甚至比《宣言》还要大。(《马克思恩格斯全集》第1版第5卷第3—5页)

② 恩格斯在1847年与卡·海因岑进行论战的文章中第一次详细说明了这种联盟(《马克思恩格斯选集》第1版第4卷第301页)。大约一个月之前,马克思提到"真正的人民"即"无产者、小农和城市贫民"的联合(《马克思恩格斯选集》第1版第4卷第220页)。因此,这个阶段马克思的观点与恩格斯不一样,他还没有将城市小资产阶级包括进人民联盟里来。

③ 《马克思恩格斯选集》第2版第1卷第306页。

④ 《马克思恩格斯选集》第2版第1卷第375页。

义"的问题所困扰,这些盟员是德国激进的但力量又十分弱小的工人阶级的领导者——马克思和恩格斯认为,这个阶级主要是由手工业者组成,这是产生这个问题的物质根源——他们并不认为,一场资产阶级民主革命能够使他们的利益进一步得到保障;因此他们不需要与更广泛的民主运动相结合,特别是与小农和小资产阶级相结合。马克思和恩格斯尽管成功地批判了这种思想,但他们在参加德国革命那一年中(以及后来)还是不止一次地与这种倾向进行了斗争——这就证明,必须把工人们,至少是处在这个发展阶段的工人们争取到民主斗争中来。要做到这一点需要一种推动作用,只有马克思和恩格斯才能起到这种作用。

上述那种狭隘思想的基础是,工人们对于资产阶级和中产阶级持很大怀疑——(鉴于宪章派的经验)这种担心是可以理解的,因为一旦资产阶级倡导基本的民主权利来反对封建贵族,从而进一步保障自己的利益,它将会关闭解决社会问题之门。《宣言》的作者们清楚地认识到了这一点,因为他们在《宣言》的最后一部分中呼吁,一旦民主斗争取得了胜利,就该"立即开始反对资产阶级本身的斗争"。有了他们自己和工人运动在后来一年半中取得的实际经验做基础,他们才能在将来爆发的革命中就如何对付资产阶级这一问题提出建议。

在马克思和恩格斯直接参与德国革命的一年中,他们采用了各种不同的战术和战略——比如决定掌握共产主义者同盟的领导权——以求缔造人民联盟,他们相信,通过这个联盟可以将"不断革命"进行下去。他们的总策略是将民主革命尽可能地推向左翼,为开展社会主义革命提供最有利的形势。他们的报纸《新莱茵报》和以马克思为首的编辑部成员成为那个后来被称为"马克思派"的有影响的政治和组织中心。不可否认的是,在1848年革命中,副标题为民主派机关报的《新莱茵报》——据费利克斯和施佩贝尔说是"德国最大和最受欢迎的报纸之一"——是整个德国最坚定的民主代言人。到1848年的晚秋,马克思事实上已经成为日益受到威胁的民主阵地的最积极的捍卫者们的领袖。

马克思和恩格斯毫不怀疑,资产阶级总想把这场革命仅仅局限在政治革命的范围内,但在三月革命之前他们甚至连是否实施这样一场革命都还没有确定下来。事实上,是群众在三月的民主革命中充当了先锋。到1848年底,在前面8个月经验的基础上,他们断言,德国的资产阶级没有兴趣将这场革命进行到底。马克思曾对他的《新莱茵报》的读者说过,德国的资产阶级与英国和法国的资产阶级不同,它很不幸,在它要求自己的权利的同时,它的掘墓人无产阶级也开始要求在世界上占有一定的地位——特别是要求解决社会问题。尽管在那一年,巴黎无产阶级发动的空前的六月起义被淹没在血泊中,资产阶级对于德国发生"不断革命"的恐惧仍使得他们自己对民主革命的问题犹豫不决。他们的犹豫不决让普鲁士的封建势力掌握了主动权。

中产阶级的激进民主主义者的表演也很拙劣。他们首先考虑的是起草一部世界上最具自由主义倾向的宪法。但是,在决定是动员广大革命群众捍卫这部宪法,还是屈从于反对这部宪法的普鲁士国王弗里德里希·威廉四世的要求时,他们中的大多数人选择了后者。他们的软弱给反革命壮了胆。1849年春天,马克思和恩格斯被勒令离开科隆。他们试图重新召集其余的民主斗士,结果失败了,几个月之内,这些人或被杀害,或被监禁,或被强行流放。在法国就像在德国一样,也发生了同样的事情,反革命花了一年半的时间才取得了完全的胜利。

在流亡伦敦时,马克思和恩格斯总结了前两年的教训。在他们所写的各种文章中,关于德国事件最重要的文章是《共产主义者同盟中央委员会告同盟书》。这是特别为重新开始活动的共产主义者同盟的骨干们写的,它的中心思想是,只有通过工人阶级的独立的政治活动才能够赢得"民主斗争"的胜利,并且确保这场民主斗争"不断进行下去"。这篇文章在开头和结尾,都指出德国无产阶级"为了要达到自己的最终胜利,首先还必须靠他们自己努力:他们应该认清自己的阶级利益,尽快采取自己独立政党的立场,一时一刻也不能因为听信民主派小资产者的花言巧语而动摇对无产阶级政党的独立组织的信念。他们的战斗口号应该是:不断革命。"①

这个结论中包含了这样的思想:他们一直试图扩大人民联盟的影响,而这种影响的基础是无产阶级在政治上和组织上的强大。经验告诉他们,如果工人阶级不坚定,那么联盟的成员中的城市小资产阶级民主主义者将会摇摆不定。

马克思和恩格斯在批评自己没有给予无产阶级的独立组织足够的重视——比如他们曾决定暂停同盟的活动——的同时,还在这篇文章中详细阐述了在下一次革命高潮到来之际将要做什么。具有特别重大意义的是他们关于选举过程的建议——这又是借鉴了前两年的具体经验。要尽可能从同盟盟员中提出工人候选人来与"资产阶级民主派"候选人相抗衡。"甚至在工人毫无当选希望的地方,工人也一定要提出自己的候选人,以保持自己的独立性,估计自己的力量,并公开表明自己的革命立场和自己的党的观点。"② 同时,小资产阶级指责说,工人的候选人将会分散选票并使得反动派当选,工人不应该被这种说法所欺骗。"无产阶级党用这种独立行动所能取得的进展,比起几个反动分子参加国民代表会议所能造成的害处,不知要重要多少。"③ 他们详细阐述了为使

---

① 《马克思恩格斯选集》第 2 版第 1 卷第 375 页。
② 《马克思恩格斯选集》第 2 版第 1 卷第 372 页。
③ 《马克思恩格斯选集》第 2 版第 1 卷第 372 页。

工人运动独立地武装起来而应采取的措施,目的是说明他们不把选举道路当成是工人夺取政权的手段,至少在德国是这样。

实际上,在实际经验以及在《宣言》最后一部分对"不断革命"的必要性作了粗略说明的基础上,《告同盟书》补充了一些细节性的东西。它的思想与他们在革命前和革命中所说的完全一致,最重要的是,我们将要看到,这种思想永远成为他们后来参加工人运动的指导思想。

工人运动的复苏

1848年革命失败后阶级斗争处于长达十年的停滞时期,这时期马克思派在做准备,希望自己这个小团体将会有一些新的机会再一次推动无产阶级运动的发展。这一时期他们首先研究了政治经济学并撰写这方面的文章,有时也介入政治活动。比如,1854年宪章派发起了工人议会运动,这是阶级斗争停滞时期英国工人阶级最重要的一次独立的政治运动,在工人议会的开幕式上马克思建议英国工人阶级应当建立自己的政党,并"在全国范围内把工人阶级组织起来",从而获得"社会力量和政治力量"。①

俄国农奴的解放和1859年美国约翰·布朗起义的失败鼓舞了马克思和恩格斯,他们宣称,1863年开始了一个"革命的新纪元",而这两件事就是这个"革命新纪元"的前奏。他们认为,在这两个运动中,美国废除奴隶制的斗争对于复兴欧洲民主运动和推动这一运动走向全世界起到了关键性的作用。1864年,马克思在为祝贺阿伯拉罕·林肯再次当选总统而写给他的信中曾指出过这一点:"欧洲的工人坚信,正如

---

① 《马克思恩格斯全集》第2版第13卷第134、126页。

美国独立战争开创了资产阶级取胜的新纪元一样,美国反对奴隶制的战争将开创工人阶级取胜的新纪元。"①

国际工人协会

马克思给林肯的信是代表最近成立的第一个工人阶级的国际性组织国际工人协会,即第一国际的总委员会写的。而国际工人协会是在支持林肯政府并反对白厅亲南部邦联的政策过程中英国工人运动复苏的产物。他们要求政府的外交政策考虑工人的利益,这表明工人开始认识到自己被排斥在政治舞台之外的后果——马克思的信中表达的正是这一观点。国际工人协会建立于1864年9月,旨在给各个国家的工人以支持和帮助。马克思虽然没有直接参加它的创办,但几乎从一开始就成为这个新组织的实际上的领导人。

马克思的总策略(由于恩格斯1870年前在曼彻斯特,他几乎承担了头几年所有的工作)是使最初构成这个组织的几支完全不同的政治力量至少是在书面上接受他的两条最基本的指导思想,然后进行一场耐心的斗争,使这两条指导思想变成现实。要使这个组织长时间团结在一起,以便使其大多数成员接受马克思主义观点,这需要耐心。在马克思写的协会《成立宣言》及其《章程》中包含了这两条指导思想:"夺取政权已成为工人阶级的伟大使命"和"工人阶级的解放应该由工人阶级自己去争取"。② 最先出现于《共产党宣言》中的这两条指导思想当

---

① 《马克思恩格斯全集》第1版第16卷第21页。他至少还有两次几乎是一字不差地重复这段话,其中包括三年后在《资本论》第1卷里重复这段话。

② 《马克思恩格斯全集》第1版第16卷第13、15页。

然是工人阶级进行独立政治活动的前提条件——这是1848年在政治上得出的重要教训。

总委员会是协会的执行机构和马克思开展日常工作的舞台,总委员会中的大部分派别都在某种程度上反对工人阶级独立的政治活动。有两个派别是最成问题的。第一,英国工联的领导们尽管口头上支持工人阶级独立的政治活动,实际上他们对此并不赞成,他们与资产阶级领导的自由党结成了联盟——这就是自由党和工联联盟的由来。第二,巴枯宁无政府主义者是工人必须"夺取政权"这一指导思想的顽固的反对者。

工联的领导们曾试图去做一些马克思坚决反对的事情,比如想要总委员会支持"好心"的资产阶级或小资产阶级政客,但都没有成功。马克思在给维·勒·吕贝的信中写道:"我们不能做实现卑鄙的议会野心的台阶",否则,"我们为使英国工人运动摆脱资产阶级和贵族的一切监护而作的有效的努力就会前功尽弃"。① 工联主义者们不愿对自由党首相格莱斯顿的爱尔兰政策提出批评是另外一个例子。马克思是一位无产阶级国际主义者和爱尔兰民族自决的支持者,在他意识到他们是在对格莱斯顿"卖弄风情"之后,就有意识地试图离间这两者的关系。在委员会连续三次会议的辩论中,马克思利用每一个机会揭露和谴责格莱斯顿在爱尔兰问题上的自由主义政策的虚伪性,并且提出了一个以此为内容的决议案,委员会通过了这一决议案。英国工联主义者没能压倒马克思对他们政策的反对意见,他们终于在1871年的夏天退出了国际

---

① 《马克思恩格斯全集》第1版第31卷第451页。

工人协会。① 事实并不像马克思想的那样乐观，他们的退出实际上标志着自由党与工联已结成联盟，这也是独立的工人政党为什么要到1893年才在英国出现的主要的政治原因。②

多萝茜·汤普森在谈及早些时候对宪章派的讨论时，提出了关于自由党—工联联盟来源的一个重要见解，这个见解也说明马克思为什么对这一联盟持反对意见："……以前的宪章派在宪章运动结束后向自由派转变的过程中，在很大程度上抛弃了已经成为宪章运动中最重要的一部分的社会纲领，仅仅是把政治问题重新提了出来，这些政治问题与得到议会中一个大的党派支持的〔资产阶级〕激进分子的要求没有本质的不同。是宪章运动的实质内容使得他们不可能与这个党派合作，直到19世纪末期独立的工人阶级政治活动复苏时，这些被埋没的社会纲领才又成为英国政治的一部分。"

马克思曾经为宪章派所鼓舞，他持反对意见是要试图保持宪章派具有重大历史意义的纲领的本质，但在这一时期他的努力没有成功。

对于马克思来说，在他与工联领导人打交道的过程中特别具有挑战性的和有时使他很伤脑筋的问题是工联领导人加入了改革同盟。改革同盟主要是一个工人阶级的组织，它在组织群众性的抗议活动迫使议会通过1867年改革法案——19世纪中叶的这项改革给予英国几乎一半的男

---

① 导致这一事件的直接原因是总委员会通过马克思的小册子《法兰西内战》(1871) 表示了对巴黎公社社员的坚定的支持——这是工联主义者们想巴结的英国自由主义制度所不能接受的态度。

② 马克思和恩格斯把自由党与工联结成联盟的原因归结为工人运动中"工人贵族"的出现——他们早在1856年就注意到这一点——和英帝国主义掠夺来的赃物中分给英国工人的那一部分开始减少。(《马克思恩格斯全集》第1版第18卷第541—547页)

性户主以选举权——的过程中起了关键作用。在马克思的热情支持下，总委员会在1865年帮助建立了改革同盟。① 在他的敦促下委员会同意，它在同盟中的成员们只支持那些要求给予男公民普选权的人。

但是一年后，马克思认为两个工联主义者"都在改革同盟中**出卖**了我们，他们在那里违背我们的意志走上了同资产阶级妥协的道路"②。这两个人向同盟中仅仅支持户主选举权的自由资产阶级分子屈服。马克思认识到，同盟的选举改革运动实际上偏离了原来的目的，它促使自由党—工联联盟得到巩固，工联领导人退出国际工人协会并放弃工人阶级的独立的政治活动，结果，马克思退出了同盟。

马克思和恩格斯认为，工联主义者的行为反映出一个更为根本性的问题：他们未能超越工联主义者的观念，马克思断定这是一种痼疾，他在1866年国际工人协会日内瓦代表大会上提出了医治这种痼疾的良方："工会过多地与资本只是进行地方的直接的斗争，它们还没有充分意识到它们是反对雇佣奴隶制度本身的一种多么大的力量。因此它们几乎完全不过问一般的社会运动和政治运动……现在它们必须学会作为工人阶

---

① 《马克思恩格斯全集》第1版第31卷第122页。哈里森写道，马克思未能理解1866年7月为争取男性公民普选权在伦敦举行的大规模群众集会的重大意义。正好相反，马克思在给恩格斯的信中写道："伦敦工人的游行示威，和我们1849年以来在英国看到的比起来，规模非常巨大，这完全是由国际一手组织的……这里可以看出两种不同的做法，一种是默默无闻地**工作**，而不在公开的场合出头露面，另一种是民主党人的做法，他们在公开场合大出风头，可是**什么事情也不做**。"（《马克思恩格斯全集》第1版第31卷第233—234页）柯林斯和阿布拉姆斯曾写道，"同盟一旦建立，就开始独立行动，没有迹象表明它在发展中受到国际的影响"，他们的这些话仅有一部分是正确的——原因下面就会谈到。

② 《马克思恩格斯全集》第1版第31卷第526页。

级的组织中心而自觉地进行活动,把工人阶级的**彻底解放**作为自己的伟大任务。工会应当支持这方面的任何社会运动和政治运动……工会应该向全世界①证明,它们绝不是为了狭隘的利己主义的利益,而是为了千百万被压迫者的解放进行斗争。"②

马克思的分析比列宁的《怎么办?》——这本书论述了工人运动中的"经济主义"问题——和前面提到的霍布斯鲍姆关于无产阶级的政治觉悟并非注定会形成的观点早 50 多年。这再次说明,他非常清楚,必须有一种推动力量在起作用。

马克思和恩格斯为了反击他们所说的巴枯宁主义者的"放弃政治的"路线——这些人原则上反对参与政治活动——决定国际工人协会在 1871 年伦敦特别会议上应该坚持明确的立场,支持工人阶级的独立的政治活动。恩格斯认为,不管鼓吹放弃政治听起来有多么革命,但它"把他们③推入资产阶级政治的怀抱"。他继续说,工人采取政治行动是必要的,因为它"准备革命和教育工人进行革命"。为了避开"资产阶级政治"致命的圈套,"工人的政党不应当成为某一个资产阶级政党的尾巴,而应当成为一个独立的政党,它有自己的目的和自己的政治"。因此,工人们不但生来就愿意捍卫基本的民主权利,而且他们也有责任这么做,因为这些民主权利的存在使他们能够进一步追求本阶级的利益。"政治自由……就是我们的武器;如果有人想从我们手里夺走这些武器,难道我们能够置之不理和放弃政治吗?"④

---

① 这里法文版和德文版均为"广大的工人群众"。
② 《马克思恩格斯全集》第 1 版第 16 卷第 220—221 页。
③ 指工人。——本文作者注
④ 《马克思恩格斯选集》第 2 版第 3 卷第 123—124 页。

尽管遭到巴枯宁主义者的强烈反对，马克思和恩格斯的观点还是赢得了大多数与会代表的赞同。他们受托起草会议的决议，一个月后他们向总委员会递交了著名的决议"九、关于工人阶级的政治行动，"它体现了参与辩论的大多数人的观点。决议重申了国际工人协会《成立宣言》和《章程》中两条关键性的指导思想，还对它们进行了详细阐述："工人阶级在它反对有产阶级联合权力的斗争中，只有组织成为与有产阶级建立的一切旧政党对立的独立政党，才能作为一个阶级来行动；工人阶级这样组织成为政党是必要的，为的是要保证社会革命获得胜利和实现这一革命的最终目标——消灭阶级。"① 一年后在海牙召开的一次有更多代表参加的会议——来自15个国家的64名代表参加了这次会议，实际上这是国际最后一次代表大会——正式批准了这条路线。

除了第九条决议外，还有另外两条伦敦会议的决议在海牙代表大会上得到批准，这两条决议号召国际工人协会各支部积极争取"农民加入工业无产阶级的运动"和"在工人阶级当中成立'妇女支部'"。② 对于马克思和恩格斯来说，这两条决议表明，工人阶级的独立的政治活动

---

① 《马克思恩格斯全集》第1版第17卷第455页。
② 《马克思恩格斯全集》第1版第17卷第454、453页。第二条决议后面有如下内容："但是，不言而喻，这项决议绝不应妨碍由男女工人混合组成的旧支部的存在和新支部的建立。"（《马克思恩格斯全集》第1版第17卷第453页）提出这项建议的根本原因就像马克思所强调的那样，是某些国家在工业领域就业的妇女人数日益增加。他主要关心的是要让这些女工参加工会，他认为如果成立由单一性别组成的工会能促进这一进程的发展的话，也可以这么办。但这样一种策略并不意味着不能在某些地区建立男女混合的工会。在国际工人协会早期马克思不得不极为小心谨慎地对待这个问题，因为蒲鲁东主义者，特别是法国支部，"坚决反对妇女参加工作"和"妇女在工业领域就业"。

既没有性别上的限制，也没有将至关重要的工农联盟排除在外（这一点只作简要的说明）。

在伦敦代表会议和海牙代表大会上做出的这些决议的历史意义是，在马克思和恩格斯的推动下，它们第一次明确地在国际上呼吁建立欧洲工人阶级的群众性政党。虽然贯彻这些决议还需要做很多工作，但这些决议使原先就朝这个方向努力的人们获得了第一国际的精神上的支持，使他们勇敢无畏地前行。

国际的遗产

马克思和恩格斯受海牙代表大会的委托，立即开始整理和宣传会议决议，这是他们在各种政治组织中的一贯做法。当然，他们的目的不仅是要促进工人阶级独立的政治活动的发展，特别是在那些已经建立了国际工人协会支部的国家里要这么做，而且要使得自由党—工联联盟和巴枯宁主义的观点陷入困境。因此保持海牙代表大会的决议的完整是绝对必要的。因此，恩格斯1889年把完成马克思未发表的两卷《资本论》的工作推迟了大约半年时间（马克思已于1883年去世）。那时工人政党的数量已经明显增多。事实上，欧洲各国尽管处于不同的发展阶段，但每一个国家——显然英国除外——都有一个这样的政党。人们越来越希望复兴国际工人协会或成立一个新的国际，这是可以理解的。尽管恩格斯认为时机不成熟，为了捍卫海牙代表大会取得的成果，他被迫参加斗争："就是这一点，而且也仅仅是这一点，使我对这件事情这样认真……我们在1873年以后从无政府主义者手里夺得的阵地,现在受到他们的继承人的攻击,所以我没有选择的余地。"① 在斗争中取得了胜利,结果建立了第二国际——这是直接培育了欧洲各工人阶级的群众性政党的机构。

恩格斯花了大量时间建议马克思派的成员及其在德国、法国②、英国、俄国、西班牙、意大利、奥地利、比利时、丹麦、挪威和美国的支持者们怎样贯彻海牙代表大会的决议,在马克思逝世以后尤其如此。恩格斯代表马克思成为世界各地有阶级觉悟的工人们就此事而写信求教的对象。甚至英国这个欧洲大国中最后一个建立工人政党的国家也从马克思派的活动中受益,尽管是间接受益。马克思的小女儿爱琳娜是19世纪90年代初期伦敦东区的工人运动的主要领导人,而恩格斯给她的建议对推动那场运动有很大帮助。他和马克思曾经预言说,一旦英帝国主义掠夺来的赃物中分给工人阶级的那一点点残渣开始减少,英国工人就会开始有所行动。不久以后——在他1895年去世前两年半——独立工党的成立证实了他们的这种预测,独立工党最终成为英国第一个群众性的工人政党。但是,恩格斯对这个新的政党的领导人不抱幻想,他写道,他希望"群众把他们教得懂事"③。

恩格斯去世前两年,在苏黎世召开的有18个国家的社会主义组织和工人政党的多名代表参加的国际社会主义工人代表大会为他举行了盛大的欢迎会。他代表他的亡友接受了这一荣誉。"马克思已经去世了,

---

① 《马克思恩格斯全集》第1版第37卷第226页。

② 1880年恩格斯和马克思帮助起草了法国工人党竞选纲领,马克思认为这是"法国第一次真正的工人运动"。法国工人党领导人对这个纲领只作了小小的改动。(《马克思恩格斯全集》第1版第19卷第264页以及第634—636页卷末注160)

③ 《马克思恩格斯全集》第1版第39卷第55页。此处引文有误,原文为"群众不是把他们教得懂事,就是把他们抛弃"。——本丛书编者注

但是如果他现在还活着,那么在欧美两洲就不会有第二个人能怀着这样理所当然的自豪心情来回顾自己毕生的事业。"① 苏黎世会议是一次审判会,因为就是在那里,反对工人阶级政治活动的无政府主义者被彻底击败了。会议通过决议强烈要求各国工人为政治权利斗争从而夺取政权,变资本统治的工具为工人阶级解放的工具。对于恩格斯来说,这就证明了他和马克思说过的话,即海牙代表大会之后第一国际的结束不是软弱的迹象而是强大的迹象。"每一个国家的无产阶级得到机会以独立自主的形式组织起来。这一点实现了,因而现在国际要比从前强大得多了。"②

在研究国际工人协会方面最具权威性的一本书中,作者(柯林斯和阿布拉姆斯基)写道:"那个组织尽管生命较短,但它改变了世界历史……国际是对欧洲政治产生决定性影响的第一个工人阶级的组织。如果说它在创建欧洲早期的工人组织方面起了积极作用的话,那么这很大程度上是一个人——卡尔·马克思的功劳。"

德国的工人政党

马克思和恩格斯在国际中的积极活动与他们帮助建立德国社会民主党并使之成为第一个成功的群众性的工人阶级政党的努力密切相连。马克思作为德国工人运动在总委员会中的正式代表,利用自己与德国工人运动的联系在国际中促进工人阶级的独立的政治活动的开展。比如,在伦敦代表会议的辩论中,马克思特别以德国的工人政党作为例子,说明

---

① 《马克思恩格斯全集》第 1 版第 22 卷第 479 页。
② 《马克思恩格斯全集》第 1 版第 22 卷第 479—480 页。

工人在议会拥有自己的代表的好处。① 同时，他们在建立国际工人协会方面取得的成功使他们能够影响德国的工人政党的发展方向，对这个全国性的政党，他们给予了极大的关注。

在马克思的葬礼上，威·李卜克内西作为"德国社会民主党的代表"发表演说。他说马克思是德国社会民主党的"缔造者（因为在这方面可以说是缔造）"。② 在这个党里李卜克内西比其他任何一个人都更了解马克思的贡献。1862年李卜克内西作为马克思主义者的代表返回德国，投入到重新高涨起来的工人运动中，从那时起直到1895年恩格斯逝世，尽管对于他的许多政治观点他们还有保留，但他一直得到他们始终如一的政治上的帮助——早期也有经济上的帮助。事后看来，他对这一运动最大的贡献是1865年吸收当时只有24岁的奥·倍倍尔加入马克思主义者的行列。主要是由他们两人负责在1869年建立了共产主义者同盟之后德国第一个公开支持马克思主义纲领的组织。在著名的1875年哥达合并代表大会上建立了统一的德国社会主义工人党之后，德国没有一个人与马克思和恩格斯在工作上的来往比倍倍尔更密切，也没有一个人得到他们如此多的信任。

反对拉萨尔主义

如果说英国工人阶级独立的政治活动的主要障碍是对自由资产阶级的幻想，那么在德国，它的主要障碍就是对于以德国首相奥·冯·俾斯麦为代表的那一派封建贵族的幻想。马克思和恩格斯把德国工人运动中

---

① 《马克思恩格斯全集》第1版第17卷第697页。
② 《马克思恩格斯全集》第1版第19卷第378页。

的这种缺陷归因于曾一度是他们的盟友的斐·拉萨尔。拉萨尔的思想甚至在他1864年死后还有着重大影响。指望俾斯麦支持工人作为对工人反对自由资产阶级的回报，采取独裁的工作方法，这些是拉萨尔主义的主要特点。马克思和恩格斯通过国际工人协会的工作并在德国的支持者的帮助下，最终成功地在工人阶级的独立的政治活动的基础上发动了一场新的运动。

德国自由资产阶级在1848—1849年事件中表现出的怯懦说明，拉萨尔提出的工人应当警惕自由资产阶级这一观点是可信的。马克思和恩格斯在对德国革命的力量对比进行分析时也讲到了这些。但是如果像拉萨尔一样从中得出结论说，应该依靠容克中"开明的"一翼，这却违反了马克思主义纲领——这一纲领拉萨尔表示同意——的一个基本前提，即资产阶级民主革命是工人夺取政权的前提条件。与封建的容克联盟是倒退的一步。不过，德国的工人阶级还很弱小，因此不能靠自己的力量夺取政权，工人阶级中的许多人认为，如果不能依靠资产阶级，那么也许可以依靠封建贵族中的某些人，这倒是可以理解的。

马克思和恩格斯认为，对于这个历史难题的回答是以工农联盟为中心的人民联盟。正是因为拉萨尔派主张工人与俾斯麦的封建君主政权结盟，所以他们才忽视并且低估农民的作用。马克思和恩格斯在争取建立工农联盟的过程中，竭尽所能使工人政党与拉萨尔派进行了针锋相对的斗争。

为了肃清拉萨尔主义的影响，决定德国工人运动的发展方向，他们进行的最为公开的活动——他们对工人运动的影响绝大多数是通过私人的书信往来，偶尔也通过会议来实现——是1865年出版和宣传的恩格斯的小册子《普鲁士军事问题和德国工人政党》。这个小册子被广泛传阅和讨论，它的核心是号召建立工人阶级的独立的组织，脱离俾斯麦和自由资产阶级这两个"反动"派。但是这两者之中,对于工人来说后者代表着先进的东西,因为自由资产阶级传统的纲领,即它提倡的公民自由权以及基本民主权利都是工人阶级"为取得彻底胜利所必需的武器"①。不过,正如1848—1849年的事件所表明的,工人阶级不能依赖自由资产阶级来实现它自己的纲领。确切地说,工人政党仍然有责任为"资产阶级自由"而斗争。

为了获得成功,工人政党必须与农业生产者联合起来:"在农村无产阶级还没有卷入运动的时候,德国的城市无产阶级就不可能得到而且一定得不到丝毫成功。"②恩格斯的小册子中的这段话可以说是对《宣言》中提出的德国革命的纲领的必要补充。1894年,恩格斯在马克思派对农民问题作的极为详细的研究著作即《法德农民问题》中提出了争取这两个国家的小土地所有者加入工农联盟的具体建议。

最后,俾斯麦的"拿破仑式的"政权提出的任何建议都不可轻信。只有在俾斯麦认为他能够利用工人运动来反对资产阶级的时候他才会容忍工人运动的存在。"一旦这个运动把工人变成独立的力量,一旦它因此而危及政府,这样的情况就会立即结束。"③ 13年后,德国社会民主党真正发展成为有自己的行动纲领的群众性的工人政党,当首相通过反社会党人非常法宣布它为非法时,便证实了恩格斯的预言。

尽管马克思和恩格斯在斗争中取得了某种程度上的成功,但1875年哥达合并代表大会上成立了一个统一的政党(德国社会民主党的前身),大会的结果清楚地表明马克思和恩格斯所说的拉萨尔主义的"臭

---

① 《马克思恩格斯全集》第1版第16卷第85页。
② 《马克思恩格斯全集》第1版第16卷第83页。
③ 《马克思恩格斯全集》第1版第16卷第83—84页。

气"还没有消失。马克思在他的一份意见书即后来通常叫做《哥达纲领批判》的著作中认为,合并纲领"彻头彻尾地感染了拉萨尔宗派对国家的忠顺信仰"①——这是拉萨尔宗派对俾斯麦抱有幻想的基础。他特别反对纲领中有关工人阶级的这一条,"对它(工人阶级)说来,其他一切阶级**只组成反动的一帮**"②。尽管他未能说服他们的支持者们删除这一条——这很大程度上是因为李卜克内西将马克思的《哥达纲领批判》扣了下来。③——然而当它又一次出现在1891年德国社会民主党爱尔福特代表大会上通过的纲领中的时候,恩格斯成功地把它从纲领中删掉了。

恩格斯的做法令党的领导人非常惊恐,他在代表大会召开之前首次公开发表了马克思的《哥达纲领批判》。他还直接写信给那些同意他观点的党的领导人。在写给卡·考茨基的一封富有教益的信中,恩格斯详细阐述了马克思的观点。这一条文的主要问题是没有看到革命进程中的不同阶段,而是将各个阶段重叠在一起了——特别是没有认识到在夺取政权之前工人政党必须缔结联盟。将其他非无产阶级派别都视为"反动的一帮",这对于缔结联盟来说是一种障碍。"只要我们还没有强大到足以自己夺取政权并实现我们的原则,严格地讲,对我们来说就谈不上什么反动的一帮,不然,整个民族就要分为反动的多数和软弱无力的少数。"④ 这一条文在最终的纲领中被删除后,恩格斯明确地告诉一位与

---

① 《马克思恩格斯选集》第2版第3卷第316—317页。
② 《马克思恩格斯全集》第1版第3卷第307页。
③ 李卜克内西的做法主要是针对倍倍尔的。
④ 《马克思恩格斯选集》第2版第4卷第711页。

他关系密切的支持者，"拉萨尔主义最后的残余也已肃清"①。众所周知，尽管他未能把他要求的一切都写进爱尔福特纲领——比如，他号召建立"民主共和国"的内容未能写进纲领——这个纲领相对于哥达纲领仍有较大的改进并且总的来说得到了他的支持。

改良主义问题

与恩格斯的愿望相反，拉萨尔主义继续困扰着德国社会民主党。这一点最为清楚地表现在它所煽起的对选举的幻想中。拉萨尔派分子认为，通过选举工人们能够迫使俾斯麦政府做出让步。早在1867年，工人的候选人就被选进了帝国国会，对一个欧洲的工人政党来说这是第一次，它无疑助长了这种幻想。然而实际情况是，直到第一次世界大战结束前，德国的行政部门一直未经选举，它不受政府立法机构的支配，并且宪法没有对公民自由做出保证——而马克思和恩格斯认为，公民自由是这个国家选举中的必要条件。

他们所采取的反对他们所说的"议会迷"——这是一种认为立法机构里的活动就是政治活动的全部的错误观念——的第一个明确的行动是他们1879年给党的领导人写的一份意见书，即《通告信》。俾斯麦一年前对党的查禁在党内引起了一场关于党的议会代表即议会党团——他们没有被查禁——应该起什么作用，而当选的党的领导人又应该起什么作用的辩论。由于议会党团渐渐偏向党的右翼，这个问题越发显得重要了。

---

① 恩格斯1891年10月24日给弗·阿·左尔格的信，见《马克思恩格斯全集》第1版第38卷第180页。

马克思和恩格斯尖锐地批评了一些领导人——其中包括年轻的爱·伯恩施坦，未来的"修正主义之父"——发表"宣言"号召党不再面向无产阶级，用"宣言"里的话说是转向"有教养的有产阶级"。那些想要转向自由资产阶级的人就是那些不能容忍普通党员对议会党团的批评的人，这绝非偶然。马克思和恩格斯明确表示他们支持的是谁："难道德国社会民主党确实染上议会症了吗，以为有了人民的选举，圣灵就会降临到当选者的头上，可以把党团会议变成从不犯错误的宗教会议、把党团决议变成不容触犯的教条？"① 这是一个困扰20世纪许多拥有议会党团的工人政党的问题，在这个问题上，他们认为必须坚持党团应该服从整个政党的意志这一准则。

尽管这场争论的结果看起来使每个人都很满意，但它却提出了关于选举与革命这一更大的问题以及党内一直存在着的改良主义问题。他们毫不含糊地认为，在俾斯麦的德国这一特殊背景下——讨论马克思和恩格斯对别的国家的看法会使我们离题太远——走议会路线这种和平道路是不可能的。② 在德国和在其他国家一样，选举是重要的，但其本身并不是目的。针对即将来临的帝国国会选举，党的机关报摘录了恩格斯1884年写的《家庭、私有制和国家的起源》一书中的内容。在这本书中恩格斯总结道："普选制是测量工人阶级成熟性的标尺。在现今的国家里，普选制不能而且永远不会提供更多的东西"；他强调："不过，这也就足够了。在普选制的温度计标示出工人的沸点的那一天，他们以及资本家同样都知道该怎么办了"。③

---

① 《马克思恩格斯全集》第2版第25卷第353页。
② 《马克思恩格斯全集》第1版第18卷第179页，第45卷第194—195页。
③ 《马克思恩格斯选集》第2版第4卷第173—174页。

由于恩格斯了解俾斯麦的书报检查官们，所以他不能像8年后那样直截了当地说明自己的观点。8年后，法国党在选举中取得进展，他对保·拉法格发表了下述看法，谈到了选举在革命进程中的重要性："你们现在可以看到，四十年来，只要善于使用，普选权在法国是多么好的武器！这要比号召革命缓慢而枯燥，但是要可靠十倍，而且更好的是，能最确切地指明哪一天应当号召武装革命。甚至可以十拿九稳地肯定，只要工人们合理地使用普选权，就能够迫使当权者破坏法制，就是说，使我们处于进行革命的最有利的地位。"①

因此恩格斯毫不怀疑资本主义制度下的选举仅仅是一种手段，是一个"标尺"，是决定何时采取武装斗争的最好的标尺。② 这一点，加上竞选活动中表现出来的工人阶级的组织程度一直是他评价德国社会民主党在选举中获得多少进展的标准。

由于马克思去世后德国社会民主党在选举中取得重大进展，对这个党在立法机构中的纲领问题提出建议的责任就落到了恩格斯身上，这个

---

① 《马克思恩格斯全集》第1版第38卷第513—514页。

② 恩格斯和马克思一样，对于武装斗争的必要性所持的态度非常明确。因此，他对社会主义运动历史上最著名的删改——李卜克内西在党的报纸《前进报》上对他1895年为马克思的《法兰西阶级斗争》写的导言所做的删改和涂抹——感到愤怒。他对考茨基和保·拉法格说，最使他反感的是，"我是以一个爱好和平的、无论如何要守法的崇拜者出现的"，李卜克内西从导言中摘引了所有"能为他的、无论如何是和平的和反暴力的策略进行辩护的东西"。(《马克思恩格斯全集》第1版第39卷第432、436页）甚至他同意发表在德国社会民主党的理论性周刊《新时代》上的导言也因为党的领导人惧怕政府的报复而改得口气缓和了一些并且删掉了关键的一段。未经删改的原文清楚地表明，"巷战"仍然排在大多数地方的革命日程上，虽然不是每个地方都这样，但是它"必须要用更大的力量来进行"。(《马克思恩格斯全集》第1版第22卷第606页）

问题我们不在此讨论。他所有的建议又都是围绕着工人阶级政治独立的必要性这个轴心。

尽管马克思和恩格斯在确定德国社会民主党的发展方向的过程中施加了一定的影响并取得了一定的成功,他们仍然清醒地面对这些成就。他们将希望寄托在群众而不是领导者身上。这样就确立了党内民主的重要性,而在禁令下这是不可能完全实现的。1890年禁令一解除,恩格斯就坚持加强党内民主并对官僚化倾向发出警告。

恩格斯在他1895年去世前半年说倍倍尔"以充分的根据诉说党正在资产阶级化。这是一切极端党派刚刚成为'可能的'政党时的不幸"①。使倍倍尔感到不满的改良主义倾向,马克思和恩格斯早在1879年的《通告信》中就已经作了分析——恩格斯后来把这种倾向称为"机会主义"。对于倍倍尔的意见,恩格斯回答说,"如果我们的党不背叛自己,我们就不能在这方面逾越特定的界限……"② 后来的事情证明,与恩格斯的愿望相反,"资产阶级化"倾向的确已经"逾越特定的界限"了。"议会症"已经转变成了"修正主义"癌症。

尽管有缺点而且未来的道路坎坷不平——这多半要到事后才能看出——但斯廷森说过,"德国社会民主党仍然是世界社会主义运动的典范,这么说并不是因为各国政党效仿它,而是因为它显示出自己具有为了政治目的而把产业工人阶级组织起来的巨大潜能"。马克思和恩格斯为实现这一目标做出了不可磨灭的贡献。

---

① 《马克思恩格斯全集》第1版第39卷第308页。
② 《马克思恩格斯全集》第1版第39卷第308页。

结　论

早在1845年马克思和恩格斯就下结论说，无产阶级将是为政治民主而斗争的最坚定的斗士——吕施迈尔、伊·胡·斯蒂芬斯和约·斯蒂芬斯150年后也得出了同样的结论。1848年马克思和恩格斯认为，无产阶级领导的与小农和城市小资产阶级的联合是"民主斗争获得胜利"——这是向社会主义转变的先决条件——的最有效的联盟。他们在参加德国1848—1849年革命的过程中了解到，必须开展一场斗争促使工人参加民主革命。除了认识到资产阶级不再有为政治民主而斗争的愿望之外，他们从这场革命中汲取的最主要的政治教训就是，联盟是否能发挥作用取决于工人阶级的独立的政治活动。马克思和恩格斯不仅仅得出了许多正确的结论，而且更为重要的是，他们与19世纪的其他著名人物不同，他们为了将这些结论付诸实践而进行了不懈的斗争。

第一国际是将他们的想法付诸实践的载体。到国际工人协会末期，由于马克思和恩格斯耐心而又持久的努力，领导层中绝大多数人都积极接受了他们的观点。伦敦代表会议和海牙代表大会决议不但为组建群众性工人政党创造了条件，而且推动了组建的过程。这些决议也为直接培育这些群众性政党的第二国际奠定了基础。在所有这些事件中，马克思和恩格斯都做出了决定性的贡献。

他们在第一国际的成功使得他们有力量影响德国的工人运动，德国工人运动的成功反过来又对国际产生了有益的影响，这是千真万确的。同时马克思恩格斯为了使工人阶级的独立的政治活动成为现实而对德国社会民主党所做的耐心持久的工作也是必要的。历史表明，在这两个组织中出现这样的结果并不是必然的。

马克思和恩格斯在欧洲无产阶级建立自己的政治组织的过程中所起的推动作用不是无意间做出的,也不是毫无目的的。在每个阶段他们都自觉地按照他们的理论行动,将工人阶级的独立政治活动作为他们"不断革命"的长期战略的一部分。如果没有他们的介入是否能得到这样的结果——比如,群众性工人政党是否能建立——这是一个无法回答的问题。可以说,无论是在国际工人协会还是在德国工人运动中,马克思和恩格斯面对那些想搞折中的或是反对他们观点的有影响的各派力量——从拉萨尔派和自由党—工联联盟的拥护者到各式各样的无政府主义者——非常坚定地支持工人阶级的独立的政治活动。很难设想,如果没有马克思和恩格斯的领导,国际工人协会和德国工人运动会接受这样的观点。这是有意识努力的结果,换句话说,需要有人起推动作用。

他们的成功并没有否认这样的事实,即俾斯麦的不妥协态度是德国社会民主党获得成功的一个必要条件——因为这种不妥协态度限制了那些用机会主义的办法来解决问题的人的行动空间——它也没有否认德国的其他"特殊性"。它也没有治愈议会症,恩格斯去世后议会症最终在德国社会民主党中占了上风。第一点如果确实的话,那么德国的"特殊性"至多只是在结构上对能够做什么或不能做什么加以限制,决不能说它是工人阶级的独立的政治活动的决定因素。至于第二点,在恩格斯去世后,党就背弃了马克思主义,这就证明只要他们活着,他们所起的推动作用是何等重要。同样不容忽视的是,马克思和恩格斯当时就对这个党的未来发展方向抱有很大的怀疑。

当时还有其他人对民主斗争做出过同样大的贡献吗?如果有,也不应该在19世纪自由主义者的行列中去寻找。艾伦·卡亨正确地指出,在这个世纪的大部分时间里,自由主义者中"所有的人……当时都拒绝普选权和民主"。这句话也同样适用于约·斯·穆勒;马克思和恩格斯对他的这一面有清楚的了解，所以他们决定在国际工人协会里限制他的影响。① 激进的小资产阶级民主派怎么样，他们又有什么贡献呢？只有经过更仔细的研究才能得出最后结论。可以说，1848年革命中涌现出的一些很有希望的人后来并没有产生任何重大影响。没有人像马克思和恩格斯那样积极投身于工人运动中并产生了很大影响。

当然，工人运动中还有其他重要人物，特别是在全国范围内具有影响的人物，没有他们就不可能建成全国性政党。他们中的许多人，比如德国的倍倍尔、法国的茹尔·盖得、劳拉·马克思·拉法格和她的丈夫保尔·拉法格以及英国的爱琳娜·马克思，实际上都把自己看成是"马克思派"的成员。这里要提出的一个论点是，没有马克思和恩格斯所提供的思想方法，这些政党要建立起来并获得成功是不可能的。李卜克内西在马克思的葬礼上公开声明马克思是"我们的党的缔造者"，如果其他国家的党的领导人也做出同样的声明，就能得出最后的结论。

当这些工人政党在19世纪70年代和80年代开始建立的时候，马克思和恩格斯并没有对它们抱有幻想。他们在1879年发表《通告信》，并不止一次地对德国社会民主党的"资产阶级化"做出评论，而且他们预料到了党的官僚化的问题，这些都证明他们对工人政党有清醒的认识。特别重要的是，考虑到社会民主党后来的发展道路，他们对将选举作为工人夺取国家政权的手段不抱幻想。他们警告说，帝国主义国家之间有发生战争的危险——由于篇幅有限，这个问题就不在这里讨论

---

① 特别是在1867年马克思说服总委员会不要支持中产阶级的和平组织即和平与自由同盟。穆勒在这个同盟中扮演了一个重要角色。他们对待穆勒的总的态度是，在政治上有适当的时机就与他结盟，但通常在工人运动中，特别是在国际工人协会中限制其影响。

了——同时也警告说，毫无无产阶级国际主义精神的工人政党易受民族沙文主义的影响，反过来，沙文主义会逐渐削弱民主力量从而影响社会主义运动。① 只要政权仍掌握在各个民族国家的资产阶级手里，民主运动就很难取得进展——这一观点在20世纪末期仍然像在当时一样意义重大。

我们曾指出，马克思和恩格斯在民主运动取得突破的过程中所起的作用是不可磨灭的，如果这一论点是可信的，那么显然就会出现这样的问题，即他们留下的精神财富后来怎样了呢？要回答或者说尝试回答这个问题，这就不属于本文讨论的范围了。但可以说，到了20世纪20年代末期，他们从事民主运动的那一段真实的历史已经不为20世纪绝大多数将要成为马克思主义者的人们所知，因而一切后果的产生都是必然的。出于这些显而易见的原因，本文希望为恢复这段历史做出一点贡献。

工人阶级继续在民主运动取得突破的过程中发挥作用。南非正在进行的民主变革证实了这一点。然而如果不能说明推动者在工人阶级参与民主运动的过程中所起的作用，就不足以武装工人运动及其支持者，以防止发生往往是难以预料的但又不是不可避免的结果。

(原载美国《科学与社会》杂志1999年第2期)

(李楠 译)

---

① 早在1870年马克思和恩格斯就预见到在欧洲乃至全世界范围内发生战争的可能性，这对社会主义革命有正反两方面的影响。

罗莎·卢森堡与汉娜·阿伦特：
反对政治自由的破坏[*]

〔德〕西多妮亚·布莱特勒　〔瑞〕伊雷尼·马蒂

[摘　要] 罗莎·卢森堡与汉娜·阿伦特都把自由看作是对公共事务的一种积极参与，这种相同理解将她们的思考贯通了起来。基于各自对极权主义运动兴起与胜利的遭遇和反思，她们都阐发了一种指向自由的政治概念。尽管拥有不同的历史经验，但是，她们对政治概念的这种阐述表明了她们的思想具有重要的共同特征：两者都强调将差异作为对规范、传统以及权威进行批判的前提，由此获得进行自由判断以及承担起个人责任的能力。

[关键词] 政治　自由　公共领域　自发性

---

[*] 本文选自《马克思主义与现实》2006 年第 4 期。本文最初作为 "Rosa Luxemburg und Hannah Arendt: Gegen die Zerstörung politischer Freiheitsräume" 收录在 Krieg / War: Eine philosophische Auseinan dersetzung aus feministischer Sicht, ed. Wiener Philosophinnen Club, Munich: Wilhelm Fink Verlag, 1997, 该文由 Senem Saner 译成英文并发表在 Hypatia 2005 年春季号上，文中注释从略。作者西多妮亚·布莱特勒为德国柏林自由大学哲学助教，伊雷尼·马蒂为瑞士苏黎世大学哲学教授。

罗莎·卢森堡的著作与汉娜·阿伦特的著作表现出相同的特征：随处可见的内在矛盾、表述的不充分以及对某些见解近乎偏执的坚持。这些通常被拿来指责她们缺乏学术严谨性的公认的弱点变成了将其著作排除出政治与哲学学术界的根据。不过，恰恰是她们对那些以逻辑一贯性为名而将任何矛盾排除在外的理论所持有的怀疑主义态度，却诠释了她们思想和行动的本质特征。由于她们所特有的犹太和犹太—波兰血统、她们的性别（她们几乎从未提及这一点，即使提到了，也是在私下的场合）以及当时处于主导的历史—政治形势，这两位女性都成了她们断然拒绝将其认同强加于人们身上的那个世界的陌路人。然而，这个世界毕竟是她们试图将自身归属于其中的世界——一位是积极的参与者，一位则毋宁说是作为一位观察者。她们并没有以那种为人熟知的冷漠超然的态度来重新解释她们作为局外人的生存状态。相反，对她们来说，具有重要价值的知识是与具体的经验相连的，这些经验只有在与他人共有的思维与行动的相关背景之内才能得到表达。这样的知识并不产生任何一般性的和功能性的结果，而只是引发一些暂时的和不确定的洞见。由于反对把陈旧的理论和惯常的做法当成绝对不可改变的力量，罗莎·卢森堡和汉娜·阿伦特都表现出承认差异性的卓越能力，并且秉有一种敢于持异见的顽强精神。对差异性的强调成为批判地理解规范和传统的前提条件，成为探究自由判断的前提条件，成为发展个人责任能力的前提条件。

一

在客观上处于社会边缘化地位，而在主观上，出于对这个世界和整个人类的责任感，又不愿放弃自己的积极介入，这两方面的结合使得阿伦特在其被流放的头几年里从理论上展现出反叛的犹太人的形象——她使用伯纳德·莱泽尔（Bernard Lazares）的说法，将之描述为"觉悟的贱民"（consciouspariahs）。在纯洁的正义感以及对自由的诉求下，反叛的下层阶级在两种不同的文化之间徘徊：一方面是主流文化，这种文化的自我确认机制是不能被下层阶级所接受的；另一方面则是他们的备受压迫的本土文化，他们也没有用这种文化来构建一种反抗的身份。对这两种政治认同的疏离迫使他们坚韧地面对社会现实；对现实的这种转向——用阿伦特的话来说，也就是转向一张"人际之网"——驱使他们与那些无家可归的社会弃儿团结起来，迫使他们鼓起勇气联合起来与压迫者做斗争。

阿伦特在《罗莎·卢森堡》一文中对这位卓越的女性、理论家、政治家表示了由衷的敬意。从青年时代以来阿伦特就一直把罗莎·卢森堡当作自己的偶像。实际上，阿伦特对罗莎·卢森堡的描绘表现出明显的自我刻画的特征。这一点在她对卢森堡的个人态度与品格的传记式描述中，以及对她的著作进行选编和解释中都显露无遗。阿伦特认为："就官方的公认而言，卢森堡所有努力的失败，在某种意义上与我们这个世纪的革命的灾难性的失败密不可分。"这一表述中所指称的革命的核心事件将两位女性联系了起来；同时这一观点还指向了由于法西斯主义运动的兴起与胜利而带来的一种历史的断裂，正是这一历史事实反而将两位女性区分开来。尽管在这篇其最初版本的标题为"革命的女英雄"的著名文章中，阿伦特高度评价了1905年的俄国革命，认为那一段时间是卢森堡一生最快乐的时光，但是，她本人却只能作为一个历史学家来探讨这一革命现象。在她研究法国和美国革命的著作《论革命》的最后一章中，阿伦特写道："监护体系的奇怪而悲惨的结局在于，在革命精神中立即诞生的是唯一的统治形式"，但它仍然被保存了下来，

"以便为了能够记录这一过程,并激发回溯式的反思"。借助关于历史的写作,阿伦特试图保持对政治自由的鲜活体验——这是只有在政治生活的参与过程中才能被意识到的一些体验,它们面临着被遗忘的危险。在阿伦特看来,卢森堡通过呼吁"最广泛的民主"来捍卫的正是对这种政治自由的体验。

卢森堡,一个自信的、充满精神活力的、妙语连珠的年轻人——也是一个犹太人、一个波兰人、一位女性——在德国社会民主党内屡屡不被信任并遭到嫉妒和排挤,就像人们有时也给予她无限的热情和不得体的亲昵一样。她的政治介入将她变成了一个具有叛逆精神的贱民:当她的介入表现为对领导者的观点的支持时,她就被赞扬,而当她介入其中并给领导者带来一些麻烦时,她就遭到惩罚,这样的一种政治介入旨在谴责满足于现状的政治并激励领导者参与到群众的革命行动中。自从在柏林她开始写作第一篇文章时,她就知道:"她是那种不属于任何一个团体的一类人,除了她自己,没有任何人能够保护她……她将不仅被她的敌人所害怕,同时还将发自内心地被她的同盟者所恐惧,她总是给人这样的感觉,最好将她尽可能地排除在外,因为很可能她将很快超越他们。"

她根据她所信奉的卡尔·马克思的理论,参与到日常的政治活动、党内争吵以及累人的宣传鼓动之中,并忙于对过去和现在进行及时的分析。卢森堡在强大的工人运动中生活着、工作着,充满着对未来的希望。不过,尽管她在德国社会民主党中有很大的声望,直到她牺牲之前,她却始终处于这样的境地:只要她能够被借以达到某种目的,她就被提起、被推崇,而一旦目的达到之后,她又旋即被置之脑后、放到一边。她的死刑处决——即使不完全是德国社会民主党所支持的,它也难脱干系,因为执行死刑的政府是社会民主党所领导的政府——在汉娜·

阿伦特看来确立了一个"德国左派不可逆转的关捩点",并同时成为了"德国两个历史时期的分水岭"。

尽管在党内卢森堡的反对立场主要表现在政治策略的问题上,尽管她本人更愿意把自己看作是一个革命家而不是一个理论家,但是,她与党之间的分歧却主要应被归结为她对马克思的解读与第二国际的经典解读之间存在的差异。这种分歧在党的领导与群众基础的问题上清晰可见,同时在关于运动的任务与目标的问题上更为凸显出来。隐藏于卢森堡诸多概念之中的问题,如阶级意识、群众、自发性以及行动等都成为了解放概念的主要构成要素,它们确实还没有被清楚地论证过,因此需要加以重构。个人的解放成为了一个显著的特征,当大众加入到自我反思之中,当个人将自己放入到与他人的关系中、从而放入到整个社会之中来思考的时候,个人解放的实现将获得历史的可能性。

这一解释的理论架构是马克思对资产阶级社会的经济功能的分析,根据马克思的分析,自我意识能够将自身转变为"资产阶级发展的一般的以及特殊的社会和政治动机"的意识和知识。所有的能够导致社会主义未来社会的变化都来自于"无产阶级的意识、意志与斗争"。认识、意志以及行动共同构成了阶级意识。但是,卢森堡从未忘记,一个阶级是由一个个本身具有解放能力的个人构成的。在此,主体性并不是被理解为先验的一致性,而是在交互的行动中发展起来的。在卢森堡看来,正是不同阶级之间的摩擦构成了政治公共领域——这种"公域,使那些体认到他们与社会的被排斥的部分有联系的个人能够发挥作用"。阶级斗争能够促进平等社会的自由行动。作为一种交互主体性的场域,阶级斗争更新了在劳动中缺失的感觉与意义的内容。在现存的秩序内,行动势必与反对者形成尖锐对立;不过,这一行动还要超越现存的秩序,指向一个没有宰制的自由社会,在这样的社会中,建立在阶级团结和共同体基础上的行动模式将成为普遍性的——这种行动模式不会使政治公共生活成为多余的摆设。这种公共生活是在争取人类平等与自由的行动中进行自我理解的永无止息的过程的必要前提,同时也是在其中一些另类的以及全新的什么东西赖以产生的过程能够存在的前提。

卢森堡对自发的群众行动的执着坚持乃是建立在对解放或者自由的理解的基础之上,它导源于公共行动的形式,而不是作为马克思主义核心的劳动概念。由此,卢森堡对结果的评价主要不是基于实际的成功,而是依据对一个政党与它自身、与其他人以及与整个世界的关联的体验与认知。她将在阶级斗争中的失误、走弯路以及失败视为启蒙大众所必须经历的阶段,由此被称之为自我启蒙。关于德国社会民主党,卢森堡在《尤尼乌斯的小册子》中指出,当代的无产阶级存在的"问题与它的错误一样的巨大";在20世纪初,她公开反对列宁的政党概念:"一个真正的革命的劳动者的运动所犯下的错误总要比最好的中央委员会的正确决定要更富有历史价值,更具历史意义。"在卢森堡看来,党的领导者一旦试图控制群众的自我运动,宣称指导他们正确地行动,同时保护他们免于犯错,那么它就已经超越了它的权限。相反,领导者的任务应该是以下这些内容:在理论上总结行动的经验,将这些经验与整个社会联系起来,并将这些反馈给工人,从而变成他们可以理解的自己的体验。

卢森堡对于无产阶级所具有的活力的信念——她因这一信念而受到过多的嘲讽——是基于这样一种理论前提:在这个理论中,个人的自决权没有被放逐到遥远的未来,而是作为当下的一种必需:在利益再分配的社会斗争中,在政治权力的冲突中,建构认同的自我意识能够也必须通过作为单个个体同时也作为整体的一分子的个人行动来实现。通过集体的自发活动,蕴涵于行动中的强大能量被释放出来,并创造了许多新的东西。在阿伦特的术语学中,试图把革命理解为某种可行的东西的努力源自于一种灾难性的替代,源自于工作与行动的混合;卢森堡不同于大多数工人运动的领导者,她没有犯这样的错误。"没有什么能比相信一场革命的爆发是顷刻之间的事情更加不可思议,更加不可能,更加富有幻想的味道,没有什么能比相信一场革命将在第一次战斗中爆发并最终赢得这第一场战斗更为简单化、更加盲目自信的了。"

二

自发的政治行动——卢森堡以此抵制党的官员的主观主义倾向构成了阿伦特论述革命作品的核心部分。在这些文章中,她再次面对政治概念——这些概念在历史中实现的可能性在《人的条件》中已经被概念化和体系化地讨论过了。社会主义革命理论将革命的行动作为获得经济和社会的平等而进行的一种斗争,并以一个平等主义的社会作为目标来衡量其最终是否成功。与此相反,阿伦特则对真正的政治现象特别感兴趣,她将这些现象理解为一种集体言论和行动的自由演练。经济的以及社会的主张,对于卢森堡来说并没有丧失政治的维度,这是不证自明的,但是,它被阿伦特视为一种与政治无关的、甚至是反政治的东西而排除在革命的概念之外。她当然知道自由与社会困苦本身是不相容的,自由预设了不仅要从政治统治中解脱出来,同时还意味要摆脱贫困。不同于流行的观念,阿伦特认为社会和经济的问题应该通过技术的以及行政的手段来解决,而不是通过政治手段。由此她隐蔽地与马克思主义理论暗合了,在后者看来,分配正义预设了相应的生产力的发展状况。然而,同时她却没有将一个关键性的问题考虑在内,即当普遍实行的福利体系没有被利益的再分配所引导,而是被用来保护以及加强特权的时候，该如何是好。毫无疑问，阿伦特的批评者是正确的，他们指责她低估了市民、无产阶级和女权主义运动的意义，还指责她只是描述了一个限制性的政治公域模型，将特殊利益的群体排除在外，而这一切都是出于一种社会的歧视。阿伦特所固执坚守的关于特权的、社会经济学的以及政治学的研究必然表现出一个反现代主义者的态度。她捍卫政治自由概念，通过对私人利益的强调来反抗公共领域对私域的侵占，就这一点而言，她很难被理解。另一方面，如果一个人试图理解阿伦特基于自发性以及有特定目标的政治立场而进行的政治重建，并且如果能够认识到这种重建使得原本由于将政治仅仅视为是社会的以及经济的斗争的延伸部分而被掩盖的现象重新得以显现出来，那么问题也会相应产生：由阿伦特的城邦所构成的理想世界究竟如何能够与当代工业社会中所出现的社会问题相连？在她的著作中，她没有回答这个问题。

阿伦特在她讨论自由与政治关系的文章中写道："自由虽然很少成为政治行动的目的——只是在危机的时候或者在革命中才有可能——却实际上是人们在政治组织中共同生活的原因所在。"与绝对的统治权不同，这种统治首先预设了一种自主，但是，如果其他人也要求这种自主，此一自主就会暴露它的局限性，而自由只有在"人与人之间共同的行动"中真正地实现出来，自由的积极的政治意义才会必然指向一种相互作用，其中任何一方都将对方视为是不同的以及平等的存在；对于阿伦特来说，人类的多样存在获得了合法性。在日常言行中实现的差异性构筑了一个特殊的领域，这一领域排除了所有的物化，真正把"人作为人"来看待，一方面培育出一种人之为人的共同特质，另一方面建构了一种与世界有意义的联系，由此确认了人的存在的真实性。对于阿伦特来说，整个现代性正遭受着实际消失的危险，每个个体都有一种被抛弃的感觉，由此，发现公共世界成为阿伦特政治理论的核心问题。

在阿伦特称之为人们之间无形的现实领域，即"人际关系之网"中，存在着另外一种意义，它指向了革命行动自然而然的特质。将其称之为"网"的比喻是试图将人们相互作用的复杂关系显现出来。假设这样一张网有时空的延伸，保证了人类世界的延续，那么它将会发现，行动将陷入并迷失在既定的关系网之中，从而变得难以预测。在此具有争议的是，在这个可能性的领域之中，个人"开始了他们自身一系列的偶然性冒险"，由此可以将其比之于康德用自发性的观念来诠释自由概念的积极方面。既然一个行动总是会干扰另一个行动，一种言语常常回应另一种言语，并由此激发其他的言语，这样对原初状态的回应因此巧妙地逃避了最初创始者的控制。这就是为什么传统的政治理论总是将自由的理念置换为一种自始至终控制自己行动的自律的、独立的主体；这也就是为什么集体性的言语与行动要让位于独裁的意志——这里的独裁可以被理解为一种秩序，也可以被理解为一种结构——这种独裁的意志通过人们对有目的、有效率的人类事务的组织的需要而获得了自身存在的合法性。虽然阿伦特这位持续革命的狂热追求者矢志不渝地坚持人类言行的基本开放性，并且承认"民主的非确定性"的问题性（一些东西在现代性的条件下可能因政治的或者知识的自由而被抹去），但她仍认为，在当代公众社会中，自由只有在对权力有所限制的体制下才有可能，也由此才能保证特权以及单个人的政治权利的实现。

阿伦特用她的行动概念来作为对极权主义统治的一种回应。卢森堡的思考方式在某种意义上可以说是阿伦特所持有的方法的一种镜像。卢森堡和阿伦特继承了启蒙运动的遗产，并用阶级斗争的经验作为指导，行动或者说干预成为她们二人共同的核心主题。这种行动不是被观念化了的东西，而是指向了内容本身。被视为一个个事件的自发的工人运动指引了理论的方向，内含在这些行动中的自组织的创造性潜势成为卢森堡批评欧洲工人阶级领导人的理论与政治的基础。1918年，布尔什维克将列宁于20世纪初所描述的政党概念付诸实践。随后党的条例被绝对化了，并在苏维埃共和国时期愈演愈烈，这样的发展证实了卢森堡的理论：一个组织如果窒息了大众的政治生命，那么必然导致人的自我异化。

三

以农业为主导的俄国并未完全变成为一个资本主义社会，列宁将这一点看作是运动在组织上产生的困难，而在卢森堡看来，这主要是一个如何产生政治意识的问题：无产阶级将如何实现自我认同并组成一个不同于资本主义社会的特殊经济结构？在列宁为创造阶级意识而提出的组织建议中，马克思的历史概念改变了，并重新勾画了行动的蓝图。通过这一方式，列宁用党组织的观念置换了马克思遗留下来的政治理论。在由此而导致的实际转变中，党的结构作为一种精英组织逐渐发展成为国家自身的结构，随后又被作为"无产阶级专政"或者"一国社会主义"。由于专制主义的俄国缺乏民主的机构，列宁强调，出于策略的考虑，党内的等级权力关系有某种必要性。然而，这样一种权力关系被最大限度地扩散到离权力中心最远的人民大众那里，因为列宁的组织方式从观念上来源于理论领导的统治原则，并最终在其中获得合法性，从而大大忽视了社会的政治现实。民主的内涵，就其本质来说，包含了大众积极参与的政治行动，这一点与中心主义的、密谋的要素相矛盾，也与铁的纪律以及不可企及的中心权力的控制相矛盾。发出指令的精英们之所以被赞同并具有合法性，是因为他们对于未来历史发展过程了如指掌——通过对历史规律的精准把握，领导者做出正确的决策。为了替换这样一种图谋，并反对列宁，卢森堡描述了在20世纪初期俄国所爆发的广大人民群众的革命运动，它们是自发产生的。在批评列宁的文章中，她写道："在所有这些情形下，开始总只是行动"，不是领导者的行动，而是群众自己的行动。在卢森堡看来，党的纪律是一个伦理范畴，而对列宁来说，它是一个起源于资产阶级的组织范畴。根源于工厂劳动纪律的模式应该被组织利用起来，并扩展到劳动运动当中去。按照卢森堡的批判，这种模式带来的只是"大众失去了思想与意志，只是长着腿与脚机械地运动着"。她认为，无产阶级的纪律并不能从外面产生。阶级意识应该被视为"在社会层面的政治行动中自发产生的合作意识"，这种意识应被个人的意志所创造，这些个人不能被任何人所替代，哪怕是暂时的替代。卢森堡最为尖锐的批判可以归结为对如此真理的宣称：一种战略不仅不能被获知，也不能被发现，因为"它是在阶级斗争的过程中一系列进步的、富有创造性的行动的产物"。对于"创造性"这一术语，卢森堡将其与历史过程中的客观决定论对立起来。毫无疑问，这一历史过程的目的论特征仍然很重要，但只是作为一个无法回避的事实而已。尽管无产阶级依赖于社会发展的某个阶段，但这种发展，在卢森堡看来，在"德国社会民主党的危机"中，"如果没有了无产阶级将不可能实现……行动……自身共同决定了历史"。

一种关于历史的理论，试图将作为历史的实现力量的主体的大多数人的行动排除在外，这种理论必然导致大众失去能动性，使得他们最终不得不受到意识形态的摆布。与此相反，在卢森堡看来，"富有行动力的、无限制的、精力充沛的、最广大人民群众的政治活动……将能够纠正社会机构内部的所有缺陷"，最广大人民群众的政治活动构成了必要的政治氛围，只有在这一政治氛围中，真正面向未来的人性才能培育出来。

自1914以来,德国社会民主党的现状以一种可怕的方式证实了卢森堡的担忧。它显示:如果政治生活注定是不可能的,那么人类将发生怎样的变化!随着领导者对阶级斗争的放弃,工人运动走向它自身的对立面。工人自身通过长时间的艰苦斗争而获得对社会地位的意识、它自身的利益以及它的需求统统被破坏了。工人大众被要求回到为资产阶级服务的过程中去。在"祖国"与"民族"的战争口号中,工人大众认同了与其敌对的阶级。1915年卢森堡在的监狱中写道:对两个阶级来说,"世界大战都是野蛮的",但对于无产阶级来说又是获得独立的一次机会。突然之间,唯一能够爆发自由运动的地方被取消了。工人们再次陷入了主流意识形态的陷阱之中,失去了他们通过阶级斗争的经历而获得的工人阶级的身份。他们存在的客观性被破坏了,并被资产阶级的制度和价值观所替代,无产阶级已经融入了这个资产阶级的世界。阶级被融合了,敌对阶级最终转变为朋友和兄弟,阶级纪律——对于卢森堡来说,这些纪律是无产阶级所特有的力量——被无可挽回地转变成了一种机械的服从,从而导致了工人们被迫一步步走向死亡与毁灭,对这一切的见证,也让卢森堡陷入到她人生的危机之中。

在她这一时期的信件中,一种并不常见的、好战的态度显现出来,以此来反抗"在我周围存在的那些冷酷的、面目可憎的乌合之众"。正是这种态度,在正统马克思主义的研究中获得了一种表达,以宗教般的感觉来面对历史的信念,将其视为是保有最后一线希望的地方。卢森堡在历史决定论中所找到的避难所与其理论中对行动的推崇形成了鲜明的对比。为了保持她旧有的立场,保持她所认定的只有人自身能够回应历史,卢森堡做了许多努力。尽管最终目标是自我的实现,但它的实现同样是所有被压迫阶级的责任。

四

工人运动的失败，法西斯主义在整个欧洲的胜利，两次世界大战，民族国家—社会主义的出现，以及斯大林体系，等等，这一切把那种源自于历史哲学的希望吞没掉了。18世纪晚期和19世纪的革命者与改革者发现，以一种预定的目的必然展开的人类自由与理性，以及历史最终必然要走向一个被解放的以及和平的人道主义的幸福结局的承诺，都被撕成了碎片。阿伦特认为，进步的观念对于占据统治地位的资产阶级比对于被压迫、被剥削的无产阶级显然更有利。在阿伦特对左右了帝国主义时代的经济发展的描述中，她追随了卢森堡的积累理论。如同卢森堡一样，她也从军国主义和官僚主义回归的视角，把帝国主义的扩张视为原始积累在欧洲之外未被资本化的国家中的一种重演。阿伦特对卢森堡的超越表现在她将后来的民族—国家社会主义的情况纳入考虑的范围之内，从而拓展了对剥夺的政治维度以及历史维度的分析：资本主义所发动的剥夺并不局限于对劳动力、消费能力以及资源的吸取。作为一种决定性的社会的及政治的力量，这一过程不断地销蚀着生活的多样化。就它损害了迄今为止相对稳定的私人领域和公共领域而言，它完全破坏了主体间共同分享的生活领域——这一领域可以提供给人们以安全感、意义的空间以及自我确认的尺度。阿伦特将这一变化诊断为一个世界的逐渐消失，而这个世界的消失将终结于当代大众社会。阿伦特强调，正是在这一共享的世界的丧失之中，极权主义运动找到了构建它自身规则的社会文化前提。第一次世界大战之前及其发生过程中，技术的毁灭能力出人意料地增强，暴力被合法化及其被鼓吹宣扬的空前程度，这一切都给极权主义的发展提供了物质条件。第一次世界大战用它密集的战斗以及人类生命的耗损给人们上了一课,即物质的、知识的以及人的调动(或动员)是完全可能的。

对阿伦特来说,能够将极权主义从其他形式的暴政中区分出来的特质就在于内在的与外在的暴力相互纠结、"意识形态和恐怖"的纠结。阿伦特认为,这种纠结在极权主义中特别表现为对历史偶然性的消除,以使历史屈从处于绝对的支配。这种对历史的擅权僭用的倾向可以在列宁的政党概念中找到,正是这一点遭到了卢森堡的强烈批评。同时,它也成为国家社会主义者以及斯大林主义者的统治工具(由此带来了可怕的后果)——他们最初试图在现实中确立一个超历史的观点,然后通过把全部知识与行动有机地融为一体,从而将历史与自然的规律强横地化为现实。把历史进程虚构成单维逻辑与那种把社会设想为由同质的个体构成的完全同一的社会的观点是具有内在一致性的,只不过,关于同质个体组成同一社会的虚构是与统一的、有机的"人民的机构"神话密切相连的,而这些理论在法国大革命期间、特别在浪漫主义理论之中已经得到了发展。外部的积极划界的政策(即把敌对者划出)以及内部强行的同质化过程(即把异见者消灭)都是用来激发并强化这样一种信念,即任何试图破坏统一性以及整体性的东西——这些都是"人民的福利"所在——都必须坚决地加以摧毁。

这种政治的破坏性本质只有在最终同质化的目标真正实现的时候才能显现出来。只有在那个时候,极权主义的统治机器才最终展现了自己的恐怖:在德国,犹太人民被从经济、社会以及政治生活中驱逐出去;在苏联,党内的反革命以及反对派被彻底地清除。这些组织化的恐怖的目的并不是要创造"健全的人民机构",而是用建基于进步与破坏的辩证法之上的虚假的意识形态法则,来确保组织的功能不受到破坏。对意识形态前提的铁定的必然性证明承诺了人类的彻底的可塑性和绝对的顺从，而对于历史规律的自主性的绝对宣称也在不断增强的对人的主体性的蔑视中获得存在的可能。对于阿伦特来说，在极权主义的预设中，人们将被完全地控制，并最终成为可有可无的组成部分。在阿伦特看来，集中营，作为极权主义最后的结果，证明了这一理论的本质。

极权主义运动的兴起有其社会的以及文化的根源。然而，社会的"自毁"，真理形式的确定性的消失，在阿伦特看来，都无可挽回地成为了现代性的条件。在她试图勾勒现代生存状态的替代性概念的时候，由于没有利用与那种绝对顺从一起产生的自信，阿伦特不得不适应这些前提。她所找到的模型是富有反抗精神的贱民。在既有的传统和社会环境的边缘，这些贱民们成功地发挥了他们自己被异化了的生产力，发挥了政治行动的能力；对于阿伦特来说，这种能力在人之间构筑了一个空间——在这样的空间中实现了他们的多样性存在、他们的自发性以及世界的现实性。然而，阿伦特对于贱民意识的存在在极权主义统治工具被毁灭之后还能否被社会普遍化并不抱有任何希望。她仅仅将她的任务定位于一个历史学家：抵抗极权主义的诱惑，记录那些真正属于人的言论与行动的事件——这些事件蕴藏着打破看来似乎是一个自然过程的特有潜能。那些具有自发性形式的革命就是这些事件。卢森堡将其视为一所"公共生活的学校"，在其中工人们可以体验一种自由的、自我决定的生活，独立于那些计划者与制造者的支配性控制。对阿伦特来说，这些事件在对抗极权主义危险的过程中实现了它的独特原则：以自由和多样性为特征的政治。

（夏莹 编译 周凡 校订）

"美国现代社会主义之父"
——弗里德里希·阿道夫·左尔格[*]

菲力浦·福纳

弗里德里希·阿道夫·左尔格1828年11月9日生于托尔高（萨克森省梅泽堡专区的一座县城——译者注）附近的贝陶。父亲名叫格奥尔格·威廉·左尔格，母亲名叫海德维希·克罗蒂德（父姓朗格）。他的父亲是一个具有自由思想的牧师，是"光明之友"的成员，该教派在1848年以前自由主义的发展进程中，起过十分重要的作用。

同很多新教的牧师一样，左尔格的父亲亲自给自己的一大群孩子讲课，向他们传授古典语言、历史和文学方面的基础知识。从1842年起，少年左尔格在哈雷的法兰克教会学校接受师范教育。在1848—1849年革命中，左尔格参加了萨克森省的革命运动。为了躲避反革命军队的征兵，这位二十岁的年轻人逃到了瑞士。1849年春天，左尔格在瑞士得知巴登爆发了反政府的起义，于是立即返回德国，加入武装的革命者的行列。德国革命军队主要是由工人和手工业帮工组成的，其中有很多共

---

[*] 本文选自《马列著作编译资料》第7辑。

"美国现代社会主义之父"这一称号是泽利希·佩尔曼提出的，他还补充说，马克思和恩格斯曾"全权委托左尔格在美国作为他们的思想的解释者。左尔格的这种地位一直保持到1906年他逝世为止"。

产主义者同盟的盟员。弗里德里希·恩格斯也战斗在他们的行列中，担任奥古斯特·维利希（后来美国内战时期的北军将军）的副官。左尔格也在维利希的部队，在巴登和普法尔茨进行的历次抗击普鲁士人的战役中，他总是战斗在最前列。七月中旬，巴登—普法尔茨起义被反革命军队镇压下去。随着这次起义的失败，德国的资产阶级民主革命就告结束了。

得胜的反革命势力把许多革命者处以死刑，把数以百计的革命者投入监狱，并迫使很多人流亡国外，左尔格到了瑞士的日内瓦，担任音乐教员，他的教育才干帮助他在艰难困苦的流亡中得以勉强维持生活。他业余的许多时间是在威廉·李卜克内西创立和主持的工人协会里度过的。在这里，他还结识了约翰·菲力浦·贝克尔。

由于左尔格积极从事民主运动，1851年瑞士警察当局命令他离开这个国家。这一次，他在比利时的列日居留下来，他的兄弟住在那里。可是，比利时警察当局的反应与瑞士警察当局完全一样，于1852年将他驱逐出境。他再也不能返回德国了，因为在那里，他已经由于革命时期所从事的活动而被缺席判处死刑；同时他又不愿意生活在法国拿破仑第三的极权制度之下，因此他便前往英国。然而左尔格在伦敦无法找到工作，于是他决定离开欧洲。他由于憎恶美国南方的奴隶制度和北方1850年颁布的可耻的奴隶逃亡法，便决定宁可前往澳大利亚，也不去美国。事情纯属偶然：他患了霍乱，身体虚弱，神志不清，被别人错误地带上了一条不是开往南方而是开往纽约的船。1852年6月21日，他在纽约登岸。就这样，照弗兰茨·梅林的说法，他来到了一个注定要使他发挥"重要的历史作用"的国家。

可是，当左尔格来到新大陆的时候，并没有任何迹象预示着这样一种使命。在离开英国之前，他曾在伦敦遇见马克思，可是，这次会面多半是邂逅相遇，而且，左尔格在那时对马克思观点的认识程度还远不足以使他赞同这些观点。当然，在到达纽约的时候，他在政治上已经不是一个新手了；但是，从根本上来说，他还是一个小资产阶级民主主义者。

同许多外来的移民一样，左尔格必须为满足最起码的生活需要而奔波。他几乎从来不提这段艰苦的岁月，可是，倘有一位德国同伴坐在要塞工事的长凳上赞叹起纽约港的美景，左尔格就会冷漠地说道，他正是在这些长凳上度过了许多个饥寒交迫的夜晚。这一段艰苦的时期到底延续了多长，很难准确地断定。不过，没有多久，左尔格就开始担任音乐教师，挣得了一份低微的收入。来到纽约几年以后，他和一位年轻的德国移民玛蒂尔德（即卡塔琳娜·左尔格——译者）结了婚，同她在一起生活了五十年。

在来到美国以后的最初五年，左尔格在政治上没有公开露面；但是，他从事着政治活动。他在巩固自己的音乐教师职位的同时，把所有能够节省下来的空余时间都拿出来，一方面从事纽约还俗者秘密组织（一个无神论者的团体，创立于伦敦，旨在宣传理性主义）的活动；另一方面在争取德国自由和统一同盟美国支部里工作，这个组织活动的目的是为了把德国从专制政体下解放出来，它支持德国革命者，并为发动一次新的革命起义筹集资金。左尔格把大部分空余时间用于后一方面的活动。在美国舆论界，首次提到左尔格名字的是1858年6月26日《社会共和国》杂志刊登的一篇关于国际协会美国支部在纽约集会，纪念德国1848年3月革命牺牲者的报道。报道说，左尔格代表共产主义者俱乐部出席会议，并致了欢迎辞。

1857年10月25日，一些原共产主义者同盟盟员在纽约创建了美国第一个共产主义者俱乐部。俱乐部同马克思互相通信，并同美国空想社会主义移民区的成员建立了联系,其中就有在诺沃尔和伊利诺斯兴办伊加利亚的人们。俱乐部致力于工人们的团结及其与欧洲运动的合作。当时居住在密尔窝基的美国马克思主义先驱约瑟夫·魏德迈对这第一个马克思主义组织的成立表示祝贺①,并帮助它同共产主义流亡者广泛接触。1858年,纽约、芝加哥和辛辛那提都有了共产主义者俱乐部。

纽约共产主义者俱乐部不仅是美国第一个马克思主义组织,而且也是当时唯一的吸收黑人作为享有平等权利成员的社会主义工人组织。俱乐部的章程要求它的成员"承认所有的人,不论其肤色和性别如何,一律平等"。俱乐部站在反对奴隶制斗争的最前线。它的成员动员在美国的德国工人支持这一斗争。共产主义者俱乐部的成员是共和党内的一支重要力量,他们力图促使这个党更加激进,以求彻底废除奴隶制。

当1861年内战开始的时候,德国人组成的激进组织大部分都解散了,这些组织的大多数成员都参加了北方的军队。纽约共产主义者俱乐部的大部分成员也加入了北军。

战争结束后,左尔格又恢复了政治活动,并发展成为马克思主义者。当时,斐迪南·拉萨尔的信徒在旅居美国的德国人中间有着很大的影响,左尔格研究了拉萨尔的思想,认识到拉萨尔的理论是建立在错误的原则基础上的。左尔格摒弃了拉萨尔的论调,即认为选票是把工人从

---

① 许多学者都进行过论证,认为共产主义者俱乐部不是马克思主义组织。但是,俱乐部的创始人都是原共产主义者同盟盟员,他们与马克思保持密切的联系,并得到马克思的支持。魏德迈也认为俱乐部是马克思主义组织。1858年12月10日,共产主义者俱乐部主席弗里德里希·康姆曾把俱乐部章程的抄本寄给马克思。没有任何证据可以说明,马克思认为这个不是马克思主义组织(关于这个问题,可参看奥伯曼:《约瑟夫·魏德迈传略(1818—1866)》1968年柏林版第345—346页)。

资本的桎梏下解放出来,并在国家帮助下,通过生产合作社以实现社会主义的唯一手段。尤其是拉萨尔对工会组织和罢工运动的否定,使左尔格抛弃了拉萨尔主义。左尔格确信,拉萨尔的这些思想在手工业者当中比在工业工人中要获得更多的支持,因此,他断定拉萨尔主义在美国毫无前途。在共产主义者俱乐部里的马克思的拥护者们影响下,左尔格转向了马克思主义。1867年6月,他给马克思写了第一封信,告诉马克思,他打算在距离他所居住的纽约不远的新泽西州的霍布根建立一个国际工人协会支部。马克思鼓励左尔格去实现这项计划,这样,他同马克思和恩格斯之间的通信便开始了,定期的通信一直保持到科学共产主义的创始人逝世为止。国际工人协会是1864年9月28日在伦敦成立的。马克思和恩格斯从一开始就积极参与协会的工作。众所周知,马克思起草了《国际工人协会宣言》及其章程。美国的马克思主义者和拉萨尔主义者受到了国际的鼓舞,特别是受到马克思下列论断的鼓舞:"英国、德国、意大利和法国都同时活跃起来了,并且同时都在努力从政治上改组工人政党。"①

1868年1月,共产主义者俱乐部和拉萨尔主义者于1866年成立的全德工人联合会短期合并,从中产生纽约社会党。1869年12月,该党又改建成为国际工人协会美国第一支部。支部的书记、促进者和领导人从一开始就是左尔格。1868年7月,国际工人协会总委员会全权委托左尔格代表协会在美国进行活动。1870年12月,德国人支部、法国人支部和捷克斯洛伐克人支部在纽约成立国际工人协会北美中央委员会,

---

① 《马克思恩格斯选集》第1版第2卷第134页。

左尔格担任委员会的通讯书记。①

左尔格同瑞士德语区支部领导人约翰·菲力浦·贝克尔建立了密切的联系。贝克尔就如何扩大国际在美国的影响的问题向左尔格提出建议，他在发自日内瓦的信中写道："你们一旦在纽约有了坚实的基础，就要设法在北美其他城市建立与你们的组织互相联系的同类组织……每一个支部都可以根据当地情况制定自己的地方章程，只是绝不允许违背总的草程。"贝克尔强调说："在任何一个地方，在任何一项与工人有关的事务中，我们都必须保持主动权，都必须是发动者、组织者和教育者。"②

左尔格和他的第一支部的战友们为实现这些目标孜孜不倦地工作。他们在工作中贯彻执行马克思起草的国际历次代表大会决议和总委员会的各项宣言。他们特别重视建立和加强工会的工作，支持争取罢工权、废除计件劳动和兵营式住宅的斗争，特别是支持争取八小时工作日的斗争。作为马克思主义者，他们确信，组织在工会里的工人将在为满足现实要求而进行的日常斗争中提高自己的阶级觉悟，为过渡到社会主义采取必不可少的最初步骤。因此，他们参加工会的会议，委派左尔格作为代表出席工会全国代表大会，并派出其他代表出席工人代表会议和工会

---

① 值得指出的是，左格尔在开始时很难取得第一支部成员的信赖，因为他不是雇佣劳动者。当左尔格接受全权委托，在美国为国际工人协会总委员会进行活动时，担任总委员会德国书记的马克思给齐格弗里特·迈耶尔寄去下列全权委托书："现将左尔格先生介绍给国际工人协会的全体朋友们，同时委托他代表本协会并为本协会进行活动。"（《马克思致齐·迈耶尔（1868年7月4日）》，见《马克思恩格斯全集》第1版第32卷第539页）

② 《约·菲·贝克尔、约·狄慈根、弗·恩格斯、卡·马克思等致弗·阿·左尔格等书信集》1906年斯图加特版第2—3页。

代表大会。1870年,在普法战争期间,一些工会联合会在他们的影响下通过了反战决议。他们同一些工会联合会,特别是同铜矿工人工会一起,组织了一次声势浩大的群众集会。在这次集会上,工人们对德意志帝国蓄谋兼并亚尔萨斯-洛林提出抗议,并维护人民的自决权。他们援助罢工的工人,参加争取八小时工作日的示威游行,同铜矿工人、制鞋工人、机械工人、建筑工人、烟草工人、木工和家具工人保持通信联系。他们协助所有这些行业的团体成立了全国性的工人联合会。赛米尔·伯恩施坦指出:"毫不夸大地说,这个支部是一所学校,后来那些参加建立美国工人联合会的工人领袖都是由它培养出来的。"

1872年,左尔格离开纽约,去参加国际工人协会海牙代表大会。返回美国时,他已经是国际工人协会的总书记,这时总委员会的所在地也迁到了纽约。

左尔格直至1874年卸去总委员会总书记的职务为止,一直担负着复杂的任务。巴黎公社被镇压下去以后,欧洲大陆开始了对国际的残酷迫害。此外,一些国家的无政府主义势力又在进行分裂活动。所以,马克思和恩格斯提议把总委员会迁往纽约,同时,这也是由于国际已经基本上完成了它的历史任务。

国际之所以能够经受住这场风暴的袭击,在很大程度上应当归功于左尔格为维护国际的利益而忘我工作的献身精神,在这方面,他受到马克思和恩格斯的完全信任,他的行动同他们协调一致。1874年9月25日,当左尔格卸去总书记的职务时,他确信,最明智的做法是解散国际,而且在美国也可以通过别的途径扩大马克思主义者的影响。

1875年7月15日,国际工人协会的十名代表在费拉得尔菲亚解散了协会,并把协会的档案和全部文件委托左尔格和卡尔·施佩耶尔保存。四天后,在该城举行的马克思主义者和拉萨尔分子的统一大会上,成立了一个坚持马克思主义方向的政党：美国工人党。

虽然新建的党对拉萨尔分子作了一些让步，但它的纲领是建立在第一国际的原则基础上的。纲领主张，工人们目前应当"离开投票箱"，集中力量去加强组织，因为"仓促的政治行动将使组织经常地遭到破坏，不断地蒙受损失"。

纲领强调指出，工人们之所以在经济上受到奴役，是因为资本家掌握着生产资料，争取工人解放的斗争必须通过统一的、独立的工人阶级去进行；最终目标是废除雇佣劳动制，建立一个无阶级的社会。这个纲领的思想以至于语言都是马克思主义的，其中大部分是左尔格起草的。

左尔格在建党的过程中发挥了领导作用。1876年，成立大会召开以后不久，他发表了自己唯一的一部英文著作《社会主义与工人》。左尔格批驳了那些针对社会主义散布的谎言和诽谤，阐述了社会主义的真正本质。书中特别指出，社会主义者的要求一旦实现，美国在进入自己独立后的第二个世纪时所面临的问题就将解决。他写道，尽管受到镇压、迫害、讥讽和嘲笑，"社会主义仍然在整个文明世界站稳了脚跟。它在各地都展开了反对资本、反对资产阶级阶级统治的斗争，并且必将取得胜利"。左尔格要求把工人组织起来。他在这方面强调了把工人掌握在工会之中，并强调他们同工会的前途是紧密相连的，"工会会员一旦克服了在自己的民族条件的自然发展过程中形成的某些偏见，就会越出自己划定的狭隘界限，就会扩展开去，掌握住这个国家的整个工人阶级，这样，他们就有可能成为先锋队"。①

左尔格对美国工人党所寄予的希望很快就变成了泡影。原第一国际的会员们认为，工会运动是工人运动的必要的起点，并期待新的党贯彻

---

① 左尔格：《社会主义与工人》1876年纽约版第12—13页和第19—20页。

这一条符合党的纲领和原则的路线。可是，拉萨尔派对统一代表大会所赋予的委托却漠然视之。他们为了修正党的纲领和党的章程，不顾原第一国际会员的反对，要求召开一次特别代表大会，这个大会于1877年12月26日在新泽西州的纽阿科举行。会上，党的名称被改为社会主义工人党，党的章程和原则声明也被修改了。政治行动被说成是党的主要目标。有一篇附带的声明保证说，党将保持同工会之间的友好关系，并将按照社会主义原则促进工会的建立。可是，社会主义工人党的主要职责既然被认定是组织政治运动，那么很明显，从工人的社会利益出发从而把工人纳入社会主义运动中去的必要性就被忽视了。这样一来，宗派主义的、其中部分是无政府主义的势力便在党内占了上风。

由于统一代表大会所确定的马克思主义原则被全部取消，而拉萨尔派的首领获得了胜利，左尔格、I.P.麦克唐奈、奥托·魏德迈和卡尔·施佩耶尔感到大失所望，于是便退出了党。他们同艾拉·斯图尔特，乔治·E.麦克尼尔和乔治·冈托一起，着手从事一项以"缩短工时，提高工资"为口号的运动。这个运动的战略目标是建立一个为实现这些要求而斗争的工人阶级群众组织，但其最终目标是废除剥削制度。

为了实现这些目标，马克思主义者和八小时工作日的支持者，甚至那些从事过反对工人利益的人们，不论性别和肤色，都可以取得会员资格。不过，当时主要是着眼于组织那些未受教育的工人，以便最大限度地缩小这些工人和受过教育的工人之间的竞争。会员必须赞成以下各点：缩短工时、提高工资；在工厂、矿山和工场实行监督；废除计件工、罚款和童工；在发生事故时企业主负有赔偿的责任；设立劳动局。为实现这些要求而进行的斗争，必须同争取"最终废除资本主义雇佣劳动制度"的斗争结合起来。

国际工人联盟最初几年在新英格兰和新泽西州的纺织工业中心以及

纽约北部的纺织工人中间获得了巨大的成功。这个组织的人数一直不是很多。1878 年,麦克尼尔估计,它在十三个州的各个组织共有七千至八千名成员。一年半以后,国际工人联盟总书记卡尔·施佩耶尔指出成员的数目为一千四百至一千五百人。到 1881 年,仅仅在左尔格居住的新泽西州的霍布根剩下了一个党组织。左尔格于 1883 年把这个组织改建成霍布根国际工人联盟,"以援助新泽西州工会、争取较为有利的劳工法为目的,把国际工人联盟的成员联合起来"。1887 年,这最后一个组织也解散了。

虽然国际工人联盟仅仅存在了一个短暂的时期,但它由于自己所尝试实现的目标而具有重大的意义。它强调必须用工会的形式把工人组织起来,以便通过这种途径把他们引向社会主义运动。它是第一次具有重要意义的尝试,即把所有未受教育的工人团结在一个同盟之中,并使他们与受过教育的工人的工会联合起来,从而实现工人的团结。尽管工人联盟对工人运动的实际统一贡献不大,但是,它强调了工人阶级历史使命的重要性,鼓舞了那些要把工人运动向前推进的人。

随着国际工人联盟的解散,左尔格的政治活动也就终止了。从此以后,他再也没有在某一个组织里面参加过任何一项与工人运动有关的行动,或者说没有再参加政治行动。尽管左尔格不再积极参与美国社会主义运动和工人运动,他仍然是有影响的。当工会组织从七十年代中期的萧条状态开始慢慢地恢复时,工会领袖们便去拜访左尔格。左尔格同他们聚在一起,讨论工联主义与社会主义的关系。他从公众活动中引退以后,作为一个珍贵历史资料的收集者和工人运动的历史学家,仍然做出了巨大的贡献。他向威斯康星州的国家历史学会移交了第一国际的大量文献资料、通信、文稿和文件。他在 1906 年 10 月逝世前不久,把马克思和恩格斯与美国人的通信(其中有许多信是写给他的)连同他的私人藏书和一部工人运动文件集,一起存放在纽约公共图书馆。左尔格应德国社会民主党的请求,把一些经过选择的书信的副本寄给了党内出版家约·亨·威·狄茨。1906年,狄茨在斯图加特出版了这些书信,书名为《约·菲·贝克尔、约·狄慈根、弗·恩格斯、卡·马克思等致弗·阿·左尔格等书信集》。这部书信集的俄译本于1907年在圣彼得堡出版,并附有列宁写的序言。列宁高度评价了这部书信集的意义,并在文中指明了英美社会主义运动中的宗派主义产生的原因。他强调指出:"马克思和恩格斯在谈到英美社会主义运动时,特别尖锐地批评它脱离工人运动。"列宁谆谆嘱咐俄国社会主义者要学习这些具有重要意义的通信。

在恩格斯的推动和鼓励下,左尔格在德国社会党的理论刊物《新时代》上发表了一系列有关美国工人运动史的文章。这些文章发表于1891—1895年间。左尔格在着手撰写美国工人运动史时,已经收集了丰富的文献资料,其中包括马萨诸塞州统计局关于工人报刊和社会主义报刊的各项报告,直至代表大会记录、传单和小册子。而且,他所叙述的许多事件都是他亲自参加过的,这就使他的著作在某些地方带有目击者的报道的特色。他写的美国工人运动史第一次用马克思主义分析了美国工人运动的发展进程。

左尔格一生中的最后十年,大部分时间都退居于霍布根从事著述活动。1888年夏天,恩格斯在美国拜访了他,其他战友也经常前来做客,这就消除了他的孤独寂寞。弗兰茨·梅林在描述1905年到左尔格家里做客的情景时写道:"去年夏天,我们拜访了左尔格,在他那简朴的住宅里度过了令人难忘的时刻,他以诚挚感人的盛情接待了我们。在他图书室的墙壁上,悬挂着马克思和恩格斯的肖像,在音乐室的墙壁上,悬挂着贝多芬和瓦格纳的肖像。他毕生都快活善饮,告别前,我们喝了他保存的在庆贺他金婚时别人赠送的最后一瓶酒，他举杯祝愿我们大家能再次愉快地重逢。"

可是，他们再也没有能够重逢。弗里德里希·阿道夫·左尔格于1906年10月26日逝世，终年七十八岁。他把自己的一生献给了社会主义运动和工人运动。

1906年10月28日，《纽约人民报》在头版刊登了左尔格的巨幅照片，并配上醒目的标题："现代工人运动的先驱弗·阿·左尔格逝世。"

《纽约人民报》为左尔格的逝世发表了社论，详细地叙述了他的生平事业，并指出他直到临终前还在"密切注视着无产阶级的国际解放斗争"。社论道："这个人对战斗的无产阶级倾注了满腔的热爱，他的全部努力都是为着促进无产阶级的斗争。他认为，全世界的工人不言而喻是属于一个整体的，多年来他的活动所致力的一个目标，就是在美国工人阶级中奠定国际的思想基础。美国工人的代表和发言人多少次到霍布根去拜访他这个德国人，请他就工人运动的问题给予指教和帮助！

"只要涉及工人斗争的重大步骤，不仅是美国工人，而且欧洲工人的发言人以及国际无产阶级的发言人，也都多次向左尔格请教。马克思和恩格斯很珍视这位战友的意见。两个大陆的战斗无产阶级将永远怀念他。"

（原载东德《工人运动史论丛》1978年第1期）

（韦建桦 译 无成 校）

1898—1903 年德国社会民主党关于伯恩施坦问题的辩论[*]

周懋庸

1898—1903 年是十九世纪和二十世纪交替的几年，也是资本主义进入帝国主义时代的初期。德国的伯恩施坦正是在这几年达到了他的修正主义思想体系的成熟期。他给修正主义提供了理论经典：《社会主义的前提和社会民主党的任务》。从此，德国的修正主义分子把伯恩施坦当成了"靠山"，他们逐渐形成一个派别，这是第一个从马克思主义内部来反对马克思主义的派别。

第二国际中最强大、最有影响并且也最富有理论修养的德国社会民主党勇敢地迎接了修正主义的第一次挑战。1898 年到 1903 年德国社会民主党内以历次党代表大会为主要阵地而展开的"伯恩施坦辩论"，就是这次斗争的集中表现。

---

[*] 本文选自《马列著作编译资料》第 8 辑。

一 辩论的过程

伯恩施坦的"脱毛"

十九世纪末叶，德国社会民主党内流行用"脱毛"一词来比喻人的思想观点的变化。伯恩施坦的修正主义思想也不是一天之内产生的，用倍倍尔的话来说，他曾经几次"脱毛"。

伯恩施坦入党时是爱森纳赫派，几年后成了狂热的杜林分子。1879年和赫希柏格、施拉姆组成"苏黎世三人团"发表了右倾机会主义的文章。① 受到马克思和恩格斯的严厉批判后，他承认了错误，也有些实际的悔改表现。1881年他开始主编《社会民主党人报》，特别是1888年迁居英国后，在恩格斯直接帮助下作了一些有益的工作，曾经受到恩格斯的称赞。伯恩施坦主管《社会民主党人报》的这一时期是有成绩的，也为他在社会民主党内赢得了声誉，因此倍倍尔说这是伯恩施坦的"黄金时代"。但是，伯恩施坦也受到了种种资产阶级思想体系的影响，特别是在英国受到了费边社会主义的影响，思想中的机会主义因素逐步发展，到1895年恩格斯逝世以后就开始系统地见诸文字，从1896年10月到1898年6月，他在一组题为"社会主义问题"的文章中发表了一系列修正马克思主义的观点。1898年1月，他在《崩溃论和殖民政策》一文中提出了他的"社会主义最终目的是微不足道的，运动就是一切"

---

① 伯恩施坦在1898年10月20日给倍倍尔的信中解释说，"三人团"的第三个人不是他，而是库尔梯，他只不过在文章中加了几句没有错误的话。倍倍尔反驳说，即使如此，伯恩施坦仍旧是赞同文章的基本观点的，他不能逃避责任。

的著名公式。

伯恩施坦的观点引起了德国党的密切注意和严重不安。倍倍尔在1898年2月就在信中对考茨基说:"要是恩格斯今天看见爱德把他曾经亲自协助建立起来的一切都葬送掉了,他会说些什么呢?"帕乌斯首先在《萨克森工人》报上发表了批评伯恩施坦的文章,紧接着俄国的普列汉诺夫向伯恩施坦发动了论战。

普列汉诺夫的第一篇批判文章《伯恩施坦与唯物主义》是在《新时代》上发表的。考茨基在发表时加了个编者注,说要用这篇文章开始对伯恩施坦提出的"社会主义问题"展开讨论,《新时代》将继续发表普列汉诺夫反对伯恩施坦的来稿。这个编者注没有兑现,原因是考茨基等人想要停止论战,好给伯恩施坦一段安静的时间去写一本全面阐述他观点的书,即后来出版的《社会主义的前提和社会民主党的任务》(以下简称《前提》)。做出这个决定则是在斯图加特党代表大会开过以后。

斯图加特党代表大会与《前提》的出版

斯图加特党代表大会于1898年10月召开。尽管不少党员要求大会对伯恩施坦问题表示态度,党的领导却并没有把这个问题列入议程。但是实际的斗争是不以人的意志为转移的,当大会讨论执行委员会工作报告中关于党的策略的部分时,围绕最终目的和运动的问题展开了激烈的争论。当时伯恩施坦还在英国,没有出席大会,但他寄来了书面声明,重申并表示要坚持他的观点。在大会上代表他的观点发言的主要是福尔马尔和海涅等人。他们把社会主义最终目的诬蔑为令人厌倦的空话。

在这个问题上积极应战的是卢森堡和蔡特金。她们两人发言十分尖锐,以致遭到了福尔马尔等人的讽刺和打击,例如福尔马尔指斥卢森堡这个"新兵"竟想教训"老兵"。卢森堡作了针锋相对的回答。她还在会后的文章里批评党的领导人没有把伯恩施坦问题列入议程。她指出，辩论是不顾领导人的消极态度而自发展开的。

党的领导人之一倍倍尔在会前对伯恩施坦的认识是清楚的，在会上也明确地表示他不同意伯恩施坦的观点。但他认为党代表大会不可能讨论基本观点上的分歧，因此没有主张把问题列入议程。实践打破了倍倍尔的顾虑。倍倍尔对这一点没有抵触，相反他很高兴。他在会后给伯恩施坦的信中说他对大会的辩论是："以满意的心情表示欢迎的，辩论虽不透彻，但确实很使人鼓舞而且澄清了一些问题"。从后来几年的斗争看，倍倍尔的态度是愈来愈鲜明、愈来愈坚决的。

考茨基的思想感情要复杂得多。在会上他从理论角度反驳了伯恩施坦。在会下又去信解释自己发言的动机是为了保护他不致再受到倍倍尔的可能更为严厉的批判。这种态度反映了考茨基思想中的矛盾。应当说在这几年中考茨基和伯恩施坦还是不同的，是有分歧的。考茨基曾在1898年10月23日的信中质问伯恩施坦说："你宣称价值理论、辩证法、唯物主义、阶级斗争、我们运动的无产阶级性质、资本主义关于原始积累的结论都是错误的，那么，马克思主义还剩下什么呢？"考茨基还表示他要使《新时代》保持马克思主义机关报的性质。他认为自己和伯恩施坦在理论上已不可能合作，因此他希望伯恩施坦自动退出《新时代》撰稿人的行列。但另一方面，考茨基对于修正马克思主义并不是绝对反对的，他也认为马克思主义有空想的成分，他说可以批评马克思主义，目的是"净化"它而不是"战胜"它。他对伯恩施坦抱有希望，以为伯恩施坦可能对马克思主义的"净化"提出什么新东西。这也就是他要伯恩施坦写出一本书来全面地、系统地阐述观点的主要动机。

1899年1月,《前提》出版了,这标志着伯恩施坦终于完成了自己在思想上的"脱毛",这也说明了修正主义的发展进入了一个新的阶段,从此修正主义有了自己的全面的、系统的理论表现,有了自己的纲领性文献。列宁说《前提》是"马克思主义内部完全脱离了马克思主义的一个流派的宣言"①。

《前提》的出版确实轰动一时,资产阶级思想家无不为之拍手叫好。德国党的宣传员在鼓动工作中经常遇到敌手用伯恩施坦的观点来打击他们。6月间又发生了法国社会党人米勒兰入阁事件,这是把伯恩施坦的理论付诸实践的尝试。这些情况都促使德国党必须在10月间召开的汉诺威党代表大会上再次和伯恩施坦修正主义展开辩论。

汉诺威党代表大会

对于1899年10月召开的汉诺威党代表大会,倍倍尔是作了充分的战斗准备的。他针对伯恩施坦的观点早就写好了决议,其中提出党没有任何理由改变它的基本原则、策略和名称。当他看到考茨基为驳伯恩施坦而写的《伯恩施坦和社会民主党纲领》在有关党的纲领部分对伯恩施坦作了很大让步时,他坚持要考茨基进行修改,他还提出了具体的修正方案,直到考茨基实际照办后他才放心。

汉诺威大会把伯恩施坦问题列入第五项议程"对党的基本原则和策略立场的攻击"。倍倍尔作了长达六小时的报告,有力地驳斥了伯恩施坦的一些观点。卢森堡则主要是反驳大卫的用改良办法"挖空"资本主义制度的谬论,论证了只有推翻资产阶级统治、建立无产阶级的统治

---

① 《列宁全集》第1版第17卷第43页。

才能废除资本主义所有制。卢森堡还提醒大家注意"伯恩施坦派"已逐渐加强。她的警告立即招来了修正主义者的反对,他们不承认有什么"伯恩施坦派",说这是虚构出来的妖怪。修正主义者方面发言的主要是奥艾尔、福尔马尔、大卫等人,他们一致声称伯恩施坦的书有新东西,有有益的、积极的内容,有出色的论述。他们还继续就最终目的和运动的问题发挥修正主义观点。

辩论激烈,针锋相对。可是在通过倍倍尔的决议时,多数修正主义分子却都投了赞成票。就连伯恩施坦本人在给奥艾尔的信中也表示在作必要保留的情况下他可以赞成决议。修正主义的这种表现不能说明他们的退缩。主要原因是他们认为可以对决议的原则性阐述做出自己的解释,在决议通过后仍旧可以自行其是。同样的情况后来又发生在卢卑克大会上,也是争论激烈,而决议仍以多数票通过。修正主义分子着重在实际活动中夺取阵地。例如他们苦心经营《社会主义月刊》,实际上已使它成了一个与《新时代》杂志分庭抗礼的派别刊物。他们中不少人继续以社会民主党党员的身份担任国会议员和从事工会、合作社工作,在这些领域扩大自己的影响。奥艾尔的名言能很好地说明这一点,他曾责备伯恩施坦说:"你是一头驴,因为人们不这样说,人们这样做!"

伯恩施坦的新挑战

1901年2月,伯恩施坦回到德国。考茨基曾经期待他通过参加德国现实政治斗争和德国党的政治生活而改变自己的观点,但是这一次伯恩施坦又使考茨基失望了。5月,他对马克思主义进行了新的挑战。

柏林有一个名叫社会科学大学生联合会的组织,成分很复杂。伯恩施坦去给他们作了一次演说,题目是《科学社会主义怎样才是可能的?》。这次演说实际上是论证社会主义根本不是科学,也就是说不存在什么科学社会主义。

恩格斯早已科学地分析了社会主义是怎样由空想变成科学的,而自称他的学生的人却跑出来根本否定科学社会主义,也就是否定社会主义产生的历史必然性,否定资本主义必然灭亡、社会主义必然胜利的客观规律。

这次新的挑战引起党内广泛的反对。倍倍尔写信给考茨基说:"在下一次的党代表大会上无论如何必须就伯恩施坦事件进行辩论。他给党造成的损害远远抵消了他过去所有的功绩,这一点一定要对他彻底讲清楚。我下一次批评他的讲话将会是他从来没有受到过的严厉斥责。"考茨基在6月间写了《疑问的社会主义对抗科学的社会主义》一文反驳伯恩施坦。

9月间召开的卢卑克代表大会要求谴责伯恩施坦的呼声很高。柏林第四选区、第六选区、图林根以及巴登的党员都分别提出提案,要求大会明确表示拒绝伯恩施坦的修正主义企图。

伯恩施坦在会上两次发言为自己辩护。他只承认演讲的场合不合适,但声称决不收回观点。

这次大会仍以多数票通过了指名批评伯恩施坦的决议。伯恩施坦本人弃权,弃权者当中也有考茨基。会后,考茨基写的文章竟然说:"可以认为,旧的矛盾所采取的伯恩施坦问题这个特殊的形式已成为过去的事情。"事实很快就证明,考茨基的估计是不切合实际的。

德累斯顿党代表大会

当德国社会民主党在1887年的国会选举中失去了一些席位时,恩格斯曾告诉他们,"葡萄有时候是酸的,完全是一件好事",这种损失"在许多方面甚至是有好处的",它会使一些过去把议会活动当作安闲乐事的人现在也认识到党、尤其是议会党团摆脱了"沉溺于议会活动的危险"① 是很好的事。

1903年德国党在国会选举中获得空前胜利,三百多万张选票,八十一个议席,这一回葡萄是甜的了,它果然带来了问题。这次胜利使一些党员头晕目眩,修正主义者更是觉得这证明了他们的道路是正确的。国际和党内,朋友和敌人,都提出了同样的问题:德国社会民主党在胜利之后是否会改变它的态度和策略?

伯恩施坦在《社会主义月刊》上提出,为了和国会党团加强了的力量相适应,党应当力争取得国会副议长的职位,至于担任这一职位就必须履行进宫觐见皇帝的义务,他认为这是个形式问题,决不会因此触犯党的政治原则。他的建议得到了福尔马尔的热烈响应。

进宫觐见皇帝看上去是一个形式问题。可是从当时的历史条件看,如果这样做,社会民主党便是第一次采取了显而易见的改变过去态度和策略的行动,而广大党员对不久前还宣称随时可以用武力镇压工人阶级的专制皇帝的憎恨之情也不容许这样做。伯恩施坦的建议受到了普遍的强烈反对,绝大部分党的报刊都发表声明,表示不能同意。

这几年间,倍倍尔对待修正主义的态度起初是比较克制的。几次大

---

① 《马克思恩格斯全集》第1版第36卷第614页。

会上争论的结果都是一致通过批评修正主义的决议，也曾经使他感到欣慰。但是，实际上不一致的情况依旧存在，事实使他逐渐看清楚矛盾是不容易用一纸决议解决的。1903年的事件更使他感觉"清算"的时刻已经来到。他对考茨基谈到即将召开的德累斯顿党代表大会时说："这将是一次爆炸性的辩论。我对此非常高兴，这是我从未有过的。这一次我用老虎钳钳住了这一伙人，他们是挣不脱的。"倍倍尔还说，"这一回我要把心里的话全都说出来"，"我不喜欢今后五年中在党团内关起门来和我们的修正主义者纠缠，我愿意有个明确的进军路线"。

倍倍尔这样说，也是这样做的。他在大会上的发言比过去任何一次都明确和坚决。他声明党的策略决不能违背党的原则，而党目前又决没有理由改变策略。他还分析说选举的胜利不可能改变也没有改变德国的社会制度和国家性质，不要以为有了八十一个议席就可以迫使议会通过社会民主党的什么提案。

倍倍尔还毫不隐晦地指出党内的矛盾。他说："不要再说什么党内的统一和一致了。"他表示再不要像从前那样经过几天的争论、通过一致的决议，然后仍然不一致。他要求这次"把账算清"。他指明这一届党团内的修正主义力量加强了，为此他要党代表大会确定党团应当遵循的策略。

倍倍尔和考茨基、辛格尔向大会提出关于党的策略问题的决议案。内容包括：拒绝履行进宫觐见的义务；谴责修正主义企图改变党的以阶级斗争为基础的策略，使革命政党变成改良的政党；反对军国主义、海上霸权主义、殖民政策和世界霸权政策；反对各种形式的压迫和剥削等。

关于谴责修正主义的企图引起了修正主义者强烈的反对。主要辩论人是福尔马尔、伯恩施坦、奥艾尔、科尔布、海涅等。他们的共同特点是矢口否认修正主义的存在和要求绝对的思想自由。

在表决决议案时,伯恩施坦投了反对票。决议以二八八票对十一票获得通过。这个决议还成为次年第二国际阿姆斯特丹大会关于"社会党策略的国际准则"的决议的基础。

这次大会是这几年来斗争的高潮。这次大会后,德国党再也没有在自己的代表大会上对伯恩施坦和修正主义进行过集中的批判。

二 辩论的主要问题

最终目的和运动

列宁在《马克思主义和修正主义》一文中指出伯恩施坦的"最终目的是微不足道的,运动就是一切"这句风行一时的话比许多长篇大论更能表明修正主义的实质。

伯恩施坦的这句话,或者说这个修正主义的公式,是从他修正马克思主义基本原理的整套理论中提炼出来的。在伯恩施坦看来,由于经济发展中出现了新现象,由于资本主义民主制的发展,资本主义社会里资本并没有日益集中;工人并没有日益贫困;经济危机可以防止甚至避免;资本主义社会的矛盾不是趋于尖锐而是趋于缓和,因而《共产党宣言》指出的资本主义必然崩溃的论点已经过时,无产阶级不需要用暴力革命夺取政权,更不必建立无产阶级专政。只需要进行日常的经济上和政治上的改良工作,完全可以不必关心最终目的。这对于德国社会民主党无论在理论上还是实践上都是一个极其严重的问题。正如威廉·李卜克内西所说:"如果伯恩施坦的论述是正确的,那我们就可以埋葬我们的纲领,埋葬我们整个的过去和整个的社会民主党了,那我们就不再是一个无产阶级的政党了。"卢森堡也指出:"日常的实际斗争同最终目的的关系问题就是一个有关党的生死存亡的问题"。因此,这个问题是这场辩论的主要问题之一,尤其是斯图加特代表大会和汉诺威代表大会对此集中地进行了辩论。

伯恩施坦这句话的最初最完整的表述是这样的:"我坦白说,我对于人们通常所理解的'社会主义的最终目的'非常缺乏爱好和兴趣。这个目的无论是什么,对我来说都是完全微不足道的,运动就是一切。所谓运动,我所指的既是社会的总运动,即社会进步,也是为促成这一进步而进行的政治上和经济上的宣传和组织工作。"后来伯恩施坦在提到这句话时并没有严格地逐字重复这个完整的说法。别的人在引用时一般都简化了,如写成:"人们通常所说的最终目的,对我们来说是微不足道的,运动就是一切",或者更简单一些:"最终目的是微不足道的,运动就是一切"。可以认为,这样简化是突出了伯恩施坦这句话的实质,明确指出伯恩施坦否认最终目的。

但在两次代表大会的辩论中,修正主义者都一致否认这一点。他们声称伯恩施坦和他们从来不否认最终目的,至于在宣传中有人对此强调得多一点,有人强调得少一点,那是宣传者的性格问题。

海涅说:"说有人掩盖最终目的是奇谈怪论。"大卫说:"伯恩施坦根本没有攻击社会民主党的基础和最终目的。"伯恩施坦本人在寄给斯图加特代表大会的声明中,在大会后在《前进报》发表的声明中以及在《前提》一书中都指责别人误解了他这句话,声称这句话不能说明他否认最终目的。那么他们所说的最终目的是什么呢?

伯恩施坦在《前进报》上的声明中是这样说的:"事实上只能把社会主义运动的目的表述为原则,譬如,'全面实现合作制'。我不知道有哪句话像这句话一样把全部社会主义意向概括无遗,不管所谈的是政治要求还是经济要求。"

海涅说，最终目的是"一个同纯粹利己主义的社会相对抗的社会主义社会"。

大卫说，最终目的"即把一切生产手段转为社会所有和按集体的（社会主义的）原则组织生产"。

修正主义者在提出他们对最终目的的解释后又一致认为最终目的太遥远，什么时候实现，党员可以有不同看法，二十年、五十年、一百五十年或五百年都可以。在实现之前反复宣传最终目的是"空话"，是使群众厌倦的"空话"。福尔马尔还讽刺说："谁向人民讲一些虚伪的革命奇谈，就是向启航的帆船提供错误的航线图。"

但是，修正主义者的这些言论恰恰说明，使最终目的成为一句"空话"的就是他们自己。他们只谈社会主义和公有制而回避夺取政权问题，力图使党和工人群众的注意力集中到日常的、目前的改良工作上去，甚至把这说成是唯一的任务。这样，他们当然会认为提不提最终目的是完全无关紧要的了。因此他们在大会上为自己辩护的同时，都竭力论证资本主义社会和平长入社会主义社会的可能性。

如果说伯恩施坦在《前提》里运用大量统计数字、运用晦涩的语言来把他书打扮成一部科学著作，那么大卫比他直截了当得多，大卫通俗地、露骨地再现了伯恩施坦的观点。

大卫提出了经济上的"挖空论"。他说无产阶级不必夺取政权，在资本主义社会内部就可以从里向外一点一点地挖空资本主义，逐渐取消资本家对生产资料的所有权。他认为通过法律废除资本家自由使用他的机器的权利即限制工时就是实际上在进行剥夺。每缩短一次劳动时间，资本家就丧失他对生产企业的一部分所有权。这样一点一点剥夺下去，就把资本主义挖空了，最后需要做的事只要以漂亮的姿势一挥手就可以完成了。

在政治上,大卫说有了资产阶级民主制度,有了议会,工人有了选票,即使当前掌权的是资本家,但他有一部分政权毕竟要获得无产阶级同意后才能掌握。因此伯恩施坦把重点放在当前工作上,并不是否认最终目的,而正是促进它的实现。

福尔马尔指责说:"说人们追求当前目的是'推迟最终目的',这整个的概念是最大程度地非社会主义的。"他说这是因为发展必须根据内在的必然性,而不是用人为的手段去获得政权。

在这两次大会辩论中,倍倍尔、李卜克内西、卢森堡、蔡特金甚至施塔特哈根等人的态度都很鲜明,立场都很坚定。

倍倍尔说,"一个正在进行斗争的党,一个想达到确定目标的党,也必须有一个最终目的",如果取消最终目的,那就"干脆取消党纲的第一部分","那我们也就不成其为社会民主党人了"。

威廉·李卜克内西说:"如果我对同志们说,资本主义社会一点也不坏,它实际上是很好的;如果你们像乖孩子那样循规蹈矩,资本主义社会就给你们预备甜点心,而不会使用鞭子,如果我这样说,那么就会使士气沮丧,这就会使一个必须战斗的党永远达不到目的。"

卢森堡和蔡特金明确提出最终目的是夺取政权。卢森堡在斯图加特大会上首先反驳"空话"论,她说,恰恰相反,对于革命的政党没有比关于最终目的的问题更加实际的了。她分析日常斗争无非三点:工会斗争、争取改良的斗争、争取国家民主化的斗争。这些斗争本身都不是社会主义的。在日常斗争中使党区别于资产阶级政党的正是最终目的。她明确地说,"夺取政权仍然是最终目的,最终目的是斗争的灵魂",谁要是否认最终目的,"谁就不站在必须夺取政权的立场上了"。

卢森堡还批驳了大卫的"挖空论"。她指出:"如果以为无产阶级在现在的资产阶级社会中就能够获得经济力量,那是一种幻想。它只能夺取政权,然后才能废除资本主义所有制。"她反驳了利用工会和合作社来挖空资本主义所有制的说法。她充分肯定了工会斗争和合作社的作用,但是她说工会只是吸引工人参加阶级斗争、对工人进行启蒙并改善他们目前状况的手段,合作社进行的则还不是阶级斗争。而忽略阶级斗争,特别是忽略我们的阶级斗争是为消灭一切阶级统治这个特点是错误的。她说她怀疑按照大卫的说法去做是否确实会挖空资本主义制度,"但无疑的是,这样一种观念必须以挖空我们的头脑为前提"。

蔡特金批判说,伯恩施坦的对资本主义所有制用实行工会监督和立法监督的方法来加以限制,是以为资本家有朝一日自己会对占有失去兴趣。她承认改良工作有一定作用,但是不能把改良看作主要目的,而要强调夺取政权。

考茨基在这两次辩论中都发了言,从理论上批驳了伯恩施坦关于有产者人数增加以及关于"灾变"的论点。有的地方讲得也很不错。比如他指出,要是真像伯恩施坦说的是资本家在增加而不是无产者在增加,那么巩固起来的将是资本主义,无产阶级将根本达不到目的。他强调了马克思的资本增加也意味着无产阶级在增加的正确观点。但是他的发言除了对伯恩施坦流露出同情、维护的情感外,作为一个理论家,他在会上的反驳并不深入,他的分析远远赶不上倍倍尔在汉诺威代表大会上的分析有力。

关于资本主义发展的趋势

倍倍尔在汉诺威大会上的报告着重批驳的是伯恩施坦歪曲资本主义发展趋势、否定资本集中的论点。

伯恩施坦认为,在先进的资本主义国家中,资本没有集中,而是在分散,他在《前提》中用了大量统计材料来证明他这一论点。在他给斯图加特大会的声明中又重申说:"有产者的数目没有减少,而是增加了。伴随着社会财富的巨大增殖的,不是资本巨头的数目愈来愈缩小,而是各种等级的资本家的数目不断增加。"

伯恩施坦的这个看法是和马克思主义针锋相对的。《资本论》中说:"随着那些掠夺和垄断这一转化过程的全部利益的资本巨头不断减少,贫困、压迫、奴役、退化和剥削的程度不断加深,而日益壮大的、由资本主义生产过程本身的机构所训练、联合和组织起来的工人阶级的反抗也不断增长。"①《资本论》正是从这一分析得出资本主义的丧钟就要敲响,剥夺者就要被剥夺的结论的。伯恩施坦否定了资本集中,也就否定了资本主义固有的矛盾,当然也就否定了资本主义必然灭亡的客观规律。

倍倍尔在汉诺威代表大会上的报告中首先指出,伯恩施坦攻击的是马克思主义的基础,但他的论据并不是什么独创性的,只不过是资产阶级的大杂烩。倍倍尔针对伯恩施坦用大量统计数字来证明他论点的正确,因而在反驳时,特别注意以更为精确的统计数字来揭露伯恩施坦的统计材料是不可靠的。

在证明资本家数目在增多时,伯恩施坦引证了关于独立企业的统计数字。倍倍尔说他所谓的独立企业中,有许多根本不是独立企业,它们只是大企业的分支。如柏林的巨大的舒尔泰斯股份公司,它拥有大批酿造厂、锯木厂、石灰窑、制糖厂等,把这些厂算作独立企业是名不符实的。工人数目的增加也说明不了企业在增加。从1882年到1895年,炼

---

① 《马克思恩格斯全集》第1版第23卷第831页。

铁厂和拔丝厂减少了百分之二十五以上，工人却增加了百分之二十三。德国的工业集中，工人增加和企业减少是同时并进的。又如德国拥有二十个以上工人的企业总数是四万九千，伯恩施坦却说是十万。倍倍尔说伯恩施坦连资产阶级经济学家还不如，后者还承认并分析手工业并入大企业的情况。在商业、交通业以及农业方面，倍倍尔也作了同样的分析，举出了令人信服的数字。为什么伯恩施坦的数字不同，倍倍尔说那是由于统计方法上把大企业的分支都当成独立企业来计算了。

伯恩施坦还用股票持有者增多来证明资本不是集中而是分散了。倍倍尔反驳说："在英国，几乎每个人都能获得股票，只要他能够储蓄起二十马克，他就能用这笔钱去上当。"倍倍尔的意思是说小额股票的发行并不证明是资本家在增多。

倍倍尔接触到了资本集中这个极其重要的问题，但是由于他认识不到历史已经进入帝国主义时代，他未能深入地分析和论证这一现象。十六七年之后，列宁的划时代著作《帝国主义是资本主义的最高阶段》才根据《资本论》的基本原理，对帝国主义作了马克思主义的分析，其中把"生产集中和垄断"列为帝国主义的第一个特征并且指出这是帝国主义最主要、最根本的特征，其他诸特征都是和它相关联、由它所决定的。《帝国主义是资本主义的最高阶段》这部著作是列宁主义成为帝国主义和无产阶级革命时代的马克思主义的重要标志。

科学社会主义是可能的吗？

伯恩施坦于1901年5月17日给柏林社会科学大学生联合会所作的报告，是继《前提》之后进一步从根本上否定马克思主义。伯恩施坦不承认社会主义是科学，也就是说根本不存在科学社会主义。

他的论点有三个：一、科学是建立在积累起来的知识之上的，科学的基石是经验，而社会主义是一种关于未来社会制度的学说，缺乏严格的科学证明；二、科学永远不承认自己的学术体系已经最后终结，一成不变，而社会主义则要达到自己的最后目的；三、科学没有倾向性，而社会主义产生于阶级斗争，阶级斗争总是代表一个阶级或政党的利益，因此没有一种主义是科学，社会主义也就不是科学，科学社会主义也就是不可能的。

考茨基在6月间写了《疑问的社会主义对抗科学的社会主义》一文来反驳伯恩施坦。

考茨基首先揭露伯恩施坦的目的是推翻恩格斯的论断。因为恩格斯在《反杜林论》中已经科学地论证了社会主义是怎样从空想发展为科学的。

考茨基说并不是只有社会主义才包含对未来的设想。科学也是以从已知事物推论出未知事物为前提的。达尔文说猿是人的祖先最初也是一种假设，但这种假设是具有科学性的。

关于科学没有倾向性，考茨基问道，为什么只针对社会主义来讲呢？难道只有社会主义代表确定的利益？难道资产阶级的学说反而代表"纯粹科学"？如果这样立论，那么，任何一种对社会的科学研究都不可能了。

考茨基指出马克思主义的社会主义伟大功绩恰恰在于它克服了早期社会主义的空想因素。空想主义者由于历史条件不成熟，他们看不到战胜资本主义的力量。马克思和恩格斯科学地理解并证明了无产阶级的历史使命。由于唯物主义历史观和剩余价值学说的建立，社会主义获得了科学的基础。

在卢卑克大会上，大卫、海涅等人把伯恩施坦的演讲所引起的争论说成是关于科学概念的争论，高唱允许批评自由和为科学而研究科学的调子。大卫说伯恩施坦的演讲"对于社会民主党及其理论没有任何意义"，"谁要想作为科学家来对待这个问题，谁就应当先脱掉党派的外衣"。

洛伊特尔反驳说，"谁要是只为科学而研究科学，谁就应当继续在大学里学习。如果他们跟我们在一起，那么，他们研究科学的目的必须是为了运用到实践中去"。

倍倍尔和考茨基就修正主义者提出的所谓"批评自由"指出，伯恩施坦回国之后的批评矛头仅仅指向马克思和恩格斯、指向党的纲领，一次也没有指向资产阶级及其代表。卢卑克大会通过的决议着重指出了伯恩施坦的这一错误。

原则和策略

如前所述，斯图加特大会是在讨论策略问题时就伯恩施坦问题展开争论的。德累斯顿大会上关于修正主义的辩论则是由副议长问题引起的，因此也列入策略问题这一议程，但实际上这次辩论涉及的远不止是党的策略，而是党的基本原则。当然从修正主义方面说来，是宁可把这说成是关于策略的辩论的。在这几年当中，修正主义不断把原则问题说成是策略问题，既然策略是可以改变的，他们便企图这样来改变党的原则。

卢森堡在德累斯顿大会上并没有就这一问题发言。但是在1901年她就已在一篇文章中说过，修正主义者以为只要把某个问题说成策略问题，就可以获得反对纲领和原则的通行证。他们把策略看作一个可以不受干涉、随心所欲地倾倒垃圾的角落。他们用这种手段并没有"挖空"

资本主义经济制度,倒是"挖空"了社会主义的纲领,最后把社会主义本身变成了策略问题,也就把党变成了资产阶级政党。

党要不要随着形势改变策略?倍倍尔在德累斯顿大会上回答说,就像李卜克内西有一次说过的那样,如果有必要,我会在二十四小时之内二十四次改变我的策略。倍倍尔说:"这种说法是很激烈的,却是正确的。不过每个政党的策略必须适应党所依靠的基本原理,如果我真正必须在二十四小时之内二十四次改变策略,那么在这二十四次中一次也不应当同党的基本原理相矛盾。"

修正主义者科尔布、艾尔姆却声言党的策略和党的原理、原则本来是矛盾的。他们说党根据资本主义必然崩溃而提出进行革命去夺取政权的纲领,但在实际上实行的策略是努力使合法发展社会主义成为可能。他们问道,如果不是这样,那为什么要进行议会活动呢?

倍倍尔批驳了这种观点。他指出议会活动的局限性,警告对形势不要抱幻想。议会斗争并不能改变社会制度和国家性质。他说即使德国社会民主党也出了一个当部长的米勒兰,比方说福尔马尔当了内政部长,他也绝对做不到在议会内随心所欲,因为那是资产阶级的议会。倍倍尔这一分析是证明党的实际策略决不像修正主义所说的那样是改良的策略。

倍倍尔在德累斯顿大会上的报告洋溢着革命精神,他宣称自己永远是资本主义制度的死敌。他还揭露修正主义的实质是随机应变、掩盖并调和无产阶级和资产阶级的矛盾,阻止群众起来革命。他表示今后要公开而坚决地对修正主义进行斗争。倍倍尔的表现说明他坚持党的纲领和原则,决不走改良主义的道路而要走无产阶级革命的道路。列宁称赞他这次的报告和在汉诺威代表大会上的报告是"捍卫马克思主义观点和为工人政党的真正社会主义性质而斗争的典范"①。

*　　　*　　　*

　　1898—1903 年的这场辩论是一场坚持还是放弃马克思主义的斗争，是一场走无产阶级革命道路还是走资产阶级改良道路的斗争。在这场斗争中，德国社会民主党内以倍倍尔为首的左派坚持了马克思主义和无产阶级革命道路，拒绝并批判了伯恩施坦修正主义。这场斗争在一定程度上打击了修正主义的气焰，抑制了修正主义的攻势。

　　在这场斗争中，倍倍尔显示出他作为无产阶级革命领袖的可贵品质。他在实践中不断检验并改正自己的认识和判断，使自己在斗争中愈来愈明朗坚决。他在汉诺威和德累斯顿代表大会上的出色讲演是他政治生活中光辉的一页。比较年轻的卢森堡在辩论中朝气蓬勃，无所畏惧。作为后来德国共产党的创始人和领袖之一，她在这时已显露出她的远见卓识和顽强的斗争性。考茨基在这一时期基本上采取了反对伯恩施坦的立场，主要是从理论角度对他进行了批判，其中有些论述还是有一定分量的。考茨基作为《新时代》的主编和著名理论家在这场斗争中采取这种态度，对斗争是有利的。当然他的态度有时候是暧昧的。在有些重大理论问题上对伯恩施坦作了让步，对修正主义的危险估计不足。这些都反映了他自己思想上的不坚定和理论上的弱点，也证明他后来叛变马克思主义不是偶然的。

　　这场斗争自然还存在着不少缺点甚至错误。首先是对伯恩施坦的批判不彻底。如在最终目的和运动的问题上，始终只谈到夺取政权，完全忽略了马克思主义的国家学说和关于无产阶级专政的学说。其次，修正

---

　　① 《列宁全集》第 1 版第 19 卷第 295 页。

主义在这几年中已经形成一个有纲领、有刊物的派别,他们在辩论中配合紧密,相互支援。与此相反,倍倍尔等人的斗争带有自发性,倍倍尔作为党的有很高威望的领袖,并没有有意识地组织战斗、发动全党来批判修正主义。像卢森堡这样一位战斗力很强的党员,在德累斯顿代表大会上竟然没有参加关于原则和策略问题的辩论。此外,对修正主义的危害性估计不足。倍倍尔和卢森堡提醒过修正主义的力量在加强,但是没有引起全党的注意。而作为理论家的考茨基还不断发出修正主义在撤退、修正主义是远逝的雷声、是枯萎的花朵之类的错误论调。这种情绪妨碍了他们对修正主义的斗争,当然就更谈不上认识到修正主义产生的根源和从组织上同修正主义决裂了。

尽管如此,这场辩论的作用和影响还是应当肯定的。列宁把从十九世纪九十年代起的革命马克思主义对修正主义的思想斗争称作"无产阶级所进行的伟大革命战斗的序幕"①,这个序幕应当是包括德国社会民主党和修正主义进行的这场斗争在内的。

---

① 《列宁选集》第 2 版第 2 卷第 9 页。

论马克思恩格斯 1859—1860 年期间在民族问题上的革命立场[*]

〔德〕维利·汤

在我们阐述马克思主义在民族问题上的立场时,恩格斯于 1860 年春撰写的小册子《萨瓦、尼斯与莱茵》占有不可忽视的地位。恩格斯从一开始就把这本小册子看作是他 1859 年出版的小册子《波河与莱茵河》的续篇。在后一本小册子中,他已经详细地研究了民族问题的演变。

正如恩格斯在《萨瓦、尼斯与莱茵》中所论证的,即使在 1859 年的北意大利战争之后,指引革命的民主力量去同以沙皇俄国和波拿巴法国为首的欧洲反动派作斗争仍是彻底解决德国和意大利民族与国家统一的唯一道路。同时,这里的一个具有决定性意义的观点,就是要尽可能广泛地动员人民的力量起来坚决反对本国的王朝。只有这种革命的前景,即早在 1848—1849 年就曾决定马克思和恩格斯的立场的这种革命前景,才能带来民主主义的统一和民族独立,从而为自由地开展无产阶

---

[*] 本文选自《马克思恩格斯研究》1991 年总第 7 期。

本文是作者的另一篇文章《马克思和恩格斯在 1859—1860 年民族革命危机中的政治立场的某些方面》的继续。(参看《马克思恩格斯研究文集》1984 年哈雷版第 18 辑)。——译者注

级的阶级斗争创造有利的条件。因此,这一方针便是无产阶级在19世纪50年代末和60年代初对整个民族革命危机所采取的立场的基础。

恩格斯在《萨瓦、尼斯与莱茵》中制定的马克思主义的民族问题观点的基本思想详尽地反映在《福格特先生》这部著作中。《福格特先生》是马克思在1860年批驳福格特和"他的一伙"所发表的波拿巴主义的诽谤言论方面写的一部最重要的著作。马克思在这部著作里为了从政治上和军事上评价北意大利战争及其后果,直接利用了恩格斯在《波河和莱茵河》以及《萨瓦、尼斯与莱茵》中的论述。针对主要由奥格斯堡《总汇报》所维护的旨在坚持奥地利在北意大利的外国统治的要求,马克思阐述了他和恩格斯所共同采取的立场,在这方面他直接依据了恩格斯在《萨瓦、尼斯与莱茵》中的阐述,并引用了其中的一个论断:"德国为了自己的防御不需要意大利的任何一块领土;如果仅仅从军事观点出发,那么法国要求占有莱茵河的理由无论如何要比德国要求占有明乔河的理由充分得多。"① 马克思同时还明确地强调指出,恩格斯和他是"根据共同计划和事先取得的一致意见进行工作"②。这一揭示不仅强调了他和恩格斯的密切合作,而且还首先突出了他们观点上的一致性以及恩格斯有关民族问题的著作与《福格特先生》之间的互为补充的联系。

在马克思和恩格斯这一时期的政论创作中,探讨民族问题的文章也占有很大的篇幅。1859年10月到1860年12月,他们为《纽约每日论坛报》撰写的文章绝大多数是研究北意大利战争后欧洲的政治、经济和社会发展问题,研究民族革命运动,尤其是意大利和德国的民族革命运

---

① 《马克思恩格斯全集》第1版第14卷第505页。
② 《马克思恩格斯全集》第1版第14卷第505页。

动,以及欧洲各君主国日益尖锐的权力斗争,还特别深入地研究了波拿巴主义。马克思和恩格斯在许多评论中可能直接利用了他们在其他一些文章中的相同或类似的思路,或者反过来,他们文章中的批判性评论又是《福格特先生》这类文章的相应论述的基础。由于有许多这样密切地相互援引的地方,可以看出,《马克思恩格斯全集》原文版在某些文章的内容和编辑问题上遇到难于分辨的现象。①

统治阶级在北意大利战争后企图利用他们拥有的工具阻止本国的革命运动,或者企图把被压迫人民争取民族独立的斗争引上对他们无害的轨道,而马克思和恩格斯则在他们的政论创作中明确指出,要促进包括一切民主主义力量在内的革命运动的进一步高涨,使新的可能爆发的反动大国的王朝战争转变成正义的争取民族解放的人民战争。《对和平的激进看法》《英国对法国入侵的恐惧》《德国的动荡局势》,或《柏林的情绪》等文章都令人信服地表达了上述观点。与此同时,马克思和恩格斯期望法国本身的革命运动和意大利的民族解放斗争能起重要的推动作用。但他们同时也看到了普鲁士和奥地利政治高涨的迹象,并且强调

---

① 这一时期的文章收入《马克思恩格斯全集》原文版第1部分第18卷。为了出版这些文章,确定它们的作者和准确的日期十分重要。由于在这一时期没有留下任何笔记和其他资料可证明马克思向纽约邮寄文章的情况,而且由于从1855年4月起,这些通讯在《纽约每日论坛报》作为社论发表,没有作者的署名。这样,马克思和恩格斯之间的通信便成了确定文章作者的最重要的依据。个别文章之间的相互联结的关系,以及与马克思或恩格斯撰写的其他通讯或著作相同或相近的思路也能帮助确定文章的作者。除了马克思和恩格斯之间的通信外,主要还有他们所利用的英国或其他国家报刊上的原始资料也有助于确定文章的日期。(参看卡尔·海因茨·勒迪希凯特:《关于马克思和恩格斯1859年10月至1860年12月为〈纽约论坛报〉撰稿情况》,原载《马克思恩格斯研究文集》1984年哈雷版第17辑)

指出，推翻哈布斯堡君主国和霍亨索伦君主国，也就是以柏林和维也纳为中心掀起革命运动，是德国民族问题发展的重要的革命基础。所以，马克思在1860年4月写的一篇文章《柏林的情绪》中认为，当南意大利的民族解放运动因西西里岛的起义开始达到高潮时，普鲁士首都是"欧洲最革命的城市"[①]，尽管这个评论没有直接变为人民群众的具体行动，但它清楚地表明，马克思此时此刻正期待着德国革命民主运动首先在普鲁士高涨起来，然后能扩大到德国其他部分，并形成欧洲所有革命力量的联合。

1860年南意大利发生的历次事件证实了革命的形势。正是从资产阶级民族解放运动进一步发展的角度来看，意大利争取建立民族统一的斗争具有日益重要的意义。北意大利战争并没有解决意大利亟待解决的民族问题，反而使这个问题部分地尖锐起来。在马克思和恩格斯的政论文章中，意大利事件始终占有重要的位置。他们认为，只有意大利实行了革命的统一才符合意大利人民的利益，因为只有这样，才能建立一个真正独立和民主的国家。相反，在拿破仑第三支持下实行的、在撒丁皮蒙特国王维克多·艾曼努尔领导之下的王朝统一，必定会阻碍这种民主国家的建立，必定会对欧洲其他国家的民主运动产生相应的反作用。早在1859年夏天，马克思在分析北意大利战争时就表示，希望意大利革命能够改变意大利的面貌，能使马志尼和共和党人上台执政。[②] 1860年5月在朱泽培·加里波第领导下的一支志愿军登陆支持西西里岛的起义者，从而使这种希望更强烈了。因此，马克思和恩格斯从一开始就积极参加了这场斗争，并密切注视着加里波第革命军的一切行动。

---

① 《马克思恩格斯全集》第1版第15卷第47页。
② 参看《马克思恩格斯全集》第1版第13卷第472—476页。

正如马克思和恩格斯在分工时所确定的，恩格斯主要从军事战略观点的角度研究加里波第远征的进程。恩格斯撰写的文章《加里波第在西西里》《加里波第的运动》《加里波第的进军》和《加里波第在卡拉布里亚》等大多作为社论发表在《纽约每日论坛报》上，他在这些文章中对重要的军事事件作了几乎完美无缺的概述。他特别强调了加里波第的志愿军与那不勒斯雇佣兵相比在道义上占有的优势，并赞扬了加里波第的战略才能。恩格斯证明，他是一位第一流的、聪明的军事领袖，但同时又补充说，"我们希望，不久将作为政治家而登上舞台的加里波第，将不会玷污他作为军事家的荣誉"①。恩格斯的这种希望，表达了他和马克思在历次评论中一再提到的那个核心问题。他们认为，问题始终在于，靠革命热情赢得的军事成果如何才能导致建立一个统一的、民主的意大利，从而使意大利的人民运动成为欧洲其他国家民族民主运动的榜样。

在这方面，首先值得一提的是《西西里新闻。——加里波第和拉法里纳之争。——加里波第的信》这篇文章。马克思在这篇文章中十分深入地研究了加里波第的政治立场。对此他强调指出，加里波第认为，他最重要的任务是打消波拿巴法国进行干涉的任何借口，保持民族运动的纯人民性质以及消除与撒丁皮蒙特王国的王朝扩张计划发生牵连的一切现象。在这里，马克思看到了建立独立的意大利的唯一机会："无论如何，有一点是可靠的，即不管加里波第的计划是否顺利实现，在当前情况下只有他的计划，才不仅能在某种程度上有助于意大利摆脱历来的暴君和内部纠纷，而且也能使意大利逃脱新的法国保护人的魔爪。"②

---

① 《马克思恩格斯全集》第 1 版第 15 卷第 73 页。
② 《马克思恩格斯全集》第 1 版第 15 卷第 101—102 页。

1860年9月底,马克思在《普鲁士现状。——普鲁士、法国和意大利》一文中再一次研究了加里波第的对手所策划的、旨在从他手中夺走对意大利民族运动的领导权的阴谋。马克思强调指出,南意大利的革命战争不应被视为偶然滚下来的一次雪崩,"而是一个独立的意大利政党的经过深思熟虑的行动,这个政党从路易-拿破仑走上 via sacra① 时起,就经常宣称,南部的起义是摆脱受法国庇护的恶梦的唯一手段"。②

马克思和恩格斯把加里波第看作是一位有能力鼓舞人民群众并促使其采取革命行动的革命领袖。因此,他们在自己的政论文章中,着重评论了加里波第这位人民英雄的作用,但同时也从未忘记他的行动在政治上的重要意义。他们通过特别突出加里波第与以撒丁王国首相卡富尔为核心的君主主义势力之间的对立和对波拿巴主义的坚决敌视,从而强调了他们的无产阶级立场,并引导革命的民主力量自己采取行动。所以下述事实是值得注意的,即应约翰·菲利普·贝克尔的请求,马克思于1860年12月让人把《福格特先生》《波河和莱茵河》以及《萨瓦、尼斯与莱茵》等著作送交加里波第,以便向他阐明德国革命者在民族问题上的立场。③ 对于加里波第来说,最重要的归根结底仍然是使无产阶级立场转变为实际的政治行动的问题。

像对意大利革命运动一样,马克思和恩格斯在1860年撰写的文章中也同样特别研究了在德国建立资产阶级民族国家的可能性问题。因为德国的每一次人民运动都首先遇到了本国反动势力的抵抗,马克思和恩格斯便首先探讨了普鲁士和奥地利的发展情况,同时他们也对波拿巴主

---

① 神圣之路。
② 《马克思恩格斯全集》第1版第15卷第197—198页。
③ 参看《马克思恩格斯全集》第1版第30卷第136—137页。

义对民族运动日益增加的影响发出了警告。在这里，这一时期的政论创作和他们的其他著述之间的共同点同样是不容忽略的。譬如，马克思在《为拿破仑在莱茵河上的未来战争做准备》一文中，揭露了波拿巴法国阴谋占有德国莱茵河左岸领土和为此同意普鲁士政府建立以普鲁士国王为首的"小德意志"计划的诡计。马克思在分析普鲁士的政策时，再次指出了一个国家的内部状况与其对外关系的联系。他解释道，普鲁士通过它的只顾自身利益的王朝政策，甚至为外国势力干涉德国事务提供了借口。针对这种还受到自由普鲁士资产阶级支持的反动政策，马克思提出了寻求真正民族出路的可能性："如果普鲁士所宣布的是1848年的革命合法，并宣布它自己以及德意志议会在1848年以后颁布的一切反革命法律无效，如果它把革命时代的制度和法律恢复起来，它本来是可以取得整个德意志——包括德意志的奥地利部分在内——的同情的。"①

像《普鲁士新闻》和《皇帝拿破仑第三和普鲁士》这样的文章也具有同样的任务。马克思在这两篇文章中详细研究了艾德门·阿布的波拿巴主义宣传小册子《一八六〇年的普鲁士》。另外，他对这本小册子特别关注，原因是小册子描述的德意志民族联盟的政策有利于支持普鲁士霸权野心而且也符合法国波拿巴主义的利益。马克思在他的《福格特先生》这部论著中也提到了阿布的宣传小册子，并指出它与福格特的间谍活动有密切联系。

在谈到1860年仍在继续并导致普鲁士和奥地利之间公开争论的黑森宪制冲突和石勒苏益格－荷尔斯泰因的民族解放运动时，马克思说，所谓的"德国纷争"②之完全可能引起一场全欧战争。因为它向同样感

---

① 《马克思恩格斯全集》第1版第15卷第62页。
② 《马克思恩格斯全集》第1版第13卷第596页。

兴趣的外国势力提供了干涉的借口。《德国的动荡局势》，或《巴登—巴登会议》（这篇文章是编辑《马克思恩格斯全集》原文版第 1 部分第 18 卷时新发现的）这样一些文章表明，马克思不仅仅研究了局部地区的民族问题，而首先是把这些现象归入总的政治和社会的关系之中。

马克思 1860 年 9 月 19 日至 25 日撰写的《俄国利用奥地利。——华沙会议》一文对于阐述无产阶级在 1860 年春民族问题的发展上所持的立场具有特别重要的意义。同拿破仑第三和德意志各邦君主的巴登—巴登会议相似，沙皇亚历山大二世与奥地利皇帝弗兰茨·约瑟夫以及普鲁士摄政王威廉于 1860 年 10 月的会晤也是反动势力之间为阻止民主民族运动的进一步扩大而举行的一次商讨。马克思在他的文章中再次强调了欧洲君主国王朝政策的本质，并首先考察了沙皇俄国的作用和俄德关系。作为出发点，马克思还提到了德意志民族联盟 1860 年 9 月 5 日在科堡举行的会议，这样他同时就指出了该联盟的亲普鲁士的、小德意志的立场和普鲁士摄政王在即将举行的与沙皇、奥地利皇帝的会晤中所抱有的意图之间的联系。马克思认为，普鲁士人显然致力于重新建立在俄国庇护下的"神圣同盟"，以便既能抗拒民主民族运动，又能抵御法国可能发动的侵略。但是这种政策将会使人忽视沙皇俄国是德意志民族国家统一的主要敌人之一。此外，俄国国内的紧张局势迫使俄国也从"对外冒险"中寻找出路。

马克思在《俄国利用奥地利。——华沙会议》中还深入地探讨了奥地利帝国的作用。他强调指出，奥地利在意大利战争中失败后，日益变成俄国外交政策的工具，它同时还需要克服急剧增加的国内困难。但马克思同时又强调指出，民族联盟的错误是把希望寄托在奥地利帝国的解体上，以为这样一来"德意志的剩余部分"，会加入普鲁士领导下的小德意志帝国。德国民族国家统一的外部敌人，首先是法国和俄国，从未打算彻底摧毁奥地利帝国，而始终仅仅想削弱它，以便能利用在德国保持两个中心的办法来更好地为自己的利益服务。在马克思看来，德国从在华沙策划的反动阴谋中只能吸取一个教训："不过，应当预期，华沙会议最后将使德国睁开眼睛，并教育它懂得，要抵御外来的入侵或在国内实现统一和自由，它必须清除自己家里的王朝老爷们。"①

马克思在《俄国利用奥地利。——华沙会议》中明确指出，建立德国统一的民族国家应走一条革命的道路，这一指示证明，恩格斯在《萨瓦、尼斯与莱茵》中对北意大利战争之后的政治形势所作基本估计没有改变。它决定了马克思和恩格斯在1860年全年的态度。尽管占统治地位的反动势力和支持他们的部分资产阶级加紧努力去阻止革命民族运动，或控制它，马克思和恩格斯仍然认为这一道路是唯一正确的、必要的，而且也是可能的。他们把早在1860年春就在普鲁士爆发的军队冲突看作是正在德国酝酿的革命危机的一个重要因素。从人口比例来看，普鲁士拥有一支欧洲最庞大的军队，但统治阶级仍企图继续扩充这支军队，使之成为保卫自己政权的力量。与此同时，还要进一步取消后备军制度，因为该制度是以反拿破仑第一的解放战争的民主传统为基础的。"军队改革"在普鲁士邦议会的辩论中也引起了反响，对这一改革的内容和财政负担的分配所进行的争论完全有可能引起一场反君主制的、革命民主主义的群众运动。同时，马克思和恩格斯也密切注视着奥地利帝国日益紧张的局势。尤其是恩格斯，他在好几篇文章中考察了弗兰茨·约瑟夫皇帝对在民族问题上遭受压迫的各国人民所采取的政策，该政策徘徊于半心半意的改革尝试和日益加剧的压榨之间。为了稳定自身的政权而颁布的所谓十月恩诏曾许诺，在奥地利这个多民族国家进行

---

① 《马克思恩格斯全集》第1版第15卷第195页。

诸项改革,它们没有使任何一方真正感到满意,并且正如恩格斯在1860年为《纽约每日论坛报》撰写的最后一篇文章《奥地利革命的发展》中所指出的,这些改革也未能阻止革命的前进。①

马克思和恩格斯提请人们注意,所有欧洲国家的反动制度均面临日益加重的经济和社会困难,从而指出,即使从国际上看,1860年下半年的革命民主运动的前景也不是毫无希望的。1860年8月25日,马克思在《粮食价格。——欧洲的金融状况和备战。——东方问题》一文中这样写道:"大陆欧洲现在呈现出一种非常奇怪的场面。"② 马克思指出了欧洲黄金储备下降的普遍趋势和大多数欧洲国家的金融混乱。一方面是财政濒于崩溃,另一方面却不断加强军备并企图打一场新的战争以求摆脱困境。欧洲列国,首先是法国、大不列颠和俄国卷入了1860年秋天再次爆发的当时叙利亚的德香兹人与马龙派教徒之间因宗教问题引起的骚乱,马克思借助这一事例说明,欧洲之外的这一冲突同样可能成为一场全欧战争的导火线,而这场战争必定会剧烈地震动现存的统治体制。

马克思和恩格斯在1859—1860年的全部政论创作活动清楚地表明了他们在资产阶级民主变革和建立资产阶级民族国家等重要问题上所代表的革命立场。他们一贯反对任何围着封建反动政权兜圈子的做法,主张发动一场尽可能广泛的包括无产阶级和阶层在内的一切民主力量和革命力量的运动。马克思和恩格斯一再指出,沙皇俄国和波拿巴法国是民族民主运动的主要敌人。在德国,他们主张推翻王朝,并强调指出,反动势力策划的一场王朝战争必然会转变成一场争取民族解放的欧洲人民

---

① 参看《马克思恩格斯全集》第1版第15卷第249—252页。
② 参看《马克思恩格斯全集》第1版第15卷第159页。

战争。《福格特先生》《萨瓦、尼斯与莱茵》以及马克思和恩格斯在1859—1860年政治高涨时期就民族问题写的所有文章都清楚地反映出,他们是如何热心于研究各个国家的具体问题的。它们体现了列宁一贯当作典范来倡导的方法,即马克思主义者在处理民族问题时也必须始终考虑"一般历史条件与具体国家条件"[①]。

(原载马丁·路德大学《马克思恩格斯研究文集》第19辑)

(周福海 译　李俊聪 校)

[①] 《列宁全集》第2版第25卷第230页。

马克思与国际主义[*]

〔美〕约翰·贝拉米·福斯特

在当今社会科学领域,承认卡尔·马克思是最早分析全球化的人之一,这种观点并不罕见。但是,连那些持这种观点的人也常常忘记,马克思也是最先提出工人阶级国际主义的战略家之一,这种工人阶级国际主义是对资本主义全球化作出的回答。马克思认为,决定这种国际主义的是两个主要因素,一是对国际剥削的批判,二是国内和国际工人阶级运动的发展。详细考察第一国际时期的马克思的观点,有利于我们对创立当代新的国际主义的问题进行深入思考。

国际主义的第一个条件

人们常常认为马克思持有这样的观点,即资本主义对全球边缘地区的殖民渗透是一种纯粹进步的力量,会使这些国家的社会发展和经济发展沿着处于资本主义世界体系中心的国家所开辟的道路前进。他得出结论说,世界某些地区的社会结构呈现出阻碍进一步发展的静止状态,这是他的"亚细亚生产方式"的概念所表达的一个主要内容。因此,资

---

[*] 本文选自《马克思恩格斯列宁斯大林研究》2001年第2辑。

本主义从外部对这些国家的渗透可能会有助于打破这种静止状态，并为进一步发展提供最初的物质前提。这些都是毫无疑问的。尽管在马克思早期对经济的和社会的"落后性"的探讨中一再提到这个问题，但是他并没有因此而忽略资本主义对这些国家的社会进行剥削的可怕的历史以及当地人民进行社会革命的必要性。相反，马克思照例运用他的辩证思维，不仅从遭受着殖民主义剥削的那些人的立场出发谴责了殖民主义，而且援引黑格尔的"理性的狡猾"论证说，资本主义的这种渗透正在提供最起码的物质前提，这些前提一旦与社会革命相结合，就会为历史的发展开辟道路。他似乎认为，同欧洲相比，这种发展可能会呈现出更为复杂和更为多变的形式。

马克思从19世纪60年代创建第一国际和写作《资本论》到他生命终结这个时期，几乎已经不相信黑格尔的"理性的狡猾"在这里会产生什么影响，也不相信由殖民主义释放出的客观力量实际上正为殖民地国家的发展提供物质前提。相反，他越来越关注国际剥削促使穷国对富国形成永久的结构性依赖方面所起的作用，以及这一点对工人阶级国际主义所产生的影响。他说，爱尔兰正在把主要是从农业生产中获得的盈余送往英格兰，用于扩大那里的工业生产。不仅如此，他在1881年给维·查苏利奇的信的第三稿中提到印度时得出结论说："那里的土地公有制是由于英国的野蛮行为才被消灭的，这种行为不是使当地人民前进，而是使他们后退。"① 尽管不列颠帝国对印度的征服解开了旧社会的枷锁，并因此使得历史的迅速发展成为可能，但是，它同时也把印度人民置于遭受过度剥削的地位。因此，马克思在1881年2月的一封信中就不列颠这个最大的殖民地的情况作了如下说明："在**印度**，不列颠

---

① 《马克思恩格斯全集》第2版第25卷第476页。

政府面临着的，即使不是一次总起义，也是严重的麻烦。英国人以租税、对印度人毫无用处的铁路的红利、文武官员的养老金、阿富汗战争及其他战争的支出等等形式，每年从印度人那里拿走的东西，他们**不付任何代价**地从印度人那里拿走的东西——**不包括**他们每年在印度**境内攫**为己有的在内——，即仅仅是印度人被迫每年无偿地送往英国的商品的价值，**超过六千万印度农业和工业劳动者的收入的总额**！这是一个血淋淋的过程！那里荒年一个接着一个，而饥荒的**规模之大**，是欧洲迄今为止所无法想象的！"①

马克思在进一步分析中指出，承认这种极端的剥削形式是资本主义国际体系的核心，这是真正的国际主义的第一个条件，他特别把这个论断用于对爱尔兰的分析中。他在1870年国际工人协会总委员会的通告中说："目前英国正大规模地重复着古罗马发生过的事。奴役其他民族的民族是在为自身锻造镣铐。"② 他在同年4月的一封信中写道，的确，对英国工人来说，"**爱尔兰的民族解放**……并不是一个抽象的正义或博爱的问题，而是**他们自己的社会解放的首要条件**"③。

国际主义的第二个条件

国际主义的第二个条件是需要把相互依存的国内的和国际的斗争结合起来。马克思在其中起领导作用的第一国际即国际工人协会的历史可追溯到英国1859年伦敦工人的大罢工（这次罢工是对1857—1858年经

---

① 《马克思恩格斯全集》第1版第35卷第151页，译文稍有改动。
② 《马克思恩格斯全集》第1版第16卷第440页，译文稍有改动。
③ 《马克思恩格斯选集》第2版第4卷第592页。

济危机的反应）和那个时期所产生的激进的工联主义。但更重要的是，协会是在美国内战引起棉花严重短缺的情况下诞生的，棉花严重短缺使作为不列颠工业化初期的基石的纺织工业突然面临长期的供给不足，工人也随之陷入了极其艰难的处境中。当时英国的80%原棉进口来自美国，由于北部对南部联邦船运的封锁，英国纺织工业的原棉供应被切断了。虽然一些较大的纺织厂主有库存的棉花，但是许多较小的厂主则没有，进口额的突然降低使得预期的产量减少，使工业陷入进一步的危机。在兰开夏郡的棉织业中，全时雇佣工人从1861年11月的533950名减少到1862年11月的203200名。正是在这样的历史背景下——这对第一国际的建立是非常关键的——马克思在《资本论》第1卷序言中说："正像18世纪美国独立战争给欧洲中等阶级敲起了警钟一样，19世纪美国南北战争又给欧洲工人阶级敲起了警钟。"①

正如19世纪60年代欧洲工人所构想的那样，无产阶级组织问题既是国内问题，又是国际问题。后来导致第一国际建立的19世纪60年代初期的英国工人阶级的行动给马克思留下了深刻印象，在1862年和1863年的一次又一次的公众集会中，从曼彻斯特到伦敦的工人都组织起来反对英国对实行奴隶制的南部的积极支持，这有助于挫败不列颠首相帕麦斯顿勋爵对美国内战进行军事干涉的明显企图。工人的这种行动虽然使他们自己当前的经济利益遭受了损失，但马克思在1863年4月9日给恩格斯的信中说，这在工人阶级的历史上是一种"伟大的发展"②。马克思本人也参加了1863年3月工联伦敦理事会的群众集会，在这次集会中，伦敦的熟练工人宣布支持这场反对奴隶制的战争，并且反对英

---

① 《马克思恩格斯选集》第2版第2卷第101页。
② 《马克思恩格斯全集》第1版第30卷第338页。

国站在南部联邦一边进行干涉。这次集会对于国际的建立是非常关键的。因此，第一国际不单单是从国内危机中产生的，而且也是从国际工人团结一致的历史行动中产生的（美国北部的人民对英国工人阶级的这一声援行动做出了反应，给兰开夏郡陷入困境的工人送去一船一船的援助物资）。

的确，其他稍晚一些时候发生的事件在国际工人协会的建立中起了更为直接的作用，国际的建立同样也受到了欧洲工人支持意大利和波兰的解放斗争的行动的影响，而资方威胁要从法国、比利时和德国引进外国工人在反对不列颠工联主义的战争中充当罢工破坏者这件事最终起了导火线的作用。但是，马克思毫不怀疑，英国工人阶级在积极支持反对奴隶制的战争的过程中所表现出的国际团结，是导致国际建立的最重要的历史事件。

马克思在1864年10月第一国际的成立宣言中，以英国工人的这些行动为例说明有必要制订独立的工人阶级的外交政策，以反对资本在世界范围内的剥削目的："工人阶级的解放既然要求工人们兄弟般的合作，那么用那种为追求罪恶目的而利用民族偏见并在掠夺战争中洒流人民鲜血和浪费人民财富的对外政策，他们又怎么能完成这个伟大任务呢？使西欧避免陷入一场为在大西洋彼岸保持和推广奴隶制进行可耻的十字军征讨的，并不是统治阶级的智慧，而是英国工人阶级对于他们那种罪恶的愚蠢行为所进行的英勇反抗。"①

这表明，马克思认为，历史已经"给工人阶级指明了他们的责任，要他们洞悉国际政治的秘密，监督本国政府的种种外交活动，在必要时就用能用的一切办法反抗它们；在不可能防止这些活动时就团结起来同

---

① 《马克思恩格斯全集》第1版第16卷第13—14页，译文稍有改动。

时揭露它们，努力做到使私人关系间应该遵循的那些简单的道德和正义的准则，成为国际关系中的至高无上的准则。

为这样一种对外政策而进行的斗争，是争取工人阶级解放的总斗争的一部分。

全世界无产者，联合起来!"①

仅仅在一个月之后，即1864年11月，马克思在代表国际给阿伯拉罕·林肯的信中大大赞扬了欧洲工人在美国内战期间为支持北部而采取的英雄主义姿态。他认为，欧洲的工人理解"在大西洋彼岸进行的这一大规模的战争……使他们对未来的期望，甚至使他们已经获得的果实遭受威胁。因此，他们到处耐心忍受着棉业危机带给他们的困苦，激烈反对有产者当局采取的有利于奴隶占有制的无礼干涉行动，——而在欧洲的大多数国家里，工人阶级为了正义的事业已经献出了自己的鲜血"。欧洲的工人不仅支持南部的奴隶们，而且也支持北部的工人们，这些北部的工人认识到，只要他们与遭受奴隶制腐蚀的这样一种制度同流合污，"这种制度夸耀白人工人享有自己出卖自己和自己选择主人的高贵特权，那他们就……不能取得真正的劳动自由"。马克思论证说，北部的劳动人民是一支真正的力量，他们坚持认为，"这种进步道路上的障碍"必须被"内战的血浪扫荡干净"。②

要求各国无产阶级团结起来并不单是要求一个国家的工人阶级支持另一个国家的革命活动，这种要求还与这样的事实有关，即资产阶级在其日常的经济关系中，常常使得一个国家的工人阶级反对另一个国家的工人阶级。引进外国工人来破坏工人斗争的问题是国际自身发展过程

---

① 《马克思恩格斯全集》第1版第16卷第14页，译文稍有改动。
② 《马克思恩格斯全集》第1版第16卷第21页。译文稍有改动。

中的一个关键问题。因此,马克思在1866年为国际起草的《临时中央委员会就若干问题给代表的指示》中为协会确立了主要目的:"反对资本家在工人罢工和同盟歇业时随时准备滥用外国工人作为工具来对付本国工人的阴谋。"① 马克思坚持认为,面对在全球扩张的资本主义制度,如果工人阶级的斗争被民族壁垒所限制,它就得不到有力的推动。他在《资本论》第1卷第31章中论证说,资本从国外榨取其剩余价值——通常是"资本化了的儿童血液"②,并把这种剩余价值投资到其他国家,在那里通常以更为极端的形式再重复同样的剥削过程。在这种情况下,工人不得不参加国际斗争。

马克思虽然一再号召各国工人团结起来,但他也强调,这种团结只能建立在从各国特定的剥削的物质条件中产生出来并针对各国国家机器的全国性的工人阶级组织的基础之上。他在《哥达纲领批判》(1875)中写道:"不言而喻,为了能够进行斗争,工人阶级必须在国内**作为阶级**组织起来,而且它的直接的斗争舞台就是本国。所以,它的阶级斗争不就内容来说,而像《共产党宣言》所指出的'就形式来说',是本国范围内的斗争。但是,'现代民族国家的范围',例如德意志帝国,本身又在经济上处在'世界市场的范围内',在政治上'处在国家体系的范围内'。任何一个商人都知道德国的贸易同时就是对外贸易,而俾斯麦先生的伟大恰好在于他实行一种**国际的政策**。"③

如果要把工人阶级运动组织起来的话,就形式来说,它最初必须在本国范围内,在本民族国家和它自己"直接的斗争舞台"的范围内。

---

① 《马克思恩格斯全集》第1版第16卷第214页,译文稍有改动。
② 《马克思恩格斯全集》第1版第23卷第824页。
③ 《马克思恩格斯选集》第2版第3卷第308页。

与此同时，马克思坚持认为，必须把本国范围内的这些斗争组织起来——正如资产阶级自身为"自由贸易"所作的种种努力那样——使之成为一种国际运动，代表工人阶级的国际活动。马克思在批评（斐迪南·拉萨尔为德国工人党起草的）《哥达纲领》时抱怨说：纲领里"**关于德国工人阶级的国际职责**竟一字不提"①！

马克思和恩格斯逐渐认识到，工人的国际作用还必须包括推动处于这个体系边缘的人民的斗争。资本主义关系渗透到了这些社会中并导致了民族抵抗力量的产生。对恩格斯来说，中国在1856年开始的第二次鸦片战争中所进行的抵抗可以被描述为"保存中华民族的人民战争。虽然你可以说，这场战争充满这个民族的目空一切的偏见、愚蠢的行动、饱学的愚昧和迂腐的野蛮，但它终究是人民战争"②。恩格斯还强调了阿卜杜尔·卡迪尔在领导阿尔及利亚人民反对法国的民族抵抗运动中所表现出来的勇气。③ 马克思和恩格斯对社会经济发展的强调以及对那些被他们认为是文明程度较低的社会的批判并没有妨碍他们正确判断民族抵抗斗争的历史意义和文化意义。他们很清楚，反抗种族压迫和殖民主义的起义次数会增加，规模会扩大，这样的起义是世界斗争的一个组成部分，它们对国内和国际工人阶级运动的发展都有影响。马克思在《资本论》中总结美国内战的教训时写道："在黑人的劳动打上屈辱烙印的地方，白人的劳动也不能得到解放。"④

因此，对马克思来说，工人的国内组织和国际组织之间具有一种辩

---

① 《马克思恩格斯选集》第2版第3卷第309页。
② 《马克思恩格斯选集》第2版第1卷第710页。
③ 参见《马克思恩格斯全集》第1版第12卷第556页，第14卷第108页，第15卷第179页。
④ 《马克思恩格斯选集》第2版第2卷第199页。

证关系，忽略这种斗争的任何一部分对于整体都将产生致命的影响。他严肃地批判了（《哥达纲领》中所说的）建立在抽象的"**各民族的国际的兄弟联合**"①基础上的行动，由于没有赋予国际主义具体形式，或者没有明确地把国际主义与国内斗争联系起来，因此这种行动从本质上否定了国际主义。工人阶级运动一开始必须从直接的物质条件中产生，并因此具有地方特点，但是它也必须呈现出同资本主义本身一样的全球的特点。

因此，马克思反对所谓的世界主义的政治立场，即直接跃进到世界范围内普遍的人类事业，而忽略了国家范围内的斗争的必要性。所罗门·弗兰克·布洛姆在他的经典著作《民族世界：对卡尔·马克思著作中的民族含义的研究》（1941）的结论部分写道：

"国际主义有好几种。马克思的国际主义的特点是，他承认许多性质十分不同的社会的存在，强调每个社会的精密的组织。虽然他的思想中存在着世界主义的许多痕迹，但是就他对世界秩序的描述而言，他显然不是一个世界主义者。世界主义试图不经过范围比整个人类小的各种社会单位的中间阶段，直接从个人过渡到人类。他是一个国际主义者，这不仅表现在他倡导合作的世界关系体系，而且还更为具体地表现在，他把这种体系看成是内部组织得非常和谐的大国之间友好相处的结果。"

"马克思认为没有太小的社会，也没有模糊不定的全球社会。他承认，即使是在同一生产方式中，各地区也有相当大的差异。他想象中的社会主义世界是由数量有限的发达国家组成的。他对世界文学和世界文化也持相似的看法。他酷爱各种语言，还精通古典文学和现代文学。19世纪世界文学还处于形成阶段时他就开始谈论世界文学了。它是那些产

---

① 转引自《马克思恩格斯选集》第 2 版第 3 卷第 308 页。

生不同的但又相关的文学的大国的产物。"

因此,马克思所阐述的社会主义的国际主义是平等主义的世界主义的一种形式,它只有通过各国内部的斗争以及创建其中没有任何一个国家享有特权的国际社会才能得以发展。它不能采取"模糊不定的全球社会"这样一种形式,而这种社会是资本主义本身的目标。用艾·艾哈迈德的话说,这种社会并不希望拥有"世界各国平等基础上的文明",而只是把扩大剥削作为自己的目的。马克思在 1848 年关于自由贸易的演说中说:"把世界范围的剥削美其名曰普遍的友爱,这种观念只有资产阶级才想得出来。在任何个别国家内的自由竞争所引起的一切破坏现象,都会在世界市场上以更大的规模再现出来。"①

马克思坚持认为,与此相对抗的社会主义的国际主义必须从反对资本主义全球化体系出发,在这种体系中,"资本的中心"(马克思的用语,用以描述英国在 19 世纪国际体系中所起的作用)就在这个体系中心的富裕国家里,它能够利用生活在世界上贫穷得多的主要从事农业生产的边缘地区的绝大多数人所创造的剩余价值来对它自己创造财富的过程作补充。任何国际主义,如果其核心不是反对帝国主义,就不是真正的国际主义。

当今反对资本主义全球化的斗争

1852 年,马克思在给他的一位朋友的信中写道:"当人们只用七天就从伦敦到达加尔各答的时候,我们两人的头早就给砍掉了,或者我们已经老态龙钟了。而澳大利亚、加利福尼亚和太平洋呢!新世界的公民

---

① 《马克思恩格斯选集》第 2 版第 1 卷第 228 页。

将不能理解，我们的世界曾经是多么小。"① 但是尽管那个世界很小，马克思通过集中考察19世纪资本主义全球化的倾向，不仅描绘出支配这个过程的许多条件，而且揭示出社会主义的国际主义所必须具备的条件，只有这种社会主义的国际主义才能够有效地与这个过程相对抗。在当今世界，在资本主义全球化更高的发展阶段，这些观点仍然是非常重要的。

在当今世界以全球范围内资本的积聚和集中为特点的更为发达的帝国主义秩序中，马克思在探讨英国对印度的统治时所提到的"血淋淋的过程"和"荒年"并没有消失，而是以比以前更高的、更加全球化的形式存在着。不发达国家的非石油初级产品的出口比价被有计划地降低，以致1980—1991年间不发达国家的累计损失达到大约2900亿美元，而处于边缘地区的大多数国家仍然要靠这一比价来出口自己的产品和赚取外汇收入。这些国家在这方面的损失——单是在1991年就达到600亿美元——超过了那一年对不发达国家的所有多边援助。根据世界银行经济学家确立的经济指标，自1900年以来，"到1986年，实际商品价格的总水平已降到1932年即两次大战之间的大萧条时期的最低点以下"②。

这种状况有助于解释大多数第三世界国家日趋恶化的贫困和日益增加的债务。《经济学家》杂志最近（2000年3月25日）报道说："根据世界粮农组织统计，全球有8.3亿人处于营养不良状态。"与此同时，全球谷物库存量则远远超过全球每年的消费量，这是使得亿万

---

① 《马克思恩格斯全集》第1版第28卷第511页，译文稍有改动。
② 阿·迈泽尔斯：《商品市场趋势及其不稳定性》，载于《UNCTAD评论》(1994)第53—56页。

人"追逐利润"的帝国主义世界体系的不平等的具有讽刺意味的表现形式。

今天，我们常常被告知，这些情况虽然是不幸的，但却是正在进行的全球化过程的结果，这一结果与一个国家对另一个国家的国际剥削毫无关系。相反，它仅仅是由最初的不发达和人口过剩与缺乏合理的西方式的政府制度相结合而产生的人类悲剧。那些试图把它看成是通过对资本的运动加以控制就能够解决的经济问题的国家被告知，它们正在拒绝资本这个礼物。而且，所有这些国家对市场进行干预的尝试都被看作是最终毫无用处的、甚至导致自己的失败的尝试。全球化理论的一个重要部分是，民族国家在经济关系的组织中已不再重要，它们已被全球的力量所超越。有一种观点认为，国家对全球市场的干预使事情不是更好，而是更糟，这种观点忽略了这一事实，即国家通常代表资本本身来进行干预。

但是，如果像马克思所说的那样，国家处在"世界市场的范围内"，那么就像他进一步指出的那样，它们同样也"处在国家体系的范围内"。为了建立并维持资本主义世界市场，这种国家体系是很必要的，因此如果世界市场要顺利运转的话，就不能消除这种体系。然而，这个论断是不对的。自下而上的阶级斗争能在多大程度上改变这些国家本身，这种国家体系就能够在多大程度上消除世界市场体系的剥削制度。那么，超越国家的斗争无时无刻不与更大范围内帝国主义的全球政治经济现实有关。

马克思的分析表明，资本主义全球化不是历史的终点，而是一个正在进行的发展过程，这个过程几乎无疑会导致它自己的毁灭，以及它的对立面即工人阶级国际主义的产生。在相信资本主义必胜的那个短暂时期，在20世纪的最后10年，这种观点可能会被认为不重要而被置之脑后。但是，相信资本主义必胜的那个时期现在已经过去。在新千年的第一年已过一半的时候，显然，一个幽灵——新国际主义的幽灵正在资本主义的全球化中游荡。

(原载美国《每月评论》杂志 2000 年 7—8 月第 52 期)

(闫月梅 译)

恩格斯的国际主义与民族理论*

〔美〕迈克尔·福曼

我们至少有两个理由来对恩格斯参与19世纪关于民族问题辩论的情况作一些研究。第一个理由是，恩格斯本人对马克思主义的独创性的贡献在这个领域表现得最清楚。虽然人们对马克思究竟在多大程度上同意恩格斯的某些观点的问题还存在着一些争论，但是，他们普遍认为恩格斯在这个领域起了主要作用，而且在民族问题上马克思从未表述过与恩格斯不同的观点。然而，研究恩格斯在民族问题及民族问题与国际主义的相互关系上的观点还有一个更为重要的实际理由。他的贡献值得注意，这是因为，虽然许多批判社会主义的人，甚至一些支持社会主义的人持有完全不同的看法，但社会主义运动中产生了一大批论述这个问题的理论著作。其中，恩格斯是第一批为工人阶级运动而研究民族主义的本质的人之一。他既没有忽略民族作为一种团结形式的号召力，也没有完全从经济角度来看待民族问题。诚然，他研究民族问题的方法有时缺乏一致性，这是由于他的著作中有两种难以相容的理论。第一种理论的根源是从他与马克思的合作中产生的对资本主义批判的理论。另一种理论的根源是恩格斯自己的激进共和主义

---

* 本文选自《马克思恩格斯列宁斯大林研究》2001年第3辑。

思想。这两种理论都受到构建一套号召工人以阶级为基础进行国际团结的话语这种政治需要的支配。

一、资本主义与民族主义

恩格斯积极参与的对资本主义的批判是受了当时主要思想流派,即法国社会主义者的空想主义、德国唯心主义的历史的和哲学的诡辩以及英国政治经济学的自由主义的影响。然而,尽管这种批判的核心内容将会改变世界,但是某些历史事件也起了关键作用。例如1789年的法国大革命就为19世纪末的社会主义话语提供了许多政治语言、意象和象征。特别是对恩格斯来说,从大革命中产生的第一个共和国就反映了资产阶级民主的潜力和局限性。除此之外,1848年的斗争划分出新的冲突区域,提供了实践经验。例如,恩格斯正是在那时参加了他的故乡伍珀河谷的战斗,马克思也参加了宣传鼓动,这导致他在科隆被捕及受审。后来,国际工人协会的建立和解散为国际主义思想提供了组织上的参考。

结果就产生了一种理论,它包括一种关于民族的观点,这种观点把法国大革命的语言与对新的民主力量即雇佣工人阶级所面临的形势的估计结合了起来。正是这支在英国组织得很好、在法国和低地国家具有重要的政治影响、但在德国还处于摇篮中的新力量将继续资产阶级于1848年丢弃的争取民主与人类解放的斗争。恩格斯同马克思清楚地看到日益全球化的资本主义与完全忠于国际主义的工人阶级之间的对抗。后来他把第一国际看成是一个通过促进超越民族利益的国际团结从而推动无产阶级事业的组织:无产阶级是在民族的背景下形成的,但它的斗争目的具有世界性,它的斗争实践具有国际性。即使在国际工人协会解散之后，马克思和恩格斯仍然对这一点深信不疑，恩格斯在第二国际的早期就反复讲过："它①所创立的全世界无产者永久的联合依然存在，并且比任何时候更加强固……因为今天……欧美无产阶级正在检阅自己第一次动员起来的战斗力量，他们动员起来，组成一支大军，在一个旗帜下，为了一个最近的目的，即早已由国际1866年日内瓦代表大会宣布、后来又由1889年巴黎工人代表大会再度宣布的在法律上确立八小时正常工作日。"②

马克思和恩格斯在《共产党宣言》中就已论证说，反对资产阶级的斗争必须要在国际团结的基础上进行，并且要具有超越民族和地域的眼界。他们认为，工业资产阶级正在迅速地改造地球，旧的政治边界已不足以容纳这样一种资本主义制度，在这种制度中，"民族工业……每天都还在被消灭。它们被新的工业排挤掉了……这些工业所加工的，已经不是本地的原料，而是来自极其遥远的地区的原料；它们的产品……供世界各地消费……过去那种地方的和民族的自给自足和闭关自守状态，被各民族的各方面的互相往来和各方面的互相依赖所代替了"。《宣言》的作者实际上指出了一种我们今天称之为全球化的长期倾向，资本主义通过这个过程使自身普遍化，即它迫使"一切民族——如果它们不想灭亡的话——采用资产阶级的生产方式"。这种强大的推动力将把资本主义积累带到地球上最孤立的国家和最遥远的角落。资产阶级将"按照自己的面貌为自己创造出一个世界"。③

但是，这并不是一种简单的直线式的发展。国际主义不是资本主义

---

① 指国际工人协会。——译者注
② 《马克思恩格斯选集》第2版第1卷第264—265页。
③ 《马克思恩格斯选集》第2版第1卷第276页。

关系扩张的唯一产物。虽然资产阶级赋予生产以"世界性",但是这个阶级还创造了或者至少控制了现代代议制国家以便与它的现代工业相匹配。资产阶级正是通过这种国家,或者更确切地说通过它的行政机构来"管理整个资产阶级的共同事务的"①。既然这样,这种国家应该是共和国,在那里民族利益将得以正式体现,从而为无产阶级必须赢得的民主斗争创造条件。这是恩格斯生前所坚持的立场。例如,他在1892年的一篇论社会主义者对意大利民主政体的态度的文章中写道:"民主共和国是唯一的这样的政治形式,在这种政治形式下,工人阶级和资本家阶级之间的斗争能够先具有普遍的性质,然后以无产阶级的决定性胜利告终。"②

当然,在恩格斯与马克思合作写《宣言》时,民主共和国还很少见。当时他们之所以能够说"工人没有祖国",这正是因为,并非每个地方的成年男子都获得了普选权。

无产阶级只有取得政权,才能"取得政治统治……把自身组织成为民族"③。与此同时,民族主义者所要求的利益是与无产阶级的利益相反的。在这方面值得注意的是,人们普遍认为《宣言》的作者曾断言,一切文化差别都将消失,实际上则与此相反,马克思和恩格斯实际上对民族的文化构成没有发表过多少意见。这是因为,他们认为民族是政治实体而不是文化实体。1883年马克思逝世以后,恩格斯在一系列论封建制度的瓦解与民族国家的产生之间的关系的手稿中力图阐明这

---

① 《马克思恩格斯选集》第2版第1卷第274页。
② 《马克思恩格斯全集》第1版第22卷第327页。
③ 《马克思恩格斯选集》第2版第1卷第291页。

一点。①

二、民族与历史

恩格斯对封建制度的瓦解与民族国家的产生的论述是建立在语言学和人类学的基础上的,并且他的论述与他在1878—1882年关于这个话题所写的手稿中对日耳曼人的历史的论述基本上是一致的。② 在这两篇手稿中,恩格斯根据罗马历史学家和19世纪的语言学家提出的语言学上的证据追溯了德意志民族的发展。在后一本书中他指出,18世纪和19世纪地缘政治学的分界线与罗马的边界线基本上是一致的。但是在理论方面恩格斯没有停留在这些地方,他继续论证说,"现代的民族……是被压迫阶级的产物"③。上述被压迫阶级指的是农民和新兴的资产阶级,而恩格斯联系语言的分界线的做法表现出某种与韦伯的"有选择的亲和性"概念很相似的东西,而不是彻头彻尾的经济决定论。这就是说,虽然恩格斯把主要力量用于阐述生产力与生产关系的发展,但他看到,用文化—历史因素来解释事物的新做法也使结果受到影响。恩格斯认为,早在9世纪,新兴的封建国家就基本上遵循了语言的分界线:"很自然,这些语族就成了建立国家的一定基础,民族〔Nationalitäten〕开始向民族〔Nation〕发展。"④ 这之所以是自然的,不是因为文化群体和语族有资格成为国家,而是因为在政治方

---

① 《马克思恩格斯全集》第1版第21卷第448—458页。
② 《马克思恩格斯全集》第1版第19卷第478—538页。
③ 《马克思恩格斯全集》第1版第21卷第451页。
④ 《马克思恩格斯全集》第1版第21卷第452页,译文稍有改动。

面王权的历史任务就是在新兴的市民阶级的帮助下通过对抗贵族和敌对的王权从而建立民族统一,因此到16世纪为止,欧洲只有两个国家,即意大利和德意志,"那里没有王权,也没有那时无王权便不可能出现的民族统一,或者说,它们只是名义上存在"①。

恩格斯在这里所关心的问题仍然是现代历史编纂工作中的一个重要问题,即与威斯特伐利亚和约相联系的国家制度的出现。这个结束了欧洲国家之间的敌对状态并制约着它们在1648年之后的行动的和约批准了一个协定,根据这个协定,国家在法律上是平等的,它们在自己的领土内享有至高无上的权力。关于这种制度的历史独特性、它的传播及其与资本主义发展的关系,当代历史学家已写了大量的书籍并进行了仔细的研究。恩格斯的手稿对这些问题的阐述很重要,但可惜不完整。

杰奥瓦尼·阿锐基和保罗·肯尼迪都认为,欧洲国家制度的产生在很大程度上是由军事冲突和各种制度争夺和利用资源的能力作用的结果。将近一个世纪之前,恩格斯也看到了这一点,并且在某种程度上还进一步为以下问题提供了解释,即为什么从标志着中世纪终结的冲突中产生了一系列特殊的协定和边界而不是其他协定和边界?为什么会出现与某些群体相联系的国家?为什么出现的不是多民族国家?一些国家,例如哈布斯堡帝国,确实持续了很久。然而,它们是不稳固的,它们的地位在很大程度上取决于其他更强大的国家在开展均势外交时对它们的需要。同样,为什么有些民族为君主政体的建立提供了基础,而其他民族则没有?恩格斯对诸如此类的问题的回答可能不会令人满意,但是他的研究有一个优点,这就是他能够提出这些问题。这里有两个因素很关键:恩格斯认为暴力很重要,并且他在民族(nationhood)与族(na-

---

① 《马克思恩格斯全集》第1版第21卷第458页。

tionality）或种族（ethnicity）之间作了区分。

虽然商业资本主义的产生在威斯特伐利亚体系及组成这个体系的各国的发展过程中起了关键作用（"市民对社会来说，已经比封建贵族更为必要了"①），但发展的主要动力是政治权力。拥有货币化了的财富的市民是王权的盟友并为王权提供人力物力，王权"在混乱中代表着秩序，代表着正在形成的民族〔Nation〕而与分裂成叛乱的各附庸国的状态对抗"，因此王权是"进步的因素"。② 王权成为反对封建贵族所代表的离心力的团结的核心，一旦新的军事技术使步兵处于有利地位，那么通过利用市民的人力物力就能够获胜。结果表明，使王权成为团结的新核心的一个主要因素是，它能够使先前存在的语言实体形成民族（nations）。实际上恩格斯认为，专制主义的历史作用恰恰就在于它创建了民族国家。

恩格斯在一部于1887—1888年写的、他逝世后发表在《新时代》上的题为"暴力在历史中的作用"的手稿中再次专门研究了这些问题。这部手稿的主要目的就是要"把我们的理论应用于今天的德国历史，应用于它对暴力的使用以及它的血和铁的政策"，简言之，用于解释为什么俾斯麦要侵略法国，统一德国。恩格斯认为，1815年维也纳会议达成的协议违背了建立"由各个大的民族国家组成的欧洲"这样一种长期发展趋势，只有在这样的国家，在立宪共和国内，资产阶级才能进行统治，才能为"建立各民族协调的国际合作"铺平道路，"没有这种合作，无产阶级的统治是不可能存在的"。因此，德国和意大利分割为各个小邦，征服匈牙利和瓜分波兰都阻挠了历史的发展与和平的进程。和

---

① 《马克思恩格斯全集》第1版第21卷第448页。
② 《马克思恩格斯全集》第1版第21卷第453页。

平实际上是民族冲突的牺牲品。因此,恩格斯认为,"每个民族都必须获得独立,在自己的家里当家做主"①。

恩格斯从这些前提出发继续论证说,德国的统一是一些更大的历史潮流的产物,虽然俾斯麦操纵维也纳会议,使得它的具体协议对普鲁士有利,但是这些历史潮流还是通过这些协议展现出来。新兴的资产阶级对更大的市场的需求以及由拿破仑的入侵而唤醒的民族意识与两个敌对的国家即普鲁士和奥地利的顽固态度发生冲突,也与在1848年革命中首次亮相、1869年以后又建立了自己的工业组织和政治组织的无产阶级的更为广泛的要求发生冲突。当然,早在1846年,资产阶级就已经选择与普鲁士共命运,因为普鲁士与关税同盟有关系,因为普鲁士有"两种好制度……优越于其他各个大邦:普遍义务兵役制和普遍义务教育制"②。普遍义务兵役制及普鲁士军队的合理编制使普鲁士在德意志各邦中占了上风,这一点在它先是对丹麦,然后是对奥地利,最后是对法国的战争中表现出来。普遍义务教育制培养了大量的人来克服德国工业化道路上的一个关键障碍(资产阶级看到了这一点)——缺乏合格的人来填补管理位置。③ 最后,德国资产阶级在政治上的软弱性意味着,虽然它在经济上占支配地位,但它并不能够取得对俾斯麦的胜利,因此它不得不满足于"从上面实现德国革命"④。

---

① 《马克思恩格斯全集》第1版第21卷第463页。
② 《马克思恩格斯全集》第1版第21卷第481页。
③ 《马克思恩格斯全集》第1版第21卷第481页。
④ 《马克思恩格斯全集》第1版第21卷第515页。

三、民族与阶级斗争

因此,德国的资产阶级生产方式的发展和欧洲政治史的发展都要求建立一个具有主权的民族国家,但是资产阶级单靠自己是无法完成这一任务的。结果,建立国家的任务就落在了俾斯麦的肩上,他是通过吞并的过程而不是联合的过程来完成这一任务的。这就意味着,有许多问题——尤其是文化问题——仍然没有得到解决。在这方面,俾斯麦为确保德意志各邦在容克的领导下实现普鲁士化所做的努力具有特别重要的意义。恩格斯认为,这就要求不顾容克自己的意愿把他们改造成一个具有民族思想的政党的核心,而这种思想是他们所缺少的,俾斯麦力图通过文化斗争(1871—1875)的政策来宣扬这种思想,他凭借这一政策向与天主教会和中央党相联系的分离主义分子发动了攻击,为了对付当时正在兴起的更为激进的工人阶级的力量,他后来不得不停止攻击。①

遗憾的是,《暴力在历史中的作用》到此中断了,关于民族政策是怎样出现的,它没能得到发展的实际后果是什么,这些问题我们仍然不得而知。但是有许多迹象显示出恩格斯会从什么角度来继续论证这个问

---

① 《马克思恩格斯全集》第1版第21卷第525—527页。文化斗争是资产阶级自由派给俾斯麦政府在19世纪70年代采取的一套措施所起的一个广为流行的名称。这套措施是在为世俗文化而斗争的幌子下实行的,其目的是反对天主教会和中央党,因为它们支持普鲁士天主教地区和德国西南部各邦地主、资产阶级和部分农民的分离主义倾向和反普鲁士倾向。在反对天主教的借口下,俾斯麦政府还在普鲁士统治下的波兰地区加强民族压迫。俾斯麦的这个政策还有一个目的,就是用煽起宗教狂热的办法使一部分工人脱离阶级斗争。在80年代初,在工人运动发展的条件下,俾斯麦为了纠集反动力量把这些措施中的大部分取消了。

题。当然，资本主义的发展仍然是主要因素；然而其他因素也是重要的，尤其是我们今天所关心的族（nationality）的问题。这个问题之所以重要，并不是因为民族主义是一支完全独立自主的力量，而是因为它提供了资产阶级国家借以建立的因素。为了理解这一点，我们需要回头看看恩格斯的早期著作。

资本主义带来了变化，这不仅仅是因为它的产品削弱了家庭工业的基础，而且主要是因为它是一种新的生活方式，这种生活方式改变了基本的社会关系，使得不同的民族开始进行交往，由此破坏了传统习俗，改变了人们对日常生活的体验，产生了各方面的冲突。恩格斯早在1845年即他与马克思交往之前，就用不列颠工业的扩张来对爱尔兰人的迁移做出解释，并强调指出，它使英格兰的民族关系变得十分紧张。他认为，爱尔兰人是"工人的后备军"，他们生活在极端贫困的状态下，因此工资比与他们争夺工作机会的英格兰工人的工资要低得多。因此，贫困迫使爱尔兰人离开爱尔兰，而英格兰相对较高的工资把他们吸引到了那里。他们出现在工厂里，与英格兰工人分享利益，但他们的出现也压低了后者的工资，并迫使其生活状况和行为降低到类似于移民的水平，由此燃起了英格兰工人与爱尔兰工人之间的愤恨。与此同时英格兰人向爱尔兰的迁移使得一种效益较好的商业性农业取代了那里占优势的不景气的农业。但是这些变化并没有减轻爱尔兰人民的苦难，相反，通过对他们的"极端残酷的"剥削，加速了他们的贫困化。他继续说，爱尔兰"对英格兰移民是没有什么可以感谢的。而英格兰的爱尔兰移民却给英国社会增加了一种爆炸性的力量，这种力量将来是会产生重要结果的"。①

---

① 《马克思恩格斯全集》第1版第2卷第562页，译文有改动。

对爱尔兰以及其他许多国家的改造是资产阶级按照自己的面貌创造世界的过程的一部分。这个新世界不仅仅是近距离的贸易关系的扩大和加强。马克思和恩格斯在1848年就已经看出,民族之间新建立的联系对它们的社会结构、它们的习俗、它们的"文明",简言之,对它们的文化和生存方式正在产生深刻的影响。在欧洲,封建关系以及传统的社会关系的残余正让位于现代国家、机器、商品和雇佣契约。"**对工人阶级来说**",长期以来人们认定的"性别和年龄的差别再没有什么社会意义了。他们都只是劳动工具"。① 民族之间的差别也一样。对于没有祖国的工人阶级来说,民族差别没有什么社会意义,因为它无论在哪里也掌握不了国家政权。这并不是说工人阶级必然反对民族主义,而只是说它的事业是这样的。国际主义的实践和超越民族和地域的眼界成为"无产阶级获得解放的首要条件"②,这只是因为,忠于由其他阶级支配的国家对它的事业没有什么好处。

四、民族(Nations)与族(Nationalities)

在这一点上,弄清楚民族(nation)与族(nationalities)之间的差别是很重要的。民族涉及的是跨越国界的无产阶级团结问题。族涉及的是一个国家内部文化意义上的少数民族问题。罗斯多尔斯基曾指出,在《共产党宣言》中,"民族"和"民族的"这两个词指的是主权国家的全体人民,而"族"则有可能跟英语和法语的惯用法一样,是公民资

---

① 《马克思恩格斯选集》第2版第1卷第279页,黑体字系本文作者所标注。此处引文与原文不同,原文为"首要条件之一"。——本丛书编者注

② 《马克思恩格斯选集》第2版第1卷第291页。

格的意思,也有可能"指一个血统上和语言上很纯的群体[一个'民族'(people)或者'民族'(Volk)]"①。德国人和东欧人通常在后一种含义上把民族和族合并为民族。我们马上就会看到,恩格斯自己的用法遵循了英语和法语的惯例,就是说,他或多或少简明地描绘了这些区别,并把注意力集中在民族而不是族(种族群体)的自由独立上。

实际上,恩格斯对许多国家的民族解放运动都给予了支持,当时他认为通过建立民主共和国,特别是在爱尔兰、意大利和波兰建立民主共和国,这些民族解放运动就会推动无产阶级走向成功。由于历史和理论的原因,恩格斯在波兰问题上始终不变的立场将这种关系最清楚地表述出来。自18世纪末以来,恢复波兰的独立一直是一个重要问题,也是激进主义的一个标志。对波兰的瓜分导致了争取其独立的勇敢尝试,这些尝试的失败使得流亡者人数激增,这一问题就一直受到激进派的关注。像欧洲的大多数激进派那样,恩格斯支持波兰的独立。早在1847年,他就论证说,波兰的独立与欧洲其他地方争取民主与共产主义的斗争是紧密地联系在一起的。但重要的是注意他支持这种立场的条件:他不是无条件地捍卫民族解放的政治事业。相反,他认为波兰的独立意味着一个民主共和国的建立以及欧洲最反动的政权哈布斯堡帝国和罗曼诺夫帝国的终结的开始。反过来,这在使西方统治阶级失去自己的宪兵的同时将会为中欧其他地方资产阶级共和国的建立扫清道路。②他在1875年12月4日写给瓦·符卢勃列夫斯基的信中说:"我将永远认为,波兰

---

① 罗·罗斯多尔斯基:《工人与祖国:评〈共产党宣言〉中的一段话》,载于《科学与社会》杂志1965年第29期第332页。

② 《马克思恩格斯全集》第1版第4卷第413—415页,《马克思恩格斯选集》第2版第1卷第309—311页。

的解放是欧洲无产阶级彻底解放、特别是其他斯拉夫民族解放的基石之一。"①

然而，重要的是应该看到，对恩格斯来说，关于民族解放运动具有解放性质的主张总是以市民共和主义的民族概念为前提的，即以在政治上组织成为一个国家的民族而不是以血统为基础的群体为前提。恩格斯早在1866年发表在《共和国》周报上、至今仍在引起争论的题为《工人阶级同波兰有什么关系？》的一组文章中就很有说服力地说明了这种区别。他是应马克思的请求并表示支持给国际工人协会日内瓦代表大会代表提出的第九条提议而撰写这组文章的。蒲鲁东主义者的代表认为，国际工人协会要实现的是经济上的目标，而波兰的独立纯粹是族的问题，他们的不断反对使恩格斯有必要做出回答。为此，恩格斯论证说："在'民族原则'同民主派和工人阶级关于欧洲各个大的民族有独立的生存权利的旧论点之间，是有很大差别的。"②

蒲鲁东主义者和国际工人运动的其他成员在很大程度上反对这种"民族原则"，因为它是与路易·波拿巴联系在一起的，据说是他杜撰了这个术语以说明国家权力的社会起源并说明这样一种主张，即种族是国家的基础。因此，恩格斯力图使马克思所赞同的立场摆脱第二帝国的阴影。因为波拿巴主义的原则宣布支持建立在种族基础上的运动，因此，从来不支持具有种族特性的政治运动的恩格斯反驳说，"恢复波兰，就是恢复至少由四个不同的族组成的国家"，而不是要"诉诸民族原则"。③ 与这种原则的倡导者的主张相反，波兰领土上居住着讲波兰语

---

① 《马克思恩格斯全集》第1版第34卷第166页。
② 《马克思恩格斯全集》第1版第16卷第176页，译文稍有改动。
③ 《马克思恩格斯全集》第1版第16卷第179页，译文稍有改动。

的人、立陶宛人、白俄罗斯人和乌克兰人,国际工人协会将赞成按照激进民主主义的原则在这片领土上建立一个国家。

最重要的是,恩格斯认为民族原则是反民主的,无论如何都是泛斯拉夫主义,即那种为瓜分波兰辩护的沙皇的专制主义意识形态的派生物。恩格斯在泛斯拉夫主义的起源上的错误观点并没有影响他分析的目的,即说明民族和族之间以及公民资格和种族之间的区别。(他曾经写道:"泛斯拉夫主义不是产生在俄国或波兰,而是产生在布拉格和阿格拉姆。"①)他的主要观点是,民族是政治实体,是国家,而不是文化现象。他指出,欧洲所有主要国家都不仅仅包括一个族,而大多数族都不仅仅是一个民族的一部分。的确,"没有一条国家分界线是与族的自然分界线,即语言的分界线相吻合的"②。欧洲一千年来历史发展的结果是,大多数大的民族失去了自己的某些成分,"**政治上形成的**不同的民族往往包含有某些异族成分,这些异族成分同它们的邻人建立联系,使过于单一的民族性格具有多样性"③。的确,新出现的政治实体即主权国家就是包含和应当包含各种各样的文化群体的政治结构,而这些文化群体本身也分布在各种各样的政治实体之中。

五、民族与文化

上述这些决不是说文化群体不起任何作用。文化很重要,但是民主政治的目标不可能是对不同文化作进一步的区分和隔离。相反,它的目

---

① 《马克思恩格斯全集》第1版第6卷第200页。
② 《马克思恩格斯全集》第1版第16卷第176页,译文稍有改动。
③ 《马克思恩格斯全集》第1版第16卷第176页,黑体字系本文作者所标注。

标是要支持一种能够最好地体现工人阶级的目标的政治解决办法。法国代表肯定会同意，这些目标中包括改善工人的生活条件，但不包括波兰民族、意大利民族或者其他任何民族所谓的民族解放计划。但是如果社会和经济条件的改善在很大程度上依赖于实现这些目标所需的政治条件，那么要实现这些目标就必须建立拥有主权的民主共和国。因此，在恩格斯看来，支持波兰爱国主义者的民主运动是非常适当的。建立一个独立的波兰是使一个大民族获得解放并对法国代表特别担心的那种反动的民族主义进行反击的一个政治运动。

恩格斯所指的是革命的法国大民族概念。这个概念含义很广，它涉及博爱思想，目的是使人领会（并传播）这样的主张，即欢迎任何旨在促进民主的团体加入共和国。可惜，恩格斯把这个概念划分为大民族与低劣的"没有历史的民族"。但是这种区别并不是像某些解释者所认为的那样是一个大小的问题或把一切都归因于经济的问题。当然恩格斯不止一次说过，欧洲的发展趋势是形成一些大的民族国家，[①] 但是在这种情况下，恩格斯的话指的是市场的需求以及军事力量的使用，而不是指种族同一性。但是，即使这种区别存在的话，他求助于历史的和非历史的民族的概念的做法仍然值得商榷。

当然，并不是恩格斯本人首先采用这种说法的。"历史的民族"这种说法的某些变化形式作为有关"民族的起源"的争论的一部分已经使用了近半个世纪，而且特别具有讽刺意味的是，泛斯拉夫主义的支持者也使用这种说法。同他们一样，恩格斯对这个问题的看法来源于黑格尔把民族同世界—历史的关系与国家的出现联系在一起的思想。

黑格尔把世界历史看成是人类精神在时间和空间中的展现。黑格尔

---

① 《马克思恩格斯全集》第 1 版第 21 卷第 463、480—481 页。

认为，少数几个具有艺术、文学修养和自由意识（然而是抽象的）以及成就伟大事业的能力的优秀民族是世界历史借以达到具体目的的代言人。通过它们，在世界精神从中国向西方运动的过程中普遍的人的自由得以展现为国家这一具体形式。伟大原则借以达到具体的（然而是暂时的）目的的那些民族是"世界历史的民族"。在黑格尔看来，这些民族为自由的展现提供了物质条件和场所，而其余的民族则被遗忘或者被抛在后面。恩格斯像他那个时代的许多人一样，把这种说法颠倒过来，用它来指那些阻挠民主共和国及各个大民族的建立的民族主义运动。

1848—1850 年间，恩格斯在发表于《新莱茵报》的一组文章中首次使用黑格尔的这个概念，19 世纪 50 年代中期和 60 年代，他偶尔又使用过这个概念。恩格斯为《新莱茵报》写这组文章的原因是，在那个世纪中叶一系列的革命席卷欧洲，反革命成功地利用了泛斯拉夫主义和民族主义的意识形态。那时匈牙利发生了暴动，支持哈布斯堡王朝统治的人就通过向欧洲的宪兵沙皇尼古拉一世求助、通过招募主要由南方斯拉夫人组成的军队以及通过与西方斯拉夫人和解（当然波兰人除外）来保卫自己。1849 年 1 月，恩格斯愤怒地反问道："在包括捷克人和塞尔维亚人在内的这些民族中间，能够找到一个民族具有为人民所保持的、超乎琐碎的地方纠纷之上的民族历史传统吗？"①

恩格斯把波兰人和其他斯拉夫民族区别开来。波兰曾试图进行一场民主革命。② 相反，一些较小的斯拉夫民族（捷克人、克罗地亚人和塞尔维亚人等）则同盖尔人、布列塔尼亚人、巴斯克人和许多其他民族非常相像，它们"被那个后来成了历史发展的工具的民族所排挤和征

---

① 《马克思恩格斯全集》第 1 版第 6 卷第 202 页，译文稍有改动。
② 《马克思恩格斯全集》第 1 版第 5 卷第 334 页，第 16 卷第 170—180 页。

服"。他指出，它们自己的民族精神被践踏了，按照黑格尔的说法，在这样的情况下，"这些**残存的民族**，每次都成为反革命的狂热的代表者，并且以后还会是这样，直到它们被完全消灭或者完全丧失其民族特性为止；其实它们的存在本身就已经是对伟大历史革命的抗议"①。而非历史的民族就是那些落在历史的断头台上的民族。它们是注定要消失的历史主体，因为它们不能组成国家。同时它们又被反革命利用来实现自己的目的。不管它们是否有过去，它们仍然没有历史的未来。

不可否认，这里不乏偏见、沙文主义和对东欧实际情况的忽视。然而，可以肯定的是，对"没有历史的民族"的讨论显示出对马克思主义关于民族问题的观点持批评态度的人的局限性，这恰恰是因为引起讨论的地方是恩格斯偏离了马克思的研究方法的地方。事实是，恩格斯诉诸"没有历史的民族"这个概念既表明他非常担心民族主义的危险，同时又证明那种指责他把一切都归因于经济的常见的说法是站不住脚的。它还显示出那种不讲历史和结构的研究民族问题的方法的缺点。如果说有什么不妥的话，恩格斯在对中欧和东欧民族主义的探讨中偏离了他和马克思所创造的方法，回到了本质主义的文化形而上学上。

因为没有历史的民族的说法旨在得出超越历史的结论，它当然就是一种形而上学的说法。罗曼·罗斯多尔斯基指出，恩格斯的观点"是与他自己参与创立的唯物史观相矛盾的"②。罗斯多尔斯基对《新莱茵报》上的文章进行了仔细的研究，从而证明说，恩格斯没有把马克思主义的分析社会和经济的历史的方法运用到那些文章中。例如，恩格斯没有考

---

① 《马克思恩格斯全集》第 1 版第 6 卷第 202 页，译文稍有改动。
② 罗·罗斯多尔斯基：《恩格斯与"没有历史的"民族：1848 年革命中的民族问题》格拉斯哥 1986 年版第 128 页。

察结构性的因素，比如说促使克罗地亚民族主义者变成科苏特的匈牙利共和国的反对者的少数民族与土地分配之间的关系，相反却探究了他们几个世纪以来没能维持一个克罗地亚人的国家的事实，并由此得出结论说，他们的时代永远过去了。因此，恩格斯把南方斯拉夫人列入反革命的民族①（他后来放弃了这种观点），从而偏离了《德意志意识形态》中的一个主要原则，即对历史的理解必须从"现实前提……现实的个人……他们的活动和他们的物质生活条件"出发，因为历史是从"生产物质生活本身"开始的。②

奥托·鲍威尔在几年之后指出，恩格斯把南方斯拉夫人看成是他所认为的那种样子，认为他们的过去是一部合上的书，并由此断定他们没有未来。他把他们变成了抽象的范畴。情况确如鲍威尔说的那样，他认为，恩格斯未能阐明随后事态的发展，因为他缺乏一种能把资本主义关系的出现同一个多民族政体的政治、文化和历史背景联系起来的恰当的民族概念。③ 实际上，恩格斯对民族问题的阐述主要集中在它的政治构成上，他并没有过多地关注在一个政体内部，更不用说在工人运动内部少数民族共存的问题。

六、民族同一性与阶级团结

实际上对恩格斯来说，团结一向是指工人阶级政治行动的统一，而不是指同一性问题。工人阶级不是因血统而组成的联合体，如果没有政

---

① 《马克思恩格斯全集》第1版第22卷第55、472页。
② 《马克思恩格斯选集》第2版第1卷第67、79页。
③ 奥·鲍威尔：《民族问题与社会民主》维也纳1924年版第190—216页。

治行动，它是无法结合在一起的。相反，使无产阶级成为一个阶级、一个国际的阶级的，是它为之组织起来并进行斗争的任务和事业。恩格斯在1885年写的一篇关于共产主义者同盟的历史的文章中清楚地阐明了这一点，他指出，在他和马克思的帮助下，同盟的旧口号"人人皆兄弟""已经由公开宣布斗争的国际性的新战斗口号'全世界无产者，联合起来！'所代替"。① 这两种口号与或许可以表述为"所有工人皆兄弟"的第三种口号之间的区别是，马克思新造的口号既承认存在着法律和政治的障碍的现实，同时又号召人们进行克服这些障碍的实践。

同样，在恩格斯看来，民族是这样一个政治实体，没有实践即国家，民族就不可能存在。恩格斯在马克思去世后发表的第一部主要著作《家庭、私有制和国家的起源》中使这个观点成为他对法律形式和不断变化的劳动分工之间关系的看法的一部分。例如，在古代雅典，提修斯的制度是中央集权制，这种制度把各个部落融合为"单一的民族"，它们共同享有"凌驾于各个部落和氏族的法的习惯之上的"民族法。② 同样，在罗马帝国解体后，"新民族的要素"的产生使各地方的差别越来越大，但却缺乏"把这些要素结成新民族〔neue Nation〕的力量"。③ 所需要的是发展到一定程度的劳动分工。当劳动分工达到这种程度时，必然使"社会分裂为阶级"，反过来，又会产生国家这样一种组织，它"按照居住地组织国民"，它作为"公共权力"起作用，"这种公共权力已经不再直接就是自己组织为武装力量的居民了"。④ 那么，国家并不

---

① 《马克思恩格斯选集》第2版第4卷第201页。
② 《马克思恩格斯选集》第2版第4卷第108页。
③ 《马克思恩格斯选集》第2版第4卷第148页。
④ 《马克思恩格斯选集》第2版第4卷第171页。

是从一种道德观念或一系列习俗中产生的，而是从它在把它的人民融合为一个民族时力图包容的不可调和的社会差别中产生的。并不是习俗或语言造就了民族并巩固了国家，而是国家造就了民族。

如果这样来理解的话，恩格斯关于物质生活是第一位的这种最激烈的主张就很容易解释了，因为作为一个阶级的无产阶级的团结总是受到怀疑。这种团结是某种必须通过政治行动和意识形态上的干预才能维持的东西，正像在教会取得胜利之前古代基督教徒的信仰只是通过如下的手段才存在下来，即"进行积极的宣传，对内外敌人做不屈不挠的斗争，在异教徒的法庭上昂然承认自己的革命观点"①。同样，国际主义不是生产关系中相同地位的必然产物，它是一种理论上和实践上的尝试。国际主义还容易受到那种实际上并不能推进工人利益的、求助于偏见和血统共性的做法的影响。因此，恩格斯在1860年论及反犹太主义时才指出，一方面反犹太主义在某些"先前的一切社会差别溶化成资本家与雇佣工人之间的一个巨大对立"的地方已经失去了它的社会意义，另一方面它"无非是中世纪的、垂死的社会阶层……的一股反动逆流；因此，反犹太主义戴上伪装的社会主义假面具，只为反动的目的效劳"。② 求助于偏见和种族的做法只会把无产阶级的力量引向错误的方向，因此恩格斯能够支持的唯一的民族要求就是合乎理性和法律的要求。

无论如何，根据种族来理解的族不是一个民族的必要基础。实际上，大多数大民族都不只包括一个族，恩格斯所关心的民族问题的表现形式是各国要求它们的公民效忠的问题。恩格斯在晚年认为，只要工人

---

① 《马克思恩格斯全集》第1版第22卷第550页。
② 《马克思恩格斯全集》第1版第22卷第59页。

连民主共和国的阶级本质都忘记了,他们就会不可避免地被这些求助于偏见和种族的做法所吸引。实际上,民主共和国是"国家的最高形式",在那里,"有产阶级是直接通过普选制来统治的",① 只要民主共和国还不成熟,就要依靠工人阶级的合作。但是正是在民主共和国里,工人最易受到与阶级团结相对立的民族团结的要求的影响。与此同时,民主共和国仍然是一种很吸引人的形式,这不仅因为它为阶级斗争的进行创造了新的可能性,而且因为公民主权的观念对于表达无产阶级利益的普遍性是很必要的。

七、结 论

恩格斯对马克思主义的一个最重要的贡献是他试图理解现代民族及它作为一种团结形式的号召力。由此所产生的理论是与工人阶级的政治斗争以及工人阶级的国际主义紧密联系在一起的。他在1882年2月22—25日给爱·伯恩施坦的信中,指出工人阶级和国际主义是进行政治判断的主要的参考因素:"我们应当为争取西欧无产阶级的解放而共同奋斗,应当使其他的一切都服从这个目的。"② 无产阶级斗争还需要各个大民族即由共和国的公民组成的政治单位,他在1882年2月7日对年轻的考茨基说,这是因为"无产阶级的国际运动,无论如何只有在独立民族的范围内才有可能"③。

只有这样,这个观点才有意义,因为恩格斯视民族为公民的政治联

---

① 《马克思恩格斯选集》第2版第4卷第173页。
② 《马克思恩格斯全集》第1版第35卷第272页。
③ 《马克思恩格斯选集》第1版第35卷第261页。

合体，法兰西第一共和国也宣扬过同样的观点。从这个角度来看，民族自由不仅要以主权国家为先决条件，而且要以共和国形式的政体为先决条件："欧洲各民族的真诚的国际合作，只有当每个民族在自己家里完全自主的时候才能实现。"① 这里所说的完全自主不仅指独立，而且还指民主。例如，一个由独裁者或专制君主统治的波兰不会比一个被瓜分的波兰更自由。对恩格斯来说，重要的决不是以各个根据血统、语言、种族或其他类似的特性而划分开来的人类群体的名义建立国家。相反，重要的是建立民主共和国，在那里工人能够很好地进行斗争。既然恩格斯认为民族是行使政治权力的一个社会，是一个民族国家，那么它的政治形式便具有重大意义。实际上这指的是，族即根据从共同历史的有机发展中产生的共同倾向来理解的民族，并不构成支持进步力量的基础。工人阶级国际主义的目的并不是要建立少数民族的国家。如果它的目标正好与某个民族解放运动的目标一致，那么这是由于这一运动具有民主倾向。

总之，恩格斯认为，民族是一种应该放在更大的社会历史背景中来理解的政治现象。这种更大的背景就是资本主义生产方式；这种生产方式的特点之一是它在使社会革命化的同时具有使自身普遍化的倾向。资产阶级在按照自己的面貌重新创造世界时，也在创造着领土意义上的民族国家体系和全球经济。因此资产阶级既使工人阶级产生分裂，又把工人阶级的斗争推向全球的范围。资本的全球化使一个国家的工人阶级同其他国家的工人阶级进行竞争，无产阶级的胜利只有在全球范围内推翻了资产阶级及其同盟时才可以实现。因此国际主义和国际工人组织是十分重要的。但是这种国际主义并不是关于民族之间的团结的。相反，它

---

① 《马克思恩格斯选集》第2版第1卷第267页。

是关于雇佣工人之间的原则性的团结以及工人阶级与一些政治力量的战略性的团结。这些政治力量发起的民主运动推动了无产阶级及其事业的发展,即把民主政体扩展为市民社会——社会主义。

(原载《马克思之后的恩格斯》宾夕法尼亚大学出版社1999年版)

(闫月梅 译)

国际和国际主义[*]

〔波〕艾庐克·多伊彻

今天,我想谈谈三个国际所起的作用,以及曾经鼓舞它们的基本思想——国际主义思想。因此,我讲话的题目是"国际的成败和国际主义的生命力"。我想着重谈一个关键的问题:贯穿于现代整个工人运动史中的民族主义和国际主义的相互作用和冲突。

第一国际是由英法两国的社会主义者发起,在伦敦成立的。他们的主要目的是,在英法工人之间建立某种合作和团结一致的关系,反对从比利时、意大利和德国输入廉价的劳动力。他们也要防备国际资本破坏罢工的行动。确立了有组织的国际工人运动传统的国际工人协会,就这么平凡地诞生了。

国际的起源,从某种意义上来说,几乎是出自工团主义的考虑。但是,1864年9月在伦敦举行的那次会议中有个占据中心地位的人物,是他的天才给整个事业留下他的印记。他把会议提高到一个大大超出原来设想的高度。那就是卡尔·马克思。他起草了国际工人协会的开幕词和这一新组织的章程。

---

[*] 本文选自《国际共运史研究》1990年第3期,系1964年10月22日作者在伦敦大学一次会议上的发言。

还发生了一个奇怪的情况：协会的建立原来是想要宣布国际主义思想，主张工人应有国际团结。但是，参加会议的代表们当时所关心的主要事情，就是为了要表示西方的工人阶级对波兰反沙皇俄国的武装起义的声援。这里就出现了自相矛盾的情况：激起第一国际的热情的问题，竟是一个民族问题。在这新的国际组织诞生的时刻，我们就碰上了工人运动中国际主义和民族主义相互影响的问题。

第一国际实际上不是建立一个国际组织的初次尝试。1848 年的《共产党宣言》，就是以"全世界无产者，联合起来！"这一号召收尾的。几十年来，一些从事宣传的工人阶级社团和组织，就试图相互建立某种国际联系。这样的努力并没有取得很多成果。1848 年革命失败后，工人运动有 15 年处于停滞，处于失败之后通常出现的那种情绪消沉低落的状态。但是，国际主义的思想，已经在社会主义者的心灵里深深地扎了根。

欧洲革命失败之后，西欧的资本主义经过了一段发展特别迅速的时期。1863 年，即第一国际成立的前一年，英国财政大臣格莱斯顿说："我们的全部财富和实力这样令人陶醉的增长。"人们一读到他的这篇演说，就会想起那些话可能出自 1862—1863 年间一位保守党或工党右翼政客之口："我们从来没有享受过如此的繁荣幸福！我们的福利国家取得了多么巨大的进步，一切有关阶级斗争的革命思想是多么不合时宜！"如此等等。这就是 1860 年时遍及西欧的情绪，那时，工人运动还没有从 1848—1849 年的失败中恢复过来。但是，到 1864 年，英国、法国以及西欧其他国家在较小程度上，都突然感到了新的动荡。在马克思和恩格斯以及他们的朋友的通信中，我们能感受到这种新的情绪的反响。但是，如果我们根据这些信件中的评论和想法来判断国际成立时的形势，那么得到的结论是：一些流亡在伦敦的大陆人士，跟大陆的一些工人团体的代表保持着联系。建立国际是他们政治生活中出现的一桩有趣的事件,但并不是那么能够引起轰动的事件。

马克思是带有一定的保留参加这个运动的;他不愿跟当时在伦敦活动的某些小宗派和煽动家团体牵扯在一起。恩格斯于1851年写下的一段话,经过了十多年之后依然是适用的:"难道像我们这种逃避官职像逃避鼠疫一样的人,适合于有一个'党'吗?"① 马克思当时宁愿集中力量写他的《资本论》,他正确地认为那是桩重要得多的事情。但是,1864年9月,有一批法国工人来到伦敦,跟他们的英国同志商讨建立反对资产阶级的共同阵线。他们的毅力和决心使马克思深受感动,他参加了这一运动,并从思想方面给运动以有力的推动。马克思的国际主义比其他参加者的国际主义要深刻得多。

社会主义国际主义来自两个方面。一方面是工人的实际经历,这使他们感到需要通过超越国界的相互合作,来维护他们的利益、工资和工作条件。这是一种出自本能的国际主义。但是,欧洲政治思想史给社会主义国际主义提供了另一个源泉。这个源泉不妨说是出自法国革命的资产阶级世界主义,以及随之而来的一些资产阶级政治运动。

资产阶级世界主义和我们所说的无产阶级国际主义之间,历史上存在着某种亲缘关系,而这种亲缘关系并不排除而是事实上造成了二者之间的相互冲突。据称存在于法国人个人之间的自由、平等、博爱,不妨说波及欧洲,而成了各国之间的平等和博爱。但是,在资产阶级社会里,这种个人之间的平等只不过是形式和法律上的平等,而不是社会和经济方面的平等。正如阿·法朗士谈到这种平等时说:"法兰西共和国的法律不允许百万富翁罗特希尔德和巴黎流浪汉睡在塞纳河桥下。"

---

① 《马克思恩格斯全集》第1版第27卷第210页。

各国之间资产阶级世界主义的平等也是形式主义的。任何国家的自由贸易分子、进口商与出口商、买主和卖主，在国际市场上享有同样的权利。但是，在"世界的工场"和原始的殖民地国家之间，在罗特希尔德之流与世界流浪汉之间，在进行贸易总是有利于强者而有损于弱者的世界上，究竟有什么真正的平等呢？

尽管如此，平等和博爱的号召将动员人们去作更深的思考，并从要求形式和法律上的平等发展到要求经济和社会平等。19世纪初资产阶级世界主义的号召，还使得许多思想家，首先是马克思和恩格斯把它引向合乎逻辑的结论——从资产阶级世界主义引向无产阶级国际主义。

资产阶级世界主义的背后，经常可以发现各国商人之间竞争的现实。在无产阶级的行列里，则一直存在着为争夺就业机会的竞争。马克思和恩格斯完全知道，竞争存在于资本主义社会的各个方面，无产者之间的竞争只有在消灭了生产手段的私有制、也就是消灭了资本主义之后才会消失。现代工人运动的目的，就是要结束工人的竞争意识，控制使他们易于沦为资本主义剥削牺牲品的个人主义。工人运动的目的，就是要向工人灌输有利于整个阶级的团结意识。这就是工会的起源。"全世界无产者，联合起来！"这个号召不只是要消除工人们在一国之内的有害竞争，还要消除国际范围内的这种竞争。从这个角度来看，民族主义首先是工人自我毁灭的竞争意识，国际主义则是工人超越国界的团结。

从这个意义上来说，国际主义是从资产阶级世界主义发展而来的，它克服了世界主义的限制，并终于否定了世界主义。社会主义国际主义起来反对资产阶级世界主义。

我说马克思的国际主义植根于资产阶级世界主义。马克思早在《共产党宣言》中，就以确凿无疑的热情揭示了资本主义进步的一面。资本主义创造了世界市场，摧毁了各个分离的经济单位的地区的、封建的或民族国家的界限。资本主义在扩大资产阶级视野的同时,也扩大了无产阶级的视野。马克思由此得出结论说,社会主义行将进一步大大超越国界,走到远远超过资本主义所能走到的地方,创造出一种国际经济,一个按国际范围来规划并合理安排自己的需求、生产和消费的社会。马克思所宣布的,实际是民族国家的终结。他并没有认为这种终结就是他所处的世纪的政治现实,但是他目光远大,看到了一个新的国际社会正在出现,这个新社会自然会要打破国家所设的种种障碍和国界。

这里我们又一次碰到了明显的自相矛盾。马克思在第一国际的开幕词中宣布这一国际社会即将来临,可是第一国际的召开就是为了要对波兰人争取建立自己独立的民族国家的斗争表示声援。国际一方面宣称民族国家已经过时,另一方面又要求一个新国家的建立和获得独立。能够解释这一明显的自相矛盾的情况是,马克思、恩格斯和他们那一代的社会主义者都确信,社会主义的国际共同体如果不按构成这一共同体的各国人民的自由意愿来建立,那是建立不起来的。只有能够自由建立自己的国家的人们,才能自由地而不是被迫地放弃自己的民族国家。

半个多世纪之后,列宁把这种态度比之于妇女的离婚权。他说,任何妇女都必须享有与其丈夫离婚的权利,但是,这并不是说必须使所有妇女相信,她们都应该同她们的丈夫离婚。列宁说,同样也不该劝导每个民族去建立自己的国家,但是得承认每个民族都享有建国的权利。我们作为马克思主义者的任务,就是为促进社会主义国际共同体的到来而努力;可是,我们也应该支援任何被压迫民族所进行的争取民族独立的斗争。但是,颂扬民族国家,致力于让它永存,那就简直是反动的了。

马克思看到了新生的工业资本主义在怎样开始为建立一个超国家的社会组织创造物质条件。马克思和恩格斯在1848年写道:"过去那种地方的和民族的自给自足和闭关自守状态，被各民族的各方面的互相往来和各方面的互相依赖所代替了。"① 只有到了今天，在经过了 120 多年之后，我们的政治家们才终于懂得了"各民族的互相依赖"的道理，试图按他们自己笨拙的方式来建立他们如此大肆宣扬的"欧洲共同市场"。尽管他们做出了努力，这一共同市场还是不能在资本主义竞争的流沙上扎下根来。资本主义国际扩张的动力依然存在，这种动力蜕化成了帝国主义或"新帝国主义"。

通往第一国际的各式各样不同的或平行的潮流是显而易见的：工人的国际团结的实际需要；法国革命中产生的思想；资产阶级世界主义；导向国际经济、国际分工……以及社会主义的古典经济学的发展。可以说，这就是第一国际精神上和道德上的内涵，以及它的理论背景。

按通常所说的"实际政治"的观点来看，国际并没有取得很大的成就。它因马克思主义者和无政府主义者之间的争论而分裂，它并没有像巴黎警察署所指责的那样促成和组织了巴黎公社，相反，正是巴黎公社的失败导致了国际的最终解体。按我们的看法，按当时人们的看法，国际是一种非常小的运动；它甚至未掌握当时一些小党派已掌握了的简陋的宣传手段。尽管如此，它首次宣布了以后行将变成为一项富有生命力的原则的东西，即国际主义的原则。国际在年轻时死去，可它留下了至今仍在世界工人阶级耳畔回响的强有力号召："全世界无产者，联合起来！"它留下的遗训锻造了世界左派和革命知识分子的思想。国际所宣布的这一原则，比国际本身要伟大得多，有力得多，而这就是它取得的唯一的实际成就。

第一国际解散之后的 20 年中，工人运动几乎在所有欧洲国家里逐

---

① 《马克思恩格斯选集》第 1 版第 1 卷第 255 页。

渐取得进展。当时并没有什么国际组织。建立第二国际的倡议，是1889年由法国人和比利时人提出的。在社会主义的神话里，恩格斯充当了那个组织的发起人。可是，当我们看到恩格斯同劳拉和保尔·拉法格的私人通信时，就会发现恩格斯对在巴黎有些狂热地准备着的这一社会主义进程的前景并不十分热情。他在召开代表大会不到三个星期之前写给劳拉的一封信里，顺便提到了"你们的这次代表大会"，他反对显然在酝酿着的"秘密召开组织会议"的任何计划。他说，德国人无疑"愿意自始至终都召开公开会议——除非有某些方面的人渴望以某种形式恢复国际，对于这件事，德国人将全力反对而且应该反对"。恩格斯接着说，"他们没有力量搞国际组织，在目前搞这些组织，既没有可能也没有用处"。①

尽管如此，国际仍然发展壮大。在从1889年到第一次世界大战爆发的四分之一世纪里，国际是个宏大的组织，它的影响在一定程度上也很大。列宁在1919年评论说，如果说第一国际代表了社会主义向深度发展的时期，那么第二国际就促成了社会主义向广度扩展。第二国际表面上仿佛是第一国际的继承者，宣传同样的革命思想和同样的革命纲领；就这一点来说，两个国际都是深深扎根在1848年的传统之中的。第二国际运用了关于无产阶级团结的所有口号，唱了赞美工人的兄弟情谊的所有颂歌，代表各国工人发言。但是，这终归只不过是遮掩着根深蒂固的民族主义的一层薄薄油彩而已。

1914年大战爆发，国际就崩溃了。正像罗莎·卢森堡指出的那样，所有参加国际的正式政党，除了俄国和波兰的党以外，都变成了社会爱国主义和社会沙文主义的党了。

---

① 《马克思恩格斯全集》第1版第37卷第232页。

第二国际虽然还苟延残喘，但已只剩下坏死的骨架了。摧毁第二国际的，除了民族主义的爆发之外，还有一个党——德国社会民主党——凌驾于整个组织之上这个因素。第二国际成立四年之后，恩格斯提醒拉法格说："无产阶级的解放只能是国际的事业。如果你们想把它变成只是法国人的事业，那你们就会使它成为做不到的事了。"① 在第二国际崩溃之前，德国社会民主主义党似乎想使无产阶级的解放成为"只是德国人的事业"。

民主主义在第二国际内得势并非偶然；它反映了资本主义的扩张和发展，以及随之而来的虚假繁荣和先进国家工人生活水平的相对提高对工人运动的影响。议会社会主义、工团主义、和平协商，使工人运动越来越紧密地同民族国家联系起来，就像今天把工人运动束缚在我们那所谓的福利国家上一样。但是，大战的突然爆发使这一工人运动受到严峻的考验，并因而失败了。列宁怎么也不相信，有着强大的群众力量与"完美的"组织的德国的社会主义者，竟会完全背叛他们的国际主义，站出来保卫德意志帝国，劝导他们的无产者去进行一场反对俄国的圣战。列宁不能相信这样的事。他失望到有一段时间想脱离政治移居美国，像1848年之后有些失败了的革命者移居欧洲之外一样。但在列宁身上，这种失望情绪决不会存在多久。他拿起笔来进行战斗，揭露德国党领导人的机会主义和怯懦，无情地斥责叛徒考茨基。

大战爆发后的几个月里，列宁已在考虑要建立一个新国际。老国际已经不光彩地死去。马克思主义的沙文主义篡改者们已经不可救药。他们已把整个组织拖进了民族爱国狂热的泥潭。摆在面前唯一的建设性任务就是聚集力量来建立第三国际。但是，在战争当中，社会党人却决心

---

① 《马克思恩格斯全集》第1版第39卷第87页。

要全力保卫他们各自的祖国,只有在1915年9月间齐美尔瓦尔德会议上,在老的国际外面才有人小心翼翼地重申了交战各国无产阶级的团结。

1917年大风暴过后,就不存在什么国际了,而国际主义还是存在的。这一次从欧洲的另一端,从落后的俄国,又一次传出了那有力的号召:"全世界无产者,联合起来!"

1919年,列宁和其他布尔什维克,担负起了把欧洲的工人运动从社会爱国主义的泥潭中拯救出来并且重新提高革命的国际主义意识的水平的任务。卢森堡反对这一事业。据她的估计,欧洲的工人运动还没有成熟到能够接受这种思想并从而采取行动的地步。在这种情况下,新的国际也就会处于一个党即取得了社会主义革命胜利的党的控制之下。尽管如此,列宁和他的同志们深信,再一次重申国际主义的原则,对使工人运动重新具有活力是至关重要的。但是,还有另一个原因促使他们有成立第三国际的强烈愿望。他们希望在国际的概念中加上另一个特点,不只是把国际看成是团结各国无产者的工具,而且把它当成欧洲即将来临的革命的敏感参谋部。他们认为,俄国革命只是在反对资本主义的总的斗争中即将演出的下一幕的序幕,因此需要有一个政治参谋部,来和谐地计划和指导各国革命劳动群众的整个斗争行动,协调全部口号,建立一定的国际纪律,使离心的民族利益和地域的愿望服从全局。有一段时间里,这种希望似乎是可以真正实现的。在紧接着俄国革命而来的那个阶段里,国际主义意识蓬勃高涨,甚至像欧内斯特·贝文那样的保守的右派,1920年竟领导英国的码头工人罢工,反对运送军火去打布尔什维克。由此可以看到,第一个工人国家在西方劳动者中有多大的影响了。

第三国际也许有助于团结各个革命的社会主义者的团体,但它并没有取得更多成就便消失了。它失败的根本原因在哪儿呢？

根本的原因就是卢森堡所预见到并且担心过的事：一个党的至高无上。胜利了的苏共开始控制整个国际，而且随着岁月的推移，逐步扼杀了苏联国外乃至国内共产主义运动的独立发展。

一种新的民族主义，后资本主义和后革命的民族主义，从那种强调俄国革命自给自足的思想意识里表现出来。第一个工人国家为"防疫线"所包围，受到世界所有反革命势力的孤立，不得不采取自给自足的办法。斯大林一国社会主义的理论，就是这种情况的最高表现。

一国社会主义的许诺，还引起了民族利己主义和自我中心主义，促使苏联把外国共产党当成跟西方资产阶级国家办外交的工具和走卒。

第三国际于1943年被斯大林当成同邱吉尔和罗斯福在外交上讨价还价的筹码，被解散和埋葬了。这是形势发展的不可避免的结局：民族主义在一个国际中越来越得逞，就势必压垮和埋葬那个国际，或者肆无忌惮地践踏它。这就是第一国际和第二国际的命运，这也是第三国际的命运。

1933年希特勒夺取政权之后，托洛茨基认为第三国际同第二国际一样破产了。德国的无产者并不像共产国际的论述所希望的那样"处于伟大斗争的前夜"，已经遭受了可怕的失败。他认为，准备建立一个新的国际组织的时刻已经到来了，因为老的国际已经在废墟中奄奄待毙。他宣称，1914年第二国际有意识地背叛了它的所有崇高理想，而1933年共产国际则纯粹由于愚蠢、疏忽和盲目而造成了法西斯的胜利。

建立一个新国际的计划在托洛茨基的心里慢慢成熟。经过四年的宣传和基层工作之后，他才感到准备就绪，可以召开成立大会了。但是，第四国际是个死胎，这主要是由于并不存在它可以赋予生命力的国际革命运动。

现在，我们得思考一下几个国际历史上一个最显著的自相矛盾之处了。俄国革命是在不存在任何国际的时刻发生的；同样，中国革命又是在不存在任何国际革命组织的时刻产生的。本世纪所经历的两次伟大社会革命，影响了8亿多人，但都发生在没有任何"参谋部"来提示、指导和调配力量的时期，都发生在一国范围之内，而在这个范围里，革命壮大并超越了民族意识的界限，再一次成了民族主义和国际主义这两种相互矛盾的因素新的冲突的目标。

在中国、苏联和东欧，民族主义在风起云涌地上升。但是与此同时，国际主义也在重新涌现。民族主义和国际主义之间的冲突，民族利己主义和国际团结之间的不断斗争，越来越变得明显了。

民族主义的浪潮，显然是斯大林主义引起的后果之一。列宁在同民族主义病症作斗争时，谴责了像杰尔席莫尔达①那样"伟大"的"伟大"民族的国际主义。② 它充满了大俄罗斯沙文主义的傲慢，凌辱弱小民族，而弱小民族则报之以强烈的民族主义。东欧所有民族受了凌辱，于是不信任俄罗斯人。不管表面上怎样表现团结，这种反应在共产党人和非共产党人身上一样强烈。这能解释1956年波兰哥穆尔卡的重新掌权和匈牙利内战这些事件。列宁所谴责的大俄罗斯主义在赫鲁晓夫身上也还是存在，是他突然停止了对中国的经济援助，使中国经济濒临崩溃的边缘。

马克思和他的拥护者在宣称国际主义是社会主义者的义务和道德的时候，第一指出了工人运动应具有怎样的气氛，第二指出了向新社会发展的最后结束。社会主义者应该是国际主义者，尽管工人阶级并不是这

---

① 果戈里小说中的一个残暴警官。——译者注
② 参看《列宁全集》第2版第43卷第352页。

样；社会主义者还应该理解群众的民族主义，但是要像医生理解病人的弱点或疾病那样。

当前我们看到了斯大林主义的崩溃和对由一党控制共产主义运动的反叛。一个不存在的国际的解体，本身就是一个值得欢迎的进步现象，如果工人运动能相继在国际社会主义的基础上重新组织起来的话。

从对几个国际一个世纪的历史述评中，我们能吸取的唯一教训是，国际主义思想比几个相继成立、兴旺但随即衰落并死亡的国际要更重要、更符合需要、更富有生命力。几个国际过去了，而国际主义则依然是新世界的活生生的原则。在国际的废墟上，我依然深信国际主义的思想会像一株在废墟中生长和欣欣向荣的植物那样，将成长和壮大起来。

（原载自艾·多伊彻《我们时代的马克思主义》论文集，墨西哥时代出版社1975年西班牙文版）

（张苹 摘译）

共产国际第五、六、七次代表大会对东方政策的进一步制定（摘译）[*]

〔苏〕阿·鲍·列兹尼科夫

在共产国际第五次代表大会上，民族殖民地问题占据了显著的地位。

俄共（布）代表团成员德·札·曼努伊尔斯基在代表大会全体会议上作了关于民族殖民地问题的报告。

报告人强调指出，从第二次代表大会以来发生的事变证明大会所制定的"民族问题基本原则路线"是正确的。报告人论证了这个命题，并指出"殖民地国家的民族和革命运动大大发展了"。[①] 报告中指出，在第五次代表大会上之所以提出民族问题有三个原因：自第二次代表大会首次提出"在无产阶级同被压迫民族和殖民地之间建立革命统一战线"的思想以来，已经积累了众多的经验，需要加以总结；在实际执行统一战线的事业中，年轻的共产党犯了不少错误，必须加以分析；从第二次代表大会以后，发生了具有极其重大政治意义的事件——在苏维埃俄国成立了苏维埃社会主义共和国联盟，这是在一个多民族的农民国家

---

[*] 本文选自《国际共运史研究》1988年第3期。

[①] 参见《共产国际第五次代表大会速记记录》1925年莫斯科—列宁格勒俄文版第1册第589页。

的条件下,在无产阶级专政下解决民族问题的经验。

曼努伊尔斯基提请代表大会代表们注意,实践经验使共产党人面临着民族殖民地问题的新的形势。例如,在一系列国家里,在广大劳动群众中间出现了建立具有比较激进的反帝斗争纲领的工农政党的倾向。报告中指出,共产国际建议爪哇共产党人"积极参加当地的工农党",建议中国共产党加入国民党,这样促使国民党走上比较坚决反帝斗争的道路。曼努伊尔斯基指出了虚无主义地忽视"东方革命化的新现象"以及"丧失独立的阶级面貌而同小资产阶级庸俗合作"的危险性。①

马·纳·罗易发言尖锐地批评了站在第二次代表大会立场上的共产国际的观点。他特别反对第五次代表大会根据执委会报告通过的决议中强调共产国际同东方民族解放运动直接联系以便吸引殖民地各国人民同革命无产阶级结成联盟的必要性(罗易对代表大会决议提出的修改意见可归结为:民族资产阶级不再反对帝国主义,因此"从现在起反帝斗争只有在工人阶级政党的领导下才能顺利进行",这个意见被代表大会有关委员会所否决)。罗易的发言实质上是对第二次代表大会批准的列宁在民族和殖民地问题上的方针的隐蔽攻击。在这里,他把自己的与第二次代表大会决议相矛盾的许多观点说成是由于在1920—1924年东方的形势似乎发生了根本变化的缘故。

罗易在口头上强调自己忠于第二次代表大会的决议,实际上企图在时间上(预计在短时期内)和在空间上(似乎只适合于最落后的殖民地和半殖民地国家)限制这些决议的适用范围。

罗易反对"在执委会和民族主义者之间建立直接联系",说什么殖民地的民族资产阶级"已经脱离群众",东方各国共产党的直接任务是

---

① 参见《共产国际第五次代表大会速记记录》第1册第593页。

占据领袖的"空缺"地位,似乎殖民地的阶级矛盾已经超过民族矛盾,而只字不提列宁在1920年从他的提纲初稿中删掉有关论点的事实。

第五次代表大会也对这一观点体系进行了反击,大会表明,由非无产阶级人士领导的殖民地民族解放运动正在全世界范围内高涨。因此必须再一次强调指出,列宁在民族殖民地问题上的方针的极其重要的和最基本的意义就在于:它不是只适用于短时期的,而是适用于整个历史时期的,只要被压迫国家的民族运动客观上保持着巨大的反帝因素。这些思想给共产党对世界反帝革命的整个民族解放潮流的战略和策略指出了总的方向。

列宁认为民族解放运动的革命反帝潜力问题是极其重要的,在这方面,殖民地和半殖民地构成了"一种类型",它们是受帝国主义奴役的国家,因此带有反帝的因素。这里,从列宁的《民族和殖民地问题提纲初稿》以及他在第二次代表大会上的讲话中可以看出,他决不认为,由于殖民地和半殖民地资本主义的发展,政治上觉醒的人民群众的不满和愤慨,即使是由于社会压迫所直接引起的不满和愤慨,民族解放运动已经不再具有全民族反帝运动的形式了。因此,可以提醒一下,列宁在谈到同殖民地资产阶级民主派结成联盟的必要性时,也包括像印度这样比较发达的国家。

在共产国际执委会里曾起草了代表大会关于民族和东方问题的决议草案,其中确认共产国际关于无产阶级运动和民族解放运动相结合的方针是正确的。决议草案的作者们没有受某些活动家的影响,这些活动家认为:像在印度这样的国家里提出无产阶级领导权问题的时机已经来到,无产阶级对妥协的民族资产阶级的胜利是摆脱帝国主义的基本条件,"一切攻击"的矛头应当集中在民族资产阶级身上。但是,由于大家认为在下次代表大会上继续讨论东方问题比较适宜,因此决议草案没有付诸讨论。然而，代表大会在《策略问题》的提纲中指出，共产国际应该对东方的工人运动和共产主义运动给以最大的关注，并且应该支持所有被压迫民族的反帝运动。提纲强调指出，这种支持应根据"第二次世界代表大会决议的精神……"来进行。①

1927年底，共产国际采取了后来被称为"阶级反对阶级"的策略。这一策略的目的是加强对社会民主党首领的妥协政策的斗争和提高无产阶级的阶级觉悟。同时，"阶级反对阶级"的策略是建立在这样一种假设的基础上的：介于工人阶级和资产阶级之间的中间阶层在政治上已被冲垮，社会民主党以及它所控制的工会这些改良主义的组织已经彻底转向资产阶级一边。共产国际在对东方民族资产阶级势力的态度上也发生了相应的变化。这种变化归根到底是同确定共产国际对西方政策相应变化的那种对世界形势的总估计有关的。如果说，曾经认为资本主义国家直接面临着社会主义革命，那么为了使被压迫国家人民支持这一革命，就必须麻痹民族主义势力对群众的影响，"切断"他们同群众的联系。根据共产国际的意见，在20—30年代，民族解放运动中的左翼激进派，即小资产阶级民主派具有特殊的危险性；因为这个派别不愿也不能支持共产党旨在加速反帝革命过程过渡到社会主义阶段的口号，而正是由于它的激进性在劳动者中享有影响。

在共产国际内部还存在着对传统估计不足的现象，即对社会民主主义在西方的传统和民族主义、派系以及教派在东方的传统估计不足。这里说的倒不是忽视东方的特点。困难的出现是由于某些共产党人企图一举消灭他们所承认的这些传统。

---

① 见库恩·贝拉编：《共产国际文件汇编》1965年三联书店版第2册第28—29页。

我们从共产国际策略变化的角度来分析一下第六次代表大会上关于殖民地和半殖民地革命运动问题的讨论情况以及相应的决议。

共产国际执委会东方部领导人奥·库西宁作了关于殖民地和半殖民地国家革命运动的报告。

报告人注意的中心问题是关于帝国主义殖民政策、民族改良主义和中国革命失败的教训。这些问题在库西宁作报告以前给代表大会代表们的关于《殖民地和半殖民地的革命运动》的提纲草案中有所反映。报告很大一部分是批判所谓的"非殖民化"理论的。这一理论的拥护者们认为，英国帝国主义现在关心印度的工业化，这一情况正在消除印度资产阶级和帝国主义的政治分歧的基础。他们硬说，由于英国资本的日益渗透，印度这个国家里的封建关系实际上已经消灭了。从这一观念得出的结论自然是极"左"的：否认同民族资产阶级人士结成反殖民主义统一战线的必要性和可能性。无论是这一观念本身，还是从这一观念得出的政治结论，都遭到许多代表的激烈反对和有说服力的批判。

库西宁在指出英国帝国主义对印度的政策原则上原封未动、殖民者依然在阻碍这个国家的工业化之后，提请代表们注意印度国大党要求印度人民彻底实现民族独立的决议（该决议是在 1927 年 12 月在马德拉斯通过的）。报告人强调指出："如果有人对我说，所有这一切无非是纸上谈兵，这些人执行的是掩人耳目的政策，那么我要回答说：这是对的，但毕竟是无风不起浪啊！印度资产阶级掀起的叫嚣是一种征兆，说明某种严肃的和重要的东西正在逐渐成熟。"[①] 库西宁认为，印度资产阶级的政策目前对发动群众运动具有一定的客观的意义。他谈到了印度

[①] 《共产国际第六次代表大会速记记录》1929 年莫斯科—列宁格勒俄文版第 4 册第 17 页。

民族改良主义者在群众中享有的威信。与此同时,他还指出了将给印度带来解放的极其重要的力量:无产阶级、农民、小资产阶级知识分子、城市小资产阶级。库西宁说:"假如印度同志当中有人对英国在印度的政策的主要方向是敌视工业化这一点还存有疑虑,那么,我要请他们一劳永逸地彻底弄清一下这个问题。这一点对正确理解印度共产党的当前的基本任务有着重大的关系,这个任务就是通过共产主义的鼓动宣传使印度农民群众和无产阶级抛弃任何幻想,似乎英国帝国主义的政策会实现或者会哪怕接近实现印度的非殖民化。当然这是不会的。"①

关于中国,库西宁指出:在决议草案中对"共产党人加入国民党"的问题是否正确,作了肯定的回答。② 同时他还说:"但是共产党人不能及时地和明确地看到这一联盟破裂的不可避免性。"③ 报告人提请代表们注意中国共产党迅速"农民化"的过程。当时,80%的中共党员是农民(据皮亚特尼茨基的统计材料),库西宁认为,这是"极不正常的"④。然而,报告人并没有建议停止吸收中国农民入党。他强调问题的另一方面:"它⑤应当进行一项极其重要的工作:以便通过布尔什维主义的教育,首先从工人阶级队伍中来造就今后党的干部。"⑥ 问题的实质就在这里。

库西宁反映了共产国际执委会的观点,他在报告中提出了以下的思想:在现阶段,必须集中火力反对直接的主要的敌人——帝国主义统治

---

① 《共产国际第六次代表大会速记记录》第 4 册第 19 页。
② 《共产国际第六次代表大会速记记录》第 4 册第 21 页。
③ 《共产国际第六次代表大会速记记录》第 4 册第 21 页。
④ 《共产国际第六次代表大会速记记录》第 4 册第 23—25 页。
⑤ 即中国共产党。
⑥ 《共产国际第六次代表大会速记记录》第 4 册第 23—25 页。

集团，而不是反对民族资产阶级。

库西宁报告的最后一节是"不要忘记列宁的遗训"。其中谈到蕴含在第二次代表大会上列宁的提纲和讲话中的一系列基本结论。其次，库西宁根据第二次代表大会决议的精神提请注意东方革命运动对世界社会主义革命的巨大意义，特别强调指出"印度问题"的国际意义。

继库西宁之后，作副报告的有帕·陶里亚蒂，他对社会民主党的殖民政策进行了分析。陶里亚蒂回顾了列宁在共产国际第一次代表大会上说的一个思想：一个党如果不对殖民地革命运动进行经常的和实际的支援，那就是叛徒的党。陶里亚蒂特别提到了讨论殖民地问题的社会主义工人国际布鲁塞尔代表大会。他指出，第二国际的许多代表大会已经通过决议，谴责资本主义政府的殖民政策。然而，这些文献中都没有包含"绝对承认一切民族有主宰自己命运的权利"的内容。① 陶里亚蒂有充分根据把第二国际在殖民地问题上的政策看作是殖民改良主义的政策。陶里亚蒂指出，社会主义工人国际布鲁塞尔代表大会实际上否定了殖民地民族的自决权。他指出，例如在对印度的态度上，布鲁塞尔决议只表示支持"印度人民的自治愿望"。

在民族殖民地问题上，曾经展开了一场持续不断的争论。大多数发言者激烈谴责"非殖民化理论"和由此得出的关于殖民地资产阶级完全转向帝国主义一边的政治结论。然而，有些代表，特别是英国共产党的代表们采取了特殊的立场。例如在贝内特代表的发言中包含着这样一个思想：共产国际对"无产阶级的作用和意义"估计不足。② 贝内特反对在提纲草案中包含这样一个重要的结论，即印度改良主义的资产阶级

---

① 参见《共产国际第六次代表大会速记记录》第 4 册第 34 页。
② 参见《共产国际第六次代表大会速记记录》第 4 册第 177 页。

根据斗争的逻辑在特别尖锐的革命形势下可能会被迫"在一定程度上放弃在帝国主义阵营和民族革命阵营之间动摇的政策"①。贝内特认为，印度资产阶级一分钟也不会动摇，它已经在朝着反革命方向行进。贝内特接着说："如果有人认为印度民族资产阶级会有哪怕一点的可能在民族革命中起正面的积极的作用，那就是在散布幻想，而且是有害的幻想。"② 贝内特引用了提纲草案中的话："在最初的准备阶段……如果共产党一开始就宣传在民族改良主义派（自治派和华夫脱派等）和帝国主义者、封建主反革命联盟之间简直可以画上等号，那就是极左的错误"，然后他说："好，那我就愿意向前走，并被宣布为极左分子，我要说，共产党没有必要也不可能把他们混为一谈。他们自己把自己画上了等号，他们走到一起去了。"③

有些印度代表支持贝内特的意见。贝内特还得到格·诺伊曼（德国共产党活动家，倾向于"左"的决议，后被开除出党）的间接支持，诺伊曼说："我坚信……印度的民族资产阶级不仅在较长的时期里而且在较短的时期里都不可能起革命的作用。在这一点上我持这样的意见：我同意提纲的主要之点，但对提纲作一些相应的修改。我们必须在提纲中删去某些东西，因为这些东西已为中国的发展进程所勾销。"④

然而，绝大多数发言者反对罗易、贝内特、诺伊曼和其他一些人的理论上不能令人信服的宗派主义观念。

库西宁在结束语中就提纲草案中提出有关上述讨论问题的观点进行

---

① 参见《共产国际第六次代表大会速记记录》第 4 册第 180 页。
② 参见《共产国际第六次代表大会速记记录》第 4 册第 181 页。
③ 参见《共产国际第六次代表大会速记记录》第 4 册第 182 页。
④ 参见《共产国际第六次代表大会速记记录》第 4 册第 389 页。

了详尽的阐释。他在反对"来自左面"的攻击时说:"我必须再一次强调指出,在制定提纲草案时,基本的指导思想在我看来是:无产阶级在殖民地国家革命运动中的独立作用,无产阶级争取领导权以及共产党的领导作用。"① 报告人驳斥了认为提纲中对资产阶级民主革命转变为社会主义革命问题分析不够的谴责。他提请大家注意,"资产阶级民主革命是准备社会主义革命前提的阶段,但这个阶段不应超出自己的范围"②。

对"非殖民化理论"的批判是报告人结束语中极重要之点。库西宁强调指出,"关于非殖民化的争论还具有政治后果"③。

他说,在"非殖民化理论"的信徒们看来,"殖民地国家的民族资产阶级与帝国主义已处在同一个阵营内。如果从实际情况出发,即帝国主义阻挠殖民地生产力的充分发展,以及民族资产阶级为了维护自己的阶级利益主张国家摆脱帝国主义的羁绊,那么由此可以得出结论,民族资产阶级在一定程度上起着进步的作用。然而,在'非殖民化理论'的信徒们看来,整个民族资产阶级就是反革命的,'仅此而已'"。库西宁说,实际上,情况完全不是这样。例如,印度国大党参加了反帝联盟,而"印度国大党总书记现在是由小尼赫鲁担任,他是革命民族主义者……"④

库西宁强调指出,在提纲草案中没有包括这样的说法,即殖民地民族资产阶级会哪怕暂时地加入民族革命阵营。在提纲中只是没有否定这

---

① 《共产国际第六次代表大会速记记录》第 4 册第 506 页。
② 《共产国际第六次代表大会速记记录》第 4 册第 507 页。
③ 《共产国际第六次代表大会速记记录》第 4 册第 517 页。
④ 《共产国际第六次代表大会速记记录》第 4 册第 518—521 页。

种可能性。此外，库西宁认为，可以指出当一部分民族资产阶级暂时地接近民族革命阵营时所产生的"危险性"。

在讨论殖民地和半殖民地国家革命运动的问题后，成立了提纲草案修改委员会。参加委员会的人员中也有一些曾经从"左"的立场批评过提纲草案的活动家。委员会内的修改导致了这样的情况：代表大会通过的文件同草案比较起来有了很大的变化。这使库西宁后来在苏共第二十次代表大会上有理由说，第六次代表大会对殖民地和半殖民地国家民族资产阶级的评价"带有一定的宗派主义色彩"[①]。

这个评价是正确的。《殖民地和半殖民地国家的革命运动》的提纲按其实质说自然不是宗派主义性质的文件，尽管它带有宗派主义的色彩。此外，在中国资产阶级的背叛不能不影响到共产国际对东方的整个活动的情况下，代表大会通过了基本上是切合实际的文件。它的基本原理是哪些呢？

在这个文件中谈到，列宁制定的和第二次代表大会通过的提纲仍然完全有效，应成为各国共产党今后工作的指导方针；自 1920 年以来，殖民地和半殖民地作为世界资本主义体系危机的因素，其意义越来越增大了。在过去的这段时期里，中国发生了革命，印度出现了群众性运动，印度尼西亚爆发了起义。从那时起，帝国主义镇压了被压迫国家的革命运动，但是革命运动一再发生和发展。提纲中说："无论在中国和印度，还是在任何其他殖民地和半殖民地，世界帝国主义的殖民政策同殖民地人民独立发展之间的客观矛盾丝毫没有消除，相反，它越来越显得尖锐，而且只有通过殖民地劳动群众胜利的革命斗争才能加以克

---

① 参见《库西宁选集（1918—1964）》1966 年莫斯科俄文版第 509 页。

服。"① 以帝国主义为一方同以苏联和资本主义国家革命运动为另一方之间的矛盾对于殖民地革命运动的发展具有极重要的意义。殖民地人民生活在这样一个时代，在这个时代里，无产阶级专政正在产生，而资本主义已经完成了它的进步的历史作用，已经成为进一步发展的障碍，已经处于崩溃的过程中，已经在让位给无产阶级专政，并一再把人类引向新的灾难。在这种形势下，在"落后的殖民地"，非资本主义的发展道路是可能的，而"在先进的殖民地，资产阶级民主革命转变为无产阶级社会主义革命"也是可能的。②

至于帝国主义的殖民政策，归根到底它阻碍着殖民地生产力的发展；但是，既然殖民剥削是以对殖民地经济发展的某种鼓励为前提的，那么这种发展会沿着有利于帝国主义者的轨道进行。在殖民经济中特别明显地暴露出帝国主义的寄生性。帝国主义者的统治使殖民地剥削和奴役的传统关系得以固定下来，其结果就是殖民地农民群众赤贫化。

这一分析为被压迫国家共产党明确战略和策略的基本方向提供了可能性。在这方面，提纲的注意力集中在"中国、印度以及类似的殖民地国家共产党的战略和策略"问题上。这里说的是资产阶级民主革命，是作为社会主义革命前提的一个准备阶段而提出来的。摆在资产阶级民主革命面前的基本任务如下：摆脱帝国主义的羁绊，使国家实现全国的统一，使力量对比变得有利于无产阶级（推翻亲帝国主义剥削阶级的政权，成立工农苏维埃和红军，实行无产阶级和农民的专政，争取无产阶级领导权）；实行土地革命，土地国有化，在改善农民的地位方面采取一些激进的措施，目的是尽可能地同城市保持紧密的联系；发展工人阶

---

① 见库恩·贝拉编：《共产国际文件汇编》第3册第91页。
② 见库恩·贝拉编：《共产国际文件汇编》第3册第92—93页。

级的工会组织，加强共产党并争取在劳动者中确立牢固的领导地位，实行八小时工作日制；实现民族平等和男女平等，使教会和国家分离，消除种性隔阂以及其他民主措施。

资产阶级民主革命能把自己的主要任务解决到什么程度以及社会主义革命将解决其中的哪些任务，这将取决于工农革命运动的进程；革命转变为社会主义阶段需要具备一定的最低限度的前提，例如，国家具有一定的工业发展水平，工人阶级具有工会组织，有巨大群众影响的强有力的共产党。提纲中说，后面这一条件是最重要的。有巨大群众影响的强有力的共产党的发展，在中国、印度和类似的殖民地国家中是一个极其缓慢而艰巨的过程，除非资产阶级民主革命已经在殖民地国家的客观条件中发展起来，才有可能使这一过程加快。

殖民地国家资产阶级民主革命的特点是什么呢？殖民地国家的资产阶级民主革命同独立国的资产阶级民主革命的区别，主要在于前者同反对帝国主义奴役的民族解放斗争有机地联系在一起。在一切殖民地中，以及在帝国主义奴役已经赤裸裸地暴露出来并激起民愤的半殖民地中，民族因素对于革命的进程有着重大的影响。在最发达的殖民地国家中，除了民族解放斗争以外，土地革命问题是资产阶级民主革命的轴心。

在"先进的殖民地国家"中，个别阶级和社会集团对资产阶级民主革命的立场是怎样的呢？在上面所说的一些殖民地国家（中国、印度以及类似的殖民地国家）里，民族资产阶级"对待帝国主义的立场并不是一致的"[①]。除买办资产阶级以外，民族资产阶级（特别是工业资产阶级）站在民族运动的立场上。它是一个特殊的、动摇的、倾向于妥协的改良主义派别，在第二次代表大会上被称为资产阶级民主派。换句

---

① 参见库恩·贝拉编：《共产国际文件汇编》第 3 册第 104 页。

话说，民族资产阶级处于革命阵营和帝国主义阵营之间的中间地位。中国是个例外，因为在那里，民族资产阶级中的大部分起先领导了民族解放战争，后来彻底转向反革命阵营。帝国主义希望保持自己的最高垄断剥削者的地位，不打算把对"独立人民"的领导权自愿地让给民族资产阶级，因此在这方面它要求后者投降。民族资产阶级"一再向帝国主义投降"，但是，当"群众阶级革命的危险性还没有成为直接的现实、还不尖锐、还不具有威胁性时"，民族资产阶级的投降"并不是死心塌地的"。① 鉴于民族资产阶级的动摇政策，共产党人必须了解民族改良派和民族革命派之间的区别。此外，如果共产党人对资产阶级民族改良主义同封建帝国主义阵营区别的意义估计不足，那么他们可能会脱离群众。必须继续完成第二次代表大会所规定的作为殖民地国家共产党特殊任务的那些任务，即争取使劳动群众摆脱资产阶级民族改良主义的影响，不展开这一斗争，也就不能达到"共产主义运动在资产阶级民主革命时期的基本战略目的——无产阶级的领导权"②。而没有无产阶级的领导（共产党的领导地位是它的有机组成部分），资产阶级民主革命就不可能进行到底，更谈不上社会主义革命。

至于小资产阶级，它包括各种不同的阶层，它们在民族革命运动的不同时期起着不同的作用。其中一部分对反帝斗争有着直接利害关系。小资产阶级知识分子在民族运动的初期常常是民族愿望的表达者，但是提纲中说，由于知识分子往往同现在的土地占有形式有着联系，不可能成为农民利益的代表者。城市贫民的贫困地位促使他们倒向革命。农民同无产阶级一起，并作为无产阶级的同盟军是革命的动力。工人阶级的

---

① 参见库恩·贝拉编：《共产国际文件汇编》第 3 册第 105 页。
② 参见库恩·贝拉编：《共产国际文件汇编》第 3 册第 106—107 页。

最重要的同盟军首先是千百万贫困的佃农,受贫困以及各种"前资本主义和资本主义的剥削形式"逼迫的小农和雇农。农民中的上层分子随着革命的发展可能倒向敌人阵营。

殖民地和半殖民地国家的工人阶级同资本主义国家的无产阶级有着很大的差别。那里绝大部分是第一代无产者,是破产的手工业者。提纲中说,工人成员的流动性,女工和童工占很大的比重,语言的隔阂和文化的缺乏,宗教偏见和种性歧视为系统地进行宣传鼓动工作造成了困难,并阻碍工人阶级觉悟的提高。1919—1923年,殖民地和半殖民地国家的工人运动同当地资产阶级领导的反帝斗争汇合在一起。提纲中说,在共产国际第五次代表大会,即1924年以后,殖民地(这里说的是"先进的"殖民地)的工人阶级"作为独立的阶级力量登上了政治舞台,它与民族资产阶级对立并为了争取本身直接的阶级利益和争夺一般民族革命的领导权而同民族资产阶级展开斗争"[1]。这里,提纲的作者又回到了民族资产阶级的问题上。"民族资产阶级不具有反帝力量的意义。"[2] 它处于反对派的立场。这一情况对于无产阶级来说既有消极的意义,也有积极的意义。主要的一点是,民族资产阶级对革命运动的发展起着遏止的作用,因为它还率领着劳动群众,并阻挠他们参加革命斗争,但是,另一方面,它以自己的反对行动可能加速劳动者的政治觉醒。共产党人必须揭露民族资产阶级政党的民族改良主义实质。小资产阶级政党往往会从民族革命立场转向民族改良主义立场(提纲作者认为,国民党、国大党的甘地派、伊斯兰联盟就是走上了这样的道路)。

---

[1] 库恩·贝拉编:《共产国际文件汇编》第3册第109—110页。
[2] 库恩·贝拉编:《共产国际文件汇编》第3册第110页。

《殖民地和半殖民地的革命运动》提纲的主要内容就是这些。提纲作者明确理解殖民地和半殖民地社会的复杂性、多样性和特殊性。他们对殖民地和半殖民地各国人民革命运动中的民族因素赋予了重要的意义;他们看到了被压迫国家里的资产阶级民主革命同经典式的资产阶级民主革命具有多么深刻的差别,并针对最发达的殖民地和半殖民地,把这些看作是未来社会主义革命的前提和准备;他们得出结论,正是社会主义革命需要解决在前一阶段的革命中无力解决的那些民主任务;他们相信,一再地表现出妥协倾向的民族资产阶级尚未丧失自己的进步作用。被压迫国家的无产阶级应当领导"过渡的"革命,但是它还软弱,因此只能说将来才能这样,即共产党的有目的的活动应当在将来才能开展。

与此同时,尽管在提纲的最后文本上指出了民族资产阶级的进步作用和它的群众影响,但是对此毕竟估计非常不足;对民族革命运动没有给予应有的重视,并认为在各地都像国民党那样走着同一条道路:没有充分注意东方社会的各种各样的传统。

在关于"非殖民化"这个中心问题上,提纲草案未作任何修改。共产国际在谴责"非殖民化理论"的同时,不仅强调帝国主义不可改变的反动的掠夺本质,而且也清算了左倾分子企图作为自己的愿望而强加于共产国际的"理论基础",即同殖民地和半殖民地的民族资产阶级人士彻底决裂,同时也同小资产阶级中的政治积极分子彻底决裂。

提纲在修订过程中所作的修改主要有以下几点:增加了对殖民地和半殖民地无产阶级在争取民族革命领导权的斗争中取得的成就估计过高的阐述;删掉了关于共产党在现阶段应当集中火力反对帝国主义封建主义联盟这个主要敌人而不是反对民族资产阶级的思想;排除了小资产阶

级有可能领导反帝革命的结论。

由此可见,第六次代表大会《殖民地和半殖民地的革命运动》的提纲是个矛盾的文件。其中某些不符合客观实际的结论在以后几年中有了进一步的发展,这有损于做出切合实际的评价和制定方计。在30年代中期共产国际实行政策转变以后,国际共产主义运动并没有摒弃第六次代表大会所作的积极的和切合实际的评价和预测以及大会的一些思想。但是它抛弃了理论上站不住脚的并给争取群众的斗争带来困难的一些东西。

1934年夏,即将召开的第七次代表大会主要议程筹备委员会召开会议。参加这个委员会工作的有许多国际共产主义运动的杰出活动家:格·季米特洛夫、德·扎·曼努伊尔斯基、奥·库西宁、帕·陶里亚蒂、奥·阿·皮亚特尼茨基、威·皮克、勃·什麦拉里、库恩·贝拉等人。

共产国际执委会东方部领导人库西宁曾是大力促进共产国际及其各党向新的政治方针转变的人。1934年7月,他痛心地指出,共产国际东方各支部不善于领导群众。库西宁号召进行最坚决的布尔什维主义的自我批评。他坚持贯彻这样一个思想:在反对资本主义和反对封建主义的革命中,争取无产阶级领导权的斗争应是殖民地和半殖民地共产党的战略目的,但是要达到这个目的,光是简单的宣布是不够的;应当使共产党人经常地和长期地参加群众为争取实现他们的要求而进行的斗争,坚持不懈地在尚未意识到斗争的革命目标和还处在民族改良主义资产阶级直接影响下的劳动群众中进行工作。

经过筹备委员会的工作,起草了一份《世界形势和共产党的任务》的提纲,提纲中包含了后来在第七次代表大会上充分发挥的许多思想。

在提纲初稿中（1934年8月）没有关于民族殖民地问题的专门一节。1935年起草的提纲草案则已经包含了"殖民地国家的特别任务"一节。其中谈到，亚洲和非洲的共产必须在"现有的工会组织中"进行工作，"抓住工人组织的一切形式，不管它多么原始和落后"，在同乡会、劳动组合、互助会等组织中进行群众工作。共产党人必须把争取无产阶级阶级利益的斗争同开展广泛的反帝统一战线结合起来。为此他们必须参加一切群众性的反帝运动，甚至不排除那些由民族改良主义者领导的运动，必须"扩大和提高这些运动，提出适合于群众战斗力水平的口号和斗争方式，随着那些跟随民族改良主义领导的群众的分化过程而有所不同；并向一些地方工会、农民和小资产阶级组织以及民族改良主义者团体提出有关反帝活动的方式方法和目的的建议"。

在这方面，必须选择时机和确实能激励群众的理由。在被压迫国家的共产党人面前提出了一项任务：为了顺利展开反帝活动，应当同民族改良主义团体和民族革命团体达成协议，并在任何情况下保持自己政治上和组织上的独立性。这里特别强调指出的一点是共产党人必须在农民组织中进行工作，参加自发的农民运动，维护农民的迫切利益。

草案中指出，在中国，共产党参加了反帝革命和土地革命，建立了一些苏维埃区，建立了红军；与此同时，在国民党统治区"共产党人还没有克服反帝运动中的软弱性，在工会运动中也没有牢固的群众阵地"。关于印度共产党，草案中说，如果它在反帝斗争和工会运动中不克服宗派主义的话，它就不能成为全印度的无产阶级政党；已经领导了几次重大革命斗争的印度支那共产党尚未把斗争中心转到无产阶级群众中去；在巴勒斯坦、叙利亚、阿尔及利亚和突尼斯，共产党及其领导的阿拉伯化是它发展的主要条件。

还有一个提纲草案是在1935年4月起草的。在这个提纲草案中，殖民地和半殖民地国家的问题被专门列为一节"当前任务"来加以阐述。同前一个草案的有关章节比较，这个提纲草案中的这一节更加紧凑，建立反帝人民阵线的问题提得更加明确，并被提到首要地位。

在预定于1935年7月召开的第七次代表大会前夕，《共产国际》杂志第20—21期发表了《争取在殖民地和半殖民地国家建立反帝统一战线的斗争》的文章。文章概括地阐述了世界共产主义运动在民族殖民地问题上的新的政治方针。文章认为在帝国主义的利益和殖民地半殖民地国家资产阶级的利益之间存在着矛盾，民族解放运动正在蓬勃发展，而且工人阶级和农民都参加了这一运动。文章强调指出，帝国主义在落后国家的主要支柱是在反对民族资产阶级斗争中利用帝国主义的封建买办分子。民族资产阶级在经济上和政治上不是铁板一块、毫无分化的一帮；朝着民族革命立场转变的左派正在脱离民族改良主义政党。但是，即使是民族改良主义组织在民族解放运动高涨和帝国主义加紧进攻的条件下有时也会倾向于支持人民斗争。文章指出，不仅如此，在中国，在帝国主义直接武装入侵的条件下，某些资产阶级集团可能会参加反帝斗争。

《共产国际》杂志强调指出："目前，当准备进行反帝人民革命的任务摆在议事日程上时，共产党不能仅限于提出多半是宣传性质的口号，如为争取苏维埃政权而斗争、为争取没收全部地主土地而斗争的口号，而应估计到在这个或那个殖民地或半殖民地国家中的运动水平、群众的准备程度、革命的阶段、斗争的特点。"①

---

① 《共产国际》杂志俄文版1935年第20—21期第108页。

在大多数工人和绝大多数劳动群众还没有起来积极参加政治生活或者说还跟着资产阶级民族改良主义者和小资产阶级政党走的情况下，取得革命胜利的决定性条件是共产党人是否善于在统一战线的基础上把跟随民族改良主义政党的无产阶级和人民群众吸引到革命活动中来。文章中说，只有为争取建立这样的民族统一战线而斗争，无产阶级才能成为一支巨大的政治力量，把同盟者团结在自己的周围，掌握运动的领导权，使民族改良主义资产阶级孤立起来，而共产党才能成为群众性的政党，成熟到足以领导劳动群众争取民族解放和社会解放的斗争的程度。文章接着说："借口同民族资产阶级进行反帝共同行动会带来某种危险而拒绝执行民族统一战线的策略，实际上是拒绝准备进行民族解放革命，并不可避免地导致共产党脱离广泛的人民运动。"①

该杂志认为，民族改良主义资产阶级支持解放斗争不仅仅是甚至不一定是为了阻挠群众转到共产党方面来。文章中说："首先，这是殖民地资产阶级（指殖民地国家的民族资产阶级）的阶级立场，即在帝国主义和民族革命之间动摇的立场。"② 这些集团是成为妨碍群众向革命方面发展的障碍还是成为促使群众走向革命的桥梁，首先取决于共产党的政策。

文章驳斥了一种错误的观念，似乎殖民地和半殖民地国家的无产阶级已经取得了民族解放运动的领导权，对待一切非无产阶级政党就可以像对待反革命统一战线一样，保持共产党人在反帝斗争中的"中立"，"没有再比下面这种观念更错误的了，即认为如果共产党人同民族改良

---

① 《共产国际》杂志俄文版1935年第20—21期第109页。
② 《共产国际》杂志俄文版1935年第20—21期第109页。

主义组织结成暂时的反帝联盟，并在组织上和政治上保持独立（这是达成协议的基本条件），保持对这些暂时同盟者或同路人的动摇立场和不彻底性进行批评的权利，那么'无产阶级就会丧失自己的领导权'①。②最后，文章写道，共产党在提出激进的土地纲领，独立地组织农民群众，从而准备将革命从民族统一战线阶段过渡到全面开展土地革命的阶段并扩大人民群众反帝斗争的同时，提出在现阶段不要求民族革命人士和民族改良主义者接受无偿没收地主土地的口号作为实行反帝联盟的条件。

《共产国际》杂志发表的这篇重要文件包含着共产国际执委会在筹备七大过程中制定的新思想和新方针。

1935年7—8月在莫斯科召开了共产国际第七次代表大会。季米特洛夫作了题为《法西斯的进攻和共产国际在争取工人阶级统一反对法西斯的斗争中的任务》的报告。季米特洛夫说，由于国际和国内形势发生了变化，在所有殖民地和半殖民地国家，反帝统一战线的问题具有特别重要的意义。报告中强调指出："在殖民地和半殖民地建立广泛的反帝统一战线时，首先必须考虑到群众进行反帝斗争所处的不同情况、民族解放运动不同的成熟程度、无产阶级在其中所起的作用以及共产党对广大群众的影响。"③东方反帝统一战线的问题是以印度和中国这两个最大的被压迫国家的例子来说明的。

报告中说，在印度，共产党人应当参加并支持和扩大一切群众性的

---

① 这可是还没有取得的。
② 《共产国际》杂志俄文版1935年第20—21期第110—111页。
③ 《共产国际第七次代表大会与反法西斯和反战的斗争（文选汇编）》1975年莫斯科俄文版第170页。

反帝行动,包括那些由民族改良主义者领导的运动。共产党人在政治上和组织上保持独立性的同时,应当积极地在那些参加印度国大党的团体内进行工作,使这些团体内形成民族革命派,以便进一步开展印度各族人民反对英国帝国主义的民族解放运动。

在中国,人民运动已经导致在相当大的地区内建立了苏维埃地区,组织了强大的红军,日本帝国主义强盗般的进攻和南京政府的叛卖行径,使伟大中国人民的民族生存遭到威胁。季米特洛夫同志说:"因此,我们赞同英勇的兄弟的中国共产党这一倡议:同中国一切决心真正救国救民的有组织的力量结成反对日本帝国主义及其走狗的广泛的反帝统一战线。"①

虽然民族解放运动问题没有作为专门议题列入第七次代表大会的议程,但是大会的决议对这个问题具有直接的意义,决议标志着世界共产主义运动中的转折点。共产国际七大的决议消除了在建立统一战线——西方建立反法西斯统一战线,东方建立反帝统一战线——的道路上的障碍。

第七次代表大会对东方各国共产党向新的政治方针的转变具有十分重要的意义。第一,代表大会巩固了共产国际执委会和各国共产党在这方面业已取得的成就,并在马克思列宁主义理论基础上制定了对待策略问题的新的(同以往时期相比较)态度。第二,代表大会的特点是"从实际情况出发"②,这是问题的关键。尽管东方国家共产党的许多领

---

① 《共产国际第七次代表大会与反法西斯和反战的斗争(文选汇编)》1975年莫斯科俄文版第511页。

② 《共产国际第七次代表大会与反法西斯和反战的斗争(文选汇编)》1975年莫斯科俄文版第359页。

导人当时还没有得出必要的和成熟的策略结论，但是在代表大会筹备和进行过程中，他们首先客观地估计了自己的可能性，估计了国内的现实情况。这是进一步积极改变策略的必要条件。第三，代表大会十分注意团结一切进步力量反对法西斯的任务，对于东方许多国家共产党的代表来说，首先是向他们指出使他们国家受到威胁的日本军国主义的危险性和建立统一战线反对这个危险敌人的重要性，即采取为拯救这些国家和这些党的发展前途所必要的方针。最后第四，在代表大会筹备和进行过程中，东方各国共产党的代表及其领导人深信，共产国际和国际共产主义运动最有经验的一些活动家如何大胆而果断地放弃了被实践经验证明不正确的观念。

在第七次代表大会就季米特洛夫的报告通过的决议中，建立反帝人民阵线的工作被看作是殖民地和半殖民地国家共产党人最重要的任务。决议中说，为此必须吸收广大群众参加民族解放运动，反对帝国主义日益加剧的剥削，反对残酷的奴役，驱逐帝国主义者，争取国家的独立；在代表大会的决议中明确提出共产党的任务是积极参加民族改良主义者领导的群众反帝运动，力求在具体的反帝纲领的基础上，同民族革命组织和民族改良主义组织采取共同行动。

决议中说，在中国，扩大苏维埃运动和加强红军的战斗力，必须同全国范围内开展人民反帝运动结合起来。这个运动应当在武装人民进行民族革命斗争反对帝国主义奴役者的口号下进行。

在这个时期里共产国际越来越积极地指示殖民地和半殖民地国家的共产党为建立"反帝人民革命政府"而斗争。曾经认为，这种政府应该主要是反帝的政府，还不是工农革命民主专政，因为参加这种政府的有为民族解放而斗争的其他阶级的代表。这种政府的纲领应包括有利于劳动者的广泛的社会措施。与此同时，对东方国家提出的建立苏维埃政权的口号问题进行了重新审查。这一时期的《共产国际》杂志写道："为了实现向苏维埃政府的转变，必须在革命进程中改变阶级力量的对比，必须巩固无产阶级的领导权，加强工人和农民群众的联系，使农民运动转到土地革命的轨道上来。"换句话说，争取苏维埃政权的口号作为殖民地和半殖民地国家现阶段革命的口号，实际上被取消了，这是转向反帝民族阵线的必然结果。①

（原载阿·鲍·列兹尼科夫《共产国际在民族殖民地问题上的战略和策略》俄文版）

（谷松 译）

---

① 参见《被压迫者的觉醒》俄文版第337页。

共产国际的统一战线策略（1921—1928）[*]

〔英〕珍妮·德格拉斯

共产国际于1921年年底通过的并且一直推行到1928年春的统一战线策略，含蓄地承认了共产国际是在一种错觉的基础上成立的。布尔什维克领导人曾经认为，俄国革命仅仅是一个开端，不久就会蔓延到其他国家。他们认为工人阶级在本质和倾向上是革命的；阻止他们的是1914年背叛了工人并且准备再次背叛工人的领袖所采取的政策。因此必须把普通工人同他们的领袖加以区别，为想象中的革命群众提供一种有意识的革命的领导。实质上这是共产国际的起因。一年多以后，红军在与波兰战争中的最初进展唤起了人们革命将要蔓延的希望，于是一个新的工会国际（红色工会国际）建立起来了。

由于红军在波兰没有争取到当地的支持和它后来的退却，这些希望逐渐黯淡了；1921年春，由于所谓德国三月发动——它是一次考虑不周的起义，它使保尔·列维不久后被开除出德国共产党，它本身也被斥责为一次盲动——的失败，这些希望多少有些被正式放弃了。在德国，像在被共产党人看成是自己的榜样的国家一样，共产党人是孤立的。如果俄国要生存，它就必须赢得国内反对派的支持，与邻国缔结条约，恢

---

[*] 本文选自《国际共运史研究资料》1986年第2期。

复与外部世界的正常的商业交往；和俄国一样，如果共产国际要对工人运动产生影它就得重新建立在1919年被中断了的联系。像许多其他情况一样，苏维埃国内政策的变化促使了共产国际政策的变化，而共产国际政策的变化反过来又加强了苏维埃国内政策的变化。当时苏维埃在平息了喀琅施塔得叛乱之后退到了新经济政策时期。1922年2月季诺维也夫在共产国际执委会会议上说：

"如果红军在1920年占领了华沙，今天共产国际的策略就不会是这样了……这个战略上的挫折引起了整个工人运动在政治上的挫折——俄国无产阶级的党被迫做出了广泛的让步……这就减缓了无产阶级革命的速度；反过来说也是这样，西欧各国无产阶级在1919年到1921年所遭到的失败同样也影响了第一个无产阶级国家的政策，减缓了俄国内部发展的速度。"

两年多以后，他在共产国际第五次代表大会上说：

"在建立红色工会国际时，我们好像能通过正面攻击和迅速夺取工会摧毁敌人的战线……在这五年，共产国际所有策略上的困难出现了，其原因就在于发展比设想的缓慢……现在我们必须通过间接的手段同社会民主主义作斗争。"

托洛茨基后来写道，由于共产国际第三次代表大会（1921年6—7月），"人们已经认识到，战后的革命热潮已经过去了"。列宁用日本在旅顺的行动作比喻，他说，共产国际已经变进攻策略为包围策略。大会通过的《关于策略问题的提纲》承认"工人的大多数还没有处于共产党人的影响之下"，争取他们的拥护是各国共产党的首要任务。"共产党的口号和原则为工人群众的重新团结提供了唯一的基础。"共产国际对于分裂工人运动的指责总是很敏感的，它企图把这个责任推到个人身上。既然共产国际的纲领反映了"无产阶级的斗争需要……那么现在反映无产阶级力量的分散和分裂的是社会民主主义政党及中派政党和派别，而共产党则代表了集中的因素"。四年多以后，在为列宁逝世两年而向宣传员发出的提纲中出现了同样的论点：由于社会党人对1914年战争爆发的态度，工人阶级事实上已经横向地分裂了。共产国际通过把横向的分裂变为纵向的分裂——即不是指国家而是指革命者和改良主义者来区别工人——挽救了事业。打破建立在机会主义基础上的团结，以便使无产阶级的团结建立"在更高的基础上"。"只要革命浪潮在发展"，这就是建立团结的唯一可行的方法。而现在革命浪潮已经退落，就得寻找其他的方法。

共产国际执委会于1921年12月18日通过的《关于统一战线的指示》详细阐述了新的策略。统一战线被概括地解释为在一种过渡性要求的纲领上组织群众的一种方法。季诺维也夫在介绍新策略时说，工人把战争以来的失败归结为工人的不团结，他认为统一战线的政策可以赢得工人的忠诚。他否认统一战线的政策与试图吸引工会脱离工会联合会而参加红色工会国际的政策之间有任何抵触，因为不以共产主义的关系为基础，就无法采取统一战线的行动。对于既然要统一战线，为什么又要分裂这个问题，他回答说：

"这是每个共产党人都必须懂得的辩证问题。正因为现在是一个分裂的时代，正因为我们现在已经变成了一股力量，我们才能在某种条件下和第二国际、第二半国际合作……如果我们过去没有进行分裂，我们便不会成为现在这样的因素，也不能贯彻这一策略。我们很可能一方面要进行更多的分裂，另一方面还要对社会党人说：'不错，我们要团结，要在这一纲领上的团结。'"

拉狄克在1921年年底发表的一篇文章中写道，在各国社会民主党内部进行共产主义工作的目的就是争取或分裂它们。一年以后，拉狄克在批准新方针的共产国际第四次代表大会上又讲到了这个问题。他说："我们走上这条道路并不是因为要和社会民主党人合作,而是认识到我们能把他们窒息在我们的怀抱中。"

提纲指出:

"各国共产党取得了用宣传来影响群众组织上的自由以后,现在正在设法实现实际行动中的可能最广泛、最全面的团结。阿姆斯特丹国际的拥护者和第二国际的英雄们口头上宣传这种团结,行动上却从中破坏……他们现在就想分裂、瓦解和破坏劳动群众的斗争的方法,在他们自己造成的僵局中寻找出路。"

与属于其他两个国际的任何政党达成协议的共产党都必须保留"发表自己的意见和批评共产主义的敌人的完全自由……只要我们的对手拒绝联合斗争的建议,我们就得把事情告诉群众,使他们知道谁是工人统一战线的真正破坏者"。

执委会收到大量反对新政策的意见,尤其是来自德国、意大利以及日本代表的意见。他们争辩说,既然在一切宣传中都强调社会民主党人是工人阶级最危险的敌人,那么这种新策略就只能使他们自己的政党以及正在被争取的工人感到惶惑不解和混乱不堪。他们怎么能够要求他们的党员与近三年来一直被谴责为背叛的、竭力进行分裂和瓦解活动的党一道工作呢?由于共产党的纪律,提纲获得了一致通过,但是法国共产党要求把这一问题列入1922年底召开的共产国际第四次代表大会的议程。虽然策略提纲在一年前获得了一致通过,但布哈林告诉俄国党说,在对共产国际执委会在代表大会前不久发出的征询意见的答复中,反对统一战线策略的,法国有百分之六十九,德国有百分之四十,意大利有百分之二十六,英国有百分之二十四。然而,提纲提到,在法国,"那里的事态发展已使不久前还在原则上反对统一战线策略的人,相信有运用这一策略的必要"。

那些坚持反对统一战线政策的人被指责为宗派主义者。当统一战线策略正式得宠时，这个词成了谴责那些拥护一种严格的革命阶级政策的人的一个专用名词。相反，当统一战线策略失宠时，那些赞成统一战线策略的人则被指责成为了一种虚幻的暂时优势而愿意牺牲原则的机会主义者。

实际上，正是采用了统一战线政策才给共产国际带来了偏差。这一政策中所包含的与社会民主党人合作的思想是对共产国际成立以来所提出的所有原则的否定。它纯粹是一种权宜之计，根据这一政策，右和左已不再是实际的位置，而是选择时机的错误。对于一个革命政党来说，统一战线本来是矛盾的。既然统一战线策略取消了任何可以衡量行动和政策的坚定原则，那么唯一的标准就是上面传下来的决定，而且一种关于党的纪律和统一的集权主义的思想也成了它的必然结果。共产国际和共产党的政策是否正统，不再根据其内容的标准，也不再根据它们与理论原则是否一致来衡量，而仅仅根据它们是符合还是违背在特定时期内对共产国际决议的解释来衡量。

不断遭到反对的新方针同样需要不断地加以解释。在 1923 年 6 月共产国际执委会会议上，季诺维也夫把新方针称为一种战略手段。"它就是要不断地向我们预先就知道不会跟我们走的人发出呼吁。"特伦曾问道，统一战线的策略与他们用来责骂社会民主党的语言是否一致以及他们是否应当公开承认这种"战略手段"的性质，季诺维也夫说"在反对势不两立的敌人时，任何一种策略，我都无条件地赞成，只要它不使我们的队伍陷入混乱"。

共产国际执委会和红色工会国际执行局发表的联合宣言要求工人迫使他们的领袖参加统一战线。"如果他们顽固地反对，那就撇开他们而实行统一战线。"在同一个宣言中，他们把分裂的责任归咎于正在急于"以牺牲工人阶级为重建资本主义世界……而分裂工会和劳工运动"的改良主义者。共产国际执委会在致电德国共产党召集的讨论占领鲁尔问题的代表会议的一封信中重申了这一指责。"工人阶级之所以分裂和软弱无能，是因为第二国际和阿姆斯特丹国际分裂他们，使他们软弱无能。如果他们的领袖愿意同共产党人建立和推动统一战线，工人阶级就会有强大的力量。"

当维也纳社会党联合会（第二半国际）和第二国际一起于1922年4月在柏林召开三个国际（以及不属于任何国际的意大利社会党）的代表会议时，共产国际做出了实施新方针的第一次重要尝试。共产国际执委会在德国、意大利和西班牙共产党代表的反对下接受了邀请。代表会议是第二国际和第三国际代表互相严厉指责的舞台。成立一个继续工作的九人委员会的协议是空洞无物的；在5月23日委员会的第一次也是唯一的一次会议上，没有达成任何协议，共产国际执委会代表团退出了委员会。季诺维也夫在6月举行的共产国际执委会会议上说，这一尝试是有益的，因为现在他们再也不能指责共产党是分裂者了。（拉狄克认为应当受到谴责的不只是社会党领袖——群众是要求团结的，但他们并不想为之斗争。）对于这次尝试的失败所做出结论反映在共产国际执委会于4月底发表的一份声明中：

"统一战线不仅仅是，而且也不应该仅仅是政党领袖之间的友好往来……统一战线意味着全体工人……团结在一起反对资产阶级。如果政党领袖愿意结成工人的统一战线的话，可以包括他们；如果政党领袖漠不关心的话，也可以不包括他们；如果政党领袖进行破坏的话，还可以蔑视和反对他们。"

在九人委员会破裂以后发表的声明结尾写道："反对正在分裂工人

阶级的第二国际领袖！建立来自下面的统一战线！"一年以后，当第二国际和维也纳国际合并时，共产国际又作了对试图执行这一政策的大多数共产党人来说是非常难以理解的同样辩证的说明："共产党人分裂由叛徒领导的社会民主党，以便团结无产阶级；改良主义者将在汉堡联合，以便再次分裂无产阶级。"

德国共产党1923年10月起义失败之后，这一政策不得不修改成排除"来自上面的联合"。一段时间内共产党人在萨克森和图林根议会中与社会民主党人组成了联合政府。共产国际正式把发动起义失败的原因归咎于德国社会民主党的"背叛"。1924年2月共产国际执委会主席团发表的声明要求各党认识到统一战线并不是"一种民主主义的联合，一种同社会民主主义的联盟……统一战线策略除非能促进我们争取大多数无产阶级投入夺取政权的革命斗争这一目的，否则对共产国际是毫无意义的"。他们打算加速社会民主党的崩溃。因此只能实行来自下面的统一战线策略。在德国，目标是在政治上消灭社会民主党。

尽管统一战线策略的结果是令人失望的，但这一策略还得继续执行下去。（放弃它们也许是对德国没有革命形势的一种默认。）关于共产国际第五次代表大会议程的通报中指出，统一战线策略"在整个时代，都是正确的。完全有必要采取有力的预防措施，防止对它的歪曲"。代表大会关于共产国际执委会的报告的决议"强烈反对对这种策略作任何机会主义解释，也反对把统一战线策略解释成除了鼓动群众和动员群众这一革命方法以外的其他方法的任何企图"。

代表大会通过的策略提纲解释说：

"对于共产国际来说，统一战线这种策略的主要目的在于针对反革命的社会民主党领袖们进行斗争，并把社会民主党工人从这些领袖的影响中解放出来，而右倾的代表却往往把统一战线说成是同社会民主党的政治联盟。"

提纲断言来自下面的统一战线策略是完全必要的（但在阶级战争的决定时刻，可能有些例外），它还规定可以把这些策略和同社会民主党领袖的谈判结合起来，但是无论如何不允许"仅仅来自上面"的统一战线。统一战线必须一直在共产党的领导之下。它的目的是使工人脱离他们的那些背叛了革命的领袖。库西宁在共产国际执委会第五次扩大全会（1925年3—4月）上反复警告说，尽管社会民主党领袖可能暂时准备同共产党人合作，但"我们必须永远和他们作斗争，揭露他们，打败他们"。

在没有可以实行统一战线的任何大规模和重要的工人运动的不发达的国家，共产国际的注意力转向了代表"摆脱殖民压迫斗争的民族主义组织。"典型的例子就是中国，在那里统一战线采取了与国民党合作的形式。当然，苏维埃对国民党的政策的基础远不是这个词所表示出的内容。只有看懂1920年共产国际第二次代表大会所通过的列宁关于殖民地问题的提纲，才能领会苏维埃和共产主义总的战略中的反帝部分的意义。不过，总的说来，不管是在什么时候，这一战略的主要特征是由那些在共产国际看来是绝对正确的策略思想发展而来的。

1921年7月中国共产党第一次代表大会在共产国际代表斯内夫利特（马林）提议下，不顾相当多的反对意见决定与国民党结成联盟。① 中国共产党1922年6月的宣言把它称为"民主革命的统一战线"。这就是所谓的"党外联盟"，随之而来的是1922年8月的"党内联盟"，它的含义是共产党党员以个人身份成为国民党党员。这一决定也是在马林的压力下不顾更强烈的反对意见做出的。

---

① 原文如此。——译者注

在统一战线这一问题上,在中国和在工业化国家有着根本性的区别。共产国际提醒中国共产党人,他们既不能丢掉广泛的运动,也不能把自己的特征淹没在广泛的运动中,除了他们自己的纪律之外决不接受任何其他的纪律,除了共产国际制定的原则以外,决不能同意任何其他的原则。在中国,由于国民党主要不是一个阶级的政党,而是由一切反帝团体和阶级组成的政党,因此在不久的将来,在中国既不可能建立社会主义也不可能建立苏维埃共和国。所以,严格保持共产党的特征,据说是没有必要的。显然,这是事后对国民党领袖孙中山迫使莫斯科做出的妥协的一种辩解,孙中山同意与共产党人联盟,但他们必须服从国民党的纪律。当然,共产国际承认民族资产阶级不可能是一个永久的同盟者,因为必须估计到,随着阶级斗争的发展,他们对无产阶级和农民运动的恐惧即使不会使他们为反对社会革命而成为帝国主义的公开的同盟者,也会把他们推向对帝国主义采取更加调和的态度。不过在这发生以前,统一战线政策使共产党人能够接近群众,并给他们提供影响日益发展的民族主义运动的机会。

只是由于1927年国共联盟的彻底破裂,争论才结束。在这几年内,在共产国际及其中国支部内部,国共关系问题一直是一个不断进行分析而且总是存在分歧的问题。最后这个问题成了联共政治局内辩论得最激烈的问题之一,因此也就不能按其是非曲直进行辩论了。结果,执行这一政策要不断付出更多的代价。到1926年春共产党在国民党中的地位变得危险起来;蒋介石感到自己的力量已经强大到这样一种地步:即使不是可以不要共产党的帮助的话,那么也可以进行讨价还价,以便防止他们转过来反对自己。3月20日蒋介石逮捕了军队中的一些政治委员(大部分是共产党员),并把苏联顾问软禁起来。一些重要的中共党员要求党回到"党外联盟"的政策中去,但是莫斯科决策人把中国看作对付英日可能出现的不友好行动的同盟,他们决心维持与蒋的良好关系。由于俄国人支持国民党军队北伐——它的最终目标是占领北京——所以蒋释放了被逮捕的人,恢复了大部分苏联顾问的职务,并且重申他对共产国际的忠诚。

不过,统一战线的困境仍然存在,而且越来越严重。既然在理论上共产党应该继续存在,而且作为一个独立的阶级政党起作用,那么为了资产阶级的眼前需要而使共产党的纲领打折扣的这一政策就为苏联共产党内的反对派提供了一个极好的争论问题。斯大林及其支持者认为,由于这一阶段中国的斗争主要是反帝斗争,所以防止中国工人和农民对支持民族革命的地主和资本家采取敌对行动是正确的。他说:

"问题不仅在于广东政权(未来全中国革命政权的萌芽)的资产阶级民主主义性质,而首先在于这个政权是并且不会不是反帝国主义的政权,这个政权的每一进展都是对世界帝国主义的打击……有人说,中国共产党应当退出国民党。同志们,这是不对的……中国革命的全部进程、它的性质、它的前途都毫无疑问地说明中国共产党人应当留在国民党内,并且在那里加紧自己的工作。

另一方面,托洛茨基及其支持者指出:

"那种认为帝国主义从外部把中国所有的阶级自动地联结在一起的想法是一个严重的错误……反对帝国主义的革命斗争不是削弱而是加强了各阶级的政治分化……正是由于帝国主义的经济和军事力量,反对帝国主义的斗争才要求有力地动员最广大中国人民的力量。只有把工人和农民的基本的、最切身的生活利益同国家的解放事业联系起来才能真正唤起他们反对帝国主义……但是唤起被压迫和被剥削的劳苦群众不可避免地会使民族资产阶级与帝国主义结成公开的联盟。资产阶级和工农之间的阶级斗争不是削弱了,相反,由于帝国主义的压迫而加剧了。"

在很多研究成果（最新的也是最显著的研究成果是康拉德·布兰特的著作）中已经对争论的过程作了说明，这里无需赘述。1927年4月蒋介石在北伐战争第一阶段到达上海时摆脱了共产国际的控制，决定直接公开地反对其同盟者共产党，并极力想消灭他们。这以后共产国际把执行统一战线政策时间过长的责任推到中国中央委员会的身上，尤其是推给一直反对统一战线政策的人。

统一战线政策及其失败的另一个典型例子就是英俄工会团结委员会的失败。1924年，英俄工会团结委员会是抱着很大希望出现的。次年，它得到了工会委员会和全俄工会中央理事会的承认。1925年4月共产国际执委会扩大全会通过了关于工会统一问题的决议。该决议包含下列一段话：

"共产国际执行委员会扩大会议非常重视英俄工会的友好关系，因为由此可以看到，工会运动的国际统一，确实已经开始具体形成。执委会扩大会议欢迎英俄工会会议的活动，并号召各国工人，不分政治信仰，坚决有力地支持英俄工会联盟的成立。"

洛佐夫斯基在谈到决议时对共产国际的一些支部把该委员会仅仅看作"一种手段"而感到遗憾。很明显，国际工会联合会理事会的大多数成员也持有这种观点。1925年2月他们拒绝了英国提出的关于召开国际工会联合会和俄国工会联席会议的建议；据说，俄国工会不是要联合，而是要争取国际工会联合会。年底，季诺维也夫在苏联共产党代表大会上认为该委员会是对统一战线正确性的一个有力证明。

当时的总罢工证明了该委员会的价值。在罢工开始前，共产国际执委会和红色工会国际就总罢工的意义发出呼吁并发表宣言，提醒那些"决心进行战斗的工人群众"说，他们的领袖是不坚定的，有些领袖准备背叛他们。连"工党和工会的左翼领袖也在表明，他们是跟不上形势的"。只有英国共产党和少数派运动"才拥护英国和全世界工会运动的战斗团结"。

罢工失败了，英国共产党的领袖们由于没有公开尖锐地批评工会委员会而受到指责。全俄工会中央理事会发表声明痛斥了工会总委员会的"叛卖行为"，对此英共中央委员会中的有些委员认为这种指责太不友好了。在共产国际执委会主席团8月的会议上，墨菲说道，英国工人把对他们领袖的攻击看成对他们自己工会的攻击。（后来他被争取到俄国的意见一边。）在应俄国方面的要求于7月底在巴黎召开的联席委员会会议上，英国方面提出应该收回关于"叛卖行为"的指责，俄国代表拒绝了这一要求，于是会议休会。（8月会议在柏林复会，但没有取得重大进展。）

维持现存的英俄委员会的政策，像与国民党合作的政策一样，在联共党内和共产国际内成了反对派攻击的一个主要目标。当工会委员会总委员会拒绝俄国工会的大笔赠款时，托洛茨基写道，这必然会使迄今为止还没有在俄文报纸上看到对总委员会批评的俄国人民感到意外；该委员会的苏联方面竟放弃了作为统一战线政策的核心的批评的权利。而且英共也效仿他们。后来他写道，总委员会一旦背叛了罢工，该委员会就只能是帮助他们向群众隐瞒其叛卖行为。在英国，资本主义稳定的基础是工会委员会和工党对资产阶级的支持，因此和它们一起行动是可耻的。

斯大林曾在两个场合为继续保留该委员会的政策作过辩解。1926年7月15日在联共中央会议上，斯大林说该委员会能加强俄国工会同西方工会运动的联系，并使西方工会运动革命化；同时它还适合于反帝斗争，特别适合于反对帝国主义干涉苏联的斗争。该委员会的任务之一是"扩大阿姆斯特丹（即国际工会联合会）和英国工会运动之间的裂痕"，创造提高共产党对工会的领导地位的条件。斯大林在 8 月 7 日共产国际执委会主席团会议上重申了这些观点，在那次会上他对墨菲进行了攻击，因为他说英国共产党对俄国工会的干涉不满。总委员会干下了"一连串的背叛"行为。斯大林在同一次讲话中说，联盟（即与叛徒的联盟）的目的在于"工人阶级利益的共同行动"，如何把这一说法同上述观点统一起来呢？他没讲清楚；这是托洛茨基洋洋得意地抓住的一个矛盾。后来他写道，关于该委员会是联系群众的纽带的论点和工贼是联系罢工工人的纽带的论点是一样的；它不能从国际上加强苏联的地位——帝国主义的代理人决不会保护革命不受帝国主义的侵害。他在 1926 年 9 月 19 日的一篇文章中写道，共产国际正在用外交代替政策；所有赞成保留该委员会的论点都更适用于加入国际工会联合会。魏奥维奇在 1926 年末的共产国际执委会会议上争辩道，该委员会的存在妨碍了那些正在设法摆脱改良主义领袖的英国工会会员；当俄国工会同这些领袖合作时，他们怎么能反对这些领袖呢？1927 年初，英国和苏联政府互换照会（最终导致了关系断绝）之后，托洛茨基对该委员会的沉默提出了批评。"如果说存在，它为什么要保持沉默？如果说它不存在了，为什么对它的消失只字不提呢？"

实际上，英俄委员会于 1927 年 3 月在柏林曾再次举行过会议，并就一条互不干涉对方事务的原则达成了协议。托洛茨基把此事称为对少数派运动的背叛。与西特林决裂和与蒋介石决裂有着近似的原因。应俄国工会要求，该委员会于 6 月再次召开会议，讨论"战争危险问题"，但没有达成任何协议，后来未经与英国工会委员会事先协商，委员会双方的来往信件就在俄文报刊上发表了。7月28日,英国报纸转载了俄国方面的指责,并评论说很难理解俄国工会领导人想继续同叛徒、破坏分子和走狗合作的愿望。

俄国方面再次做出决定,在秋天的爱丁堡工会代表大会上总委员会退出了英俄委员会。苏联方面谴责工会委员会在英苏外交关系破裂之后最需要英俄委员会的关键时刻的"背叛"行为。托洛茨基说,这本身就是对一直推行的政策的一种谴责。"叛徒背叛"难道不是很自然的吗?

统一战线策略的这两次尝试的失败使改变策略成了不可避免的事,而且既然当时联共党内反对派已经失败,它在共产国际其他支部的支持者(他们曾经谴责俄国人把自己的国家利益凌驾于革命运动的利益之上)也已经被开除或将要被开除出党,那么这种改变就变得很容易了。

1928年2月共产国际执委会第九次扩大全会决议为这一改变提供了理论根据。在全会召开之前《真理报》刊登的一篇文章论证说,群众向左转,而改良主义领袖却向右转,这种情况需要比以往更有力地与国际社会民主主义作斗争。全会关于英国形势的决议指出,工党正在迅速失去原来的特点和影响,而这些特点和影响曾使列宁在八年前坚决要求共产党人在其中工作。工党现在正迅速地变成一个普通的社会民主党。正如一位发言人所说,英共"只有越过工党尸体"才能赢得对工人的领导权。大多数英国代表不同意这种观点——前年10月的英共代表大会重新肯定了原来的政策——但是他们被说服同意了这项决议,当他们回到英国时,中央委员会也批准了这一决议。除了别的含义之外,决议还意味着在选举中共产党候选人将反对工党候选人。在这一年的晚些时候,布哈林在共产国际第六次代表大会上以英国为例说明过去的一年已向左转。"至于英国党，我们已同英国工人运动的一切旧的传统决裂了。"最根深蒂固的传统就是统一的、组织起来的工人阶级的传统。这是改良主义者的王牌，是无产阶级摆脱改良主义影响的最大障碍，因为可以用它同革命的思想和革命的党相抗衡。

全会还通过了一个关于法国问题的类似决议，在法国在第一轮选举中最强大的左翼候选人为了击败右翼候选人一般在第二轮选举中总要赢得其他左翼候选人的支持。新方针没有把法国政治上的极右派和左翼社会党人加以区别——但有个例外，这可能与苏联的外交政策有关，在阿尔萨斯，法共和德意志天主教自治派结成了选举联盟。

从"统一战线"到"阶级反对阶级"的转变开始了在共产党人的行话中所说的所谓的"第三时期"。在1928年夏天的世界代表大会上，布哈林用了很长时间，费了很大力气，想使他的听众相信：对世界形势的分析证明需要一种新的政策来适应这些巨大的和有意义的变化。社会民主党已不再是工人运动的右翼，而是资产阶级的左翼。代表大会提纲认为，由于社会民主党越来越资产阶级化和帝国主义化，越来越成为资产阶级国家的一个组成部分，所以"必须加强反对资产阶级工人政党的斗争"。

另外，这种变化与苏联国内的转变是一致的。当时在苏联强迫工业化和"把富农作为一个阶级消灭"的政策即将开始。曼努伊尔斯基在翌年的共产国际执委会第十次全会上明确地提到了这种联系。"我们从不把统一战线看作是一种在任何时候、对任何国家都有效的公式。过去我们有时同第二国际和第二半国际谈判，有时同总委员会和蒲塞尔谈判。现在我们强大了，因而在斗争中要运用更加积极的方式去赢得大多数工人阶级。"同样，新经济政策一直是与个体农民结成统一战线的策略。反对新的策略,即反对猛烈攻击社会民主主义也就是反对攻击富农的这一明确政策。"凡是要求我们对富农坚持一切革命的合法性的准则的人,也肯定会宣扬对工会官僚的忠诚。"

(原载《国际共产主义》圣·安东尼学院论文集第九辑 1960年伦敦英文版)

(金娟萍 译)

共产国际对社会主义经济问题上的修正主义观点的批判（摘译）

〔苏〕М.И.苏伏洛娃

[译者按] 1985 年，苏联莫斯科大学出版社出版了 М.И.苏伏洛娃著《共产国际对社会主义经济问题上的修正主义观点的批判》一书。该书共分七章，对共产国际在"一国建设社会主义"、"无产阶级专政国家的经济作用"、"新经济政策的实质"、"社会主义生产的计划组织和利用商品货币关系"、"社会主义劳动的内容"和"社会主义条件下的物质刺激"等问题上的论争作了比较详细的叙述和分析。现将该书的主要论点和共产国际在这些问题上的论争情况摘译如下，供研究工作者参考。

一、关于"一国建设社会主义"问题

"一国建设社会主义"的问题曾是共产国际注意的中心，捍卫和进一步分析列宁关于一国可能首先建成社会主义的学说是共产国际的重要贡献之一。列宁在共产国际第三次代表大会上在谈到俄共的策略时曾强调指出，早在十月革命以前和十月革命以后不久，我们曾设想革命可能

---

* 本文选自《国际共运史研究资料》1986 年第 3 期。

很快在比较发达的资本主义国家里爆发,否则我们就会灭亡。"尽管有这种想法,但我们还是尽力去做,以便在任何情况下保存苏维埃制度,因为我们知道,我们的工作不仅是为了自己,而且是为了国际革命。"①

托洛茨基分子在列宁逝世后的复杂环境下提出"不断革命"的理论来与之相对抗。托洛茨基提出从思想上"重新武装"列宁主义的谬论,他试图证明,似乎列宁主义中重要的和可以接受的只是十月革命时期出现的东西,而十月革命后的新的列宁主义则是托洛茨基主义。托洛茨基教条主义地引证了马克思和恩格斯在十九世纪后半期所阐述的论点,提出了"不断革命"论,这个理论认为,如果欧洲大多数发达资本主义国家不同时爆发革命,那么像俄国这样一个国家的社会主义革命和社会主义建设是不可能实现的,无产阶级专政就会灭亡,就会让位于资产阶级专政。托洛茨基分子否定俄国社会主义革命和社会主义建设取得胜利的外部和内部条件,实际上,他们的"理论"旨在抹杀社会主义改造,并向资本主义交出一切阵地。

奥地利社会民主党领袖之一、第二国际的积极活动家伦纳也坚持认为一国不可能建成社会主义。他认为,第一次世界大战的主要结果是资本主义向全球扩展。

托洛茨基自称为先进"欧洲马克思主义"的代表,认为一国可能建成社会主义的理论是对马克思主义"传统"的破坏和修正。托洛茨基认为一国不可能建成社会主义的外部条件是苏联经济和世界资本主义经济的联系。

在共产国际第四次代表大会上,托洛茨基宣称,如果资本主义世界再存在几十年,那么将会给苏维埃俄国判处死刑。他说,苏维埃国家似

---

① 《列宁全集》第 1 版第 32 卷第 467 页。

乎始终处在世界市场的控制之下,而苏联重工业发展的速度将取决于世界的发展。他认为,国家工业化意味着不是缩小而是扩大它对世界资本主义市场、对资本主义国家技术和经济的依赖性。因此,托洛茨基分子建议不要"忽视"和"破坏"业已形成的世界分工的传统,而要采取使苏维埃经济适应于世界市场需求的方针。

托洛茨基在给共产国际第六次代表大会的信中,建议在共产国际的纲领中列入"没有世界革命的支援,无产阶级革命在一国不可能取得胜利"的条款。季诺维也夫支持托洛茨基,并说苏维埃国家对世界资本主义市场的依赖性正在增加,这是由于国内市场价格完全取决于世界市场价格的缘故。

托洛茨基把国家采取的旨在建设社会主义的措施看作是"民族的闭关自守",是忘记了世界无产阶级革命的利益。他认为,无论在革命斗争中,还是在社会主义建设中,农民不可能成为无产阶级的同盟军。托洛茨基把维护和平和同资本主义国家合作的对外政策诬蔑为"退却"。

列宁曾在《奇谈与怪论》一文中驳斥这类见解说:"按照这种观点,处在帝国主义列强中间的社会主义共和国,是不能缔结任何经济条约的,如果不飞到月球上去,那就无法生存。"[①]

世界共产主义运动粉碎了托洛茨基的"不断革命"论,捍卫了列宁一国建设社会主义的计划。特别是在共产国际执委会第七次扩大全会和共产主义学院(1926年)的争论中,明确表明了托洛茨基立场的毫无根据和极大危害。

在第七次扩大全会的文献中指出,托洛茨基分子不相信苏联社会主义的建设实质上就是取消所有共产党和工人党直接革命斗争的前途,使

---

① 《列宁选集》第1版第3卷第440页。

某些国家无产阶级的斗争成为毫无希望。全会指出,联共(布)并不否认苏联和资本主义国家的经济联系,但是它是从社会主义建设的利益来看待这一联系的。扩大经济联系、开展经济竞赛是社会主义和资本主义之间阶级斗争的一种特殊形式。全会承认在国内市场价格和世界市场价格之间确实存在着联系,然而,世界市场不可能指挥国内市场价格,因为社会主义国家是按计划程序来确定价格的并实行着对外贸易的垄断。

二、无产阶级专政国家的经济作用问题

社会主义革命是在经济和政治发展水平极不相同的国家里实现的,因此它给这个或那个国家的过渡时期打下了深刻的烙印。但是,每个国家都必然有一个改造旧的经济和发展、有计划地组织经济的历史时期。

列宁总结俄国三次革命的经验,指出像无产阶级专政、工农联盟、共产党的领导作用和实行社会主义改造等这些基本特点具有国际意义。

列宁在同共产国际第四次代表大会的代表们谈到第三次代表大会通过的《关于共产党的组织结构及其工作方法和内容》的决议时指出,这个决议"几乎全是俄国味,也就是说,完全是根据俄国条件写出来的"[①]。列宁说,它的好的一面在于此,它的坏的一面也在于此,而缺点在于我们不了解应该怎样把我们俄国的经验介绍给外国同志。

共产国际第一次代表大会在制定纲领性文件时曾特别注意争取无产阶级专政的斗争问题。在列宁关于资产阶级民主和无产阶级专政的提纲和报告中,揭露考茨基关于无产阶级专政的修正主义观念占有极重要的

---

① 《列宁选集》第3版第4卷第727页。——本丛书编者注

地位。

在共产国际第一次代表大会通过的《共产国际行动纲领》中发挥了列宁关于无产阶级专政的学说。《纲领》中规定了无产阶级专政的政治任务和经济措施。在经济措施中包括：剥夺大资产阶级，将主要生产资料变为公有财产；同时强调指出，"对于小所有制，绝不应该实行剥夺，而且对于不剥削别人劳动的小所有者，也不应该采取强制手段"。《纲领》还指出，建立集中的生产管理机构是无产阶级专政的极重要的经济职能。同时，《纲领》认为，实现无产阶级胜利斗争的先决条件，不仅要同资本的直接奴仆……而且还要同在危急存亡关头背弃了无产阶级而去向无产阶级的公开敌人献媚的中派（考茨基分子）决裂。①

在关于国家的经济作用问题上，列宁和共产国际不得不同无政府工团主义进行斗争。1918年，以布哈林为首的"左派共产主义者"曾经站在无政府工团主义的立场上。1921年，施略普尼柯夫、梅德维捷夫等人提出的"工人反对派"纲领也以最彻底的形式表达了无政府工团主义思想。他们在企业实行"工人自治"的口号下实际上主张削弱工人阶级及其政党对企业生产的领导作用，使社会主义经济建设脱离无产阶级专政。

现时"市场社会主义"的拥护者提出的理论也是同二十年代无政府工团主义的理论观点有机地联系着的。要求企业拥有充分的经济独立就意味着否定共产党和社会主义国家在经济上的领导作用。

在这方面，共产国际还不得不同托洛茨基分子进行斗争。托洛茨基分子在"左的词句"的掩盖下，借口保卫十月革命的成果，歪曲无产

---

① 参看贝拉·库恩编：《共产国际文件汇编》三联书店1965年版第1册第99—101页。

阶级专政在经济建设中的作用。他们把社会主义国家的经济职能只归结为单纯的行政事务、强制性的军事领导方法，把政治的作用绝对化，否定经济管理方法的意义。

德国的"极左派"马斯洛夫和费舍支持托洛茨基的观点，他们声称，苏联的社会主义建设方法和共产主义原则之间存在着矛盾，具有不可调和的对抗性。

共产国际的纲领根据马克思列宁主义的理论和苏联社会主义建设的经验，宣布无产阶级专政在社会经济生活中的特殊作用。纲领指出，胜利了的无产阶级"利用已经取得的政权作为经济变革的杠杆……这场极其伟大的经济革命的第一步就是……变资产阶级的垄断所有制为无产阶级的国家所有制"①。

共产国际认为，无产阶级专政的极重要任务是没收一切大工业企业、运输、交通、银行、大土地，并实行无产阶级国有化。

共产国际认为无产阶级专政的积极作用不仅在于经济建设、发展社会主义的生产形式，而且在于提高无产阶级的文化水平。共产国际提出的一条极重要原理就是指明共产党在实现无产阶级专政的经济职能中的领导作用。共产国际在反对各种机会主义者时强调指出，在社会主义建设的全部组织工作中，工人阶级要"保证意志和行动的统一，并通过共产党在无产阶级专政体系中的领导作用来实现这个统一"②。

社会主义国家要组织国民经济部门的有计划的管理，成为社会主义生产的直接组织者。社会主义国家要对国民经济实行计划化，确定生产的总的规模及其发展的远景，确定投资方向、价格、交换、物资供应、

---

① 参看贝拉·库恩编：《共产国际文件汇编》第 1 册第 39 页。
② 参看贝拉·库恩编：《共产国际文件汇编》第 1 册第 39 页。

培养和分配干部、工资的浮动、居民福利的增长以及其他全社会性的各种经济措施。国家还必须采取一系列经济和教育措施，采取新技术和新工艺，利用物质和精神刺激手段，组织城乡经济、生产和贸易的联系，以促进工农业的发展，巩固工农联盟。与此同时，国家还必须组织对外经济联系，参加国际社会分工，等等。

三、关于新经济政策的实质

列宁在制定社会主义建设的具体计划时曾经指出，现在争取社会主义的斗争已经转向经济领域，组织国民经济的任务已经提到了首要地位。

各国社会主义革命的经验表明，社会主义经济不是一下子就可以建立起来的，需要有一个较长的历史时期。在每个国家里，从资本主义到社会主义的过渡时期是从工人阶级取得政权开始直到社会主义彻底胜利。这一时期的主要内容就是新的社会主义的生产关系取代旧的资本主义生产关系的革命过程。

在外国武装干涉、国内战争和经济破坏的条件下，苏维埃国家曾经实行了战时共产主义政策，这是由于一切为了前线的需要而不得不实行的。这一政策的特点就是整个国民经济的高度集中制、余粮收集制，征收农户的一切剩余产品。

战时共产主义是由于具体的历史条件引起的，它对年轻的苏维埃共和国战胜国内外敌人方面起了杰出的作用。然而，后来它成了生产力发展的障碍。余粮收集制和禁止自由贸易直接违背了农民和小商品生产者的利益。

根据对当时形势的全面分析，根据经济科学的资料以及考虑到劳动农民和工人阶级的愿望,共产党提出了从战时共产主义过渡到新经济政策的问题。

列宁对过渡到新经济政策的问题作了深刻的科学论证,指出新经济政策的实质、意义、方法及其主要任务就是建成社会主义。在列宁的论述中,工农联盟问题被提到了中心地位。

国内外的"左"派和右派都对列宁关于新经济政策的学说进行了修正。

例如,德国共产党内的右翼反对派代表塔尔海默在共产国际第四次代表大会上说,战时共产主义是一切国家都必须采取的政策,它在任何地方在新经济政策以前都是必须实行的。在他看来,战时共产主义也好,新经济政策也好,都不是由于特殊的俄国性质的原因引起的。①

在共产国际第五次代表大会上,在讨论纲领草案时,他继续坚持关于战时共产主义是无产阶级专政时期各国的共同规律的观点。布哈林在关于纲领问题的报告中也说,在过渡时期都必须实行这种或那种形式的战时共产主义,因为资产阶级将顽固地同无产阶级进行斗争。②

应当指出,在开始时,在解决社会主义建设的极复杂任务时,不是所有共产党人都正确地估计到新经济政策的必要性。例如,瓦尔加在《共产国际》杂志上曾经也说过:"在与苏联隔绝而出现的无产阶级专政的所有情况下,战时共产主义将是规律,而新经济政策则是例外。"③在第五次代表大会讨论纲领草案时,他也表述了这一思想。他甚至认为,如果不实行战时共产主义政策,那就会导致政权的丧失。在他看

---

① 参看《共产国际第四次代表大会公报》第 14 期俄文版第 25 页。
② 参看《共产国际第五次代表大会速记记录》俄文版第 1 册第 543、503 页。
③ 《共产国际》杂志俄文版 1928 年第 23—24 期第 97 页。

来，新经济政策无非是对资本主义的让步。

共产国际在深刻和全面地研究和讨论了过渡时期的问题以后，在大会制定的纲领中写道，战时共产主义政策破坏了国内与工人阶级敌对的居民阶层的物质基础，保证了现有资源的合理分配，有助于无产阶级专政的军事斗争，并在这一点上找到了历史的依据，然而，它不可能被认为是"是无产阶级专政'正常'经济政策的制度"[①]。

资产阶级"苏联经济问题"专家们以及右的和"左"的改良主义者们企图把新经济政策说成是苏维埃国家向资本主义的倒退，是无产阶级专政软弱的象征，是放弃马克思列宁主义的原则。第二国际的领袖们曾责备布尔什维克说，他们过早地夺取了政权，俄国真正进行社会主义建设的条件还不成熟。实行新经济政策似乎就是社会主义革命客观力量不足的表现。例如，考茨基把俄国实行新经济政策说成是社会主义建设的布尔什维克方针的破产，是资本主义生产关系恢复的过程。

马尔托夫在国外出版的孟什维克《社会主义导报》上也试图证明，十月革命和以后发生的事变不是意味着社会主义革命的胜利，而是"无产阶级大多数"想要取消社会不平等的"社会乌托邦愿望"。在他看来，实行新经济政策表明，布尔什维克脱离了社会主义建设的轨道，转向了恢复"商品资本主义的经济形式"。第二国际领袖王德威尔得在国际社会党柏林代表会议上把实行新经济政策说成是布尔什维克的退却，是资本主义的复辟。

奥地利马克思主义的代表奥托·鲍威尔出版了一本《苏俄的新经济政策》小册子，认为新经济政策似乎意味着取消一切社会主义的措施，逐渐恢复资本主义的措施。根据他的意见，苏联政府应当承认取消无产

[①] 《共产国际第六次代表大会速记记录》俄文版第6册第32页。

阶级专政的必要性。苏联党内和共产国际内的托洛茨基分子也企图把新经济政策只看作是退却，看作是资本主义关系的复活。

托洛茨基在共产国际第四次代表大会上的发言中说，新经济政策给我们带来极大的危险，因为市场的发展、竞争、粮食的自由贸易会导致商业资本作用的增长。把工业企业租让给资本家会更加加强资本主义在国民经济中的意义和作用。白俄分子也支持托洛茨基分子的观点。1921年夏天，几个白俄分子，主要是立宪民主党人和十月党人，在布拉格出版了一本《路标转换》文集，文集的许多作者（以乌斯特里亚洛夫为首）声称，共产党实行新经济政策是放弃了社会主义社会的建设，苏维埃俄国正在向资产阶级制度演变。他们欢呼俄国资本主义的发展，建议工业和银行实行非国有化，建议取消对外贸易垄断制和恢复土地私有制。

在共产国际第三次代表大会上，一部分代表坚持反对在俄国实行新经济政策。例如，德国的"极左派"马斯洛夫和费舍说，新经济政策是同共产主义原则相矛盾的，实行新经济政策意味着资本主义复辟。在他们看来，俄国实行了对富裕农民的让步，革命具有了激进资产阶级的性质。新经济政策是苏维埃资产阶级和苏维埃官僚的联盟。"极左派"号召俄国工人进行斗争反对"正在形成的资产阶级专政"。

德国共产主义工人党内的"左派"代表扎克斯也谈到俄国资本主义复辟的危险。[①] 另一个"左派"代表赫姆佩尔说，俄国不应当用资本主义的手段来维持经济生活。他竭力反对外国租让企业，似乎这种企业会巩固资本主义国家的经济生活，并向代表大会呼吁阻止苏维埃经济发

---

① 《共产国际第三次代表大会速记记录》俄文版第363页。

展中这样一个时期的到来。①

俄国"工人反对派"代表在共产国际第三次代表大会上支持德国"极左派",说新经济政策会导致资本主义复辟,对于无产阶级国家来说是致命的政策。在他们看来,由于自由贸易,出现了私有制恢复的可能性。柯伦泰在这次代表大会上说,当资本主义关系在世界范围内已经日暮途穷时,苏联的无产阶级专政在国内政策上会促使"建立在资本主义基础上的旧的生产体系的恢复",实行新经济政策不是出于工人阶级的利益,而是出于小资产阶级的利益。"这些让步会使工人群众丧失对共产主义的信任"②。

共产国际维护和发展了马克思列宁主义关于过渡时期以及新经济政策的实质和必要性的学说,证明了反对者们所提出的理由是站不住脚的。

列宁在第三次代表大会上所作的关于俄共策略的报告中论证了新经济政策的必要性。在他的报告中,对社会主义和资本主义之间形成的某种均势作了分析。列宁说,我们现在有可能在资本主义包围的条件下生存,并开始建设自己的经济。列宁还指出在一切国家中在从资本主义到社会主义的过渡时期里实行新经济政策的必要性。

共产国际第三次代表大会在关于俄共策略的决议中指出,代表大会一致赞同俄国共产党的政策,这个政策是建设社会主义的政策,是"坚持革命马克思主义原则"③的政策。此后,在共产国际执委会第一次扩大全会和第四次代表大会上都指出了俄国实行新经济政策的正确性,并

---

① 《共产国际第三次代表大会速记记录》俄文版第377页。
② 《共产国际第三次代表大会速记记录》俄文版第368页。
③ 贝拉·库恩编:《共产国际文件汇编》第1册第325页。

驳斥了反对者们的谬论。在列宁逝世后召开的共产国际代表大会和执委会全会也都确认忠于列宁主义，赞同在苏联实行新经济政策。

新经济政策具有国际性质，它在某种程度上帮助了走上社会主义发展道路的其他社会主义国家去克服经济困难和社会阶级矛盾。

四、关于社会主义生产的计划组织和利用商品货币关系问题

生产资料公有制的出现产生了协调经营、调节和管理社会生产的客观必要性，由此就产生了自觉地利用经济规律监督人们的经济活动的可能性和必要性。

在共产国际活动时期经济科学的极重要问题之一就是苏维埃经济的计划组织问题。

列宁在《论"左派"幼稚性和小资产阶级性》一文中强调指出，没有社会生产的有计划的国家组织，没有无产阶级在国家中的统治，社会主义就无从设想。① 列宁关于计划性就是经常的、自觉维持的比例性的学说是众所周知的。列宁关于社会主义生产具有计划性的学说，列宁的计划化原则以及民主集中制原则、集中的计划化和群众的首倡精神相结合的原则等等是苏联对整个国民经济实行计划化和管理的理论基础和组织基础。

右翼修正主义者，和资产阶级代表人物一样，口头上承认苏维埃经济中存在计划的因素，然而他们把后者看作是商品资本主义关系的变种。他们在社会主义计划化和国家资本主义的调节两者之间画上等号，把两者看作是单纯的量的差别。因此，在领导经济过程中，他们把重点

---

① 参看《列宁选集》第 1 版第 3 卷第 548—578 页。

放在自发规律作用的预见上。

例如，布哈林从社会主义经济中计划因素和自发因素相结合的认识出发，认为计划机构的任务就是确定两者之间的某种平衡。

普列奥布拉任斯基在1926年共产主义学院的争论时，提出了"两个调节者"的理论。根据他的意见，在过渡时期，两种经济类型——社会主义经济和私人经济——都有自己的运动规律。苏维埃经济的特点是计划因素，他把它归结为"社会主义原始积累规律"，与私人经济相适应的则是价值规律。这样，计划因素和价值规律就进斗争，并导致生产力的再分配，其中包括劳动力的再生产。普列奥布拉任斯基在《苏维埃经济中的价值规律》的报告中硬说，国家的计划活动就是实际上没有客观基础的意志行为的总和。在他看来，在两个调节者之间，即计划和价值规律之间进行着残酷的斗争，而苏维埃经济的发展是两者共同作用的结果。他认为，苏维埃经济体系一方面是自觉地、有组织地，另一方面又是自发地在其自身中寻找履行像竞争这样一种职能的调节者，只不过手段不同。价值规律和计划因素之间的斗争不可避免地具有"社会主义原始积累规律"和价值规律之间斗争的形式。①

同时，在讨论国家计委在制定1925—1926年国民经济计划的最初经验时，计划机构的工作人员和国务活动家们尖锐地批判了索柯里尼科夫关于过渡时期不可能实行计划经济的论点。索柯里尼科夫认为，在存在大量个体农户的条件下，在存在"一系列细小的自发计划和市场行情"的条件下，是不可能合理地和有计划地利用国内的一切资源的。因此，他建议通过能够适应市场条件的计划。

另一方面，托洛茨基分子从国家经济作用的错误观念出发，要求在

---

① 《共产主义学院学报》俄文版1926年第11期第253页。

管理经济方面实行军事领导方法。托洛茨基在谈到经济的计划管理时以军队作为例子。他说，军队也就是计划管理，托洛茨基分子还反对加强领导国民经济的计划机构的作用，特别是在金融和信贷方面的计划机构的作用。他们攻击全俄电力化委员会的计划，认为这个计划是过于"缓慢的和非革命的"。

在共产国际的文献中，许多地方都论证了加强苏维埃经济中的计划因素、预见国民经济各部门发展的结果和国家对经济过程影响的必要性。《共产国际纲领》中写道，"经济命脉之高度集中于无产阶级国家手中，计划领导因素的日益增长以及与此相联系的节约和最合理地分配生产资料——所有这一切使得无产阶级有可能在社会主义建设的道路上迅猛前进"。[①]

共产国际第六次代表大会赞同曼努伊尔斯基在这方面的说法。他说："计划和调节经济生活，并不意味着随经济自发势力的意志摆动……而是自觉地干预经济过程……改变这些过程的方向，使之有利于工人阶级。"[②] 在他的发言中还指出，加强计划因素将有助于建立正确的工农相互关系，而加强国营工业的地位，扩大国营工业的比重，实行经济的计划化和调节则会使自发的市场关系受到限制。

共产国际还进一步发挥了关于计划经济的任务和形式的学说。例如，瓦尔加在第六次代表大会上的报告中谈到计划生产组织的职能，即预见未来经济发展的结果时说："在国营工厂和国营农场，苏维埃经济可以直接确定应当生产什么和怎样生产。"[③] 同时，国家对私营经济成

---

① 贝拉·库恩编：《共产国际文件汇编》第 1 册第 55 页。
② 《共产国际第六次代表大会速记记录》俄文版第 5 册第 76 页。
③ 《共产国际第六次代表大会速记记录》俄文版第 5 册第 39 页。

分施加影响，对它的产品生产和消费水平施加影响。收购价格和销售价格也是计划影响的手段。

在共产国际的文献中，还发挥了一个极重要的思想，即随着过渡时期的结束和社会主义的建成，计划化具有普遍性质。这就是说，计划发展形式将成为整个社会生产、生产关系和生产力各方面的特点。

同时，共产国际强调指出，公有制占统治地位将决定计划发展的客观必要性，使其有利于整个社会和全体劳动者。在《共产国际纲领》中写道：社会生产的自觉的计划组织旨在"满足迅速增长的社会需要"。

与此同时，共产国际还发挥了列宁关于在计划经济条件下利用商品货币关系的学说。在这里，共产国际把无产阶级专政条件下利用商品货币关系的问题同生产资料公有制的存在和它在计划调节社会生产中的决定作用联系在一起。

托洛茨基分子特别激烈地反对商品形式、货币、市场。他们在这方面也以军队为例，来说明不需要市场，在他们看来，计划机构不应当考虑市场的存在。

在共产国际第四次代表大会上，托洛茨基曾说，市场和贸易的增长将促使国民经济中资本主义的发展。

德国社会民主党人列维支持托洛茨基分子的观点。他曾著文说，假如联共（布）允许商品货币关系的发展，那么历史的辩证法将转而反对共产党人。

机会主义者们从商品关系在资本主义条件下和社会主义条件下具有同样性质的错误观念出发，得出结论，认为必须消灭商品货币关系。

特别是今天，在资产阶级经济学家和修正主义者们中间还有一些托洛茨基主义的信徒，他们认为，在社会主义条件下，商品货币关系只具有象征性意义。由此得出结论,似乎只能二者择一:不是计划,就是市场。

右翼修正主义者则企图论证发展市场自发性来取代计划调节的必要性。他们和"市场社会主义"的代表们一样,说什么自发的市场机制是社会主义生产的唯一调节者。计划机构的任务应当是确定计划和市场的平衡。

应当指出,具体解决社会主义条件下的商品货币关系问题历史上还是破天荒第一次。在此以前,在马克思主义的经典作家们的著作中曾否认在社会主义革命胜利后有商品生产存在的必要性。列宁在社会主义经济建设的过程中,首先建议以商品交换的形式来确立工农业和城乡之间关系的计划。1921年5月,苏维埃政府通过了"关于交换"的法令。法令中指出,在完成农产品实物税以后可以自由买卖剩余的产品。交换、销售的权利扩大到小手工业产品。

在过渡到新经济政策的最初几个月里,苏维埃国家提出了通过合作社同农民进行有组织的商品交换的任务。但是,同农民进行有组织的商品交换未能限制商业中私人资本的发展。实际生活表明,实物交换作为交换和经济联系的主要形式是行不通的。因此,列宁提出了"学会经商"的口号。1921年10月,列宁在莫斯科省第七次党代表会议上说,商品交换没有丝毫结果,"私人市场比我们强大,通常的买卖、贸易代替了商品交换"①。

从商品交换过渡到贸易向苏维埃国家提出了掌握国内商品流转、保证国家在调节贸易和货币周转方面的主导作用的任务。

以后,随着城乡社会主义经济形式的增长,社会主义大工业和加入

---

① 《列宁全集》第1版第33卷第73页。

合作社的农民经济之间的社会生产联系则成为联系的基本形式。同时,苏维埃国家有计划地利用了商品货币关系。

由此可见,商品货币关系在过渡时期具有自己的特点,这特点是由于多成分的经济而产生的。商品生产是完全以客观经济条件为转移的。

利用商品形式为社会主义建设服务的先决条件是限制农民经济的自发性以及社会主义工业有计划地对它施加影响。只有这种既允许又限制私人贸易的政策才能保证正确利用市场关系。

在《共产国际纲领》中明确指出利用商品货币关系的必要性。同时,在经济形式具有多样化、各个阶级和阶级集团存在的情况下,经济利益的差异要求无产阶级专政国家制定一种经济政策,使社会主义大工业和小商品生产经济正确地结合起来,通过利用市场关系保证社会主义工业的主导作用。

《纲领》强调指出,商品货币关系是与资本主义经营活动方式(价格计算、货币工资、买卖、信贷、银行等等)相联系的,但它起着社会主义变革的杠杆的作用,为社会主义经济服务。[①] 同时,承认市场关系在无产阶级国家执行正确政策的情况下,可以排挤私人资本,改造个体农民为集体农民,使资金进一步集中在国家手中。

瓦尔加在共产国际第六次代表大会上的报告中说:"虽然苏联的经济生活表面上看来是在与资本主义的形式……'货币'、'商品'、'资本'、'利润'相同的形式中度过的,但是它根本不同于资本主义。资本主义是以取得利润为目的的经济。苏维埃经济……的目的是满足劳动者的需要。因此,把表面上相似的经济现象看作是相同的经济现象是完

---

① 参看贝拉·库恩编:《共产国际文件汇编》第 1 册第 45 页。

全错误的。"①

曼努伊尔斯基在1931年共产国际执委会第十一次扩大全会上的报告中说，苏联经济是有计划的经济，这就是说，"作为商品关系基础的价值规律在苏联起着与在资本主义下不同的作用"②，在这里，价格不是像在资本主义条件下由利润的刺激决定的，而是由整个国民经济的利益决定的。

承认把商品货币关系扩大到社会主义社会是共产国际的毋庸置疑的功劳。这在当时的经济科学中还是新发明。例如，曼努伊尔斯基在共产国际执委会第十二次全会的发言中强调指出，诚然在我们这里保留着"与资本主义的商品货币形式截然不同的商品货币形式……它将在整个共产主义第一阶段继续存在"③。

在全会上批判了托洛茨基分子忽视社会主义经济建设中的货币形式、经济核算、卢布监督、节约制度的立场。

全会还提出了关于加强经济核算杠杆、确立财经纪律的提纲作为掌握商品货币关系方面的一项极重要任务。同时认为经济核算应当成为计划的基本要素。④

共产国际一方面把商品生产的作用限制在从资本主义到社会主义的过渡时期范围内，另一方面又承认在社会主义条件下还将保留商品货币关系。这说明共产国际预见到现时经济科学的某些基本原理。

共产国际正确地指出了无产阶级专政条件下商品货币关系的最本质

---

① 《共产国际第六次代表大会速记记录》俄文版第5册第40页。
② 《关于共产国际执委会第十一次全会的总结》俄文版第46页。
③ 《共产国际执委会第十二次全会速记记录》俄文版第3卷第138页。
④ 《共产国际执委会第十二次全会速记记录》俄文版第3卷第139页。

的特点，这个特点反映在人与人之间的崭新经济联系上，它与社会主义以前的一切生产方式下的商品货币关系截然不同。

共产国际认为商品货币关系及其固有的经济范畴是对生产和分配、有计划地确定社会生产各部门之间的比例和对社会主义经济进行技术改造的极重要的社会监督手段。

五、关于社会主义劳动的内容和社会主义条件下的物质刺激

共产国际对阐述社会主义劳动的性质问题做出了巨大贡献，驳斥了修正主义者对国营企业的劳动组织和对劳动刺激问题上的种种歪曲。

托洛茨基认为，新的社会制度下的每个工作人员都是劳动大军的一员，因此对他必须采取指挥和命令的形式。托洛茨基把企业的领导人比作军事指挥员。托洛茨基硬说，解决经济任务的最好办法就是用"机关枪"的办法。他把社会发展的历史描绘成人屈服于劳动的过程，因为在他看来人生来就是懒惰的，如果不"鞭打"他，他就会饿死。

托洛茨基在建议国民经济实行军事化时提出了继续实行战时共产主义和"拧紧螺丝钉"的政策。他特别激烈地反对工会保护工人阶级的物质利益。

另一方面，左倾机会主义者把工人的利益同社会主义国家的利润对立起来。像现时"市场社会主义"的代表人物一样，他们认为企业是企业家活动的唯一主体。他们主张削弱党对工会的领导，把联共（布）提出的"工会面向生产"的口号看作是转向托洛茨基主义。他们反对在苏联开展竞赛和突击队运动。

在共产国际的文献中，深刻揭示了劳动的新的性质、为自己而劳动的意义，表明了托洛茨基关于社会主义制度下强制劳动的论点的毫无根

据。社会主义的劳动性质取决于生产资料公有化的出现，它根本地改变了劳动者及其劳动在社会上的地位。劳动具有直接社会的性质。

社会劳动的运转是由统一的经济中心自觉地来调节的。

生产资料公有制消除了压迫和剥削，使生产者联合起来，保证生产者的物质福利随着社会财富的增长而增长。

在共产国际执委会第十一次全会上，曼努伊尔斯基驳斥了资产阶级代理人关于社会主义劳动性质的谰言。在共产国际的文献中包含着全面提高社会主义条件下劳动生产率的必要性的深刻思想，这是由于社会主义生产关系的本质决定的。《共产国际纲领》强调，在这里，生产力的提高，技术进步的发展是不受社会性质的任务限制的。同时，共产国际强调指出，创造比资本主义更高的劳动生产率的先决条件就是新的劳动组织。共产国际还十分注意分析社会主义劳动组织的特点。

在共产国际执委会第十二次全会上提出了劳动生产率的提高同社会主义劳动态度的相互关系问题。

共产国际支持曼努伊尔斯基的说法，他说，我们党在大力发展新的社会主义刺激的同时，不拒绝"在社会主义工业中，尤其在集体农庄的实践中利用个人物质利益的刺激"[①]。

在过渡时期，劳动中的主要刺激是物质刺激，因为物质刺激还是一种谋生的手段。社会的每一个成员从物质上关心劳动作为物质福利的来源。社会主义社会的建设是同利用劳动中的物质刺激和精神刺激联系在一起的。

共产国际进一步发挥了列宁关于物质刺激和精神刺激相结合、对不愿为全社会利益而劳动的人采取强制手段的理论原理。

---

① 《共产国际执委会第十二次全会速记记》俄文版第3卷第140页。

托洛茨基分子硬说，社会主义建设绝不是以物质刺激为前提的，物质刺激似乎只是资本主义再生产条件下所固有的特点。

德国共产主义工人党内的"左派"也支持托洛茨基分子的论点。他们反对列宁关于利用个人关心物质利益的原则，在他们看来，"迷恋于"经济问题和劳动者物质状况问题会使世界无产阶级革命的胜利推迟。赫姆佩尔在共产国际第三次代表大会上说，他反对任何一种与无产阶级的当前利益和切身利益有关的政策。

俄国的"工人反对派"代表们在第三次代表大会上支持德国共产主义工人党内的"左派"。他们建议靠热情来建设社会主义，不必考虑物质刺激，只须依靠工人阶级的创造热情。① 托洛茨基分子和"工人反对派"都把平均主义当作"正常的"分配制度，他们提出的口号是生产上的突击运动，分配上的平均主义。

普列奥布拉任斯基在《新经济学》一书中也反对劳动刺激，特别是反对计件工资，似乎计件工资是同社会主义的生产关系相矛盾的，阻碍着新的劳动组织体制，因为它使工人们只关心个人物质利益。他说在分配方面"必须实行平均主义的路线"。

另一方面，苏联的右倾机会主义者在分配问题上也和"左派"一样持同样的观点。他们宣传平均主义，竭力企图把平均主义的做法推广到各个工业部门中去，竭力保持在恢复时期业已形成的轻工业部门比重工业部门工资水平更高的现状。他们反对提高重工业和有害健康的工业部门工人的工资，建议限制计件工资的范围，对奖金的作用估计不足。

共产国际根据马克思列宁主义的学说，不仅捍卫而且进一步发展了关于劳动分配的原理。在共产国际的文献中指出，由于社会主义生产力

---

① 《共产国际第三次代表大会速记记录》俄文版第368—369页。

还没有发展到足以保证产品按需分配的地步，因此必须实行按劳分配的原则。共产国际强调指出，在社会主义社会里，还保留着某种劳动职能固定于某种阶层的现象以及"旧的社会阶级划分的残余"和在分配关系上起重要作用的强制的残余。

共产国际揭露了托洛茨基分子在平等问题上的立场，后者硬说，考虑物质刺激似乎意味着背离社会主义下所有劳动者平等的原则。

例如，季诺维也夫曾说，平等的口号是布尔什维克党的基本口号，人民群众的理想是平等，因此要表达他们的理想，就要站在为争取平等而斗争的前列。

在反对"左倾"和右倾机会主义思想的斗争过程中，在联共（布）和共产国际的文献中揭露了"平均主义分配"这一有害理论的小资产阶级实质。例如，在联共（布）第十七次代表会议就奥尔忠尼启泽的报告通过的决议中强调指出，党坚决反对在劳动报酬上的平均主义现象，必须"保证最终消灭平均主义"①。共产国际完全同意苏联共产党的立场，认为分配上的平均主义原则是发展社会主义的极大障碍。

在共产国际的文献中指出，在社会主义条件下，在劳动者对生产资料享有平等地位的情况下，"某种不平等的残余还不能消失"②，工人阶级专政国家不能不估计到这一点。

曼努伊尔斯基在共产国际执委会第十二次全会上在揭露托洛茨基的所谓"平等"的谰言时说，社会主义确立了对生产资料的平等，但还没有在分配上确立平等。在社会主义条件下，"资产阶级权利只是在生

---

① 《苏共代表大会、代表会议和中央全会决议录编》俄文版第5卷第29页。
② 《共产国际纲领和章程》俄文版第63页。

产资料方面消灭了，但在分配劳动产品方面还起着作用"①。在他的报告中特别强调，必须坚决反对平均主义，为了提高国营企业的劳动生产率，必须利用对"工人个人利益的刺激"②。

共产国际还反对在集体农庄中平均分配收入的倾向。曼努伊尔斯基在共产国际执委会第十二次全会的报告中说，根据庄员的劳动消耗来分配集体农庄的产品意味着提高庄员的个人消费，利用对个人利益的刺激。在集体农庄建设中，放弃个人利益就是放弃集体化，而有利于小商品经济。③

共产国际认为在分配庄员收入方面的平均主义原则是富农式的、损公利己的、培养懒汉的做法。④

共产国际执委会第十二次全会建议发展集体农庄贸易和扩大日用消费品的生产作为改善居民供应的极重要措施。

完善物质刺激和精神刺激的一整套措施，从而保证劳动者的个人利益乃是进一步发展社会主义经济的必要条件。

从上可见，共产国际对社会主义建设和社会主义经济的一系列极重要问题上的批判性分析使我们明确了现时修正主义观点和过去修正主义观点的思想联系。共产国际的批判对于揭露阶级敌人的谎言以及机会主义和修正主义对现实社会主义的攻击，都是十分重要的。

（宋洪训 译）

---

① 《共产国际执委会第十二次全会速记记录》俄文版第136页。
② 《共产国际执委会第十二次全会速记记录》俄文版第141页。
③ 《共产国际执委会第十二次全会速记记录》俄文版第141页。
④ 《共产国际执委会第十二次全会速记记录》俄文版第138页。

共产国际对马克思列宁主义理论的贡献[*]

〔苏〕尤·安·克拉辛

作为国际工人阶级政治先锋队的共产主义运动如果不对现实进行经常的理论阐述，那是不可想象的。在四分之一世纪的过程中，在世界共产主义运动形成和蓬勃发展的复杂时期里，共产国际曾经起了国际理论中心的独一无二的作用，它把马克思列宁主义思想灌输到世界各国工人阶级和劳动者的意识中去，总结了各国共产党斗争和探索、成功和暂时失败的经验。显然，分析和评价这一活动无论对理解共产国际在共产主义运动、工人运动和民族解放运动历史上的意义，或者对弄清目前马克思列宁主义思想的创造性工作与共产国际时期的深刻继承联系，都是非常重要的。

马克思主义者对共产国际理论遗产的研究在今天尤为迫切，因为近年来，共产主义运动思想敌人的各种投机活动在这个问题上表现得十分活跃。不无名气的反共主义者费·费日多硬要人们相信，似乎第三国际曾经体现为"新的世界性的无神论教会"，它的未能实现的"现世拯

---

[*] 本文选自《国际共运史研究资料》1984年第2期。

作者是苏共中央社会科学院副院长兼该院国际共产主义运动和工人运动研究室主任。我们对个别地方作了删节。——编者注

救"计划不是建立在理论的基础上,而是建立在"对马克思主义者预言的信仰"的基础上;至于第三国际的政策,它似乎是以实用主义为基础的。① 另一位共产主义批评者费·克劳丁则谈到"马克思主义的僵化",谈到共产国际活动中的"理论危机"。

假如相信这些批评者,那么世界共产主义运动的全部历史将是一连串的盲目徘徊和摸索。意大利共产党主席路易吉·隆哥对这类见解给予了极好的回答。他在1957年《新老修正主义》一书中指出,"如果共产主义运动在如此短暂的时期内能够取得如此巨大的成就,那么怎么可以说,马克思主义学说在这四十年当中是消极的和毫无生气的,是脱离新世界的创造和发展过程的呢?"② 的确,怎么能够设想,对世界发展起了如此决定性作用的世界政治运动竟会丧失理论意识呢?这是不可能的。

国际工人阶级的革命先锋队——世界共产主义运动是在列宁主义的旗帜下诞生的,它把马克思列宁主义与国际范围内的工人运动结合了起来。这一点表现在共产国际的活动中,共产国际从理论上阐述了世界解放运动的实践,"在四分之一世纪的过程中对工人阶级、对人类所面临的一些根本问题,如战争和和平、争取民主的斗争、反对法西斯、发展民族解放运动、社会主义的作用和引导群众走向社会主义革命的道路等提供了明确的答案。共产国际提出的许多思想牢固地进入了马克思列宁主义的武库"③。

---

① 费日多:《列宁的遗产。共产主义世界史绪论》1973年巴黎法文版第114页。

② 《隆哥论文演说集》1975年莫斯科俄文版第268页。

③ 《苏共中央关于纪念列宁诞辰一百周年提纲》1969年莫斯科俄文版第50页。

＊　　　＊　　　＊

共产国际的理论活动开始于伟大十月革命所开创的新的历史时代。它不是从"一张白纸"开始的。它是建立在马克思列宁主义的牢固的思想基础上的。列宁的才智已经洞察了业已来临的革命时代的基本规律。列宁的帝国主义理论当时已经存在,这个理论揭示了导致社会主义革命的垄断资本主义矛盾的客观逻辑。列宁证明,国际工人阶级已被推到了世界历史新时代的中心,并确定了这个时代的主要内容和发展方向。弗·伊·列宁全面地制定了关于工人阶级革命政党,即新型政党的学说。对资本主义在垄断阶段上经济和政治发展不平衡规律的作用的分析使列宁得出了关于社会主义革命可能首先在一国取得胜利的结论,并表明世界革命过程成熟和发展的复杂机制。

共产国际诞生的时候,这一切都已经有了。解决理论问题的马克思列宁主义的深刻辩证方法也已经有了,而主要是已经用布尔什维克党的历史经验和对列宁的思想提供了新的巨大动力的十月革命的胜利从实践上检验了列宁主义思想。

1919年,国际共产主义运动虽然刚刚兴起,但是它的主要理论原理已基本上制定出来。列宁主义思想从一开始就成为第三国际理论活动的血肉,并给它提供了总的方向,使其沿着由列宁创立的反映了现时代的运动、矛盾、斗争以及人类从资本主义向社会主义过渡的多样化道路的广泛辩证观念的轨道前进。马克思列宁主义预先奠定了共产国际理论工作的取之不尽的创造性开端,这一点甚至在共产国际历史上最困难的时期中也这样或那样地反映了出来。

然而,列宁的作用绝不仅仅限于他奠定了具有决定意义的思想理论前提,以致使共产国际有可能成功地提出和解决一些迫切的理论问题。

列宁本人首先潜心致志于这项工作。

在各国年轻共产党所积累的并在共产国际历次代表大会和共产国际执委会全会上的报告、发言和意见交换中所集中体现的历史经验的基础上,列宁的观点得到了发展和丰富。

列宁提出了一系列重大的理论思想,这些思想明确了从资本主义到社会主义过渡时代和世界革命过程的规律。列宁的这些思想在后来的实践中基本上和主要地得到了证实。即使对于当前的时代来说也具有现实意义。

正是在这个时期,列宁将他自己在1915—1916年提出的原理加以具体化,表明了世界革命过程的复杂和矛盾的性质,并在这统一的理论范围内阐明了现实社会主义、发达资本主义国家的工人运动、东方各民族的解放斗争在革命过程中的相互作用。

列宁在分析西方国家革命运动延缓的原因之后,表达了关于群众性的社会政治革命力量在那里形成的道路和特点的富有创见的思想。这些思想成为这些国家里的列宁主义的阶级联盟、政治联盟战略和工人统一战线策略的基础。

列宁仔细地分析了殖民地和附属国解放斗争的经验,制定了民族和民族殖民地问题上的观点体系。正如A.B.列兹尼科夫正确指出的,这个体系"概括了大战期间特别是伟大十月革命胜利后全世界发生的巨大变化"①。

正是在这个时期,列宁揭示了解决社会主义革命的创造性任务对于世界解放运动命运的巨大意义。他表明,由于客观形势,苏维埃俄国处

---

① A.B.列兹尼科夫:《共产国际在民族殖民地问题上的战略和策略》1978年莫斯科俄文版第109页。

在世界革命过程的中心。列宁写道:"世界政治中的一切事变都必然围绕着一个中心点,这个中心点就是世界资产阶级反对俄罗斯苏维埃共和国的斗争。而俄罗斯苏维埃共和国必然要一方面团结各国先进工人的苏维埃运动,另一方面团结殖民地和被压迫民族的一切民族解放运动。"①

正是在这个时期,弗·伊·列宁制定了关于社会主义对世界革命过程发生作用的途径的基本理论原理。他驳斥了"左"倾分子关于苏维埃俄国的利益同革命无产阶级的利益似乎矛盾的论断,论证了不同社会制度的国家和平共处以及社会主义通过自己的经济政策、和平政策积极影响世界发展过程的思想。

正是在这个时期,弗·伊·列宁仔细地分析了布尔什维克党和伟大十月社会主义革命的历史经验的国际意义。列宁一方面强调在这个经验中反映了革命政策的共同原则和从资本主义向社会主义过渡的一般规律,另一方面则坚决反对机械地抄袭俄国的经验,主张根据各国的特殊条件创造性地运用共产主义原则和革命规律。

列宁在共产国际代表大会上的报告和演说,他写的一些提纲、决议和其他文件是马克思列宁主义理论的宝库。在列宁的这些著述中,不仅政策的理论问题,而且革命过程的辩证法问题和马克思主义的方法论问题,都得到了创造性的发展。

可以有充分理由得出结论说,列宁作为共产国际的创始人和领导人的理论活动,给这个国际共产党人团体往后一些年代的工作提供了巨大的创造性活力。列宁主义的创造精神始终表现在共产国际的理论活动中。

当然,如果把共产国际对理论的发展描绘成一条均匀上升的直线,

---

① 《列宁全集》第 1 版第 31 卷第 126 页。

那是不正确的和非历史的。理论的发展是个极复杂的过程，它是通过从经济起到社会精神生活状况止的许多因素间接表现出来的。这个过程具有自身的规律和特点；这里既有理论积极性高涨的时期，也有局部衰退的时期，又有积累和领会材料为以后的巨大理论概括做准备的时期。这一点也表现在共产国际对理论的发展上。个人迷信的影响对共产国际的理论活动起了消极的作用，例如在评价社会民主党和殖民地国家民族资产阶级的作用上产生了一些理论错误。这些错误基本上是同共产国际活动的复杂历史环境联系着的。这个环境的特点就是帝国主义势力和反动势力在社会民主党右翼领袖们的公开支持下为反对共产主义运动进行了残酷的斗争。

然而，与某些共产主义批评者的观点相反，这些消极因素不可能阻止、也没有阻止共产国际在理论领域中的创造性工作。例如，上面提到的费·克劳丁说，在弗·伊·列宁逝世以后，他的学说被第三国际"奉为经典"，结果似乎出现了"马克思主义的教条化"并产生了"理论立场和实际发展之间的矛盾"。①《新左派评论》杂志编辑 P. 安德逊写道："刚刚在俄国以外传播开来的列宁的政策思想，被第三国际的斯大林化所阉割了……"②

诸如此类的论调的目的在于给共产国际的历史抹黑，把共产国际说成是创造性理论发展的障碍，是教条主义的堡垒。共产国际的真实历史令人信服地驳斥了批评者们的谰言。

即使在列宁逝世以后，共产国际也继续从理论上阐明了工人运动、民族解放运动和世界革命过程的国际经验。不言而喻，这项工作是在列

---

① 费·克劳丁：《共产主义运动》第 1 部分 1978 年伦敦英文版第 95 页。
② P. 安德逊：《西方马克思主义思考》1977 年伦敦英文版第 21 页。

宁思想遗产的基础上开展起来的。在这方面，共产国际是以创造性地对待列宁主义的理论和实践并加以进一步发展为目标的。奥·库西宁在共产国际第五次代表大会上曾说，我们应当"从列宁主义的实践和理论中"吸取教训。"当然，不是机械地模仿——列宁同志也曾警告我们不要这样做——而是正确地进行斗争……以便学会取得胜利，因为列宁主义是无产阶级取得胜利的艺术。"①

对共产国际第四次代表大会到第七次代表大会期间的文献进行的分析表明，在共产国际的理论活动中不存在什么"淡季"。尽管缺乏列宁的天才无疑对理论工作的强度和深度有所影响，但是理论还是发展了。这一点在解决一系列迫切的理论问题方面明显地表现了出来。

关于社会主义作为世界革命过程的因素的作用这个根本问题得到了发展。共产国际执委会第六次扩大全会（1926年2—3月）曾经撇开列宁的评价，给世界发展的基本矛盾下了定义。在全会的提纲中说："目前，两个体系、两个世界的主要矛盾在整个世界局势中占着统治地位。在这两个世界（一方面是以美国为首的资本世界，另一方面是以苏联为首的无产阶级革命世界）之间，暂时还保持着相当不稳定的均势。"从这个定义中可以得出结论：苏联正在成为"国际无产阶级革命的轴心"②。

共产国际第六次代表大会发展了这些原理。代表大会坚决驳斥了托洛茨基主义者关于似乎苏维埃政权的和平政策意味着同资本主义的妥协的谰言。在代表大会的文件中指出，和平政策"是从十月革命以来苏联

---

① 《共产国际第五次代表大会速记记录》1925年莫斯科—列宁格勒俄文版第1册第332页。

② 《共产国际文件汇编》1933年莫斯科俄文版第537页。

所一贯坚持的与资本主义作斗争的另一种形式"①。这一思想也在第六次代表大会通过的共产国际纲领中被明确肯定下来。纲领强调指出,苏联成为"世界历史的最伟大的因素",起着"无比巨大的革命作用",它是"一个生动的实例,说明工人阶级不但能够摧毁资本主义,而且能够建设社会主义"。②

共产国际执委会第十一次全会(1931年3—4月)发挥了共产国际第六次代表大会的论点,提出了关于时代的基本矛盾对资本主义内部矛盾的影响的重要理论问题。"……两个体系的日益明显的对比是现代国际关系的核心,它影响着帝国主义世界内部各种矛盾的进一步发展。"③

关于苏维埃国家在世界发展中的革命作用的思想在共产国际第七次代表大会上得到了最有力的反响,第七次代表大会把社会主义在苏联的胜利看作是"世界范围内阶级力量对比中有利于社会主义和不利于资本主义的新的巨大的飞跃,是世界无产阶级革命发展中的新阶段的开端"④。

争取和平、反对新的世界战争的斗争问题在共产国际的理论活动中占着中心位置之一。在这个问题上,共产国际也继承了列宁的关于保卫和平的前景同社会主义的发展休戚相关的路线。共产国际第五次代表大会指出,"苏联是始终不渝地执行和平政策的唯一国家"⑤。

---

① 《共产国际文件汇编》1933年莫斯科俄文版第811页。
② 《共产国际纲领和章程》1936年莫斯科俄文版第126—127页。
③ 《共产国际文件汇编》第952页。
④ 《共产国际第七次代表大会和反法西斯、反战争的斗争》1975年莫斯科俄文版第397页。
⑤ 《共产国际文件汇编》第399页。

在向第六次代表大会所作的《关于同帝国主义战争危险作斗争的措施》的报告中揭示了社会主义与和平之间的有机联系的缘由。报告中说："苏联是能够为此公开地主张裁军的唯一的大国。只有苏维埃政权才是和平的真正的保卫者，并在同其他国家政府的各种相互关系上执行和平政策。对于没有领土奢求、一心从事社会主义经济建设的苏联来说，和平就像空气一样的需要，以便发展无产阶级国家。"[①] 根据报告起草的提纲具有深刻的理论内容。其中扎实地分析了现时代战争的主要形式，谴责了认为帝国主义战争不可避免的宿命论态度，揭穿了关于可能以不服从动员令或以总罢工来对付战争的那种不切实际的反战幻想。提纲中第一次指出了帝国主义战争可以防止的原则态度。文件中说，防止战争的这种可能性"要比 1914 年时大得多"[②]。提纲的这一论点以后在共产国际第七次代表大会的文献中得到了进一步发挥。

共产国际对资本主义发展的理论问题予以极大注意。费·克劳丁硬说，似乎在这些问题上，在列宁逝世以后的第三国际的文献中没有丝毫进展，似乎资本主义的发展是以"经济主义"和"灾变论"的精神来加以阐释的。[③] 这些论调也是经不起批判的。无论在共产国际第五次代表大会上，还是在共产国际第六次代表大会上，对垄断资本主义经济和政治发展的问题都作了专门的分析。虽然并不是所有的预测都经受住了时间的检验。但是共产国际事先预见到了 1929 年的经济危机则是事实。在第六次代表大会通过的纲领中最认真地分析了资本主义的总危机、帝

---

① 《共产国际第六次代表大会速记记录》1929 年莫斯科—列宁格勒俄文版第 2 册第 24 页。

② 《共产国际第六次代表大会速记记录》1929 年莫斯科—列宁格勒俄文版第 2 册第 809 页。

③ 费·克劳丁：《共产主义运动》第 2 部分第 605 页。

国主义的矛盾体系则是事实。

在共产国际的文献中，相当经常地使用了资本主义"不可逆转的灭亡"、"崩溃"、"破产"等术语。这一点可以认为是对资本主义适应环境的能力某种估计不足和对世界革命过程发展速度估计过高的表现。然而，如果认为这是回到资本主义自动崩溃的理论，那是不正确的。在共产国际的文献中始终强调革命主观因素的意义。克·蔡特金在共产国际第五次代表大会上谈到这一点时说："革命不仅有赖于经济条件的成熟，而且有赖于作为人的意志产物的主观历史因素。这种主观因素的力量不是根据表示经济发展的统计表来衡量的。一些不能加以统计的、不可捉摸的、不能计算和衡量的因素起着巨大的作用，束缚着革命的意志，并赋予它决定性的意义。"① 在共产国际的纲领中，对动员革命力量解决社会主义革命的任务给予了极大的注意。而第七次代表大会对这个问题就更加突出地加以强调，可以毫不夸大地说这次大会是完全致力于讨论促进革命地改造社会的主观因素问题的。

在第三国际的文献中对法西斯主义的实质进行了理论上的分析。在这个问题上也不是一下子就找到像在格·季米特洛夫在第七次代表大会上的报告中所进行的那种全面的和完整的评价的。但是，这个评价是巨大的和长期的理论工作的总结。早在共产国际第五次代表大会上已经提出了以下的结论："法西斯主义是大资产阶级用以对付它用合法的国家手段所摧毁不了的无产阶级的一种战斗武器；它是用来建立和巩固自己的专政的一种非法的斗争手段。"② 在这个定义中还没有直接指出法西斯主义与帝国主义的联系，还不是很明确地说明支持和推动它的那部分

---

① 《共产国际第五次代表大会速记记录》第 1 册第 320 页。
② 《共产国际文件汇编》第 448 页。

大资产阶级的性质。在那次代表大会的文件中错误地指出，法西斯主义和社会民主党是大资本专政的同一个武器上的两面锋刃。与此同时，在第五次代表大会的定义中已初步提出了识别法西斯主义的基本要素。

共产国际第六次代表大会和在这次代表大会上通过的纲领，尽管在关于法西斯主义和社会民主党的联系问题上有某些错误的和不确切的提法，但是它大大地补充了对法西斯主义的评述（侵略本性、进行社会蛊惑宣传、利用小资产阶级的不满）①。

应当指出，共产国际的思想和评价的形成过程具有复杂性，远不是直线式地发展的。例如，共产国际主席团扩大会议的决议（1930年2月）就说明了这一点，该决议实质上把打倒法西斯主义同消灭资本主义相提并论。② 在共产国际执委会第十一次全会上也表现出这种态度，这次全会反对"把法西斯主义同资产阶级民主对立起来"③。反法西斯斗争的实践经验很快对这些理论观念作了修改。共产国际执委会第十三次全会（1933年12月）对法西斯主义下了定义，这个定义继承了以前对这一现象进行理论分析的路线，并成为共产国际第七次代表大会对法西斯做出评价的基础。④

现在我们来看一看民族殖民地问题和民族解放运动问题。共产国际的"批评者们"说，在列宁逝世以后在这个领域中似乎也出现了倒退现象，没有估计到东方各国的现实。⑤ 这又一次令人不难相信，这些说

---

① 参看《共产国际的纲领和章程》第40—44页。
② 《共产国际文件汇编》第936页。
③ 参看《共产国际文件汇编》第957页。
④ 《共产国际执委会第十三次全体会议速记记录》1934年莫斯科俄文版第589页。
⑤ 克劳丁：《共产主义运动》第1部分第95页。

法与真实历史毫无共同之处。

的确,在共产国际对民族殖民地问题的理论原理中,在对民族解放革命的动力的评价上有离开列宁的辩证法的地方。这一点最明显地表现在共产国际第六次代表大会关于《殖民地和半殖民地国家的革命运动》的提纲中。例如,提纲否定了殖民地民族资产阶级的革命可能性,提出了"在本民族内部反对资产阶级民主运动"的任务,强调了无产阶级的领导权,"共产党的领导地位是它的有机组成部分"①。然而与此同时,提纲中也包含了发展列宁的理论观点的深刻思想。例如,提纲中指出,"殖民地和半殖民地革命运动的一切基本问题,都同资本主义体系和社会主义体系之间的伟大的划时代的斗争有着直接的联系"②。从这个角度来看,提纲中提出了列宁的关于非资本主义发展道路、关于资产阶级民主革命向社会主义革命转变的思想。

在共产国际第六次代表大会上关于民族殖民地问题的争论是非常说明问题的。

在库西宁同志的报告中,曾对印度的经济和政治形势进行了具体分析,对"非殖民化理论"进行了论战,根据"非殖民化理论",似乎英帝国主义实行的政策正在导致殖民地的工业化。报告人库西宁同志反对托洛茨基的关于在中国进行社会主义革命的号召,认为中国的革命是过渡的革命,必须经过资产阶级民主的阶段。报告对殖民地工人阶级的特点作了光辉的分析。这个分析成为提纲的基础。提纲中说:"殖民地和半殖民地国家的工人阶级有其自己的特点。殖民地的无产阶级绝大部分来自日益贫困的农村,工人甚至在参加生产以后还同农村保持着联系。

---

① 《共产国际文件汇编》第 847 页。
② 《共产国际文件汇编》第 837 页。

在大多数殖民地，我们通常见到的还只是第一代大生产的无产阶级。殖民地无产阶级的另一部分则是从日益没落的手工业中被排挤出来的破产的手工业者。破产的手工业者、小业主给工人阶级带来了行会习气和行会思想，这些东西是民族改良主义影响在殖民地工人运动中传播的基础。工人成员的流动性……女工和童工占很大比重，语言的隔阂和没有文化，宗族偏见和种姓歧视的广泛存在——这一切都为系统地进行宣传鼓动工作造成了困难，并阻碍工人阶级觉悟的提高。"① 对民族解放运动地区工人阶级的这种生动描述即使在现时的条件下也没有失去现实意义。

在代表大会讨论过程中，曾对殖民地国家的工业化，民族解放革命的性质，民族资产阶级、小资产阶级、农民在革命不同阶段上的作用等问题提出了各种不同的观点。在这方面也对提纲中片面地加以表述的问题提出了较为正确的看法。例如，普·达特对民族资产阶级作用的分析是很有意思的。他说："如果说印度资产阶级民主革命现在处于这样的阶段，即对印度资产阶级来说不可能转向民族革命阵营，那么这决不意味着，我们不能利用印度资产阶级反对帝国主义的民族改良主义的反抗斗争。"② 讨论的材料广泛地揭示了民族殖民地问题上的理论观点，其中许多观点后来在共产国际第七次代表大会上得到了发展。

总之，以一些重大的理论问题为例可以清楚地看到，在从共产国际第四次代表大会到第七次代表大会的这些年代里，共产国际的创造性工作从来没有停止过。毫无疑问，第七次代表大会确实是马克思列宁主义理论发展中的高峰之一。代表大会标志着国际共产主义运动的战略转

---

① 《共产国际文件汇编》第849页。
② 《共产国际第六次代表大会速记记录》第2册第407页。

折，引导马克思列宁主义政党去创造性地运用和发展列宁关于工人统一战线和广泛的人民阵线的思想。这一转折的主要政治成果在于：共产党人在同法西斯主义的决战前夕做好了准备，以便从一开始就积极投入广大人民群众的反法西斯斗争，并站在这一斗争的最前列。

这个重要的政治转折是同巨大的理论工作分不开的。马克思列宁主义关于阶级联盟和政治联盟的思想，关于争取民主斗争和争取社会主义斗争内在统一的思想，关于社会主义革命发展道路的思想，关于胜利了的社会主义国家在革命过程中的作用的思想等等得到了进一步发展。所有这一切对深刻领会和发展马克思列宁主义的方法论，对评价现时代及其多样性和矛盾的辩证态度都起了有力的推动。

共产国际第七次代表大会是共产主义运动思想生活中极其重要的阶段。共产国际第七次代表大会有力地和鲜明地揭示了国际共产主义运动在其内部存在和积聚的巨大理论潜力。这是形成战略转变的因素之一，是对已经过时的和妨碍运动前进的方针和观念的否定。建立在列宁主义基础上的生动的创造性思想把列宁领导时期的共产国际理论活动的初期阶段同三十年代中期的阶段继承地联系了起来。

* * *

共产国际的理论遗产除那些丰富了马克思列宁主义的重大思想以外，还包括发展理论的方法。

在共产国际理论活动的方法的特点中，首先应当指出的是在对待革命经验的概括上和对这一经验的理论阐释上的国际主义精神。

专门批评第三国际的反共主义思想家们硬说，似乎这一国际共产党人组织的全部意义在于使工人运动和民族解放运动"俄国化"。实际上，在共产国际成立后不久，共产主义运动的反对者们就早已散布这些说法了。例如，孟什维克的《社会主义通报》在1921年初写道，布尔什维克强加于国际工人运动的革命思想"是建立在简单化的、从俄国特殊经验中总结出来的关于世界革命发展进程和速度的观念上的"①。现时资产阶级的工人运动史教授们和在各个时期里被清除出共产党的叛徒们都以不同的方式在重复这类谎言。根据他们所设想的可笑的观念，共产国际的思想理论活动仅仅归结为向西方和东方各国"输出"俄国经验。

无须赘言，从理论上概括布尔什维主义的经验曾在共产国际的活动中占据重要地位。这里指的既是这一经验的特点，也是它所具有的国际意义。在这方面，列宁曾坚定不移地告诫年轻的共产党不要照抄布尔什维克的经验。列宁的这一指示也经常在共产国际的文献中出现。例如，共产国际执委会第五次扩大全会（1925年3—4月）在专门论述各个政党的布尔什维克化的提纲中，对这一概念的意义有以下说明："布尔什维克化就是要善于把列宁主义的一般原则运用于某一国家的某一具体环境。布尔什维克化就是要善于抓住主要'环节'，以便抽出整个'链条'。而在我们看到的各种各样的社会政治环境中，这个'环节'在每个国家内不可能是一模一样的。"②

在共产国际的理论活动中，俄国革命的历史经验是同具体分析工人运动和民族解放运动的多种多样的国际经验有机地联系着的。这个经验被最仔细地进行搜集，并根据每个国家的现实情况加以研究。列宁给意大利共产党人的信说明列宁、共产国际是非常了解当地的情况的，说明他们的估计完全符合这个情况。塞拉蒂在共产国际第二次代表大会前夕

---

① 《社会主义通报》1921年第1期第5页。
② 《共产国际文件汇编》第478页。

对执委会说，信中提出的忠告完全符合意大利的情况。因此，许多人怀疑信不是列宁写的，而是某位意大利同志写的。① 瓦·科拉罗夫在回忆共产国际第三次代表大会时要人们注意列宁深入了解具体情况、避免抽象地对它做出评价的惊人才能。"在同列宁一起参加审查关于策略提纲的委员会会议时，我发现他是多么认真地、并以对具体情况的深刻了解来审查策略问题的。他不承认任何教条，反对一切空谈。"②

在反共主义的思想家们中间流传着一种神话，似乎共产国际束缚了个别政党的创造性思想。事情被描绘成这样，似乎共产主义运动中的独创思想不是根据共产国际，甚至是违背共产国际的理论观念而产生的。在这方面，人们常常利用意大利共产党创始人安·葛兰西的名字来进行投机。他的关于西欧国家社会主义革命道路的观念有时被说成是与马克思主义的"东方"模式（即与列宁主义）相对立的某种"西方"模式。

实际上，安·葛兰西作为杰出理论家的创造性才能是在十月革命的历史经验，即列宁主义的直接影响下展现出来的。无怪乎陶里亚蒂把葛兰西称为"意大利工人运动的第一个布尔什维克"③。陶里亚蒂写道："我认为，列宁主义在世界舞台上的出现和发展，这是葛兰西作为思想家和政治活动家，作为崇尚行动的人的全部演变中的决定性因素。"④ 著名的意大利马克思主义历史学家桑塔列里就这一点指出："应当强调指出，葛兰西是意大利第一个政治活动家，他从十月革命中吸取了认真的教训，并且是在国内形势特别尖锐的时刻这样做的……在他以前，任

---

① 《共产国际》杂志俄文版 1920 年第 12 期第 2102—2103 页。
② 《回忆列宁》1969 年莫斯科俄文版第 5 卷第 350 页。
③ 《陶里亚蒂论文演说集》1965 年莫斯科俄文版第 1 卷第 209 页。
④ 《陶里亚蒂论文演说集》1965 年莫斯科俄文版第 2 卷第 145 页。

何一个意大利社会主义者在对待世界历史上的巨大事变、对待列宁的活动和创造性思想上都不具有如此严整的观点体系。"①

葛兰西本人在《狱中笔记》中在阐述自己关于西欧国家走向社会主义革命的特点的看法时,直接引用了伊里奇的话和"统一战线"的公式作为各国共产党必须加以发展和深化的思想源泉。② 我们看到,葛兰西对西欧国家走向社会主义的特殊道路的探索,除了革命基本规律的共同性以外,是起源于列宁的思想,起源于共产国际所接受的思想的。

那么谁反对这种探索呢?绝不是共产国际,而是左派理论家,其中包括意大利共产党内的左派理论家。亚·博尔迪加曾说,西欧民主国家的环境"要求采取比俄国革命中的必要策略更加直截了当得多的策略"③。这是同列宁《共产主义运动中的"左派"幼稚病》一书的思想进行的论战。

共产国际不仅没有束缚,相反,鼓励意大利和其他西欧国家创造性地探索从资本主义向社会主义过渡的道路。列宁在共产国际第三次代表大会上就意大利问题发言时曾经谈到这一点。他说:"意大利的革命和俄国的革命不会是一样的。意大利的革命将以另一种方式开始。究竟是什么方式呢?咱们大家都不知道。"④ 列宁的这些话是对意大利共产党人的号召,号召他们去创造性地探索自己走向社会主义革命的道路。

意大利共产党名誉主席路易吉·隆哥正确地指出了意大利共产党人的艰苦探索同作为共产国际理论工作的基础的列宁主义思想之间的深刻

---

① 《共产国际第二次代表大会。代表大会对各国共产党思想策略和组织原则的制定》1972年莫斯科俄文版第277页。
② 《葛兰西文选》1959年莫斯科俄文版第3卷第199—200页。
③ 《共产国际第二次代表大会速记记录》第304页。
④ 《列宁全集》第1版第32卷第452页。

内在联系。他驳斥了以下这种人的立场：这些人"企图把葛兰西说成是从一生下来就是葛兰西主义者，企图在这方面掩盖他在建党的复杂和困难过程中所经历的和我们大家曾经遇到的人类思想困难。我们不能理解，为什么要掩盖或削弱这样一个事实的意义，即十月革命、列宁的思想、共产国际的指示曾经对我们起过作用并且发生过决定性的影响。难道我们对此应当感到羞愧吗？"①

在意大利工人运动中，工人阶级革命政党的概念本身是在共产国际的积极影响下形成和确立的。右倾机会主义和宗派主义倾向曾经反对这种影响，一些年轻的共产党不得不与这种倾向进行顽强的斗争。意大利共产党成立时期机会主义倾向的代表是扎·塞拉蒂，他当时对改良主义采取调和立场，从而模糊了新型政党的革命性质。"左"的宗派主义倾向的代表则是亚·博尔迪加。

共产国际谴责了与列宁主义根本违背的右倾机会主义和"左"倾宗派主义关于政党的观念。列宁曾经说过："只要意大利党仍旧容忍像屠拉梯这样的人留在自己的队伍里，那它就不能成为共产党。"② 与此同时，共产国际驳斥了博尔迪加的"圣人宗派"的政党观念。共产国际在给意共领导人的信中说："对于我们的运动来说更为有利的始终是与群众一起犯错误，而不是脱离群众，囿于党的领导人的狭窄范围，从原则出发来确认我们的纯洁。"③

"列宁关于新型革命政党的见解在共产国际第三次代表大会关于策

---

① 路易吉·隆哥、克·萨利纳里：《革命和反革命之间》1974年莫斯科俄文版第102页。

② 《列宁全集》第1版第32卷第450页。

③ 《意大利劳动者的战斗先锋队。纪念意大利共产党成立五十周年》1971年莫斯科俄文版第47页。

略的提纲中基本上有了明确的规定。提纲中说共产国际从成立之时起就明确规定自己的任务不是建立一些单单使用宣传鼓动的方法来对工人群众发生影响的不大的共产主义派别，而是直接参加工人群众的斗争，对这一斗争实行共产主义的领导，并建立起在斗争中经过考验的强大的革命的群众性的共产党。"①

葛兰西和陶里亚蒂的"新秩序"派的创造性思想正是沿着这个方向发展起来的。他们关于根据意大利的条件来建立革命政党的观念正是循着这个方向形成的。政党被看作是工人阶级领导广大民主力量的先进的政治先锋队，政党是工人阶级的有机组成部分，它同其他的政治力量发生广泛的接触，并把这些接触看作是实现自己在工人运动和民主运动中的先锋作用的必要条件。

共产国际的理论活动积极地促进了各国马克思列宁主义政党的成立。共产国际一方面对革命过程发展的实践所提出的迫切问题提供了答案，另一方面帮助各党选择正确的道路，制定既符合国际无产阶级利益又符合个别国家民族发展利益的正确政策。法国共产党在共产国际解散时发表的声明中很好地谈到了这一点："法国共产党清楚地了解，如果说她能够在最困难的情况下始终选择正确的道路来捍卫法国人民的当前利益和未来利益，那么这应当归功于共产国际的教导。"②

关于将理论方针"自上而下地"强加于共产国际各支部的思想神话已为各国共产党"自下而上的"创造性主动精神的广泛实践所驳倒。的确，共产国际在发展马克思列宁主义理论的全部工作中是依靠各国共产党的经验的。正是根据这个经验，共产国际文献中提出了一些新思

---

① 《列宁和共产国际》第335页。
② 《人道报》1943年6月15日。

想。这些思想常常起初在某些共产党的实践中经受考验，然后以概括的形式在共产国际的文献中固定下来。

1921年1月8日德国统一共产党的《公开信》的发表过程和共产国际内部围绕它所进行的争论就是这方面的鲜明例证。德国统一共产党在信中向国内所有工人组织发出呼吁，建议面对大资本的进攻采取共同行动来保卫无产阶级的切身利益，这封信就是自下而上的主动精神的直接结果。工人群众提出了所谓的"斯图加特要求"，反映了他们希望采取共同行动的愿望。①

这为共产国际探索新策略的过程奠定了基础，这个新策略后来以通过工人统一战线的策略而告完成。② 这个探索是同时伴随着反对"左"的和右的机会主义观点的斗争的，而且也不是一下子就导致积极的成果。

应当指出，发表《公开信》的过程表明了在共产国际的活动中"自下而上的"主动精神和"自上而下的"创造性工作的紧密联系。在《公开信》发表以后，在德国统一共产党内部有一种片面地宗派主义地评价该信内容的强大倾向。需要共产国际的巨大的创造性工作，才能深刻理解群众主动精神的实质，才能使新经验的积极内容不致受"左"的和机会主义的曲解，并把它提到具有国际意义的理论概括的高度。列宁在这个创造性工作中起了决定性作用，他立即高度评价《公开信》，

---

① 《共产国际第三次代表大会。代表大会对共产主义运动政治路线的发展》1975年莫斯科俄文版第281—283页。

② Ю.Д.莫尔恰诺夫写道："《公开信》是国际共产主义运动中工人统一战线策略的萌芽。"——莫尔恰诺夫：《共产国际——无产阶级统一战线策略的发源地》1969年莫斯科俄文版第23页。

仔细地研究德国工人的经验，并从中得出了原则性的理论结论。①

证明共产国际的理论活动同各国党的实践主动精神密切联系的另一个鲜明例子就是三十年代提出和制定的、后来在共产国际第七次代表大会上得到全面发展的人民阵线思想的过程。这些思想的产生并得到论证是共产国际领导机关中富有创造性的争论和讨论同个别政党的主动精神相结合的结果。工人运动和民主运动的新的形势和新的要求，在共产国际的理论司令部中进行了仔细的分析。与此同时，新的思想也在各国共产党的实践斗争中出现并经受检验。例如，法国共产党的经验对于制定人民阵线的概念具有多么巨大的意义，这是众所周知的。

共产国际和各国共产党相互关系的真实情景驳斥了关于"禁止"发挥创造性的主动精神、似乎强加于各国党的"教条概念"的无谓谰言。在共产国际的理论工作中，国际的东西和民族的东西是辩证地结合在一起的。因此，一方面，马克思列宁主义理论的国际内容成为每个政党的财产；另一方面，各国党的生动经验、创造性活动也给共产国际的理论思想提供了营养。

共产国际的理论活动是在同革命运动的生动实践的统一中展开的。列宁主义的传统就是这样，米·伊·加里宁在共产国际第五次代表大会会议上在列宁墓前曾经谈到这一传统："列宁本人曾经表示过，他宁愿进行革命，而不愿论述革命和研究革命的理论。然而，正是他的这种做法丰富了我们，即不仅给俄国布尔什维克，而且给全世界共产党提供了如此丰富的经验，以致使我们在许多许多年里将从中得到对最复杂问题

---

① 列宁既根据文件，又根据同德国共产党人的谈话极仔细研究了德国工人几次发动的经验。参看《共产国际第三次代表大会。代表大会对共产主义运动政治路线的发展》一书第138—145页。

的答案。"①

共产主义运动理论发展的规律性就是这样。理论是不能脱离实践的，不能脱离作为其发展基础的革命运动的历史经验的。这个规律性体现在共产国际的理论活动中，而共产国际的理论活动始终依靠共产党人活动的国际经验。

这也说明为什么共产国际的理论工作尽管在其活动中存在着某些错误，但总的说来具有创造性的秘密所在。

应当强调指出，一些理论原理并不是由共产国际简单地颁布的，而是经过对问题的详尽讨论和长期争论制定的。在这里，争论和讨论的参加者常常说出一些见解，这些见解虽然没有被列入共产国际代表大会和执委会全体会议的文件，但无论就其理论内容或者对理解共产国际发展马克思列宁主义理论的逻辑本身来说都具有毫无疑义的重要价值。因此，仅仅根据正式通过的文件汇编来判断共产国际的理论活动是不够的。更重要的是要深入到它的理论活动场所，那里集中了各国共产党的多方面的经验，提出了并不一致的评价，形成了各种对立的意见，提出了各种不同的预测，并同右倾机会主义观点和"左"倾观点进行着激烈的思想斗争。研究这个创造性的活动场所使我们有可能更加全面地评价共产国际思想理论活动的财富。

上面已经谈到在民族殖民地问题上的理论争论，在争论过程中曾经有一些常常超越正式文件中的某些片面的或者甚至错误的原理的深刻思想。

在共产国际第六次代表大会上对共产国际纲领草案的讨论，特别是就革命类型问题的争论，是很有意思的。在我们的一些著述中曾经指

---

① 《共产国际第五次代表大会速记记录》第 1 册第 33—34 页。

出，共产国际纲领中提出的类型带有教条主义和直线式的印记，并不包罗当前世界的多样化条件。在某种程度上事情是这样的。然而，纲领谈到：不可避免的结果是"无产阶级夺取政权的途径和速度各有不同，有许多国家必须经过通向无产阶级专政的一定的过渡阶段，以及个别国家建设社会主义采取不同形式"①。纲领还就这一点指出，这种多样性只是"大致地"归结为几种革命类型。

主要是在这次代表大会的争论中发表了这样一些观点，这些观点给世界各国考虑社会主义革命的形式和方法、走向社会主义革命的道路提供了丰富的材料。例如，瓦·科拉罗夫说："当人们从每个国家的特殊条件出发，估计到一切阶级力量的作用和意义，具体地来对待无产阶级革命的问题时，我们代表团认为这是共产国际和各国共产党的巨大成就。"② 争论清楚地表明，当时在共产主义运动中继续在创造性地探索从理论上解决资本主义向社会主义的过渡问题，这是符合列宁关于社会主义革命的类型和方式多样化的思想的。

在共产国际内进行多年的关于工农政府问题的争论也具有巨大的理论意义。列宁关于革命民主政权过渡类型的深刻思想成为这场争论的基础。在共产国际第五次代表大会上，实际上是把工农政府同无产阶级专政等同了起来，③ 从而使这个概念失去了过渡型政权的辩证法。这是片面的和错误的估计，包含着宗派主义的危险。但是我认为，不能光根据这个公式而不考虑发表了各种不同观点的整个争论过程，就来判断共产国际对阐释列宁的过渡型政权的思想所作的理论贡献。在发表出来的一

---

① 《共产国际的纲领和章程》第 107 页。
② 《共产国际第六次代表大会速记记录》第 3 册第 106 页。
③ 《共产国际文件汇编》第 409 页。

些观点中的确有宗派主义的观点。例如,亚·波尔迪加在第五次代表大会上要求"埋葬""工人政府"这个词。他说:"我不想再同这个幽灵作战了……不过,我应当说,有些人仍然抱着利用资产阶级民主的思想。"① 季诺维也夫则把工农政府称为"无产阶级专政的'代名词',如此而已"②。

但是也有一些意见,表明列宁的过渡型革命政权的思想得到了发展。克·蔡特金就说过:"我决不能同意季诺维也夫同志的说法,认为工农政府无非是无产阶级专政的'代名词'、'同义词'或者另外什么'词'……工农政府是某种具体的历史状况的表现,恩格斯早就预见到这种状况的可能性,他曾说过,将来有个时候,资产阶级已经无力把政权保持在自己手里,而无产阶级还没有足够的力量联合起来和成熟到把全部政权掌握在自己手里……

"……工人政府只可能是革命群众运动的结果。即使当工人政府是从议会的圣水盘中产生的时候,它也还是革命群众斗争的产物。但是正因为如此,召唤它出世的工人们期待它采取工人革命政策。如果不采取既反对资产阶级政权残余又反对企业中资本家经济万能的激烈的专政措施,那么工人革命政策也是不可能的。因此很明显,工人政府决不能单靠议会,它必须依靠议会外的革命无产阶级的政治机关……我不否认在某些国家里有可能产生作为过渡阶段的这类工人政府。"③

蔡特金的发言清楚地表明,在争论过程中提出了一些富有创见的思想,这些思想以这样或那样的方式进入了共产主义运动的理论宝库。这

---

① 《共产国际第五次代表大会速记记录》第 1 册第 387 页。
② 《共产国际第五次代表大会速记记录》第 1 册第 69 页。
③ 《共产国际第五次代表大会速记记录》第 1 册第 323 页。

些思想打破了季诺维也夫和共产国际其他一些活动家们的教条主义公式的狭隘框框。

由此可见,过渡型的革命民主政府的思想在共产国际的理论活动中一直存在并发展着。这就为共产国际第七次代表大会提出关于人民阵线政府的原理做好了准备。这一原理大大丰富了列宁的社会主义革命理论。

在全面评述共产国际理论活动的风格和方法时,不能不指出它的民主化。共产国际及其执行委员会的会场保证了各国共产党最广泛地和富有成效地交流经验和交换意见。这为理论工作提供了创造性气氛,使马克思列宁主义的理论得以发展,使个别时期在这方面产生的教条主义障碍得以克服。

共产国际创造性活动的方法的民主化使它同现时代继承地联系了起来。今天没有一个统一的组织来积累各国共产党的经验和思想工作。然而,国际性地概括和阐释各国和各地区工人阶级、革命和民主力量的斗争经验的任务并非不尖锐。不然,马克思列宁主义理论的创造性发展就不可想象,用列宁的话说,这个理论"是从世界各国的革命经验和革命思想的总和中产生出来的"[①]。

翻阅一下共产国际的文献,把它同现时代对比一下,就可以得出结论:从那时以来,国际共产主义运动已经大大前进了。当时被认为是简单明了的许多东西,今天看来显得非常复杂。但是,基本思想已为实践所证明,尽管有时表现出与共产国际时期不同的特点。

是的,今天共产主义运动已经变得更加成熟,已经在解决新的问题。但是,共产国际活动的理论成果不应当以今天的尺度来衡量,而应

---

① 《列宁全集》第 1 版第 21 卷第 332 页。

当根据历史主义的原则来衡量。这要求我们从国际共产主义运动形成的复杂和困难时期的具体历史环境的有机联系中,从它在反对那些试图把它引上改良主义或"左"倾革命主义道路的种种努力的尖锐思想政治斗争条件下掌握马克思列宁主义科学的基本原理的角度来评价理论的发展。

不是任何时候都一下子就能这样地解决问题的。在这方面,除了正确的理论原理以外,也还遇到过一些不完善的结论,有时甚至是谬误。但是,不管现时共产国际的批评者们怎样胡说,共产国际本身具有批判的思维、能力和勇气来纠正错误的和片面的评价,根据革命实践的新要求把理论推向前进。

共产国际深刻领会了列宁主义所固有的对革命理论的双重态度:既忠实于它的原则,又根据时间和地点的具体条件创造性地发展它。这种态度保证了共产国际理论活动总的说来具有正确的方向和取得巨大的积极成果。因此,当我们在解决现时问题过程中追溯到共产主义思想的起源时,不能避而不谈构成马克思列宁主义理论发展史上重要阶段的共产国际的理论遗产。

(原载《〈共产国际的革命遗产〉——纪念共产国际成立六十周年学术报告会文集》1980年莫斯科俄文版)

(谷松 译)

马克思《十八世纪外交史内幕》1969年英文版的《导言》*

莱·哈钦森

一

1897年,即在卡尔·马克思逝世十四年之后,斯旺·桑南夏恩公司出版了由卡尔·马克思的女儿爱琳娜·马克思和爱德华·艾威林编辑的他的《东方问题》一书。那时所谓东方问题,是指东南欧由于奥斯曼帝国衰落和几个互相竞争的超级帝国企图损害土耳其来进行扩张而造成的危险局势。那时巴尔干被看作"欧洲的斗鸡场";希腊、塞尔维亚及保加利亚这些新国家作为大国的代理人,相互之间搞阴谋并进行战争;英国尽力扶持土耳其来阻止俄国向爱琴海扩张,认为这种扩张可能危及它通往印度的生命线;种种阴谋和暗杀活动以1895年在沙皇煽动下谋杀保加利亚的亲奥地利摄政王斯塔姆布洛夫的案件达到了顶峰;1898年德国皇帝访问君士坦丁堡,用德国军训教官换取商业和铁路方

---

* 本文选自《马列著作编译资料》第5辑。

原题注:马克思的《十八世纪外交史内幕》一书,已由中央编译局根据1969年莱斯特·哈钦森在伦敦出版的英文版译成中文,由人民出版社出版。莱·哈钦森为该书所写的《导言》,没有收入《内幕》中文版。这篇《导言》对《内幕》中涉及的一些事件提供了背景材料,有一定的参考价值。

面有价值的让步,从而进入这个"斗鸡场"。

因此,那时出版马克思的《东方问题》一书很适时,引起了相当大的兴趣。《每日纪事报》说它"对土耳其帝国的政治经济情况和社会情况的分析非常精辟,今日仍同原来写作时一样真切";较保守的《韦斯明斯特评论》虽然对"他肆意辱骂高级政治人物"感到遗憾,也不禁要钦佩他的精神力量,他发表意见的勇气,以及他"对一切屑小卑微事物的嘲笑和蔑视";然而《利物浦邮报》所欣赏的,是"这本书在传记方面的兴趣……因为对那个时期一些知名人士所作的剖析是如此强劲有力和挥洒自如,读者为之耳目一新,被剖析的对象若还活着定会狼狈不堪";《正义报》所赞扬的,是"巨匠的不知疲倦的精力,抓住细节的非凡本领,以及敏锐的、奇迹般的远见"。所有报纸都一致认为,这部著作能使人们(用《利物浦邮报》的话说)"更清楚地理解最近发生的东方问题,这些问题目前正在引起人们的关注,并且检验着驻君士坦丁堡的大使们的外交才能"。这些外交才能导致了1912年的巴尔干战争和1914年的世界大战。

在《东方问题》一书的序言中,编辑者提到马克思在较早的时候写的两部关于这同一个问题的著作,并且答应早日予以出版。这两部著作就是《十八世纪外交秘史》①和《帕麦斯顿勋爵传》(帕麦斯顿是在《东方问题》中受到透彻"剖析"的"高级政治人物"之一)。爱琳娜·马克思承担了这项工作,但她不幸在书稿付排之前逝世了,然而由于这两部著作受到人们极大的关注,原出版社决定在1899年将未经编

---

① 马克思这一著作在1899年出版的爱琳娜·艾威林所编单行本中题为"十八世纪外交秘史",莱·哈钦森沿用了这一书名。中译文恢复了马克思在报刊发表时的标题:《十八世纪外交史内幕》。——译者注

辑者最后审定的书稿分作两本定价两先令的小册子予以出版。

二

欧洲激进派观点在十九世纪上半叶把俄国沙皇专制制度视为反动派。俄国沙皇、奥地利皇帝和普鲁士国王1815年为恢复法国革命前的状态和粉碎无论何地出现的雅各宾主义而结成神圣同盟,让农奴制长期存在下去,在俄国和波兰无情镇压自由思想,沙皇靠牺牲土耳其帝国进行扩张——所有这一切都能证实这个观点是正确的。尤其是,欧洲的进步运动和为1795年被神圣同盟三国最后瓜分的波兰争取解放的斗争紧密地结合在一起。用马克思的话说,波兰是革命运动的"晴雨表"。

英国政府的暧昧态度,帕麦斯顿的狡猾的、令人迷惑不解的政策,以及自由派政客们掀起的反俄喧嚣,促使欧洲的激进派相信,英国为了它自身的利益,是反对沙皇帝国主义及其镇压行为的盟友。然而,马克思并没有受骗。在《帕麦斯顿勋爵传》中,他斥责英国是俄国专制制度的"工具和帮凶",而在《外交秘史》中,他又提供历史资料来证明这种默许的做法可以追溯到十八世纪初。

《外交秘史》是马克思在英国博物馆图书馆从事研究的成果。它包括一些被辉格党著作家们忽视了的、"没有人敢于公布"的文献,由马克思加了评论。开头是驻俄国宫廷的英国使节寄回的几件秘密书函,写作时间包括安娜女皇在位时期到沙皇保罗在位初期,"就是说包括十八世纪的绝大部分时间",它们有助于表明英国当时已准备背叛自己的盟友来为俄罗斯帝国的利益效劳。在圣彼得堡海外商馆的牧师、威廉庇特的近亲耳·克·庇特牧师的一件手稿的摘录中,包含着一个表明当时辉格党寡头政权的共同幻想的直率的说法:"……把它(大不列颠)同俄罗斯帝国连在一起的纽带是自然形成的、是破坏不了的。"不过，马克思这本著作的主要目的，是表明辉格党外交政策的亲俄性质应追溯到北方战争（1700—1721年）和俄国作为欧洲大国出现的时候。为了这个目的，他重新刊印了英国在彼得大帝时期出版的几个小册子，这些小册子清楚地表明当时"俄国的意图就被理解了，而且英国政治家们对这些意图的默许受到了英国著作家们的抨击"。其中第一本叫做"北方危机"，是1716年当俄国、丹麦、波兰、普鲁士和汉诺威为瓜分瑞典帝国结成同盟时发表的，它探究俄国的政策，揭示俄国控制瑞典对英国造成的危险；第二本叫做"防御条约"，记载英国破坏1700年英瑞条约的情形；第三本叫做"真理合乎时宜才是真理"，说明英国默许俄国成为控制波罗的海的强国同英国的传统政策背道而驰。这三本小册子揭示了，从签订英瑞条约的1700年起至1719年止，英国曾不断地"支持俄国并通过密谋或以公开力量对瑞典作战，尽管这项条约从未废除，也从未宣战"。马克思认为，"现代历史学家们"对这些令人不快的事实一致保持缄默，有意予以忽视，是令人奇怪的事情。

除了提到英国放弃卡尔斯之外，书中没有谈到克里木战争。显然，马克思并不认为这场战争的爆发会丝毫动摇他关于辉格党寡头政治集团是沙俄帮凶的论点。相反，与这场战争有关的许多事件还有助于维护这个论点。罗素和帕麦斯顿的辉格党政府在1851年就已下台，代之而起的是先以得比勋爵后以阿伯丁勋爵为首的皮尔派托利党人同持异议的辉格党人组成的联合政府。同时，沙皇尼古拉一世执行的可怕的镇压政策，在国内造成了政治上和精神上的窒息，在国外扶持了反动派。尼古拉镇压了匈牙利反对奥地利的起义；威胁要摧毁1848年革命在普鲁士建立起来的任何共和国；而且在1848年还发表了一个警告欧洲各国人民的宣言，要他们屈从于自己的君主，"因为上帝是同我们站在一起的"。尼古拉还在印度北部边境制造麻烦使印度的英政府惊恐不安。这一切使得英国在当时产生了强烈的反俄情绪。

克里木战争最初是俄国与法国帝国主义之间的冲突。法国对没落中的土耳其帝国早就垂涎三尺，在1831—1833年间曾支持过土耳其的埃及省长穆罕默德－阿利的反叛。在1851年路易－拿破仑政变之后，冲突变得更加尖锐。尼古拉清楚地看到，路易－拿破仑势必要以对外轻率冒险来分散国内对其政府不稳定的注意力，因此，当法国不承认俄国是土耳其帝国东正教教徒的保护人，并宣布自己是土耳其苏丹的所有天主教臣民的保护人时，他并不吃惊。尼古拉早在1844年访问英国时就对帕麦斯顿讲过，关于"垂死病人"土耳其的问题。他所害怕的只是法国。当法俄之间的这一冲突达到危险地步时，对辉格党人的传统亲俄政策深信不疑的尼古拉，曾指望得到英国的积极支持，至少能使它保持中立。1853年初，尼古拉曾无耻地建议"当病人（土耳其）死去时"由俄英两国瓜分土耳其。英国将能得到埃及，以及克里特岛，"如果这个岛合你的心意的话"。阿伯丁政府拒绝了这个建议。要是接受这个建议，那就不仅意味着要同法国直接交战，而且还会引起受凌辱一方的强烈抗议。然而还是由于英国的坚持，当年8月在维也纳集会的列强向土耳其苏丹发出了照会，劝他接受俄国的要求。土耳其拒绝接受，于是战争不可避免。阿伯丁政府是英国许许多多届无能的政府中最无能的一届，它由于各种各样的原因，如为了应付英国的舆论，为了警告俄国不要染指地中海，最重要的是为了密切监视法国、不能信赖它独自带着军队进入土耳其国土，而无意中表面站在传统敌人法国方面投入了战争。当时法国同俄国相比，被认为是对英帝国利益更大得多的威胁，克里木的英军司令腊格伦勋爵在同盟国军事会议上常常莫名其妙地失言，把法国人称为敌方，并不是完全没有意义的。

马克思写《外交秘史》的动机是政治性的。他想要驳倒"大陆和英国著作家们所共有的这样一种偏见，即英国只是在较晚的时候，而且是在过晚的时候，才理解或猜想到俄国的意图"，并且想要纠正欧洲革命运动中那些亲英派的想法。他是为当时发生的重大政治问题提供一个历史背景。现在，在这部著作写成一百多年之后，它获得了非同寻常的历史价值；马克思的深刻观察和尖锐分析对那些比较正统的学究式历史作了必要的矫正。不过，由于这里所涉及的事件不是发生在当代，一般地介绍一下历史情况对现今的读者说来也许是合适的。

三

如果说历史是人类社会发展的纪录，那么每一个世纪就必须同它先前的各个世纪联系起来研究。十六世纪是欧洲在社会、经济和思想方面发生深刻变化的世纪。这是人类摆脱中世纪的蒙昧，开始向旧的价值观念挑战的时代，是地理发现、政治和经济发展以及社会进步的时代。在这个时代，新兴的资本主义同封建欧洲旧特权阶级之间的经济冲突采取了意识形态的形式，终于造成了一系列激烈的宗教战争，总的称作宗教改革运动与反改革运动。

在十六世纪这样开始的这个基本冲突，到十七世纪还继续进行着，并且规模变得更大了。十七世纪是战争与起义的时期，在这一百年当中只有七个和平的年份：1610年，1669年至1671年，1680年至1682年。那时，资产者同乡村绅士结成同盟，不仅攻击罗马教会的专利权，而且还攻击他们自己在反对封建贵族的斗争中所建立的专制君主政体。这些专制君主政体奢侈浪费，挥霍无度；它们所用的官吏无不一有机会就损公肥私。君主们不仅用现金酬谢他们的宠臣和官吏，而且还授给他们王室领地、专利权和若干种货物的征税权。这些得到王室恩赐的人又以同样方式赏赐自己的仆从，而全部负担都落在商人、小绅士和农民的肩上，这些人在日益增长的苛捐杂税的重压下苟延残喘。在这种制度下资本主义无法兴旺，必须进行斗争来改变它。这并不是说，那些在克伦威尔领导下推翻了查理一世的商人及其学徒、伦敦附近各郡的绅士以及伪善的宗教狂热者，是实践某种理论的有觉悟的革命者。完全不是这样，因为当他们获得政权时，他们不知道拿它怎么办，又只好恢复君主制，不过这一次设置了特殊的条件，即建立了议会作为保护他们利益的最高权力机构。这类起义只是在英国和葡萄牙获得了彻底的胜利。在加塔卢尼亚、安达鲁西亚和那不勒斯发生的反西班牙君主专制的起义失败了，在莱茵河西岸地区和波希米亚发生的起义导致了三十年战争；投石党运动在巴黎遭到了失败，这使得法国资产阶级又过了一百五十年之后才跟上了他们的英国同伴的步伐。由此产生的惊人的结果是：到十七世纪末的时候，英国这个在斯图亚特王朝统治下曾先后是西班牙和法国的卫星国的三等国家，已成了一个主要的海上强国和商业强国，而在那个世纪初力量最强大的西班牙却已经变得衰败不堪了。

在十六世纪和十七世纪，欧洲的力量平衡由法国与哈布斯堡帝国之间的对抗保持着（哈布斯堡帝国当时包括德国、奥地利、西班牙、荷兰和意大利的大部分领土）。法国在这个时期的外交与军事行动的主要目标是打破哈布斯堡对法国的包围；黎塞留和马扎里尼通过灵巧的外交和直接或间接介入使帝国陷于瘫痪的三十年战争成功地做到了这一点。但是，他们这样也就破坏了力量的平衡，法国在十七世纪下半叶路易十四统治时期无可争辩地成了欧洲的主要强国，一个实行侵略和扩张的大国，既富有又人多，而且拥有由能干的将军们指挥的强大的陆军和海军，对英国、荷兰、德国和西班牙构成经常的威胁。当路易为他的孙子接受了因疯狂的、无后嗣的查理二世逝世而空出的西班牙王位，扬言"比利牛斯山不再存在"的时候，这种威胁变得令人难以忍受。1701年，英国、荷兰和奥地利结成了反对法国的大同盟，发动了西班牙王位继承战争。在战争的迷漫硝烟中，很少有人注意到有一个新的强国登上了西方舞台，以后若没有它的参与，任何事情也决定不了。这就是俄国。

四

直到十八世纪初，西方只知道有俄国这样一个名称，在西方的概念中，它是一个无定形的地理区域，上面居住着分裂教会的野蛮人，他们仿佛忠诚于一个兼作神父的国王。除了作为原料产地和波罗的海沿岸破落的日耳曼贵族的牧场以外，它被认为对欧洲无甚意义。俄国产品的绝大部分由瑞典经销，不过早在十六世纪的时候，西方有进取心的商人们就曾试图建立直接贸易，法国、荷兰和英国的商船曾在短暂的解冻期访问过北方各港口。尤其是英国的冒险商人们曾渴望获得沿伏尔加河而下至波斯的自由过境贸易，并且开发当时已由俄国的商业世家斯特罗加诺夫在开发的西伯利亚财富。

一次偶然的事情使英国同俄国建立了较密切的关系。1553年，理查·昌斯勒尔为了寻找东北通道，在一个不知名的海湾登岸，发现自己来到了俄国而不胜惊奇。他受到了第一个称沙皇的莫斯科大公、绰号叫雷帝的伊万四世的盛情接待，两年以后又去那里商订了一项非常有利的贸易协定。昌斯勒尔很有洞察力。他写道："他们（俄国人）若是知道自己的力量，那就谁也敌不过他们。我可以把他们比作一匹不知道自己有力量的小马，不管它力气多大，一个小孩用笼头就能牵着它走；要是这匹马知道自己有力量，那么无论小孩还是大人都驾驭不住。"

沙皇愿意付高价从英国获得他为了同条顿骑士团、波兰及瑞典进行斗争所需要的物资以及军事和技术专家。他同意让英国人在俄国做生意，并在那里建立一个海外商馆，不必纳税并享有治外法权。根据这个情况，1555年在伦敦成立了俄国公司，垄断英国同阿尔汉格尔斯克之间的贸易。

1569年，伊万向英国伊丽莎白提出缔结全面攻守同盟，规定各方君主在对方国内有政治避难权，英国停止同波兰贸易并向俄国提供造炮和造船的技师。波兰国王恳求伊丽莎白拒绝这个同盟，唯恐俄国拥有海军和受过现代军事技术训练的改革过的陆军，会变得过分强大，而为北方列强所无法对付。他说："我们迄今为止打败了他，是因为他愚昧无知。"伊丽莎白和她的顾问们尽管需要他们所能得到的一切贸易，也认识到不值得缔结这个同盟。甚至伊万慷慨地提出同他的第五个夫人离婚来娶英国宫廷的一位小姐，也没有奏效，而只是使这位小姐吃了一惊罢了。

俄国当时之所以与世隔绝、技术落后，是因为它是个内陆锁国，向黑海的出口被土耳其帝国切断，向波罗的海的出口被瑞典、丹麦和波兰切断，白海则被冰封着。所有贸易和交通全靠伏尔加河、顿河及第聂伯河这几条大的内陆水道。第聂伯河使俄国同拜占庭文明与东正教发生联系。君士坦丁堡落在土耳其人手中之后，连这个有限的出口也被封锁了。

俄国人由于四面是敌人，几乎一直处在战争状态中。对鞑靼统治的长期抵抗，加之基辅和诺夫哥罗德这两个统治集团之间的不和，使莫斯科获得了领导权，它的王公们以既奸诈又大胆的方式不仅摧毁了鞑靼权力，而且创建了俄罗斯国家。当时并没有固定的国界，因为这些国界是随着胜利不断向前移动的。只需要建立临时性的防御工事和农民战士哥萨克的拓居地，为了摆脱收税官和同样贪婪的地主而逃来的农民把空地住满之后，防御工事和拓居地就向前推进。土地很肥沃，但是劳力不足，因此地主竭力迫使农民留下来耕种土地，这样就产生了1649年正式颁布的全国农奴制度，按照这种制度，农民丧失了一切权利并成为其主人的私有财产。这使得农民更多地出走，造成一个隔一定时期就发展为叛乱的爆炸性因素。

因此，俄国的内陆扩张首先是由防御的需要，其次是由对国内民众的压迫决定的。起初是在反对鞑靼人的斗争中向东南方扩张，然后是向东北方，进入西伯利亚，往太平洋方面扩张。1581年，一个反叛的哥萨克带领少数士兵夺得了西伯利亚额尔齐斯河和鄂毕河这两条大河周围的领土，为了得到沙皇对他的赦免而把它交给了沙皇。从那时起，与其说要进行征服，不如说只要去占领就行了。逃避暴政的拓荒者们，在完全没有政府支援的条件下，不畏严酷的气候，利用几条大河流，于1643年到达了太平洋。移民和商人随即来到。

但是莫斯科政府的雄心不在这里。它所要的，是进入波罗的海和黑海这些无冰封的海域。它认为，同欧洲建立直接联系，对于技术发展、陆军现代化、创建海军以及俄国产品的自由出口都是极其重要的。然而，由伊万三世和伊万四世采取的打通出海口的一切尝试，都失败了。这个雄心要由彼得大帝来实现。

五

三十年战争给人民带来苦难，但对大的土地所有者则非常有利。空旷的乡村受害最大，村庄被烧毁，田地、庄稼和牲畜被破坏，农民不是被杀害就是被迫躲进森林。德国和波罗的海的容克地主甚至在战前就已开始的圈地运动，由于农村人口减少而加速了进程。只有住在设防的庄园里的权贵们免遭打击，而且他们充分意识到：随着粮价上涨和除了参战军队的需求外整个西欧城市居民需求量的增加，可以从大规模的农业和畜牧业中，从大量出售谷物、木材、牲畜和马匹中谋取巨额利润。同样，对瑞典的铁和铜，尤其是对木材、大麻、帆布、沥青及油脂的需求量也很大，英国、荷兰、法国和西班牙的强大海军没有这些东西就不能出海。

销售这些货物并获得利润，需要通过中间商。国际金融这时大部分掌握在路德教派或加尔文教派的银行家手里，他们对自己贷款性质的考虑表现出惊人的灵活性。阿姆斯特丹的一位瓦隆人加尔文派教徒路易·德·吉尔，控制着瑞典的整个经济命脉，他不仅向瑞典的陆海军、而且向所有欧洲国家的陆海军提供经费，而不管这些国家站在哪一方面。直到1685年路易十四愚蠢地将胡格诺派教徒驱逐出法国以前，法国王室的收入都控制在胡格诺派教徒、特别是德尔沃特手里，但是即使在采取这种激烈行动以后，路易十四仍然向流亡在瑞士的胡格诺派教徒借钱，后者也仍然把钱借给他。加尔文派教徒维特更是胜过所有这些人：他为天主教国家企图消灭新教徒的战争筹措资金，是华伦斯坦的得胜军队的给养供应者、军需官和经济组织者。**金钱没有臭味。**

唯有俄国人没有获得他们应得的利润。航海必需的物资主要来自俄国，但它从1617年与瑞典缔结斯托尔波沃条约之后，被完全与波罗的海隔开了。尔后又由于旧汉萨同盟的没落而更进一步被排斥于波罗的海之外，这个同盟到三十年战争结束时已丧失其在英国、俄国、瑞典和荷兰的特权地位。英国和荷兰的商人纷纷进入波罗的海，开始吞并汉萨同盟的贸易。荷兰的加尔文派教徒接管了汉萨同盟的汉堡港，1619年建立了汉堡银行。

这是瑞典扩张的时期。1621年,瑞典人开始征服利沃尼亚和立陶宛,接着就击败波兰及其附庸勃兰登堡—普鲁士,兼并普鲁士的默麦尔港、皮耳劳港和埃尔宾港,吞并格但斯克,占领波美拉尼亚。1645年,他们打败丹麦,根据勃罗姆堡条约,丹麦被迫降低海峡税,并把波罗的海中那些保障出入北海的战略岛屿割让给瑞典。丹麦被削弱为北方海域的二等国。三十年战争于1648年以缔结威斯特伐里亚和约结束,使瑞典成了波罗的海的霸主,控制着瑞典本土以外的辽阔领土,并占有列维里、里加、施特廷、不来梅和费尔登这些重要港口。

然而,瑞典帝国犹如一座东倒西歪的房子,既没有统一,又没有雄厚的财富,也没有众多的人口来支撑它。它的政体是不稳定的,国王在理论上是选任的,并且受贪心而自私的贵族寡头政治集团的约束,而后者总是喜欢制造障碍和进行反叛。瑞典帝国的兴起,部分地是由于德国的分裂,古斯达夫·阿道夫的军事才能,他的大臣、决定政策的五人政务会的首脑奥克森施蒂纳投机取巧的本领,但主要是由于法国在政治上、财政上和军事上的支持。

瑞典周围全是忌恨它的敌人,只有法国是朋友。英国和荷兰由于需要航海物资,对法瑞同盟有恐惧和猜疑;汉诺威选侯觊觎不来梅和费尔登;勃兰登堡—普鲁士选侯妄想得到西波美拉尼亚;波兰希望收复利沃尼亚,丹麦国王想要收回丢失的领土和地位,而俄国的沙皇彼得对芬兰湾至德维纳河地区早已垂涎欲滴。

1672年,瑞典在摄政王的率领下跟法国一起参加了法荷战争,而丹麦和勃兰登堡支持反法联盟。瑞典人战胜了丹麦人,可是,当他们向柏林挺进时,在费尔贝林出乎意外地败在勃兰登堡选侯手中。选侯乘胜侵占了瑞典的德国属地,夺取了施特廷和施特腊耳宗德。只是靠法国干预，瑞典才得救，法国侵入了选侯的领土，通过缔结圣日耳曼条约迫使他把西波美拉尼亚归还给瑞典。不过这对瑞典只不过是死刑缓期执行而已；当临到最后考验时，法国正在西班牙王位继承战争中全力同英国和德意志帝国作战，不可能来援救瑞典。

瑞典战败的重要后果，是瑞典的亲法寡头政治集团信誉扫地，加强了对这次灾难性失败没有责任的君主政体的地位。在较低阶层的支持下，查理十一世成了绝对的统治者，打算通过收回被其软弱无能的前辈转让出去的王室领地，来重新建立王室财政。这个叫做归并过程的步骤很自然地在握有那些领地的贵族当中引起了强烈的愤恨。利沃尼亚的德国贵族特别受到虐待，其中有个叫帕特库尔的带头抗议。他被判处死刑，但是逃跑了，受到沙皇彼得的热情欢迎，沙皇彼得利用他把所有希望瓜分瑞典帝国的国家组成了一个联盟。

帕特库尔的联合反瑞的建议得到丹麦国王弗里德里希四世和萨克森选侯奥古斯特二世的热烈赞同，前者是妄图得到当时在瑞典保护下的霍尔施坦公国及其他利益，后者则是在不久以前才在俄国的支持下当上波兰国王。普鲁士和汉诺威都以贪婪的眼光盯着瑞典的波美拉尼亚，赞同帕特库尔的建议，但又踌躇不定，想看看战事如何发展再说。沙皇也按兵不动，但是答应，一旦他结束同土耳其人的战事（他当时同奥地利结成神圣同盟，一起与土耳其人交战）就立即进攻瑞典。

瑞典为了对付这个联盟，同英荷两国签订了一个全面防御条约，1700年2月5日由威廉三世国王代表英荷两国加以批准。乔治一世的辉格党政府在不否认这个条约的情况下将它置之不顾的惊人做法，是《外交秘史》第四章讨论的主题。

如同所有的战争一样，这次对瑞典的战争也有极其高尚的宗旨。据宣布，它的唯一目的是解放被压迫的利沃尼亚贵族。丹麦无疑是抱着这个宗旨立即向霖尔施坦公国发起进攻。英国和荷兰的海军舰队立即被派去占领松德海峡,这是位于丹麦的西兰岛(哥本哈根城就坐落在那里)与瑞典的斯卡尼亚省(瑞典根据1660年欧利伐和约从丹麦获得的)之间的一条狭窄海道。年轻的瑞典国王查理十二世侵入丹麦,一直胜利地打到哥本哈根城门口。丹麦被迫求和,接受屈辱性的特拉温达尔和约,答应放弃霍尔施坦并退出与萨克森和俄国的同盟。

丹麦投降的第二天,沙皇彼得匆匆忙忙同土耳其媾和之后,向瑞典宣战并侵入利沃尼亚。查理急忙向北运兵,乘彼得正在围攻爱沙尼亚与英格里亚之间的纳尔瓦要塞时向他发起进攻。这个战役是1700年11月30日在暴风雪中进行的。俄国军队虽然在数量上大大优于瑞典军,然而是按旧的中世纪制度征募来的乌合之众,既无交通又无后勤,而且是由德国将领指挥,士兵根本听不懂德语命令,对他们毫不信任。负责指挥的将军德·克罗伊在这次战役的最初阶段就想方设法回避敌人,本来能够包围瑞典兵的骑兵部队被命令渡过纳尔瓦河仓皇撤退。沙皇很快就从中汲取了教训;他完全没有气馁,而是把他全副精力用去组织军队。

彼得获得了时间。查理没有乘胜追击彼得,而是向波兰和萨克森的奥古斯特进军,他错误地把这个被马克思描写为"司空见惯的道德沦丧"的人看作是他的头号敌人。波兰人和萨克森人对瑞典的进攻很少抵抗,查理占领了华沙,并在克拉科夫设立了司令部。查理发觉打败波兰人容易,而要占领他们的国土就较难,于是设法迫使其接受政治解决。波兰因为国王是选任的,自称是共和国,权力属于不让平民参加的议会。议会的每个贵族议员都有自由否决权,不仅可以用它来阻挠通过法律,而且还可以用它来解散议会,因此在从1652年到1764年的一百多年当中,只有七届议会是有始有终的。贪赃枉法是这种立宪制无政府状态的特色，所以查理毫不费力就说服议会废黜了奥古斯特，选上了他提名的斯塔尼斯拉斯·列申斯基。

为了使奥古斯特顺从对他的废黜，查理追赶这位不幸的选侯到萨克森，并在途中侵犯了奥属西里西亚，在那里宣布自己是所有受奥地利压迫的新教徒的保护人。奥古斯特被追到了由缅施科夫统帅的俄军守卫着的莱比锡大门前。然而，1706年9月在阿尔特兰施太特，奥古斯特没有告诉俄国人就接受了查理提出的要求，承认斯塔尼斯拉斯为波兰国王，放弃和俄国的同盟，并同意把帕特库尔交给查理。这个条约中受到奥古斯特遵守的唯一的条文是最容易执行的一条：帕特库尔被交给查理车裂死了。一个月之后，当俄国人在卡里斯击败瑞典将军马迪费尔德时，奥古斯特又和对这项条约仍一无所知的俄国人站在一起了。

查理的成功以及他对奥皇的蔑视，促使路易十四希望瑞典能和他一起反对大同盟。西班牙王位继承战争对路易说来很不顺利。他对奥地利的入侵以1704年在布伦海姆遭到惨败告终；1706年他被尤金统帅的帝国军队驱出意大利；拉米莱斯战役后又被马尔波罗赶出西班牙属荷兰的大部分地区，他险些在西班牙站不住脚，英国在那里占领了巴塞罗纳和马德里。如果查理能被诱使向维也纳进军的话，路易就能集中主要兵力对付在荷兰的英国人和丹麦人。同盟国家也感到了这种可能性，在焦虑不安的奥皇的紧急要求下，马尔波罗被派往查理在萨克森的军营去提醒他与英国缔结的条约所具有的神圣性质。马尔波罗立即就发现同盟国家完全不用担心：这位瑞典国王的帐篷里到处是俄国的地图，他正在打算向彼得沙皇报仇。奥皇对奥地利境内的新教徒随便作了一些让步，查理就宣称已得到满足，带着一支三万三千人的第一流军队向东进发了。

六

当查理忙于波兰和萨克森的战事时,彼得并没有闲着。他的"新型"军队,不是由以前的德国将军指挥,而是由俄国将军舍列美帖夫指挥,在利沃龙亚和爱沙尼亚打败了瑞典驻防军,并且踏遍整个国家,通过战斗取得了经验。然后,彼得沿涅瓦河一直挺进到它的出海口,1703年5月1日在那里攻克了瑞典的涅斯参茨要塞,并把它改名为圣彼得堡,无耻地宣布它为他的新首都。他立即在涅瓦河的一个岛上修筑了喀琅施塔得要塞,建立了铸炮厂。他又沿芬兰湾南岸进发,拿下大学城德普特,最后向纳尔瓦堡垒发起强攻。瑞典人从海上向圣彼得堡发起进攻,但被击退,并损失了一些舰只,彼得曾亲自以士兵身份参加这场战斗。1705年,俄国人征服了库尔兰、维尔纽斯和格罗德诺,开始大批地出现在波兰东部。

然而,尽管彼得取得了这些成就,他还是不愿意同可怕的瑞典国王交锋。当查理向前推进时,沙皇全力镇压四起危险的叛乱,其中一起是重税与压迫激起的顿河母萨克叛乱。第聂伯河哥萨克也难于驾驭,他们的首领马泽泊决定背叛彼得投奔查理。瑞典国王拒绝彼得的一切和平建议,决心向莫斯科进军,可是当他发现俄国人已破坏了他前进路上的一切,并且正在骚扰他的补给线时,他就折向南方,企图与马泽泊会合。从此瑞典人就连遭不幸。从利沃尼亚来的援兵遭到阻击而大批伤亡;马泽泊被打败,只带着少数追随者投奔查理;1708年到1709年间的那个冬季是有史以来最严酷的一个冬季,瑞典士兵遭到了一个世纪以后拿破仑士兵所遭到的同样可怕的苦难。这个冬天过去之后,瑞典军队中能作战的人员已减少到不足一万七千人,查理的唯一希望是迅速取得决定性的胜利。他向第聂伯河上的小要塞波尔塔瓦进攻，以诱使彼得开战。彼得上了圈套。但是，现在俄国军队同在纳尔瓦被打败时的情况已大不相同，在数量上占巨大优势。瑞典军不是被俘就是被歼，查理的脚被打伤，他和马泽泊好不容易才渡过第聂伯河逃到土耳其境内。

北方战争在这以后还持续了十二年，不过瑞典帝国是在波尔塔瓦灭亡的。丹麦国王、接着是不久就要当普鲁士国王的勃兰登堡选侯，急于要趁火打劫，向瑞典宣了战；萨克森的奥古斯特废弃了阿尔特兰施太特和约，又被俄国人扶上波兰王位；俄国人自己又掠取了芬兰并为圣彼得堡奠定了基础。

1715年，俄国、丹麦、波兰、普鲁士和汉诺威签订了一个共同瓜分瑞典帝国的协定。汉诺威的乔治将得到不来梅和费尔登。因此，乔治以汉诺威选侯的身份向瑞典宣了战，又以英国国王的身份进行了这一战争。

七

汉诺威的乔治在1714年成了英国的乔治一世。在这之前一年，西班牙王位继承战争已经以缔结乌得勒支和约结束。虽然昂茹的菲力浦保住了西班牙王位，但是西班牙的欧洲领地由奥地利和萨瓦瓜分了，奥地利得到荷兰。英国无疑是主要受益者。

乔治一世的即位使辉格党重新上台，在这以后辉格党又执政了四十五年。托利党被怀疑对詹姆斯党人抱有同情，因此也就受到汉诺威王朝头两个国王的怀疑。

辉格党和托利党不是现代意义上的群众性政党。这是两个对抗的寡头政治集团。当时统治英国的是由少数彼此间有血缘或婚姻关系的大家族组成的贵族,他们由英王赐予荣誉和官职。由于这些大土地所有者大多数都承袭了以前的教会属地,他们都坚决反对天主教,这是阻碍斯图亚特王朝复辟的重要障碍。他们比法国的大土地所有者更强有力,他们对经营庄园很感兴趣,进行农业实验,涉猎艺术和科学,从事他们表面上轻视的贸易。另一方面,他们过着奢华的生活,为自己在乡间建造宫殿般的住宅,进行豪华的旅行,收藏艺术品,恣意赌博并且仆役成群,结果是经常现金短缺。政治被用来医治这种营养缺乏症。让长子进入政界受王室庇护,以年金和闲差维持家族利益,已成为惯例;如果他这样做时也为国家效力,那是没有异议的,可是后来并不是非如此不可。次子们则进入陆军、海军、教会或司法界。

这些大家族不仅控制着他们所出席的上议院,而且还通过他们提名的人控制着下议院。选民没有代表性,只有各郡的世袭地产保有人和城市的团体有选举权。例如,巴思城只有三十五名选民。其他许多议席都被那些实际上往往不存在的"腐朽市镇"的代表们和"夹带市镇"的代表们所占有,前者被出价最高的人所收买,后者则属于土地所有者,他们指定人去代表他们。例如,新堡公爵就有五十五名必须按照他的指示投票的"夹带议员"。

议员没有薪俸;相反,往往为了当选还得出钱。1730年,在单独一届议会当议员的代价为一千五百英镑;1830年为七千英镑。然而,政治被指望带来重利,假使一位议员成了部长,就很容易做到。"贿赂大师"罗伯特·沃尔波尔为他的三个儿子弄到了报酬优厚的政府职务,当时他的三儿子、闲话栏目作家霍雷修还在中学念书。一般没有义务约束的议员就向出价最高的人出卖他们的影响和选票。在这些出高价收买者当中有像东印度公司、俄罗斯公司这样的大贸易垄断资本家。

在十八世纪初期,同俄国的直接贸易只占英国全国贸易的一小部分,从俄国的进口只有从瑞典进口的一半不到。由于瑞典出口商品的大部分,尤其是造船材料,原来是俄国的产品,由荷兰商人在阿姆斯特丹销售,俄罗斯公司就认为,如果俄国在波罗的海得到出海口,它就可以通过伦敦的公司向欧洲出口它所生产的一切货物,从而使其贸易和利润大大增长。因此,在北方战争期间,俄罗斯公司热衷于亲俄反瑞。它大力展开了宣传鼓动活动,包括贿赂、请愿和喧嚣的示威,来促使政府积极介入反对瑞典的战争。载着禁运品驶往俄国而被瑞典人拦截的英国船上的海员,被作为民族的英烈来宣扬,以激起全民族的悲愤。马克思写道:"那时,有关的集团就为贸易和海运业发出呼声,全国都糊里糊涂地予以附和。"

俄罗斯公司受到荷兰银行家们的援助和支持,这些银行家把阿姆斯特丹的瑞典经纪人的利益丢在脑后,对俄国大量投资,并向沙皇提供舰只、军火、指挥官。尽管1703年的荷瑞商约明文禁止航行敌方港口,荷兰人还是就瑞典人拦截他们为俄国运送军火的船只发出叫嚣。荷兰和英国之间仍然有十分密切的联系,荷兰发表反对瑞典的声明是否可能事先未经得英国政府同意,或者未让英国政府知道,这是值得怀疑的。

天平上最后一个对瑞典不利的砝码是乔治国王。他作为汉诺威的选侯对瑞典宣战之后,盼望英国来替他打仗,以实现汉诺威的野心。唐森、斯坦厄普和沃尔波尔的政府搞了个典型的辉格党妥协方案:它决定为俄国利益对瑞典作战,但是既不宣战,也不废除1700年的英瑞同盟。

八

查理十二世在土耳其流亡了五年,极力要说服土耳其苏丹对俄国宣布总体战。土耳其人的确进行了战争,不过,他们在收复亚速夫后就心满意足地回到家里,对查理的战争鼓动再也不感兴趣。最后,查理取道陆路回到瑞典,发现那里的局势极其危险。联盟对波美拉尼亚发起全面进攻,除了施特腊耳宗德要塞和维斯马港以外,瑞典军队已被完全赶出这个地区。瑞典枢密院建议国王求和,尽力挽回损失,可是查理却要决战到底。他全力以赴防守施特腊耳宗德,并且命令瑞典军舰从海上进行防卫。但是,英国政府借给了汉诺威八条战舰,汉诺威又把它们转借给了丹麦。若是这支被加强了的丹麦舰队不够用,诺里斯将军统率的一支英国舰队就停在施特腊耳宗德附近的海面上。形势对瑞典舰队太不利了,瑞典舰队就这样被自己的盟友阻拦住而无法介入战争。施特腊耳宗德陷落了,接着是维斯马也陷落了,国王本人差点被敌人俘虏。

这时,瑞典已失去本土以外的一切领地,联盟计划把战争带到瑞典本土上去。联盟各国的军队由英、丹、俄三国的舰队负责从丹麦的西兰岛护送到瑞典南部的斯卡尼亚去,这是瑞典1660年根据欧利伐和约从丹麦那里获得的一个省份。有四万名俄国士兵已在包括诺里斯的英国舰队在内并由沙皇亲自指挥的联合舰队保护下运到了西兰岛,他们驻扎在那里,由丹麦政府出钱维持。对斯卡尼亚的袭击定在1716年9月25日进行,那时条件很有利,而且斯卡尼亚获得了大丰收,可是沙皇不顾丹麦国王、英国公使和诺里斯海军上将的劝诫,拒绝采取行动。他先是把这次袭击推迟到来年春天,接着宣布他只能提供十五个营的兵力供登陆用。丹麦不能独自去干这种冒险的事情,因为连这么几营俄国兵是否能兑现还是问题。国王撤销了这次袭击,可是沙皇赖在西兰岛上迟迟不走,他为了维持他的军队一个月花费丹麦政府四万帝国塔勒,并且还收买英国和丹麦的水兵去投奔他的海军,使得丹麦人开始害怕他想要夺取哥本哈根和西兰岛。然而最后,沙皇让他的军队由丹麦花钱维持越过冬天以后,回到了德国。

这个袭击斯卡尼亚的流产计划完全是丹麦人的主意。丹麦的弗里德里希希望利用俄国军队来收复根据欧利伐和约丧失给瑞典的全部丹麦领土,同时迫使瑞典人停止对丹麦属国挪威的进攻。然而,沙皇摧毁瑞典帝国并不是为了创建一个丹麦帝国。在那以后,俄国想要成为波罗的海最强的国家。

但是,彼得的一举一动愈来愈引起他的西方盟友的关注和警惕。1716年,他把侄女嫁给了梅克伦堡大公,这是汉诺威选侯和勃兰登堡选侯(这时的普鲁士国王)的近邻。根据婚约,大公必须把他的国家完全交给俄国军队支配,为防止国内发生骚乱而接受俄国的保护。作为报酬,大公应该得到本应划归普鲁士的维斯马和瓦内芒迪,普鲁士应该得到本应划归汉诺威的不来梅和费尔登,汉诺威则将一无所得。乔治一世得知这点之后自然大怒,他的英国大臣们想起了他们根据1700年条约对瑞典的义务,开始考虑恢复由于他们援助俄国而破坏了的波罗的海的力量平衡。

他们做得太迟了:俄国和瑞典已在商谈缔结同盟。查理从流亡归来后给一个名叫冯·格尔茨的霍尔施坦贵族授予了广泛权力。当斯卡尼亚的败局拖延未决时,格尔茨同彼得保持着联系。他提出瑞典把它的波罗的海省份让给俄国,而俄国则应支持瑞典反对丹麦以及给丹麦以支援的任何其他国家。瑞典所失去的波罗的海省份,应该由夺取丹麦所属的挪威来补偿。普鲁士在它的要求得到满足后,不会进行干涉,还在忙于同土耳其人作战的帝国也会如此。只有汉诺威可能制造一些麻烦,不过英国若是由斯图亚特王朝取代汉诺威王朝,就能使汉诺威变得无足轻重。

1715年的詹姆斯党叛乱只是1745年那次更严重的叛乱的序幕。同时,英国政府十分清楚,在英格兰和苏格兰有许多人不喜欢汉诺威王朝及其对外纠纷,甚至不同程度地公开为"海外的国王"干杯。法国和西班牙自然希望推翻乌得勒支条约,正像格尔茨认为并且沙皇也赞同的那样,在这两个国家帮助下,是完全可能把汉诺威人赶出英国的。

为了实行这一计划,彼得在1717年访问了巴黎,名义上是要把他女儿嫁给年幼的国王路易十五世,同时也是为了说服法国废弃乌得勒支条约。他的两个目的都未达到。摄政王与王位之间仅隔着一个病弱的孩子,因此他不愿冒风险。格尔茨在荷兰的运气也并不好些,他在那里按照英国政府的要求被拘捕。在伦敦,瑞典大使卡尔·尤伦堡被逮捕,他的文件被扣押。此人后来自称是《北方危机》的作者,马克思认为不是。

格尔茨被释放,1718年瑞典和俄国的全权大使在阿兰岛上会晤,商定结盟条件。查理十二世据此立即入侵挪威,在那里在可疑的情况下他遭到杀害。瑞典寡头政治集团为此感到高兴。他们让他的妹妹登上王位,并且处死了格尔茨,因为他支持嫁给霍尔施坦大公的查理的姐姐继位。寡头政治集团这样重新掌权之后,立即废弃了同俄国的条约,设法把战争继续进行下去。可是,彼得在战争期间精心培育起来的俄国海军控制着波罗的海,把部队载运到斯德哥尔摩附近登陆。

这时,英国决定进行干预,以支持瑞典并阻止波罗的海成为俄国的内湖,它曾通过不宣而战,在巴骚角击沉西班牙舰队的办法保存了乌得勒支条约,现在它想用同样办法在波罗的海对付俄国舰队。此时一定感到颇为迷惑不解的诺里斯海军上将,又被派遣带领一支分舰队去波罗的海,尽其所能去帮助瑞典。可是,他还未能为瑞典提供任何有效的帮助,南洋泡沫事件就在英国爆发,使英国突然陷入了破产境地。诺里斯被召回,瑞典被扔下听天由命。结局不可能拖延很久。1721年,瑞典和俄国在芬兰的尼施塔得缔结了和约。后者获得了利沃尼亚、爱沙尼亚、英格里亚、一部分卡列里亚和一部分芬兰。1719年,瑞典已把不来梅和费尔登让给了汉诺威,作为对英国支援的代价。1720年,在不列颠的逼迫下,又把施特廷和奥得河河口让给了普鲁士,同时还答应丹麦割去霍尔施坦大公的什列斯维希。只有波兰、萨克森和梅克伦堡大公一无所获。瑞典帝国所剩下的只是波美拉尼亚的一部分,这还是由于它的老盟友法国坚持才得以保住的。

在用强制性奴隶劳动在英格里亚沼泽地的木桩上仓促建成的新首都圣彼得堡,彼得以狂欢的酒宴庆祝了他的胜利。他完全有理由庆祝。俄国不仅实现了它的通向大海的抱负,而且还成了在波罗的海和北欧占支配地位的国家。

九

俄国首都从莫斯科迁往圣彼得堡是一种挑战行为。它是正式警告欧洲,俄国不仅要定居下来,而且还要扩张。因为只有在邻近国家和海岸线被制服以后,这个新首都才能保证得到安全。西方某些精明的观察家开始考虑,这个征服过程既已开始,不知将在何处停止。正如马克思所说:"彼得堡这个帝国的外偏中心从一开始就表明:一个圆周尚有待于划定。"

这一点是《北方危机》的作者所没有忽视的:"我们那时将对自己的盲目性感到吃惊;我们听说他在彼得堡和列维里构筑了大量工事而竟没有猜到他们的计划。"据这位在1716年写作的作者说,沙皇当时的计划是逐个地吞并他的弱小盟国,尤其是丹麦,独揽全部北方贸易,并通过用运河把几条大河连接起来,使里海和黑海到彼得堡之间可以通航,把东方贸易控制起来。在战争期间培育起来的俄国海军,在数量上强过丹麦和瑞典两国海军的总数。况且,沙皇这时能够拒绝向海上强国英国和荷兰提供它们所依赖的造船材料。这位作者企图使《北方危机》成为"每一个诚实的辉格党人和每一个诚实的托利党人"都应该阅读的训诫书；他激励道："……我们当心自己吧！沙皇肯定无疑将成为我们的敌手，他现在越被忽视，对我们将越危险。"

小册子《真理才是真理》（原标题太长，这里说简单点）的作者也是同样明确，甚至更为好战。这本小册子是作者"因沙皇要求"被撤销他在英国驻莫斯科大使馆的职务之后于1715年写成，在1719年俄国与汉诺威王朝的英国之间关系紧张时出版的。备忘录是已跟彼得发生争吵的乔治一世亲自下令起草并呈交给国务大臣唐森子爵的。

作者主要关心英国造船材料所受到的威胁。他论证说，大不列颠的生命依赖于贸易，贸易依赖于船队，而船队依赖于造船材料。瑞典永远不能威胁这种造船材料的供应，因为它的港口只不过是通道，货物是俄国生产的。假如允许沙皇保留他从瑞典那里夺去的波罗的海省份，那么，加上阿尔汉格尔斯克，他就掌握着"控制欧洲所有造船材料总库的两把钥匙"，因为丹麦、瑞典、波兰和普鲁士"在他们一些领土上只不过生产那些商品中的某些单项而已"。如果情况是那样的话，作者问道："那么我们的船队会怎样呢？此外，说实在的，我们与世界各地的全部贸易的保障又在哪里呢？"

既然事情已到了这种地步，作者认为，如果沙皇不保有战舰，可以让他拥有一个"进入波罗的海的港口"，而如果沙皇拒绝这些合理的条件，英国应该进行战争去收复那些从瑞典那里夺去的省份，主要目的就是要把俄国人赶出波罗的海。然而，他对唐森内阁有怀疑，也怀疑诺里斯海军上将最近一次出航的目的。

既然有过这样强有力的公开警告，辉格党的政治家们就再也不能说他们不了解沙皇的野心了。可是他们没有采取行动。为了保存乌得勒支条约而同法国结成的暂时同盟，很快就变成了在商业和殖民地方面的竞争，并且在奥地利王位继承战争和七年战争中进行了激烈的争夺。在十八世纪其余的年代和进入十九世纪后的很长一段时间，英国历届政府只能看到一个敌人，就是法国及其卫星国西班牙。凡是对抗法国或者削弱法国的国家必然是英国的盟友。譬如，1743年在奥地利王位继承战争中，英国单独支持奥地利反对法国、普鲁士和巴伐利亚；而在1753年，它又支持普鲁士反对这时是受法国与俄国支持的奥地利。英国和俄国虽然是站在对立方面，但从未直接冲突，实际上，在整个战争期间，英国一直给俄国支付在1715年商定的补助金，俄国作为回报则负责保护汉诺威不受普鲁士的任何侵略。

无论是侵略还是冷遇，都压制不住辉格党人要与俄国结盟的热情。老庇特查塔姆勋爵受叶卡特林娜二世的大臣们劝诱，提出了针对法国的俄国、丹麦及瑞典与大不列颠结盟的北方同盟"大概念"，可是当北方同盟也就是1780年的武装中立成立时，它却不是支持英国而是反对英国的。诺思政府假装相信俄国加入这个同盟是受了西班牙大臣弗洛里达布朗卡的欺骗，试图通过把米诺卡岛送给俄国来对它进行贿赂，而这会使俄国成为一个地中海国家。

武装中立公约是从俄国受到的许多次冷遇中的一次，它丝毫也没有影响当时英国政治家们当中流行的这样一种信念，即俄国是他们的天然盟友。当俄国代替衰落的奥地利成为中欧主宰者的时候，当俄国威胁波兰独立的时候，当它打算瓜分瑞典的时候，当它无情地往东向奥斯曼帝国推进的时候，英国的政治家们都善意地观望着。他们一心惦着来自法国的危险，对俄国在近东和印度对英帝国利益所构成的威胁视若无睹。然而后者才是真正的威胁。印度是彼得大帝在遗嘱中指出俄国将来必须取得的国度之一，征服印度的计划在俄国的长期战略中反复出现。法国冒险家贝诺瓦·德·布瓦吉纳（后来成为马拉提人军队的指挥官，但当时是为俄国工作）在1776年曾打算从圣彼得堡取道里海、鞑靼海峡和克什米尔去印度旅行。他出发之前谒见了女皇叶卡特林娜二世，女皇要他提供他走的这条线路的详细情况，以便俄国从此方向入侵印度。1800年，沙皇保罗与波拿巴配合，命令从陆上入侵印度时，曾给奥尔洛夫将军一些地图，德·布瓦吉纳画的示意图就是其中的一份。

马克思在《外交秘史》中发表的外交信件，应该部分地参照这个背景来研究。

十

第一封信是英国驻圣彼得堡公使写给最强有力的首相罗伯特·沃尔波尔的儿子霍勒修·沃尔波尔的。写于1736年，安娜女皇在位时期，当时安娜正与土耳其作战。

安娜是一个毫无魅力的统治者，她是彼得大帝的有一半日耳曼血统的侄女，在做俄国女皇之前是寡居的库尔兰公爵夫人。她带了许多德国顾问到俄国来，这些人除一人之外，都只以贪婪出众。宠臣比伦既无才能又无政治兴趣，他唯一的目的就是搜括钱财；赌棍勒文华尔德甚至更糟；不过管理外交事务的奥斯特尔曼却足智多谋，米尼希也颇有军事才能。这群德国贵族在以前所未闻的规模掠夺了俄国之后，开始实行对外征服的政策。他们的目标对准波兰和土耳其。

萨克森和波兰的国王，受彼得保护的奥古斯特二世于1733年逝世。法国支持查理十二世提出的已成为路易十五世岳父的斯塔尼斯拉斯·列申斯基为候选人，而俄国则要求选奥古斯特的儿子。法国人当时正在设法把奥地利赶出意大利，米尼希就同奥地利结成联盟，率领五万名俄军侵入波兰。列申斯基逃往法国，奥古斯特三世被立为波兰国王，使得波兰更加丧失独立性，而宠臣比伦则被硬塞给库尔兰人做公爵。战争全面铺开，俄国不得不派军队到遥远的莱茵河去增援奥军打法国。虽然奥地利是英国传统的反法盟友，英国还是严格保持中立。奥地利在战争中损失最大，那不勒斯和西西里丢给了西班牙，而法国和西班牙的波旁联盟则靠损害帝国和意大利扩大了势力。英国处于孤立状态。

俄国入侵波兰，使边境与波兰毗邻的土耳其人感到惊恐。他们的惊恐是有道理的。波兰王位继承战争一结束，俄国就建议哈布斯堡皇帝以损害奥斯曼帝国来补偿他在意大利的损失。俄国的目的是要获得克里木。因此，这两个帝国就在1735年对土耳其宣战。

奥斯曼帝国虽然在库普里利家族的大臣们执政时曾有过短暂的中兴，但是由于从十六世纪中叶以来在经济和社会方面陷于停滞，历届政府腐败无能，它已在迅速衰落。自1683年土耳其在维也纳被击溃后，土耳其人对西方已不再是一种军事威胁，他们自己已被迫采取守势。从那时起，土耳其人在帝国和威尼斯的沉重压力下，被赶回到自己领土内，把匈牙利和特兰西瓦尼亚丢失给帝国，摩里亚和达尔马戚亚沿岸丢失给威尼斯。这一神圣同盟的第三个参加者彼得大帝向亚速夫海进军，1697年夺取了亚速夫要塞，但是在1711年不得不重新放弃它。1699年，土耳其被迫接受屈辱性的卡尔洛瓦茨和约，几乎将全部夺来的领土割让给神圣同盟。从那时起，如同波兰是北欧的"病夫"一样，土耳其成了东欧的"病夫"，列强围拢来急不可耐地要瓜分它的财物。

1735年的战争是赤裸裸的掠夺性战争。米尼希和拉西统率的俄军入侵和蹂躏了克里木，夺取了亚速夫和奥察科夫，并且计划沿第聂伯河而下从海上直取君士坦丁堡。土耳其人在绝境中，向不列颠和荷兰求援。他们所得到的是什么样的援助，由英国驻圣彼得堡公使龙多给霍勒修·沃尔波尔的信可以看出。龙多关于调停和劝使俄国议和的想法，就是把土耳其宰相写给英国国王、对俄国宫廷有些"非难的话"的两封密信的内容，泄露给俄国大臣奥斯特尔里。龙多以令人吃惊的天真糊涂要求俄国人不要让土耳其知道他已出卖他们的信件，因为如果他们知道的话，只会使"事情恶化"。

对土耳其人幸运的是，攻占君士坦丁堡一事，由于无能和陆海军承包人的欺诈，而未能实现；此外，土耳其农民仍然英勇善战，使得奥军在巴尔干遭遇很惨，奥地利在贝尔格莱德签订了和约，俄国对此不得不予以默认。土耳其收复了克里木，但是同意拆除亚速夫要塞。然而，这对土耳其说来只不过是暂时缓刑而已。

十一

第二封信是英国驻圣彼得堡公使乔治·麦卡特尼爵士写给格伦维耳政府的国务大臣声名狼藉的桑德威思伯爵的。

这是早在女皇叶卡特林娜二世在位时写的，当时英国正同俄国谈判商约。不过叶卡特林娜及其首席大臣帕宁当时手头有更重要的事情，他们故意挑剔和拖延这个商约，以便使英国默认他们的侵略计划。因为叶卡特林娜和普鲁士的弗里德里希二世刚刚为瓜分波兰和瑞典以及让俄国重新进攻土耳其而结成了同盟。

麦卡特尼的信使那些至少使英国历史学家们感到迷惑的事件变得明白易懂。它表明格伦维耳的托利党政府打算甚至比辉格党更厉害地屈从于俄国的利益。

波兰是头一个牺牲品。奥古斯特三世于1763年逝世。叶卡特林娜和弗里德里希早已预见到会出现缺位，立刻提出了他们的候选人斯塔尼

317

斯拉斯·波尼亚托夫斯基，这是一位曾经做过叶卡特林娜的情人的波兰贵族。奥地利和法国表示反对，但是并不准备进行战争，在俄国显示了军事力量并且贿赂了三十万镑之后，波尼亚托夫斯基当选了。叶卡特林娜和弗里德里希还曾商定，波兰和瑞典的宪制无政府状态、贵族寡头政治集团完全有权阻挠执行机构的情况应该保留。叶卡特林娜写道："那里有我们可以随意摆布的绝妙的无政府状态。"这种无政府状态有个不好的地方，就是宗教上的偏执性。信奉天主教的多数人拒绝给信奉基督教的少数人以宗教上和政治上的权利。这些少数人几乎都是正教教会的成员，他们被称作分裂派教徒。他们要求俄国主持正义，叶卡特林娜接受了他们的要求。他对波兰国会企图以废除否决权、采用多数决议来改革宪法，早已感到不愉快。俄国军队在国王选举后没有撤出，这时便进行了干涉：为首的改革派被送往"西伯利亚居住"，旧宪法被宣布为神圣不可侵犯，分裂派教徒成为国会和上院一切职位的合适人选，他们的修道院和教堂得到修复。天主教统治集团和耶稣会在法国的鼓励下这时在贵族当中酝酿着叛乱。他们有一批人在紧靠土耳其国境的巴尔成立了一个联盟，开始进行游击战。法国人派遣杜木里埃带着钱和武器去援助他们，然而在年轻的俄国将军苏沃洛夫的天才面前，一切都无济于事。苏沃洛夫把这个联盟的成员赶过了土耳其边境，他们在那里遭到哥萨克的猛烈追击，其中许多人在土耳其的巴尔塔城被哥萨克屠杀。土耳其苏丹由于长期为俄国代理人在他领上的活动所苦恼，为俄国在波兰的存在而感到不安，加之又受到法国的煽动，便对俄国宣战，"以保卫天主教波兰的自由"。

俄国政府在外交上还没有做好与土耳其人作战的准备。它曾打算在整个形势有利时进行劫掠式的战争；但是，由于法国支持土耳其，奥地利害怕俄国进军多瑙河而进行战争准备，情况变得复杂了。俄国认为，可以依靠英国使法国的干涉中立化，可以利用普鲁士来抚慰奥地利。

普鲁士的弗里德里希曾著有《反马基雅弗利论》一书，但是却十分愿意浑水摸鱼。他劝奥地利同土耳其签订一项秘密条约以反对俄国进军；他告诫俄国，奥地利准备抵抗俄国对土耳其的进攻，而他由于自己的国家已山穷水尽而无法再帮助俄国；最终他提议这三国应在土耳其问题上达成协议，而到波兰去寻求补偿。玛丽-泰莉莎记得波兰人曾怎样帮助她从土耳其人那里拯救维也纳，为波兰的命运流下了眼泪，可是，正如弗里德里希指出的："她为波兰哭的越多，从它那里取走的东西也越多。"

根据1772年8月5日圣彼得堡条约，"为了结束波兰的无政府状态"，俄奥普三国一致同意瓜分波兰的大片领土。俄国夺得了德维纳河和第聂伯河以东的全部领土；奥地利占有了加里西亚和克拉科夫城；普鲁士并吞了波兹南和波属波美拉尼亚。波兰无力抵抗，就这样失去了三分之一的领土。当奥地利这样受到抚慰，正在消化它的食物时，俄国感到可以放手去继续进行反对土耳其的战争。

英国诺思政府对这次无耻瓜分波兰没有表示任何抗议；它也丝毫无意干预对土耳其的战争。正如乔治·麦卡特尼爵士的信所透露的，英国对俄国政策的默许在这以前几年就已得到保证了。帕宁及其他俄国大臣曾使不幸的麦卡特尼确信，他们的一切行动都是针对法国人，为了在丹麦和瑞典破坏法国势力的。他们告诉他，只有英国同俄国签署了同盟条约，其中包括当俄国对土耳其作战时英国不仅要表示支持，而且要支付补助金以帮助它进行战争的条款，俄国才会同英国缔结商约。麦卡特尼愿意英国在战时支付补助金，可是认为俄国在平时也要求这种补助金不合乎情理。英国还被要求每年支付一笔补助金来推进俄国在瑞典的政策,"以便彻底消灭法国在那里的利益"。英国还要秘密地按照俄国的意图,在瑞典组织一个亲英的派别,因为"甚至最聪明的人也往往会被一个虚名所迷惑",这个派别应当以"自由与独立之友"的面目出现。不过,决不应该做任何事情去扩大君主政体的势力或者削弱寡头集团的特权。为了酬谢英国这些帮助,俄国将放弃关于造船材料的出口税问题,并在西班牙进攻葡萄牙时借给英国一万五千名俄国士兵。

麦卡特尼透露,丹麦被诱使签订了一个类似的协定,答应每年向俄国支付五十万卢布补助金以资助拟议中的土耳其战争,断绝与法国的一切联系,并"采用俄国对瑞典的全部观点"。然而,俄国瓜分瑞典的阴谋在1772年被古斯达夫三世的政变打乱了,古斯达夫推翻了瑞典寡头集团的政权,并同法国缔结了坚固的同盟。叶卡特林娜当时正忙于土耳其战争,又面临着哥萨克叛乱的危险,只好暂时放弃她对瑞典的野心。

看了麦卡特尼透露的情况以后,英国在1768—1774年俄土战争期间的所作所为就不再令人感到惊奇了。1769年,土耳其军大败于德涅斯特尔河,俄军占领了雅西和布加勒斯特。第二年,一支俄国舰队离开波罗的海,它载着英国的补给品和两名英国海军上将(约翰·埃尔芬斯顿爵士和约翰·格雷哥爵士),穿过北海、英吉利海峡、比斯开湾,来到地中海东部,奥尔洛夫将军正在那里等候着去支援一场希腊反土耳其人的起义。奥尔洛夫贻误了原来打算在希腊的登陆,不过,俄国舰队在英国指挥官率领下在希沃斯岛东面的切什梅与土耳其舰队遭遇,并彻底摧毁了它。在陆上,俄国军队践踏了克里木,夺取了多瑙河和德涅斯特尔河上的土耳其要塞,占领了摩尔达维亚和瓦拉几亚。土耳其人被迫求和,于1774年7月在库楚克-凯纳吉缔结和约。克里木宣布独立;但是俄国得到了亚速夫、控制亚速夫海与黑海间的海峡的刻赤以及位于第聂伯河口的金布恩。黑海对俄国的船只和商业开放,俄国成了摩尔达维亚和瓦拉几亚所有基督徒的保护人，而这为它提供了一个随时进行干涉的借口。

法国外交大臣戴居雍在俄国对土耳其获得胜利之后，确信叶卡特林娜的下一项议程将是对它的盟国瑞典的瓜分。他天真地以为，由于这明显地违反英国的利益，他能指望英国支持他来阻拦女皇。可是他不知道英国已深深卷入俄国的计划。所以，当他向英国驻巴黎大使建议，英国应当同法国一起派强大舰队到波罗的海去威胁俄国时，他得到的答复是，如果法国派舰队去波罗的海，英国也派舰队去那里，那就"无法预防由偶然冲突引起的事端。"

英国无疑得到了俄国的感激；它不久就会发现，在国与国之间，感激是一种罕有的美德。

十二

《外交秘史》中发表的第三封，也就是最后一封信，是后来成为马姆兹伯里伯爵的詹姆斯·哈里斯爵士（当时为英国驻圣彼得堡公使）写给谢尔伯恩政府的国务大臣格兰瑟姆勋爵的。它写于1782年8月英国处境最困难的时候。从1779年起，英国单独对抗着整个欧洲，它与法国、西班牙、荷兰和北美殖民地进行紧张的战争，同时受到武装中立联盟的牵制，参加这个联盟的俄国、瑞典、丹麦和普鲁士同西班牙、荷兰及法国联合起来阻止英国海军对它们的军火走私船行使搜索权。1781年，康沃利斯在约克镇投降，不仅实际上结束了北美战争，而且使英国威信扫地。法国和西班牙当时仍然继续围攻直布罗陀，米诺卡岛很快就要失守。在这种情况下，谢尔伯恩内阁急切想议订一个尽量有利的和约，哈里斯在圣彼得堡的任务就是争取俄国的支持。

事情比伦敦想象得更困难。中欧的均势已发生变化。1778年，普鲁士和奥地利为巴伐利亚王位继承问题发生了战争。法国和俄国保持中立，但是同意从中调停；然而法国卷入了北美战争，调解的任务就落在俄国身上。俄国推行它的和平计划的办法，是以战争威胁来迫使奥地利接受它的条件。结果产生了帖欣和约，根据这一和约，俄国成了欧洲的仲裁人。帖欣和约的结果是奥地利不再信任它与法国的结盟而转到俄国方面，而这又使得普鲁士转到法国方面。

因此，哈里斯发现自己在圣彼得堡不仅受到法国同叶卡特林娜的亲法大臣们（他轻蔑地称他们为巴黎的理发店学徒）的阴谋活动的阻挠，而且还受到普鲁士国王的阻挠，他"正在施加影响反对我们"。叶卡特林娜宫廷里的头号普鲁士代理人，是她的大臣尼从塔·帕宁伯爵，他曾多年领取柏林的津贴。所以，哈里斯发现帕宁最不合作，甚至怀有敌意。这位俄国大臣毫不理会哈里斯讲的道理，竟然宣称英国是由于它自己傲慢顽固才招致不幸，它既不应该指望得到朋友的援助，也不应该指望得到敌人的宽容，而应该同意做出任何让步以求得和平。哈里斯感到很愤慨，不过幸而"控制住了自己，没有感情用事"。

他跟女皇及其宠臣波将金打交道的情况也并不更好些，他们不大爱听哈里斯关于"大不列颠与俄国之间利益不可分割"的说教。女皇似乎很不高兴上届诺思政府没有同意她关于英国必须放弃其海上搜索权的要求。看来哈里斯连这个要求也是准备同意的，他认为这是"一个适时的善意行动"。可是，他得到了表面上表示期许、实际上进行反对的指令。女皇得知这点之后非常生气，哈里斯征得诺思政府的完全同意，企图通过建议把米诺卡岛送给女皇以平息她的怒气。叶卡特林娜被迫拒绝了这个建议：首先是因为它遭到已得悉这个消息的法国和奥地利的反对，其次是因为英国不久就丧失了这个岛的所有权。哈里斯通过邀请女皇充当英国与荷兰之间的调解人以奉承女皇的企图，也由于诺思政府坚持，同时邀请奥地利为调解人而被破坏了。

哈里斯的处境随着短暂的罗金厄姆政府上台有所好转，因为叶卡特林娜的朋友查理·詹姆斯·福克斯在这届政府里是很有影响的人物。叶卡特林娜对接着上台的谢尔伯恩政府也有好感，因为小威廉·庇特是这届政府的大臣。但是她对庇特的好感不久就要改变了。

十三

俄国当时全神贯注于自己的计划，而不是为英国火中取栗。1779年，奥地利皇帝约瑟夫二世秘密去圣彼得堡会见叶卡特林娜，商定对土耳其进行联合进攻，以瓜分这个国家。俄国将占有从布格河到德涅斯特尔河之间的全部领土和爱琴海中的一个岛屿；罗马尼亚将在一位信奉东正教的君主统治下宣布独立；君士坦丁堡则将在叶卡特林娜的一个恰好名叫君士坦丁的孙子统治下宣布独立。约瑟夫虽然只得到几个多瑙河省份和地中海港口的模糊许诺，还是表示非常乐意去实现女皇的愿望。威尼斯的要求立即遭到拒绝。克里木没有提到，它实际上在1783年就被叶卡特林娜吞并了。

1787年，决心为独立而战的土耳其向俄国宣战。古斯达夫三世认为这是在波罗的海恢复瑞典势力的机会，也向俄国宣战，并开始向圣彼得堡进军。瑞典这次不合时宜的侵略，叶卡特林娜把它归咎于这时已是首相的庇特；这是不公正的，因为虽然庇特同普鲁士和荷兰结成了三国同盟，可那是针对法国而不是针对俄国的。不过俄国人明白，庇特是看到俄国无控制地向东扩张对英国利益构成危险的少数政治家之一。

庇特很快就要受到叶卡特林娜进一步的冷遇。1791年约瑟夫死后，奥地利由于在战争中遭到失败，同土耳其成立了和议。庇特这时在下院要求俄国也这样做，并把奥察科夫（敖德萨）归还给土耳其人。然而，完全不用俄国操心，辉格党的发言人为俄国作了辩护，庇特遭到了下院的反对。福克斯热情地支持了俄国"在土耳其帝国的废墟上壮大自己"的计划；卡文迪什家族的喉舌伯克赞扬了俄国对一个"破坏成性的野蛮人"国家的进攻。俄国没有交出奥察科夫。不过叶卡特林娜受到法国革命的惊扰，希望腾出手来推行她所考虑的另一项计划。因此，叶卡特林娜与瑞典在保持现状的基础上议和之后，1792年1月同意了雅西和约，根据这个和约，土耳其承认了对克里木的兼并，确认了库楚克－凯纳吉和约的条款，并且同意俄国的边境扩展到德涅斯特尔河。

叶卡特林娜一生还剩下四年时间来完成她的最后一项计划——毁灭波兰。

波兰在1772年第一次瓜分之后，对宪法做了某种程度的改革。女皇摆脱对土耳其的战争之后斥责了这一新的宪法，并且为了支持寡头政治集团反对派而入侵了波兰。普鲁士在瓦尔米被法国革命军击败之后，要求在波兰得到补偿。俄国同意了。根据1793年第二次瓜分条约，普鲁士得到了但泽、波兹南、托思和维斯拉河上游，而俄国则将其国界向西推进了约二百英里。一年之后，波兰人在考斯丘什科领导下举行起义，可是法国无法支援他们，起义遭到了普俄两国军队的镇压。奥地利被邀请参加瓜分，1795年这三个强盗把剩下的波兰领土分掉了。除去拿破仑大公国这个短暂的插曲以外，波兰直到1919年以前从地图上消失了。

十四

彼得大帝在北方战争中倾注的精力，使一个半东方式的莫斯科公国变成了庞大的世界帝国、波罗的海的霸主，在拿破仑垮台之后则成了欧洲的主宰。在十九世纪，俄国成了使欧洲害怕的"北方幽灵"，对付雅各宾党的锤子，不仅是革命的主要敌人，而且也是温和的资产阶级自由主义的主要敌人。然而，俄国作为超级大国出现这件事曾是那样难以察觉，那样受到本来应该是它的天然敌人的人们的援助和支持，以致西方许多人甚至在它成了超级大国以后还没有完全意识到它的意义。马克思写道："甚至在它取得了世界规模的成就之后，它的存在本身还始终被人看作一种信念中的东西而不是事实上的东西。"

然而，沙皇的力量对于马克思说来是非常实在的，而且的确，对于欧洲革命运动的每一个部门说来都是如此。只有摧毁这一力量，革命运动才能推进。沙皇帝国主义的受害者，尤其是波兰，成了革命支持的对象。因此，在1848年革命时期，巴黎广大的工人群众拿着波兰的鹰旗、爱尔兰的竖琴和意大利的三色旗，这些受俄、英、奥三国压迫的民族的象征，在议会大厦外面举行示威游行。当布朗基讲到波兰不得到自由法国的剑就不能入鞘时，示威的人群向他欢呼，而当他接着谈到法国工人的国内问题时，人们却呼喊着打断他的话："不要说这个！这不要紧！波兰！给我们说波兰！"

这样，十八世纪的野蛮做法成了十九世纪的问题。法国革命释放出的能量连同拿破仑造成的王朝动乱，打破了对王朝合法性的神秘信念。国王被处死，王位被推倒，没有被推倒的也摇摇欲坠。欧洲那些头戴王冠的人及其大臣们所呼吸的空气中，充满着叛逆的气味，或是民族的叛逆，或是社会的叛逆。值得注意的是，他们做出了愚蠢的反应，他们企图用蛮力来消灭思想，深信十八世纪的方法在十九世纪的新的经济和政治领域里仍然有效。

反革命的头号宪兵沙皇，是反叛者的主要靶子。然而这些反叛者念念不忘沙皇的压迫，却往往忽略它的帮凶英国。马克思写《外交秘史》这部著作，是要表明，十九世纪的英国政治家们说他们不了解沙皇的动机和意图，是不能令人信服的。他们不能进行任何辩解，因为曾有过大量的警告。对这些警告，他们只是没有听到或者不愿意听罢了。在《帕麦斯顿勋爵传》一书中，马克思继续论证十九世纪的英国领导人同十八世纪的一样亲俄这个论点。

（原载《十八世纪外交秘史和帕麦斯顿勋爵传》1969年伦敦劳伦斯—威沙特出版社版）

（罗铁鸽 译　杜章智 校）

马克思与俄国*

爱娃·博罗夫斯卡

卡·马克思对俄国兴趣的不同时期

下面我将论述马克思对俄国的态度以及对俄国问题的兴趣范围的演变过程。我研究的基本材料包括，发表在《全集》①中的马克思论俄国的著作（书信、文章、呼吁书，等等），以及发表在《马克思恩格斯文库》②中的他对俄国经济学家和历史学家著作的摘录。在马克思恩格斯意见一致的情况下，我将偶尔参考恩格斯的论述。③

我们彻底分析了马克思的著作，把他对俄国态度的演变分为两个时期，也许分为三个时期更好（因为第一个时期可以分为两个阶段）。第

---

* 本文选自《马克思恩格斯列宁斯大林研究》2002年第2辑。

① 波兰版《马克思恩格斯全集》（"Dzieia"）。

② 《马克思恩格斯文库》第11、12、13卷的出版时间分别为莫斯科1948年、1952年和1955年。

③ 读者可以在我的书中找到对这个问题的进一步论述：爱·博罗夫斯卡《马克思对印度、中国和俄国的研究》、《关于社会的本体论》（"Indie, Chiny, Rosja w badaniach Marksa"，"Przyczynek do ontologii wspolnoty"），华沙，1996年版。

一个时期,从1848年"民族之春"① 失败后他为《新莱茵报》写文章时起至1870年为止。这一时期,马克思对俄国持有强烈的敌意,把俄国看作欧洲反动和反革命的主要支柱。他对俄国的憎恨甚至变成了成见:尽管他持有唯物主义立场,他却成为历史阴谋论的拥护者。在他看来,俄国是旨在反对世界革命的密谋的首领。我们讨论的这一时期可以分为两个阶段,即1856年克里木战争结束以前和以后。从这次战争结束之时起,马克思就宣称:"下一次革命,俄国将会欣然参加。"② 然而,他的恐俄症仍然存在,1863年波兰一月起义失败后甚至加剧了。

第二个时期始于1870年,这时马克思的俄语水平有了长足的进步,他能够阅读瓦西里·别尔维·弗列罗夫斯基的杰作《俄国工人阶级状况》。后来他还阅读了俄国朋友给他寄来的沙皇俄国有关经济学和经济史的大量论文。这一阶段,直到马克思逝世为止,他对于俄国这个最有可能爆发革命的国家的兴趣不断增长。一个显著的事实是,马克思和恩格斯预见到,第一次世界大战的爆发与德国统一以及巴尔干半岛的形势联系在一起,俄国革命也必然随之爆发。我们讨论的第二个时期的另一个重要情况是,马克思未能完成《资本论》第二卷和第三卷的写作。我想指出,这一情况与马克思对俄国地产的知识不断增长有关系,而他的某些看法与民粹派的看法非常接近。在这个时期,他的恐俄症逐渐消失,而且对俄国民粹派和恐怖主义者即"民意党"成员的好感日益明显。

马克思从俄国经济学家和历史学家的著作中所摘录的材料,对他进

---

① 指1848年2月爆发的欧洲各国资产阶级革命和民族革命。——译者注
② 马克思1859年12月13日致恩格斯的信,见《马克思恩格斯全集》第1版第29卷第504页。

行的著名的经济研究起了特殊的作用。这些摘录可以被看作是马克思对俄国地产的广泛研究,但这些研究他从未发表过。下面我将对这些摘录中在我看来最为有趣的部分(总共覆盖了600页已出版的资料)进行论述。这些材料是马克思于1870年以后摘录的,但有些摘录可以联系到当今的实际情况。①

反泛斯拉夫主义论辩

在马克思和恩格斯写于19世纪50年代的文章中,克里木战争问题占有极其重要的位置。这不仅有政治的背景,而且有意识形态的背景:他们两人猛烈地抨击了泛斯拉夫主义思想。恩格斯的文章《德国和泛斯拉夫主义》②,讨论了泛斯拉夫主义问题。文章一开头就按马克思恩格斯当时惯用的文风,夸张地提出了问题;文中除了带成见的恐俄症或者斯拉夫恐惧症之外,甚至还出现了德国民族主义的主题。恩格斯写道,问题不是谁来管辖君士坦丁堡,而是谁来统治整个欧洲。这里我们面对的是斯拉夫民族,他们因为内部的争吵而长期分裂,被日耳曼人驱逐到东方,被日耳曼人、土耳其人和匈牙利人所征服,由于泛斯拉夫主义的影响日益加强,1815年后他们再次统一起来,现在开始要消灭在欧洲居于统治地位的罗曼—凯尔特和日耳曼诸民族。泛斯拉夫主义的目的是将欧洲的千年历史一笔勾销。这个目的可以通过毁灭土耳其、匈牙利和

---

① 考虑到资料很多,我这里指的只是马克思笔记的一小部分。在我的《马克思对印度、中国和俄国的研究》一书中可以看到更为详细的论述,读者也可阅读俄文版《马克思恩格斯文库》第11、12、13卷。

② 这篇文章是应马克思1855年的请求而写的,见《马克思恩格斯全集》第1版第11卷第218—225页。

半个德国并征服欧洲其他地区来达到,对欧洲来说,或者被斯拉夫人征服,或者永远摧毁他们进攻力量的中心——俄国,除此别无选择。①

恩格斯认为,在欧洲社会主义者中,泛斯拉夫主义的拥护者有蒲鲁东主义者②和"青年黑格尔派",主要代表人物是布鲁诺·鲍威尔③。在他看来,其他代表人物还包括两个流亡西欧的俄国革命民主主义者:米哈伊尔·巴枯宁和亚历山大·赫尔岑。马克思对赫尔岑尤其厌恶,这更多的是出于意识形态上的而非个人的原因——马克思不赞同赫尔岑于1849—1854年间提出的俄国社会主义观念。

马克思的一个最具反泛斯拉夫主义色彩的论断,涉及拜占庭传统对俄国外交政策的影响。马克思被他对莫斯科的憎恨所支配,忘掉了自己的唯物主义信念。我们惊讶地读到,俄国对永恒之城——君士坦丁堡,它的宗教发源地——有一种神秘的向往;在天国的某处,有一座连接东方和西方的金桥,通向亚洲之路必须经过这座桥,"君士坦丁堡是永恒之城,是东方的罗马。……西欧和俄国争夺君士坦丁堡的斗争包含着这样一个问题:是拜占庭主义在西方文明面前衰落下去呢,还是它们之间的对抗将以空前可怕而粗暴的形式重演。君士坦丁堡是架设在东西方之间的一道金桥,不通过这道桥,西方文明就不能像太阳一样绕行世界;而不同俄国进行斗争,它就不能通过这道桥。……将推翻西方的罗马的

---

① 参看《马克思恩格斯全集》第1版第11卷第218—219页。
② 参看弗·恩格斯:《工人阶级同波兰有什么关系?》,见《马克思恩格斯全集》第1版第16卷第171页。
③ 参看马克思1856年1月18日致恩格斯的信,见《马克思恩格斯全集》第1版第29卷第6页。布鲁诺·鲍威尔写了4本小册子论述其泛斯拉夫主义观点。

革命也将战胜东方的罗马的邪恶势力"①。

如果说马克思憎恨俄国,那是带有一点好奇和钦佩性质的憎恨;马克思几乎像是着了魔,他的理论因此被扭曲。许多年他都没有去纠正它。他对俄国的好奇和钦佩表现在对其外交的好奇和钦佩上。马克思写道,沙皇俄国外交家们总是在等待合适的机会,他们极为巧妙地操纵他们的盟国,以至于后者察觉不到任何操纵。他们通过挑动一方反对另一方来赢得盟国,一会儿做甲的伙伴,一会儿做乙的伙伴。② 在马克思看来,历史上最伟大的外交家是波措·迪·博尔哥伯爵,这位科西嘉绅士在19世纪上半叶为俄国的外交事务工作。然而,俄外交也有一些缺点。它的突出特点是,奇怪地坚持自己的目标不动摇,可以说是墨守成规,证明俄国内部还处于野蛮状态。11世纪柳里克王朝曾奋力征服君士坦丁堡。叶卡特林娜二世思想中也有着同样的目的,为此她给孙子取名康斯坦丁,尼古拉二世则开始进行克里木战争,企图控制"东方的罗马"。这让全世界都感到惊奇:"如果法国想把自己的政策建立在黎塞留遗教或查理大帝敕令的基础上,那谁会不觉得可笑呢?"③

写于1856—1857年间的《十八世纪外交史内幕》,是马克思恐俄症的顶点。这段时间,马克思与托利党人戴维·乌尔卡尔特密切合作,他是一位苏格兰贵族兼议员,以同情土耳其和带成见地憎恨俄国而闻名。《内幕》最有趣的部分是马克思的历史评论。这些评论显示出他对基辅

---

① 卡·马克思:《政府在财政上的失败。——出租马车。——爱尔兰。——俄国问题》,见《马克思恩格斯全集》第2版第12卷第263页。

② 参看马克思1866年6月7日致恩格斯的信,见《马克思恩格斯全集》第1版第31卷第224页。

③ 卡·马克思:《政府在财政问题上的失败……。——出租马车。——爱尔兰。——俄国问题》,见《马克思恩格斯全集》第1版第9卷第261—262页。

罗斯的起源和扩张以及对莫斯科公国的看法；其中也谈到这些公国的关系问题。有趣的是他对彼得大帝所起的重要作用的看法。在瓦兰吉亚人的俄国和莫斯科人的俄国——现代俄罗斯帝国的起源——之间没有实质性的连续。它们被蒙古250年的奴役所分割。马克思简明地陈述了这一事实："是蒙古奴役的血腥泥潭而不是诺曼时代的粗野光荣，形成了莫斯科公国的摇篮，而现代的俄国只不过是莫斯科公国的变形而已。"①

为把马克思这本小册子的风格展现出来，我考察了蕴涵着他的历史理论的大段文字。在马克思看来，只要改换一下人名就足以看出伊万三世的政策和现代俄国的政策不是相似，而是相同。伊万三世只是改进了从伊万·卡利塔那里继承下来的莫斯科公国的传统政策。伊万·卡利塔（钱袋）这个蒙古人的奴才，是通过巧妙地运用他的最大敌人即鞑靼人的力量来对付他的次要敌人俄罗斯的王公们，从而获得他的权威的。然而，他只有通过制造假相才能利用鞑靼人的力量。他在他的主子面前隐瞒自己的实际力量，同时又必须用自己并没有掌握的力量来争夺同他一样的俄国王公。为解决这个问题，他发明了一整套的诡计，并以奴才般的耐心把它们付诸实施。在马克思看来，现代政策的根源可以追溯到这一民族的特有本性，即集主人和奴才于一身。伊万三世延续了伊万·卡利塔的政策，彼得大帝和俄国现代统治者也是如此。彼得大帝确实是现代俄国政策的奠基者，但他只是剥除了古代俄国蚕食方法中地方性和偶然性的杂质，把它提炼成一个抽象的公式，朝着一个新目标前进：获取无限的权力。彼得大帝把蒙古奴才的政治手腕和蒙古主子继承成吉思汗

---

① 卡·马克思：《十八世纪外交史内幕》，见《马克思恩格斯全集》第1版第44卷第309页。

征服世界遗志的狂妄野心结合在一起。①

看一下马克思和恩格斯后来对泛斯拉夫主义问题的看法是有好处的。恩格斯在1866年写的《工人阶级同波兰有什么关系？》一文中，虽然比以前更加强调小民族的问题，事实上却重复了他以前的文章《德国和泛斯拉夫主义》中的思想。民族原则（national principle）是拿破仑提出的，客观上有利于波兰的独立，在恩格斯看来，俄国代之以民族性原则（principle of nationality），是企图在巴尔干半岛传播泛斯拉夫主义的思想并瓦解波兰。②为促进土耳其的瓦解和奥地利的分权趋势，俄国在巴尔干制造了具有潜在危险的政治形势。在19世纪70年代后期，马克思和恩格斯一致认为，存在着日益增长的爆发世界大战的危险，这种担心后来被证明具有先见之明。因此，恩格斯那时比1866年更为强烈地反对民族原则。在讨论这一问题时，伯恩施坦从道德的角度对忽视小民族和他们的自决权是否公正表示怀疑时，恩格斯回答道："原先——因为我们大家起初都是从自由主义或激进主义走过来的——我们从那里学会了这种对一切'被压迫'民族的同情，我还记得，我花了多少时间和作了多少研究之后，才摆脱了这一套，——不过，已经彻底摆脱了。……为了几个黑塞哥维那人而发动一场世界大战，夺去比黑塞哥维那的全部人口还要多千倍的生命，依我看，无产阶级的政策不应当是这样的政策。"③恩格斯在这一时期给考茨基的信中，更加明确地强调了他的观点："如果俄国的先生们不在最近停止自己的泛斯拉夫主义阴谋

---

① 参看卡·马克思：《十八世纪外交史内幕》，见《马克思恩格斯全集》第1版第44卷第319—320页。

② 《马克思恩格斯全集》第1版第16卷第177页。

③ 恩格斯1882年2月22—25日致爱·伯恩施坦的信，见《马克思恩格斯全集》第1版第35卷第270—272页。

和在黑塞哥维那的挑唆，他们就会招致一场他们自己、奥地利和俾斯麦都控制不了的战争。黑塞哥维那的事态严重，只有俄国的泛斯拉夫主义政党和沙皇感到有兴趣；波斯尼亚匪帮则同现在在那里活动的愚蠢的奥地利大臣和官僚一样，并不引起人们多大的兴趣。"①

革命前的俄国

在马克思对俄国进行研究的第一阶段（即1870年以前），某些显然是向第二阶段（在这一阶段，他把俄国看作是最有可能爆发革命的国家）过渡的因素已经开始出现。这里其中一个因素是，马克思的经济学著作刚一在西方出版，就受到了俄国的欢迎。《哲学的贫困》（1847）和《政治经济学批判》（1859）就是这样，更不用说引起激烈反响的《资本论》了。早在1859年冬天，《政治经济学批判》在西方出版几个月之后，莫斯科大学教授伊万·康德拉季耶维奇·巴布斯特就针对此书举办了一次讲座。这本书在俄国知识界激起了巨大兴趣。1868年，《资本论》第一卷出版后不到一年，就有人着手将它翻译成俄语。俄译本《资本论》（1872）是第一个外文版本，很快就在俄国销售一空。而西欧对《资本论》的反应就没有这么热烈。马克思肯定注意到了他的经济理论在俄国是多么受欢迎。

1870年3月，马克思与俄国革命流亡者的关系迎来了一个转折点。马克思与年轻一代流亡者建立关系是从他与《资本论》的译者尼古拉·丹尼尔逊的关系开始的。这位俄国经济学家和民粹主义者（其职业

---

① 恩格斯1882年2月7日致卡·考茨基的信，见《马克思恩格斯全集》第1版第35卷第262页。

是银行高级职员）是马克思关于俄罗斯帝国经济形势和俄国对《资本论》的反应的主要通报者。他给马克思提供了俄国有关这个问题的大部分专业文献。1870年，马克思在伦敦经人介绍认识了尼古拉·吴亭、格尔曼·洛帕廷和彼得·拉甫罗夫。以后他又认识了马克西姆·柯瓦列夫斯基，并开始和维拉·查苏利奇通信。

当马克思收到可能是丹尼尔逊寄来的瓦西里·别尔维·弗列罗夫斯基的杰作《俄国工人阶级状况》（彼得堡1869年版）之后。他的理论研究开始出现转折。阅读这本书的愿望致使马克思去学习俄语。这一情况与马克思未能完成《资本论》有极大的关系（马克思仅仅写完并出版了第一卷）。直到1869年10月，他在信中仍表达了他要完成《资本论》的愿望。但当他收到来自俄国的别尔维·弗列罗夫斯基的著作之后，情况发生了变化。他给朋友写信说，在《资本论》的下一卷中，他想介绍别尔维著作中谈到的情况。马克思说，要彻底思考农村问题，就必须从原始资料出发研究俄国的地产情况。他接着说，他要彻底修改手稿，在关于地产的一章里他要详细探讨俄国地产的形式。为此，他想利用《俄国工人阶级状况》以及尼古拉·车尔尼雪夫斯基的经济学论文和丹尼尔逊寄给他的俄国其他作者的大量作品（马克思死后，恩格斯发现在他的书房中仅俄国经济学资料就有两立方米还多）。① 在1873—1881年间，马克思从上述这些书中摘录了大量资料。其中一些后来发

---

① 参看1869年10月30日燕妮·马克思（马克思女儿）致路·库格曼的信，马克思1870年6月27日致路·库格曼的信，见《马克思恩格斯全集》第1版第32卷第688页和第672—673页。马克思1871年6月13日和1872年12月12日致尼·丹尼尔逊的信，见《马克思恩格斯全集》第1版第33卷第230、549页。恩格斯1883年6月29日致阿·左尔格的信，见《马克思恩格斯全集》第1版第36卷第47页。

表在莫斯科出版的《马克思恩格斯文库》①中。

出版《文库》的斯大林主义者强调了列宁的论断"马克思和恩格斯……对俄国革命及其伟大的世界意义充满了极其乐观的信心"②。就个人而言，我拥护与此相对立的看法，即认为马克思对于俄国革命的态度是矛盾的，在某种程度上他害怕革命的发生，因为他知道这一革命可能会染上某种他所不愿看到的"亚细亚"色彩。马克思从未把他对俄国地产广泛研究的成果整理出版。从1881年到1882年的整整两年中，马克思写了《关于俄国一八六一年改革和改革后的发展的札记》③，虽然文章仍是以非常笼统的风格写的。1881年所作的大量摘录和同年关于早些时候摘录书籍的简短札记表明，马克思在严肃地准备这项研究。然而，发表在《文库》中的大部分摘录是在1875—1878年间作的，这些摘录占了这一卷书的大部分篇幅。马克思中断研究的原因或许可以用他在80年代糟糕的身体状况来解释。然而，考虑到他的勤奋和"流利的笔头"，或许可以设想，如果他确实想写一些有关俄国的东西，他应该早就写了。在狂热地研究和"消化"大量统计数据的情况下，这种罕见的沉默就显得很奇怪。在我看来，这种沉默表明，马克思作了有趣的阐述。我们从马克思的摘录中读到的不是对俄国革命抱有"极其乐观的信心"，而是害怕它在经济落后的条件下发生。

---

① 《马克思恩格斯文库》第11、12、13卷的出版时间分别为莫斯科1948年、1952年和1955年。

② 《马克思恩格斯文库》莫斯科1952年版第12卷第Ⅲ页。

③ 收入《马克思恩格斯全集》第1版第19卷。

马克思关于俄国的摘录，以及他关于印度的札记，①总体上说并不为马克思主义者和研究马克思学的学者们所熟知。关于俄国的摘录可能没有关于印度的札记有趣，因为其中大部分都是统计数据和与当时沙皇专制立法有关的细节，但有一些摘录是研究社会哲学的有趣资料。这些摘录在1875年编辑成册，大多是马克思摘录的。俄国亲斯拉夫主义者和社会工作者的著作，包括亚历山大·柯舍廖夫、尤里·萨马林和主张西化的俄国历史学家康斯坦丁·卡维林的著作。

这些摘录给人留下的总印象是，马克思极其精确地考察了19世纪60年代俄国出现的所有重要改革的过程：使俄国农民拥有自己的土地的废除农奴制改革（1861），产生了省和地方自治政府的地方自治改革（1864），司法改革（1864）和教育改革（1863—1864）。

亚·柯舍廖夫的小册子《我们的状况》中描述了废除农奴制改革之后俄国在经济、政治和社会各方面生活的有趣图景。在柯舍廖夫看来，地方自治机构在俄国有很好的基础，中世纪时与之相应的机构是拥有等于甚至大于王公权力的国民会议。在沙皇制度完全建立起来之后，莫斯科的历代沙皇们开始召开全俄缙绅会议，把它们当作顾问机构。然而，沙皇俄国在代议制度的发展方面，有一种与西欧完全不同的趋势。在西方，人权日益受到尊重，而在俄国，个人能力和自由完全被压制。拿破仑的入侵和克里木战争似乎是改变这一切的契机。关于省和地方自治政府的法律是一大进步，但几年之内，又出现了限制自治政府独立性

---

① 马克思从马·柯瓦列夫斯基、J. B. 菲尔和亨·萨·梅恩的著作中摘录的资料，在下列论文中可以找到：H. P. 哈斯蒂克《卡尔·马克思论前资本主义生产方式》美因河畔法兰克福/纽约1977年版；L. 克雷德尔《卡尔·马克思的人种学笔记》阿森1972年版。

的趋势。①

柯舍廖夫对新形势下沙皇政府的运转情况作了有趣的阐述。我们从马克思的摘录中读到,有些人说贿赂没有以前流行了。这不符合实际情况。以前的国家官吏拿的是小钱(卢布和戈比),现在"开明的"文职官员向银行和股份公司索取价值达成千上万卢布的公司股份、股票和永久性薪水。过去,政府上层风气较好而下层较糟糕;现在则相反。现在特殊人物的苦难少了,大众的苦难则更多了;现在的国家官吏不去抢劫,而只是利用法律规定,他们在制订这些法律规定时,为了自己的利益故意加以歪曲。奴性一直是俄国文职官员的突出特征,现在已经到了无以复加的地步。那些具有坚定信念和品格的人被认为"不忠诚"和"不安分",而那些不是按自己的良心而是按上司的意志行事的人则被认为是理想的官吏。国家最尊贵的大人物们是一些随时准备采取违背自己先前信仰的行动的典范。②

柯舍廖夫关于俄国财政状况的论述也具有同样的性质。在他看来,俄国可能会经历一次严重的财政危机。为补偿地主们在废除农奴制改革中损失的土地,政府给他们债券,这些债券逐渐兑换为现金。在这种情况下,拥有大量金钱,但不知道怎样在国家所处的新条件下经营农场的贵族们开始投机:"在口袋里没有一分钱的情况下……我们建立了工业和贸易公司,我们试图尽量长时间地从这些公司获得尽可能多的东西,然后我们就让它们听凭命运的摆布。……在这里,破产一次、两次、甚至十次都不是羞耻的事情;破产者照样傲慢、自信并得到公众的尊敬,他们以自己的妻子、儿子,甚至是陌生人的名义投入大量资金以获取利

---

① 《马克思恩格斯文库》莫斯科1948年版第11卷第22—23页。
② 《马克思恩格斯文库》莫斯科1948年版第11卷第30—31页。

润。我们尊重某个人不是因为他的富裕和诚实,而更多是因为他的傲慢。"① 柯舍廖夫说,普通的股份持有者根本分不到红利或只分到很少一点,只有公司的董事会成员以及董事会聘请的专家才能分到红利。组成政府的人住在首都,根本不知道外省的情况。他们把人民当作一群可以随意剥削的家畜对待。② 读了柯舍廖夫的话,可以得出这样的结论:他所描述的现象是社会体制转变过程中的常见现象,就像在旧体制中养成的习惯和心态仍然居于统治地位的欠发达国家中引入资本主义体制的因素时的情况一样。

柯舍廖夫勾画出的废除农奴制改革后的俄国状况与萨马林和卡维林所描绘的俄国图景很是相似。然而,萨马林的小册子(《革命的保守主义》)和卡维林的小册子(《我们会怎么样》)比柯舍廖夫的《我们的状况》更有局限性,因为这两本书的主题是与保守的法捷耶夫在其著作《俄国社会的现在和将来》中提出的社会变革方案进行辩论。萨马林和卡维林主要反驳法捷耶夫所说的俄国贵族是一个统一的阶层、一个统一的团体的论断。在他们看来,法捷耶夫是在谈论某种从来不曾存在的事物,他想借助几条法律规定,仿照西方的模式创造——而不是像他说的那样重建——真正的贵族阶层。萨马林认为,在俄国,官僚与贵族没有区别:官僚是穿着制服的贵族,贵族是不穿制服的官僚。③ 在俄国,官僚和贵族基本上是所谓的公职人员。在叶卡特林娜二世统治时期,政府试图按最高统治者的命令建立一个工匠团体,法捷耶夫对此给予了积极的评价。手工业获得了最理想的发展条件,当局给予了它自治、权利和

---

① 《马克思恩格斯文库》莫斯科 1948 年版第 11 卷第 37 页。
② 《马克思恩格斯文库》莫斯科 1948 年版第 11 卷第 35—39 页。
③ 《马克思恩格斯文库》莫斯科 1948 年版第 11 卷第 58—59 页。

行会制度。萨马林写道，我们等了很长时间，但工匠精神并没有形成。今天的行会组织仍是90年前的样子——形同虚设。①

卡维林更为明确地论述了俄国社会中阶层区分的缺失和俄国贵族的特殊情况："整个俄国历史中，我们的贵族从未以团体的形式存在过。在诺夫哥罗德和普斯科夫、在波罗的海和西部省份、在小俄罗斯的哥萨克人中以及在波兰，上层阶级经常一起行动，紧密团结起来实现政治和社会目标，但在俄国中部……从没有这样的事情。……作者（法捷耶夫）抱怨说，单个的贵族是有的，但没有这样的贵族阶层。然而，这就是从上到下的俄国人的总体情况。有贵族，但没有贵族阶层，有牧师、商人、市民、农民，但没有真正意义上的牧师阶层、商人阶层、市民阶层，等等，他们从未形成社会单位——具有政治权利和社会生活的社会组织。考虑到俄国国家形成的方式和它的最高权力机关的类型，这种情况是不可能出现的。作者被从西欧引进的阶层的外部形式所迷惑，这些外部形式是我们在18世纪同短上衣、三角帽和剑一起引进的。从本质上来说，我们不需要以阶层和阶级的方式生存。"②

卡维林接着写道（我引用的是马克思摘录的话），在彼得大帝时代以前，俄国贵族阶层由分为几个世袭等级的封闭的公职人员阶层构成。从彼得统治时期开始，统治者就试图把贵族阶层变成欧洲那样的上层阶级。在彼得三世和叶卡特琳娜二世统治时期，贵族控制了俄国。半个帝国受它的奴役，地方警察和地方司法被它控制。军队里几乎所有的中低级职位都被贵族占据。因此，如果贵族中间哪怕有一丝相互联系的迹象，哪怕有一点点组成一个社会和政治团体的倾向，它就会以某种方式

---

① 《马克思恩格斯文库》莫斯科1948年版第11卷第60页。
② 《马克思恩格斯文库》莫斯科1948年版第11卷第108页。

显露出来。波罗的海贵族、波兰人和来自西部省份的波兰化的贵族阶层就可能更好地利用他们的地位和他们的权利。①

"农村公社"问题

马克思的另一组值得讨论的摘录是他就农村公社问题所作的笔记。上文提到的亚历山大·柯舍廖夫是一个公有地产的热心支持者,他是个70岁的贵族,在自己的大庄园里又是能干的管理者。柯舍廖夫在他的小册子《论俄国的公有地产》中,试图驳斥反对这种地产形式的人提出的所有反对意见。他举出了9条维护公有地产的理由。我只谈其中最重要的几条。

针对这种地产形式导致农民头脑中对所有权认识含混不清这样一种反对意见,他回答道,农民对于什么是公有地产有非常清楚的认识。他们认为土地属于整个公社,而且他们就是公社,因此利润是公有的,每个人都在同等程度上负责。农民生来就拥有公社,他们自愿决定集体承租土地,集体接受生产农产品的任务。②

针对公有地产阻碍了农业技术改进的观点,这位亲斯拉夫主义者给予了有趣的回答。他说,一旦可能,农民就在田里施肥除草、挖掘池塘,好像土地是他们的私有财产。在这种情况下,田地的定期分配的频率不多于每12年1次。至于人工灌溉和西方的其他新事物,在贵族土地所有者中也经不起检验。如果有人指责农村公社把田地分成小块,视肥力的不同分给每一个人同等份额(以及同等的交付国家税收的机

---

① 《马克思恩格斯文库》莫斯科1948年版第11卷第108—109页。
② 《马克思恩格斯文库》莫斯科1948年版第12卷第142页。

会),他为什么不指责贵族土地所有者呢?他们也把自己的土地分成小块,并把它们短期出租,租给任何人都行。农民比贵族能更好地照管自己的土地。后者只想从土地上捞取最大的利润,得到钱就拿到城里浪费在舞会、服装和其他无关紧要、只是一时冲动想做的事情上。①

柯舍廖夫对农民土地的副产品感兴趣,他认为这种副产品在农村公社迅速发展起来。像棉织和丝织,以及生产小型家用工具和设备,在梁赞省甚至生产农业机械如脱粒机的家庭手工业不断发展。② 俄国著名的地理学家和旅行家彼得·谢苗诺夫-天山斯基得出了同样的结论。在马克思对他的文章所作的摘要中,我们发现了关于俄国一个普通乡的经济情况的统计资料。我们从马克思的摘要中读到,如果贵族土地所有者(大多数居住在城里)给予农村公社更多的自主权,那么包括这个乡在内的农村公社的情况就会改善。仅仅依靠自己的设备,农村公社就开展了生机勃勃的经济活动。在谢苗诺夫考察的那个乡,雌禽的贸易蓬勃发展。由于这些经济活动,农村公社在短时间内赚了许多钱,他们开始从贵族那里租赁甚至购买大片土地。甚至有这样的事,一个农民买了他领主的建有一座宫殿的地产,他搬进了宫殿,同时他却仍然是原来的公社的成员。③

柯舍廖夫举出的最后一条理由,反驳了农村公社限制农民在全国自由流动的观点。这位亲斯拉夫主义者指出,许多农民到城里去工作了,虽然只是季节性的。这些人对他们原来的公社有着强烈的依恋,他们回家度过全部空闲时间,所以没有产生无产者这一"对国家特别有害"

---

① 《马克思恩格斯文库》莫斯科1948年版第12卷第143—144页。
② 《马克思恩格斯文库》莫斯科1948年版第12卷第150页。
③ 《马克思恩格斯文库》莫斯科1948年版第12卷第127、131页。

的社会阶级。土地的公有使农民不能卖掉他们的土地和失去他们的土地使用权,这能很好地保护他们不受大地主阶级和富农的侵犯。在柯舍廖夫看来,俄国的土地公有制度与西方理论家宣扬的共产主义是对立的:"我们的公社是高度平静、和平和传统的,而西方的公社则具有侵略性、争斗性和毁灭性。"① 他写道,在法国,农民认为城市居民比自己好,是有教养的和受人尊敬的人。相反,在俄国,城市居民在农民的眼中是一个可怜的动物:在购买了一块地皮或出于某种原因住到城里之后,他要对付各种欺诈和黑暗的不法行为,并不惜代价地奋斗。②

马克思不辞辛苦地摘录了保留俄国农村公社的理由,而没有提出任何严肃的、实质性的保留意见,可以证明这样一个事实,即马克思同意柯舍廖夫认为俄国农村公社有其固有的发展可能性的看法。这一观点可以在马克思给维拉·查苏利奇的信的草稿③中得到证实。

《马克思恩格斯文库》中的一个重要部分是马克思对《私有地产的债务》一文所作的摘要,此文是一位无名作者于1880年2月在俄国著名刊物《祖国纪事》上发表的。这篇文章给马克思留下了很深的印象,他在1881年2月19日写给丹尼尔逊的信中写道:"照我的意见,您下一步首先要研究的问题,就是上层阶级在农业中的代表,**地主们的债务**的惊人增长,并且要指出,他们是怎样在'新的社会支柱'的监督下在社会蒸馏器里面'结晶'的。"④

我们从马克思的摘录中读到,直到1877年1月1日为止,作为把

---

① 《马克思恩格斯文库》莫斯科1948年版第12卷第151页,在这里马克思写有一句评语:"太妙了,柯舍廖夫,这就是他对西方的看法!"
② 《马克思恩格斯文库》莫斯科1948年版第12卷第152页。
③ 《马克思恩格斯全集》第1版第19卷第434、445页。
④ 《马克思恩格斯全集》第1版第35卷第149页。

土地分给农民的补偿,贵族阶层(在扣除他们所欠的国家信用机构的债务之后)获得3亿卢布的净收入。这是一笔免除了任何债务的巨额资金。地产所有者在没有任何抵押债务的情况下就拿到了这笔钱。文章的作者感兴趣的是这笔资金被拿去干什么了。在1864—1877年间,农村银行拿出2.815亿卢布作为以地产为抵押的贷款,大地产所有者每年要还2250万卢布。在人口密集的草原地区(如乌克兰),25%的土地被抵押了;在人口稀少的草原地区,约50%的土地被抵押了,但有的地方所有私有地产都被抵押了。[①]

国家给予贵族土地所有者的巨额资金几乎没有用于发展农业。花在农业上的资金甚至不到1%。按文章作者的说法,乌克兰可耕地的利用方式具有破坏性,没有人给土壤施肥或是在耕作和庄稼轮作上应用新技术。由于地力的枯竭,中亚的沙漠日益接近可耕地区,并有吞没俄国南部肥沃土地的危险。在人口稀少的草原地区,贵族土地所有者不直接经营农场,而是把土地一层一层地租给佃户,只有顶层的佃户才和庄园的管家打交道。[②]

佃户层层租佃制度类似英国统治下的印度的社会关系(副帕特尼达尔制度)。新的俄国土地所有者是商人和城里人的后裔,他们与印度和中国的那些投资于土地耕作的商人一样。费·斯卡尔金在他当时很有名的书《在首都和外省》中写道(我引用的是马克思摘录的话):"在许多省份,城里人和商人以低价购买属于贵族的土地……然后以最高价出租给农民。有时这种投机对购买者的回报很高,以至于3年之内他们就收回了所投入的资金。在一些草原地区,商人和投机者以难以想象的低

---

① 《马克思恩格斯文库》莫斯科1952年版第12卷第71—76页。
② 《马克思恩格斯文库》莫斯科1952年版第12卷第79—81页。

价购买属于国家的土地，然后以很高的价格出租给农民。"①

马克思详细研究俄国地产制度可能有两个目的：首先（这是主要目的），他要为《资本论》以后的卷次，特别是关于地租的部分收集资料。其次，他怀着矛盾的心情想弄清楚，俄国革命爆发的可能性有多大，以及革命将如何发展。从1858年起，他就坚信俄国革命将是一场农民革命，而不是像法国那样的资产阶级革命。②抛开马克思的意图不谈，他所作的摘录完全证实了恩格斯的观点，即在19世纪70年代，《资本论》的作者是西欧研究俄国经济和社会关系以及俄国对外政策的最好的专家之一。③

(原载荷兰《东欧思潮研究》2002年第54期)

(武锡申 译)

---

① 《马克思恩格斯文库》莫斯科1948年版第11卷第120页。
② 卡·马克思：《关于俄国废除农奴制的问题》，见《马克思恩格斯全集》第1版第12卷第627—630页。
③ 参看《马克思恩格斯文库》莫斯科1952年版第12卷第Ⅳ页。

卡尔·马克思论俄国在欧洲的霸权地位的起源*

达·梁赞诺夫

[**编者按**] 梁赞诺夫的这篇文章是1908年秋天写的,用德文发表于1909年3月5日出版的德国社会民主党机关刊物《新时代》增刊第五期。在俄国1905年革命失败以后,梁赞诺夫认为有必要对社会民主党的对外政策纲领进行批判性的审查,而为此又必须首先弄清楚马克思主义奠基人在无产阶级对外政策问题上观点的演变情况。本文就是为了这个目的写的。他在这篇文章中,通过详细介绍马克思的著作《十八世纪外交史内幕》,阐述了马克思对俄国在欧洲取得霸权的历史发展过程的观点。

但是,梁赞诺夫对马克思在《内幕》一书中的论述,除了在个别问题上表示赞赏以外,在许多问题上,甚至在马克思得出的一些主要结论上,都作了相反的论证。譬如,马克思在《内幕》中详细论述的一个中心问题,就是从彼得大帝时代起,英国政府就暗中与沙俄勾结,推行亲俄政策,"主要由英国帮助俄国成为波罗的海的强国","英国政府确实不满足于已使俄国成为一个波罗的海强国,还千方百计要使它成为一个地中海强国"。梁赞诺夫则认为英国的政治家在提高俄国地位这个

---

* 本文选自《马列著作编译资料》第5辑。

问题上是没有罪的，英俄关系是欧洲资本主义发展的自然产物，"莫斯科是由于英国和荷兰的资本而'欧洲化'的，莫斯科的兴起就像日本的兴起一样，不能'归咎'于英国"。又如，马克思在《内幕》中用大量篇幅回顾了俄国的历史，指出彼得一世是现代俄国政策的创立者，他既继承了伊万一世、卡利塔和伊万三世遗留下来的"莫斯科公国的传统政策"，又加以进一步提炼，"把蒙古奴才的政治手腕和蒙古主子继承成吉思汗征服世界遗志的狂妄野心结合在一起"。梁赞诺夫则大力论述俄国专制制度的形成过程与西欧并无什么大的不同，说马克思"忽视了俄国国内从伊万三世到彼得一世的全部历史"，"没有看到彼得本质上是欧洲新兴资本主义的产物"，而"把彼得看成是一个现代化的鞑靼人"，因此就为自己"堵塞了理解俄国对外政策的门径"。正如梁赞诺夫自己在本书俄文版《序言》中说的，他这篇文章是"对马克思和恩格斯在东方问题和俄国在国际政治领域的作用问题上的观点进行修正的初步尝试"（见他的《马克思主义史概论》1928年俄文第2版第2卷第164页）。梁赞诺夫在这篇文章中提出的一些观点，可供读者研究马克思的《十八世纪外交史内幕》一书时参考。

一、1848 年俄国和英国的反革命作用

1848 年的革命如一场风暴席卷西欧，不仅惊动了维也纳，也惊动了柏林。但这场革命没有蔓延过俄国的边界。从政治警察局臭名昭著的"第三厅"一传出"一切平安无事"的报告，在彼得堡突然爆发的惊慌情绪很快就平息下来。俄国犹如一只蜷缩着身子伺机扑食的猛兽，密切注视着德国革命斗争的每一个进程，同时把它的军队集结在西部边界。

《新莱茵报》写道:"沙皇已经来到托恩的门前。"① 这一事实决定了德国民主派及其团结在《新莱茵报》周围的极左翼的全部对外政策。《新莱茵报》的编辑们公开声明:"只有**反对俄国的战争**才是**革命的德国的战争**,只有在这个战争中它才能消除以往的罪过,才能巩固起来并战胜自己的专制君主,只有在这个战争中它才能像那些要摆脱长期的奴隶枷锁的人民所应该做的那样,用自己子弟的鲜血来换取宣传文明的权利,并且在解放国外各民族的同时使自己在国内获得解放。"② 而另一方面,当时已与"霰弹亲王"③进行秘密谈判的尼古拉和涅谢尔罗迭却在7月6日的通告信中抱怨说,俄国从德国三月革命以来就成为不公正猜疑的牺牲品,他们这样做,只不过是按俄国外交的传统行事而已。涅谢尔罗迭写道:"反对俄国的战争被宣布为当前最重要的任务之一。"俄国专制政府提醒人们尊重目的在于使德国永远保持分裂状态的1815年条约,并且最强烈地抗议德国的统一,说这种统一"迟早一定要使德

---

① 下面的引文摘自1850年11月20日涅谢尔罗迭伯爵的报告。他在这份报告里借庆祝尼古拉一世登基二十五周年的机会概述了这个皇帝的对外政策。这段引文可作为《新莱茵报》这句话的极好的评注(参看《马克思恩格斯全集》第1版第5卷第92—93页)。涅谢尔罗迭伯爵写道:"1848年的事件使1830年以来上帝赋予您的捍卫秩序的使命有了更为重大的意义。之所以能够如此,是由于陛下冷静地消除了席卷欧洲的风暴带来的最直接的结果,既没有流露出不必要的慌张,也没有流露出怯懦和恐惧;为登上舞台,陛下又冷静地等来了您的智慧所认为的最适当时机。在欧洲大陆古老国家的瓦砾上,唯有您始终屹立在那里,您不声不响地集结力量,以便在必要时,保卫您不可侵犯的领土,同时用这支力量保卫他人。"(《俄罗斯历史学会文集》1896年圣彼得堡版第98卷第294页)
② 《马克思恩格斯全集》第1版第5卷第235—236页。——译者注
③ 普鲁士亲王威廉的绰号。——译者注

国和所有邻国发生战争"。①

在普属波兰一次起义的企图遭到大力镇压中,已感觉到了俄国熊的笨重的前掌。在什列斯维希问题上,俄国专制政府更是完全公开出面,它强迫普鲁士只是进行"装样子的战争",以便立即缔结休战协定。被《新莱茵报》列为站在丹麦一边的"欧洲最反动的三个强国",除了俄国和普鲁士,还有英国。

> "普鲁士、英国和俄国这3个强国最害怕德国的革命和革命的最直接的结果——德国的统一。普鲁士怕德国统一以后自己不能再存在,英国怕因此不能再剥削德国的市场,俄国怕因此民主制不仅会推广到维斯拉河,甚至会推广到德维纳和德涅泊河。"②

早在《新莱茵报》的伦敦通讯中,就已经可以看出该报与英国和当时英国对外政策的领导人帕麦斯顿关系中的这种转变了。在1847年意大利和瑞士事件后,不但"神圣同盟"的成员,而且连自由派都似乎觉得帕麦斯顿是立宪政体和民族统一的先锋。但是,这个英国工人运动的凶恶敌人、英国资本的忠实奴仆,这个支持作为反法堡垒存在的立宪制比利时、用自己"道义上的"威望和金钱援助瑞士自由派、并在亚平宁半岛上反对奥地利以保护英国商业利益的人物,被1848年革命所"震怒"的程度丝毫不亚于尼古拉一世。他完全明白,大陆上革命运动的每个新成果都会加强英国的宪章运动,所以他采用一切手段要将革命纳入一定的轨道。因此他才激烈地反对德国的统一,因为德国的统一只有通过人民战胜王冠才能取得。法国和德国革命的每一个失败同时

---

① 参看《马克思恩格斯全集》第1版第5卷第347页。——译者注
② 参看《马克思恩格斯全集》第1版第5卷第467页。——译者注

也意味着英国宪章运动的失败和英国反革命作用的加强。

《新莱茵报》1849年新年号在回顾1848年革命运动的一篇文章中写道：

> "但是，**英国**这个把许多民族变成自己的雇佣工人，并用自己的巨手来扼制整个世界，并且一度担负欧洲复辟费用的国家，这个在自己内部阶级矛盾发展得最尖锐最明显的国家，好像是一座使革命巨浪撞得浪花四溅的岩石，它想用饥饿来扼杀还在母腹中的新社会。英国统治着世界市场。欧洲大陆的任何一个国家甚至整个欧洲大陆在经济方面的变革，如果没有英国参与，都不过是杯水风浪。每个国家内的工业和贸易关系都依赖该国和其他国家的交往，都受该国和世界市场的关系的制约。但是英国统治着世界市场，而资产阶级又统治着英国……而旧英国只有**世界大战**才能摧毁，只有世界大战才能给宪章派这个英国工人的有组织的政党提供条件，来进行胜利起义以反对它的强大的压迫者。只有当宪章派成了英国政府的首脑的时候，社会革命才会由空想的领域进入现实的领域。但是，凡是有英国参与的**欧洲战争**都是世界战争。这场战争将在加拿大和意大利、东印度和普鲁士、非洲和多瑙河流域进行。而欧洲战争将是法国胜利的工人革命的第一个结果。像在拿破仑时代一样，英国将成为反革命大军的首领，但由于这场战争，英国本身将被投入革命运动，将成为革命运动的领袖并赔偿它对十八世纪革命所犯下的罪过。
>
> "**法国工人阶级的革命起义，世界大战**，这就是1849年的前景。"①

如果说《新莱茵报》在1848年7月2日还把德国人在许多国家为保护专制政权反对自由而犯下的罪行一桩桩列举出来，如果说《新莱茵报》当时还指出，德国人甚至在俄国内地"也是专制君主和小暴君们

---

① 《马克思恩格斯全集》第1版第6卷第174—175页。——译者注

的支柱"①，英国的反动派是靠汉诺威军队支持的，那么，《新莱茵报》2月15日文章的语气已缓和些了。

"直到现在人们总是说，**德国人**是全欧洲专制制度的雇佣兵。我们丝毫不打算否认德国人在1792—1815年反对法国革命的历次可耻战争中，在1815年以后压迫意大利和1772年以后压迫波兰的过程中所起的可耻作用；但是，谁在背后为德国人撑腰呢？谁利用他们来做自己的雇佣兵或先锋队呢？是英国和**俄国**。"②

在《雇佣劳动与资本》这组文章的开头，马克思解释了为什么《新莱茵报》在那以前没有详细分析构成现代阶级斗争和民族斗争的物质基础的经济关系。他指出，编辑部过去首先是把从日常历史进程中去考察阶级斗争作为它的主要任务。接着他又历数二月革命和三月革命的主要阶段来说明，"随着革命工人的失败，欧洲又落到了过去那种受双重奴役即受**英俄两国**奴役的地位"③。马克思随后说现在要来详细分析经济条件了，他除了想研究雇佣劳动对资本的关系和证明中等资产阶级在现存制度下必然发生的灭亡过程外，还想说明"**欧洲各国资产者阶级在商业上受世界市场霸主英国奴役和剥削的情形**"④。

但他没有能够履行他的诺言，5月19日《新莱茵报》出版了最后一期"红色"号，在这里马克思重复了新年号社论的结束语：

"**法国工人阶级的革命起义，世界大战**——这就是1849年的前景。看吧，

---

① 《马克思恩格斯全集》第1版第5卷第177—178页。——译者注
② 《马克思恩格斯全集》第1版第6卷第335页。——译者注
③ 《马克思恩格斯全集》第1版第6卷第473页。——译者注
④ 《马克思恩格斯全集》第1版第6卷第474页。——译者注

在东方,由各民族的战士组成的革命军已经同以俄国军队为代表的、联合起来的旧欧洲相对峙,而巴黎已经出现了'红色共和国'日益逼近的征兆!"①

马克思和恩格斯没有看对。匈牙利被俄国军队镇压下去,对英国社会革命,即对宪章派胜利所抱的希望没有实现,对法国无产者在六月屠杀后会起来反抗并给革命运动以新的推动所抱的希望也没有实现。

反动派到处得势,他们把马克思从一个地方赶到另一个地方。1849年6月13日小资产阶级民主派的失败迫使马克思离开巴黎前往伦敦,他在这里立即着手以杂志形式出版《新莱茵报。政治经济评论》。

如果说普鲁士和奥地利在俄国的牵引下航行,那么法国资产阶级的政策则完全沿着英国的航道行驶,而英国的对外政策仍由帕麦斯顿左右。

"卡芬雅克和国民议会在**北意大利**扮作仲裁者串通英国把它出卖给奥地利,只这么一天的政绩就把'国民报'派18年来扮演反对派所得的成果化为乌有了。再没有哪一个政府比'国民报'派政府更缺乏民族气质了;再没有哪一个政府像它这样依赖英国……这样屈从于神圣同盟……"②

又是谁替俄国筹集资金,使它有可能完成其反革命的使命呢?是**英国**。1850年初涅谢尔罗迭欣喜若狂地给沃龙佐夫公爵写道:

"不久以前我们得到了一个新的出色的证明,它说明目前英国对俄国抱有多么大的同情。这个证明就是,尽管有科布顿和平公司(《纪事晨报》对自由贸易派领导人的戏称)的阻挠,我们的公债受到了欢迎。您试想一下,认购的数额高达一千六百万英镑。谁还会说英国人不再喜

---

① 《马克思恩格斯全集》第1版第6卷第603页。——译者注
② 《马克思恩格斯全集》第1版第7卷第45页。——译者注

欢俄国了！"①

在法国恢复"秩序和安宁"的过程中，是谁更加积极地支持法国黑帮②的首领，是俄国还是英国，这一点确实很难说。英国《经济学家》杂志在1851年12月29日那一期上写道："在欧洲所有的证券交易所中，总统现在已被公认为秩序的卫士。"③而涅谢尔罗迭写道：俄国在它致总统的所有公文中，始终"高度评价他在钳制革命精神方面所取得的毋庸置疑的功绩"；俄国赞赏他"为了秩序"而做的一切，并且希望他"继续坚定不移地走这条路"。④

1851年12月2日的政变意味着反革命的最终胜利。在奥地利，宪法被废止了；在德国，经过科伦共产党人案件和工人联合会最后一部分力量被消灭之后，无耻透顶的反动派实行了肆无忌惮的统治。在华沙遭到屈辱后，接着奥里缪茨又受到凌辱。根据1852年5月8日的伦敦议定书，什列斯维希—霍尔施坦又被移交给了外国统治者丹麦⑤；而谁是伦敦议定书的主要炮制者呢？是英国和俄国。

过去那种"英俄两国的奴役"又出现在欧洲的每一个角落。普鲁

---

① 1850年2月7—19日涅谢尔罗迭给沃龙佐夫公爵的信，见《沃龙佐夫公爵文库》第40卷第361页。

② 黑帮系俄国沙皇政府为镇压革命运动而建立的匪帮式的警察团体，成立于1905年。这里指法国最反动的极右集团。——译者注

③ 参看《马克思恩格斯全集》第1版第8卷第199页，原文是11月29日。——译者注

④ 见《沃龙佐夫公爵文库》第40卷第421页。

⑤ 指1852年5月8日由俄国、奥地利、法国、普鲁士、瑞典的代表同丹麦的代表签订的关于保证丹麦王国完整的伦敦议定书，条约确定丹麦王国（包括什列斯维希和霍尔施坦两公国）的领土不可分割。——译者注

士对俄国的阿谀逢迎超过了以往任何时候。正像亚历山大二世说的（他是未来德国皇帝威廉的极受宠爱的外甥，而这位舅舅则更是受到宠爱①），"普鲁士越是遭到侮辱，它就越是贴近我们"。俄国和英国的关系极其友好融洽，友好融洽到尼古拉一世已准备和英国一道分享"病夫"②的遗产，因为他对普鲁士和奥地利完全有把握。俄国这个头号奴隶主太不了解奴隶们的心理了。

反动派的这一系列胜利对马克思来说并非意外。他在1850年秋天就已得出结论，认为暂时再也谈不到什么真正的革命③。这个结论是在深入地研究了当时的经济条件和分析了1849年及1850年的事件后做出的。他说明了，"早在1848年即已开始而于1849年又更其加强的工商业的繁荣，如何打消了革命高潮，并使反动派胜利成为可能。"④ 大陆在经济上对英国的依赖在繁荣时期和在危机时期一样明显。大陆盲目地跟随在英国后面走。"在大陆上，不论危机时期和繁荣时期都比英国来得晚。最初的过程始终是发生在英国；英国是资产阶级世界的造物主。"⑤

俄国对欧洲大陆的政治奴役，以**英国**对大陆的经济奴役作为补充。使1848年革命遭到失败的，既有英国这个世界市场的主宰，也同样有俄国这个欧洲的政治暴君。如果说从伦敦抛出的所有经济绳索束缚了世

---

① 亚历山大二世的父亲尼古拉一世和德国皇帝威廉一世是姻兄弟。——译者注

② 1853年1月9日尼古拉一世在同英国驻彼得堡公使西摩尔会晤时这样称呼土耳其，尼古拉一世曾建议俄英瓜分土耳其帝国。——译者注

③ 参看《马克思恩格斯全集》第1版第7卷第513—514页。——译者注

④ 《马克思恩格斯全集》第1版第7卷第111页。——译者注

⑤ 《马克思恩格斯全集》第1版第7卷第513页。——译者注

界市场，加强了欧洲大陆对伦敦交易所的依赖性，那么，在彼得堡则不遗余力地锻造了锁链，把革命扼杀在血泊之中，并加紧策划了反动的阴谋诡计，以便从柏林到马德里和里斯本的所有欧洲宫廷用来束缚他们人民的手脚。①

正是在这样的政治气氛中马克思重新着手由于革命而中断的经济学研究。对他说来，占首要地位的是研究"资产阶级世界的造物主"，努力解开资产阶级社会之谜。"英国博物馆中堆积着政治经济学史的大量资料，伦敦对于考察资产阶级社会是一个方便的地点，最后，随着加利福尼亚和澳大利亚金矿的发现，资产阶级社会似乎踏进了新的发展阶段。"② ——这一切促使马克思再从头开始他的研究，用批判的精神来透彻地研究新的材料。《政治经济学批判》就是这项工作的第一个成果，在这本著作里，马克思开始履行他十年前给《新莱茵报》读者许下的诺言。

但是马克思在五十年代不只是研究"资产阶级世界"，他还同样努力地研究"国际政治的秘密"。伦敦不仅是研究世界市场经济关系最合适的地点，它还类似十八世纪的海牙，在那里，国际政治关系方面的每一个变化，哪怕是很微小的变化，都能在它的交易所行情表上反映出

---

① 1833 年 1 月涅谢尔罗迭给驻伦敦的利文公爵的信件中写道："我们政策的基本原则促使我们不得不竭尽全力去维护所有现存的国家政权，去扶助那些被削弱的国家政权，更要去援救那些遭到公开的进攻而濒于灭亡的国家政权。" 这一信件是准备提交给帕麦斯顿的，他在比利时事件中不像在波兰事件中所表现的肯于让步。"我们的老盟友大不列颠长期以来和我们的看法一致；所以，对我们的观点一定是非常了解的。"（弗·马尔滕斯：《俄国与其他列强缔结的条约和公文集》，1898 年彼得堡版第 12 卷第 24—25 页）

② 《马克思恩格斯全集》第 1 版第 13 卷第 10 页。——译者注

来，就如气压的任何微小的波动都能在气压表上表现出来一样，而且反映得比任何地方都要快。那时，只是在英国才有可能在全国范围内建立起很多外交事务委员会这样的社会团体。这些委员会专门研究对外政策，密切注视外交部的活动，极其严厉地批判对外政策的每个步骤。

促使马克思去探究国际政治的秘密，观察各国政府的外交活动①的，不仅是他个人的爱好。谋生的迫切需要使他不得不接受了《纽约每日论坛报》驻欧洲记者的职务，这是当时第一流的美国英文报纸。用他的话说，他真正给报纸写通讯的时候很少，但这要分散他许多精力选择题材。而在这种使他不能集中主要精力研究经济学、似乎与经济学很少关系的工作中，国际外交关系史的研究占有相当大的分量。

我们已经看到，马克思是受到什么影响而早在移居伦敦前就确信，英国和俄国在反对革命方面是事实上的同盟者。帕麦斯顿在当时的普鲁士宫廷权奸看来是革命的代理人，在普鲁士的自由派看来则是立宪制度的维护者，像拿破仑第三那样的民族思想捍卫者，而马克思在伦敦的居留却使他更进一步认识到帕麦斯顿政策的反革命性质。因此很自然，他必然会对戴维·乌尔卡尔特的著作感到兴趣。乌尔卡尔特曾在二十年当中始终不懈地揭露俄国外交的阴谋，指责帕麦斯顿讨好俄国，同时热烈称赞土耳其在巴尔干半岛统治中的德政。正是这种对俄国的仇视和对帕麦斯顿的一贯反对，使乌尔卡尔特不仅接近了波兰和匈牙利的革命流亡者，而且还接近了马克思。

然而，不应当认为马克思受了乌尔卡尔特的特别影响。这是不可能的，单是从他们两个人所根据的原则完全不同，所要完成的任务也完全不同就可看出了。马克思不仅没有乌尔卡尔特那样的亲土耳其倾向，而

---

① 参看《马克思恩格斯全集》第 1 版第 16 卷第 14 页。——译者注

且还嘲弄了这种倾向,这从下面他对这个固执己见的古怪人的幽默刻画中就可以看出来,这个人对土耳其自由的迷恋丝毫不亚于他对土耳其洗澡间的迷恋:

"这位绅士是苏格兰人,深受他家乡广泛流行的中世纪的宗法思想的熏陶,但又受过一个文明的英国人所受的现代教育,他在希腊同土耳其人打过3年仗以后到了土耳其,就一变而为最狂热的土耳其人崇拜者。这位浪漫的苏格兰高地人住到了品都斯山脉和巴尔干的山谷里,感到好像重回家乡一样。他的有关土耳其的著作(虽然里面也有许多宝贵的资料)可以归纳成下面三点奇谈怪论,这三点奇谈怪论实际上就是:(1)如果乌尔卡尔特先生不是不列颠的臣民,他会毅然当个土耳其人;(2)如果他不是长老会加尔文教教徒,他除了信伊斯兰教外什么别的宗教都不愿信;(3)只有英国和土耳其才是世界上享有自治、宗教自由和公民自由的国家。"①

马克思在《福格特先生》这一著作中谈到了他同戴·乌尔卡尔特及其政党的关系:

"乌尔卡尔特关于俄国的和反对帕麦斯顿的著作使我感到兴趣,但没有使我信服。为了取得对这个问题的确定看法,我仔细地分析了'汉萨德的议会辩论'和1807—1850年的外交蓝皮书。这一研究的最初成果就是在'纽约论坛报'上发表的一系列社论(1853年底)。在这些文章中我根据帕麦斯顿同波兰、土耳其、切尔克西亚等等的会谈,证明他同彼得堡内阁有联系。此后不久,我把这些文章转载于由厄内斯特·琼斯编辑的宪章派机关报'人民报'上,并且又增加了关于帕麦斯顿活动的几段。同时,'格拉斯哥哨兵'也转载了这些文章中的一篇('**帕**

---

① 这段话是恩格斯写的,见《马克思恩格斯全集》第1版第9卷第28—29页。——译者注

麦斯顿与波兰'），这篇文章引起了戴·乌尔卡尔特先生的注意。在我同他的一次会面之后，他说服了塔克尔先生在伦敦以小册子的形式出版这些文章的一部分。这些反对帕麦斯顿的小册子，后来以不同的版本共出了15000—20000册。"①

马克思的这些小册子确实获得了巨大的成功，对于打破不仅在欧洲大陆、而且在英国本国所形成的关于帕麦斯顿声誉的神话起了强有力的推动作用。马克思无情地揭露了帕麦斯顿政策的所有矛盾，并指出他实际上和彼得堡的外交家一样，都是反革命代理人。

"他屈服于外国势力，但在言词上却反对外国势力。他从坎宁那里继承了英国负有在大陆上推行宪制的使命的学说，因此他一向不愁找不到借口来激起民族偏见和反对其他国家里的革命，而与此同时他又使其他强国对他抱疑忌态度。既然他这样容易地成为大陆各国宫廷心目中的 bête noire〔可憎恶的东西〕，自然在本国也就毫不费力地博得了真正的英国大臣的声誉……有人骂他拿俄国的津贴，但也有人疑心他是烧炭党……每当波兰人、意大利人、匈牙利人、德国人遭到镇压的时候，帕麦斯顿总是在执政，但是屠杀他们的暴君却老是怀疑帕麦斯顿和受害者有秘密的联系，其实暴君的屠杀还是经过帕麦斯顿首肯的。到现在为止

---

① 关于帕麦斯顿的这组文章收集在题为"帕麦斯顿勋爵传记"的单行本中，这本书的出版是由爱琳娜·马克思筹办的，但直到她悲剧性地逝世以后才出书。以马克思这里指出的单行本形式出版的有：第三篇，用的标题是"帕麦斯顿与波兰"；第五篇，用的标题是"帕麦斯顿，他过去做了些什么"。这两个单行本，特别是第二本，再版时作了重要补充，发表在塔克尔出版的《政治评论集》第1卷第1号和第2号上（有关这组文章发表的详细情况，见《马克思恩格斯全集》第9卷第672页注295）。

参见《马克思恩格斯全集》第1版第14卷第507页注释②。——译者注

情形一向是这样：谁要是把他当作敌人，大概不会得到坏处，谁要是把他当作朋友，那事情就必定糟糕。"①

马克思还可以补充一句：那些维护秩序的英雄们是例外。这些人始终能够指望赢得帕麦斯顿的忠实友谊。马克思是多么正确地评价了帕麦斯顿所起的这种反革命作用以及他与欧洲其他反革命英雄们事实上的联盟和合作，这位可尊敬的勋爵以后的全部政治活动也提供了证明。只有抱有五十年代德国自由派的全部政治见解的人，才会在1848年革命以后还把帕麦斯顿看作是立宪主义原则的无条件的捍卫者和被压迫民族的保护者。值得注意的是，福格特用马克思对他本人及其朋友们的敌视来解释马克思"集团"对帕麦斯顿勋爵的攻击。甚至拉萨尔也受了这个在大陆上流传的神话的感染，想要用帕麦斯顿实行反俄政策来为他的许多行动解释和辩护——其中甚至包括那些他在彼得堡内阁的压力下或在俄国的秘密外交的完全赞同下所采取的行动。克里木战争虽然夺去了千百万人的生命，耗费了数十亿法郎的巨资，但是它既然是官方英国的行动，马克思和恩格斯就认为它只是一场"装样子的战争"，他们的评价是多么正确，后来有关塞瓦斯托波尔战役的全部文献提供了证明。

与马克思关于帕麦斯顿的文章有密切联系的，是他从1853年至1856年在《纽约每日论坛报》上发表的关于东方问题和克里木战争的许多文章，这些文章由爱琳娜·艾威林收集整理，以"东方问题"为

---

① 《马克思恩格斯全集》第1版第9卷第391—392页。——译者注

标题出版。①

帕麦斯顿从1830年至1851年，继而又从1852年至1865年他去世为止一直执掌英国的对外政策，其间只是稍有中断。很自然，马克思越来越摆脱不开这样一种想法：在英俄两国共同对付革命的事实上的合作后面还隐藏着一种个人之间的合作，即圣詹姆斯②内阁与圣彼得堡内阁之间思想上的一致。尽管在立宪制的英国和专制的俄国之间出现这种联盟从旁看来是多么不协调，然而，不仅1850年之前，而且1850年之后的一系列事实都表明，这种秘密合作确实存在着，而且在以后的年代里，当托利党取代辉格党在英国进行统治时也还存在。

1849年3月，达德利·斯图亚特勋爵在下院提出一项谴责俄国占领多瑙河各公国的议案，这时帕麦斯顿勋爵极力为沙皇政府的行为及其在各公国维持秩序的权利辩护。然而俄国东方政策最擅辞令的辩护者是迪斯累里，即后来的贝肯斯菲尔德勋爵！当俄国公使布隆诺夫向帕麦斯顿转告俄国军队进驻匈牙利的消息时，这位高贵的勋爵漫不经心地听完这个声明，只是说了一句："你们要尽快地结束啊！"顽固的托利党人威灵顿公爵借此机会推荐了如下的计划："你们要采取强有力的行动，要用足够的力量一举平定叛乱。要用大规模的手段来进行一场大规模的

---

① 我们将要在另一个地方深入地研究这些文章（其德文版正在准备中），那时我们还将结合东方问题和英国在克里木战争时期的政策更为详尽地研究一下马克思对帕麦斯顿政策的看法。

② 伦敦地名，英国内阁所在地。——译者注

战争，你们是拥有这种手段的。"①

克里木战争以后英国保守党的反俄倾向才多少明朗化。然而，直到六十年代，无论是托利党还是辉格党执政，每当涉及恢复"秩序"的问题时，英国大资产阶级就与俄国专制政府结成联盟，不惜践踏自由主义的一切原则，就如现在"激进"的阿斯奎斯和格雷政府与俄国的利亚霍夫们结成联盟，帮助波斯国王炮轰国会，镇压波斯的革命者一样。五十年代天真的欧洲自由派对立宪制的英国寄予希望，他们天真的程度不亚于俄国的立宪民主党人。这些立宪民主党人支持今天的英俄联盟，但"不愿"看到在利亚霍夫背后站着冯·哈特维希先生，"不能相信"在哈特维希背后隐藏着格雷。

但是马克思并没有仅仅局限于研究1807—1850年的外交蓝皮书。辉格党对俄国经久不变的好感，使得他不得不对辉格党寡头政府几乎一直统治着英国的十八世纪的历史领域也进行了探索。他曾推测，二月革命以后欧洲再次遭受的过去英俄两国的奴役，是英俄联盟的结果，他毫不怀疑的英俄之间事实上的合作，是英俄两国外交家之间达成的某些协议的结果。而当他在翻阅英国博物馆保藏的外交手稿时，发现了"一些从彼得大帝时代到十八世纪末这一时期的英国的文件，这些文件揭露了伦敦内阁和彼得堡内阁不断进行秘密合作的事实，而彼得大帝时代是这种关系的起点"②——这时他的推测变成了坚定的信念。

---

① 俄国的御用学者、臭名远扬的马尔滕斯教授对这番话作了补充："威灵顿公爵的话引起了沙皇的特别注意，他在布隆诺夫男爵1849年4月29日（5月11日）报告中的这番话下面画了横线。"（马尔滕斯：《俄国与其他列强缔结的条约和公文集》第12卷第253—255页）

② 《马克思恩格斯全集》第1版第14卷第507—508页注释②。——译者注

但是不仅他所发现的外交通信给了他在当时认为还没有被任何人利用过的全新的材料，同时他还从他比任何人都更熟悉的十八世纪的各种小册子中发掘出了全新的材料。他以其特有的热情对这些材料着手进行科学加工。然而遗憾的是，如他在《福格特先生》一书中所说的那样①，他只来得及发表论述这一题目的巨著的一篇导言，标题是"十八世纪外交史内幕"。这篇导言曾先后在《设非尔德自由新闻报》和伦敦的《自由新闻》这两种乌尔卡尔特创办的刊物上发表。恩格斯死后，这本著作的新版本同样也是由爱琳娜·马克思筹办的，但它也和《帕麦斯顿勋爵传记》一样，只是在爱琳娜悲剧性地逝世后才问世，用的标题是"十八世纪秘密外交史"。两个版本的标题不同，却是同一著作。②

政论工作要善于从"一大堆杂乱的、看来是偶然的、互不连贯而又矛盾的、当前活生生的历史事实"③中抓住基本的东西，把它放在首位，以便从过去的事件中揭示出当前事件的根源，并从中发现未来事件的萌芽。马克思在《新莱茵报》上为此树立了无与伦比的榜样。在《路易·波拿巴的雾月十八日》一书中，马克思根据刚刚出现的迹象，在事变发生不久就用其天才的笔触勾画出了1848年法国革命史

---

① 参看《马克思恩格斯全集》第1版第14卷第508页。——译者注

② 这种情况也许是付印时的疏忽大意造成的。书中既没有标明第一版出版的地点，也没有标明时间。除校对错误外，由于出版者的疏忽有一章出现严重脱漏，以致面目全非。这些文章原来发表在伦敦的《自由新闻》上。刊载的时间是：1856年8月16日、8月23日、9月20日、9月23日、10月4日、11月8日、11月29日、12月6日、12月20日，1857年2月4日、2月18日、2月25日、4月1日。

③ 《马克思恩格斯全集》第1版第8卷第7页。——译者注

的轮廓，并雄辩地证明，拿破仑第三的政变是这次革命的必然结果。《德国的革命和反革命》①向我们展现了德国和奥地利革命的各个主要阶段及其特点。但是，这些著作，也包括《法兰西内战》在内，从它们产生的方式来看，不是历史著作，而是政论文章。如果说它们对我们说来已成为有关事件的典范的历史著作，如果说它们的主要结论已被后来全部历史文献所证实和补充，那么这只不过再一次证明，政论家马克思是多么富有历史远见，不管他的态度如何主观，他的叙述是多么客观。

相反，《内幕》一书则是马克思在研究英国的特别是俄国的政治历史方面的唯一尝试。他想在这遥远的过去中探索出俄国何以变得如此强大，以及整个欧洲何以又在熬受着英俄两国奴役的谜底。

我们打算首先使读者了解这篇著作的内容，而且要详细地加以介绍，因为绝大多数读者很不熟悉这一著作。

二、马克思论述英俄关系

马克思在《内幕》一书的开头重新刊印了英国驻彼得堡宫廷的代表和公使的三封信。第一封是龙多致沃尔波尔的，写于1736年，当时俄国正同土耳其作战。第二封信是乔治·麦卡特尼爵士1765年写给桑德威奇伯爵的，那时英国正力求同俄国缔结一项通商条约。第三封信的作者是詹姆斯·哈里斯（即后来的马姆兹伯里伯爵），他在1782年写给

---

① 这篇著作是恩格斯写的，详见《马克思恩格斯全集》第1版第8卷第649页注释1。——译者注

格兰瑟姆的这封信中谈到，把米诺尔卡岛割让给俄国，以便博得俄国对英国的好感。

马克思说，这些信在当时完全没有人知道，不过，就第三封信来讲，情况并非如此。这封信已经在1844年由詹姆斯·哈里斯的孙子马姆兹伯里伯爵发表过。① 十八世纪英国使节的外交通信同样也被普鲁士历史学家劳麦②利用过，就是马克思在论蒲鲁东的一封信中说他"是由'一方面'和'另一方面'构成的"③。那个劳麦他主要对普鲁士历史感兴趣，因此，他只从这些文件中摘录了那些能说明普鲁士和英国关系的材料和有关十八世纪俄国沙皇宫廷生活的有趣细节。《俄国宫廷一百年》这本名著也是从这个角度使用了英国人的函件，该书是1858年在柏林出版的，那时马克思的《内幕》已经问世。英国外交家们和圣詹姆斯内阁的通信最先由俄罗斯历史学会出版，该会自1872年起在它的

---

① 《第一代马姆兹伯里勋爵后姆斯·哈里斯的日记和书信……由他的孙子编辑整理》，1844年伦敦版四卷本。马克思引证的信在第1卷第528—535页以更为完整的形式刊印出来。

② 《英国博物馆中收藏的有关现代史的文章》，1836年至1839年在莱比锡出版。

③ 《马克思恩格斯全集》第1版第16卷第36页。——译者注

文集中刊印了这些通信，但是很不完整，而且远远没有包括整个十八世纪。① 这里只指出，哈里斯的书信全部未收入，至于为什么，我们稍后会看到。

所以，总的说来，马克思当时接触的是完全没有被使用过的材料，这些材料使他能够进入十八世纪国际外交的密室。他认为，经过对这些通信的研究可以看出，英国外交一贯受俄国外交的愚弄，英国的使节扮演了彼得堡宫廷手中的驯服工具的角色。马克思对于这全部通信所作的以下几段尖刻的描述，再清楚不过地说明了，他是怎样得出自己的结论的。

"我们在细读这些文件时，有一种东西甚至比这些文件的内容更使我们吃惊，那就是它们的形式。所有这些信件都是'机密的'、'私人的'、'秘密的'、'绝密的'；然而尽管具有秘密、私人和机密的性质，英国政治家们在彼此间谈到俄国及其君主时用的却是诚惶诚恐、卑躬屈节和唯唯诺诺的语调，这种语调即使出现在俄国政治家的公文中也会令

---

① 《俄罗斯皇家历史学会文集》，1872年至1901年在彼得堡出版，见其中的十四个卷次。彼得一世时期（自1704至1719年）的通信载于第39、50、61各卷，1728至1739年的通信载于第66、76、80各卷，第85卷有1740至1741年3月3日的通信，第91、99、102、103、120各卷有1741至1750年的通信，第12和19两卷有1762至1776年的通信。由于所发表的通信是外交部官员所作的摘录，所以，凡是棘手的和有损俄国宫廷的内容都被精心删掉。俄译文有些地方译得很不好，有不少错误——往往还有意制造错误。即使如此，它们还是为我们提供了研究十八世纪英俄关系史的极为重要的材料。英国人的这些函件是用原文刊印的，所以英国历史学家现在也使用这个俄文版本。不久前英国才着手出版这个通信集。例如，皇家历史学会在1900年至1902年出版了英国大使白金汉伯爵1762至1765年的通信，编辑是阿·达克·科利埃。只要把这个版本和俄文版本的相应卷次作一比较，就不难看出，俄文版在编排上的倾向性有多么大，而在科学性方面它是多么欠缺。

人吃惊的。俄国外交官们借助秘密通信来掩盖对外国的阴谋,英国外交官们则采用这个方法来自由表达他们对一个外国宫廷的忠诚。俄国外交官们的秘密书函充满着模棱两可的意味。这一方面是圣西门公爵所说的那种伪善气,另一方面则是法国秘密警察报告所特有的那种卖弄自己的优越和狡诈。甚至波茨措-迪-博尔哥的出色书函也带有这种下流文学的通病。在这一点上,英国的秘密书函要好得多。它已不是装作高人一等,而是冒充天真糊涂。譬如,龙多先生告诉霍雷修·沃尔波尔,说他已把土耳其宰相写给英国国王的两封信泄露给俄国大臣,但是他'同时告诉那两位先生,由于信中对俄国宫廷有些刻薄的说法,要不是他们这样渴望看到的话,他是不会送给他们看的',然后他又要那两位伯爵阁下不要告诉土耳其政府说他们已经看过它们(那两封信),怎么可能有比这更天真糊涂的呢!乍一看,这种做法的无耻完全被这个人的天真糊涂淹没了。再拿乔治·麦卡特尼爵士来说吧。他愉快地提到,俄国似乎足够'通情达理',不至于为了俄国'宁愿选择在斯德哥尔摩居于领导地位'而期望由英国'支付全部费用';他又'自以为'他'已经说服俄国宫廷'不要'不合乎情理'到在和平时期向英国索取与土耳其(当时是英国的盟国)作战时的补助金;他又警告桑德威奇伯爵对俄国驻伦敦大使'不要提到'俄国总理大臣在圣彼得堡对他本人提到的秘密,怎么可能有比这更天真糊涂的呢?再看,詹姆斯·哈里斯爵士极秘密地低声告诉格兰瑟姆勋爵说,叶卡特林娜二世缺乏'判断力、精确思维、推理力和综合精神',又怎么可能有比这更天真糊涂的呢?看看这种假装天真糊涂的做法在更晚近时期的表现,在外交史上有什么能比得上帕麦斯顿勋爵在1839年向苏尔特元帅提出的建议呢?这个建议竟要求苏尔特元帅为了向苏丹提供英法舰队的支持来反对俄国,对达达尼尔海峡进行轰击。①

"另一方面，再看看乔治·麦卡特尼爵士如何厚颜无耻地告诉他的大臣，由于瑞典人对他们依附俄国的状况极其忌恨并且感到屈辱，圣彼得堡宫廷要求英国在斯德哥尔摩打着英国的自由独立的旗帜进行活动！此外，詹姆斯·哈里斯爵士劝英国把米诺尔卡岛和海上搜索权以及在世界事务中进行调解的垄断权让给俄国——不是为了取得任何物质上的好处或者哪怕是由俄国承担的一种形式上的义务，而只是为了使女皇'显示强烈的友谊'和把她的'不高兴'转到法国身上。

"俄国的秘密书函都是循着这样一条很平淡的思路：俄国自知它与其他国家没有任何共同利益，但是每一个国家却必须分别认识到它与俄国有排斥所有其他国家的共同利益。相反，英国书函从来不敢暗示说俄国与英国有共同利益，而只是设法说服英国，俄国的利益就是它的利益。英国的外交官们亲自告诉我们，这是他们与俄国君主们面面相对时所维护的唯一观点。"②

马克思用如下的严厉词句来结束他对秘密书函的描述：

"如果我们展示在公众面前的这些英国书函是写给私人朋友的，它们只是使写这些书函的大使们臭名远扬。既然它们是秘密地写给英国政府的，它们就把英国政府本身永远钉在历史的耻辱柱上。这一点似乎已被人们，甚至被辉格党的著作家们本能地觉察到了，因为没有人敢于公布这些书函。"③

---

① 从"看看这种……"到本段末这两句话在马克思的原著中是作为注释出现的。——译者注

② 《十八世纪外交史内幕》第18页（人民出版社1979年版，下同）。——译者注

③ 《十八世纪外交史内幕》第18页（人民出版社1979年版，下同）。——本丛书编者注

我们已经看到，马克思弄错了。使他特别气愤的第三封信在这之前十二年就已被发表，而且并没有引起什么愤慨。然而令人感兴趣的是，乌尔卡尔特在一篇编辑部短评中，要读者特别注意马克思的文章，他自己似乎完全同意马克思的这种论述，并且还列举了十九世纪上半叶英俄外交史中的一些事实，以说明当时的英国外交官们和他们十八世纪的前任比较起来，没有什么长进，没有聪明几分。

在马克思认为自己的论断——十八世纪英国外交的狭隘性和对彼得堡宫廷的奴隶般的依赖性——已得到证实之后，接着就提出一个问题：这种在十八世纪已成为英国外交特征的"亲俄"性质是从什么时候开始的。

马克思把这个时期追溯到彼得大帝时代，并把彼得大帝列为他研究的重点。① 他认为必须重新刊印几本彼得大帝时代出版的、当时不是没

---

① 因为我们不能期望作者按编年史的顺序把那个时代的历史事件展示给我们的读者，现将最重要的、在接下去的论述中发生作用的事实简略地列举如下：

彼得大帝1682年在俄国登基，他在位到1725年。他的大敌瑞典的查理十二世1697年开始执政，当时才十五岁。瑞典那时领有芬兰、里夫兰、爱斯兰、英格尔曼兰，从而把俄国和波罗的海隔离开来。在查理登基之后，彼得立即着手开辟通向波罗的海的道路。这就导致了**北方战争**，这场战争从1700年一直打到1721年，结果瑞典丧失了它本土以外在波罗的海沿岸占有的绝大部分领地，而俄国则确立了在欧洲的地位。与此同时，西班牙王位继承战争在激烈进行，这场战争从1701年延续到1714年，两个"海上强国"英国和荷兰同奥地利结成"大同盟"与法国对峙。

这些事件由于1688年"光荣革命"的后果而更加复杂化。这场革命把斯图亚特·詹姆斯二世推下了英国的王位，代之以他的女婿奥伦治的威廉三世。路易十四统治下的法国站在詹姆斯一边，以后又站在他的儿子王位追求者詹姆斯·爱德华一边。爱德华在英国的追随者，即"詹姆斯党人"，一部分是**托利党人**（原为乡绅党），一部分是天主教徒。英国贵族中和商人结成同盟并从事资本主义经营的那些人，组成了**辉格党**，从1688年至1700年多半由该党统治着议会并组成内阁。继威廉之后，詹姆斯的女儿安娜（1702年至1714年在位）死后也没有继承人，这时辉格党人为了防止斯图亚特王朝夺取王位，把汉诺威的乔治召来英国。乔治建立了汉诺威和大不列颠间的君合国，该君合国一直存在到1837年。——**编辑部**（指新时代编辑部）

有引起历史学家们的注意就是被他们看作是不值得注意的英国小册子作为引子。为此目的他选择了三本小册子，它们都是在俄国和瑞典争霸波罗的海的斗争中反对俄国、袒护瑞典的，其中第一本叫"北方危机"（1716年出版）。该书揭示了俄国的一般制度，指出了由于瑞典的俄罗斯化对英国及其贸易所造成的威胁。① 第二本小册子叫"防御条约"（1717年出版）。该书从1700年英国和瑞典缔结的条约出发，论述了英国的政策。② 最后第三本题为"真理合乎时宜才是真理"（1719年出版），证明那些使俄国成为波罗的海头等强国的新的政治计划同英国在十七世纪整个过程中所奉行的传统政策完全背道而驰。③

在马克思看来，这三本小册子足以"驳倒大陆和英国著作家们所共有的这样一种偏见，即英国只是到较晚的时候，而且是在过晚的时候，才理解或猜想到俄国的意图，英国和俄国之间的外交关系"——我们这里是逐字逐句地引证，因为这个论点出自马克思之口是如此令人难以置信——"不过是两国共同物质利益的自然产物，因此，我们若指责十八世纪的英国政治家们亲俄，就是倒果为因，是不可饶恕的错误"。④

如果这些政治家们只不过是代表了他们那个时代的观点，那么马克思还准备原谅他们。这是由于：

"要了解一个限定的历史时期，必须跳出它的局限，把它与其他历

---

① 《北方危机或对沙皇政策的公平意见》1716年伦敦版。德鲁森认为这本小册子非常重要，他在所写的《普鲁士政治史》一书中一再引用过它（第Ⅳ卷第2册第193页）。
② 《不朽的故威廉国王陛下和当今瑞典查理十二国王陛下于1700年签订的防御条约》。
③ 《真理合乎时宜才是真理》1719年伦敦版。
④ 《十八世纪外交史内幕》第18页。——译者注

史时期相比较。要判断历届政府及其行动，必须以它们所处的时代以及和它们同时代的人们的良知为尺度。任何人只要看到培根本人把魔鬼学列入科学编目，就不会责难一个十七世纪的英国政治家依据迷信行事。另一方面，如果斯坦霍普、沃尔波尔、唐森之流在他们自己的国家里被他们的同时代人当作俄国的工具和帮凶怀疑过、反对过和谴责过，那就不再能随意地用当时普遍存在的偏见和无知来掩饰他们的政策了。"①

在马克思看来，上述小册子无可争辩地证明：十八世纪的英国政治家们完全弄糊涂了，他们完全没有看到《北方危机》的作者如此雄辩地提醒他们注意的危险②；他们（如其他两本小册子的作者所证实的）背信弃义地牺牲瑞典，偏袒俄国，他们确保了俄国在波罗的海的霸主地位，从而亲手扶植了自己未来的敌人。更有甚者，他们置本国的商业利益于不顾，这在英国是一桩永远不可饶恕的罪行。

马克思尽力维护小册子的作者们，他根据统计数字证明，现代历史学家们是把"彼得大帝及其直接继承者们的俄国这个巨大市场向大不列

---

① 《十八世纪外交史内幕》第41页。——译者注
② "沙皇肯定无疑将成为我们的敌手，他现在越被忽视，对我们将越危险。我们那时可能（不过也许为时太晚了）回想起我们自己的使节们和商人们就他的计划向我们报告的情况：他要独揽全部北方贸易，他正在把几条河流连接起来，使里海或黑海到他的彼得堡之间可以通航，以便把同土耳其和波斯的贸易全部掌握在他的手中。我们那时将对自己的盲目性感到吃惊：我们已听说他在彼得堡构筑了（《十八世纪外交史内幕》中是'在彼得堡和维里构筑了……'）大量工事而竟没有猜到他的计划……正是因为他希望他所推行的计划不致终归失败，他才没有给它规定一个确定的实现日期，而是让它在适当的时间和机会自然实现，就像那些奇怪的中国艺术家一样，今天做出模子，可以留待一百年以后按照它做出器皿。"《秘密外交史》第38页，见《十八世纪外文史内幕》第31、38页。

颠开放的贸易规模吹得天花乱坠"①。马克思在分析了1697—1760年瑞典和俄国的进出口贸易数字之后，得出了如下的结论：

"十八世纪的前六十年间，整个英俄贸易只不过构成英国全部贸易的一个很小部分，可以说，还不到四十五分之一。彼得一世在波罗的海称霸初期英俄贸易的突然增长对英国贸易的总平衡并没有产生丝毫影响，因为它仅仅是从瑞典账上转到俄国账上而已。彼得一世后期以及他的直接继承者叶卡特林娜一世和安娜女皇时期，英俄贸易都明显下降；俄国在波罗的海各省最终站住脚以后的整个时期，英国制品向俄国的出口都不断减少……不论是和彼得一世同时代的英国人，或是下一代的英国人，都没有从俄国向波罗的海的推进中捞到丝毫好处。一般说来，大不列颠当时在波罗的海的贸易从占用的资金来看是微不足道，但从其性质来看却很重要。它给英国提供航海器材所需的原料。从这个观点看，波罗的海掌握在瑞典手中比在俄国手中更为可靠。对于这一点，不仅我们这里重印的几本小册子提供了证明，而且英国大臣们自己也是完全了解的。"②

如果说阻止俄国人在波罗的海扎下根来是英国的利益所在，那么英国顽固地支持俄国这种怪现象又该怎样解释呢？

原来，在英国有一小撮商人和俄国的利益是一致的。这就是俄罗斯贸易公司。就是这个公司煽动反对瑞典，一再提交请愿书，对议会纠缠不休；就是这个公司在1714、1715和1716年每届议会开幕之前都要举行集会，提出英国商人对瑞典的控诉。

但是，这些商人怎么能对政府施加影响，使政府在他们面前总是言

---

① 《十八世纪外交史内幕》第42页。——译者注
② 《十八世纪外交史内幕》第45页。——译者注

听计从呢?事实是,经过"光荣革命"靠牺牲英国人民群众的利益而攫取了政权和财富的寡头政府,当然不仅要在国外而且也要在国内寻求同盟者。它找到的国内同盟者,就是法国人称之为"大资产阶级"的那些社会成员,这些人的代表就是英格兰银行、金融资本家、国家债权人和大企业家。从政府颁布的各项法律可以看出,它对于这个阶级的物质利益是多么关怀。

不言而喻,这个寡头政府在对外政策方面,也不得不使这一政策至少在表面上看起来具有受商业利益支配的性质。而这一点比较容易做到,因为内阁的这项或那项措施总会符合商业阶级中这个或那个小集团的特殊利益。于是有关的集团就开展大规模的鼓动宣传,要求"保护贸易和海运业的利益",而全国都盲目地随声附和。

这样一来,这个寡头政府的对外政策只是在一个方面保持始终不渝,即不惜一切代价讨好俄国。它所打的幌子只是事后由内阁提出的商业和工业上的利益。在北方战争期间(1700—1721年),英国的大臣们为他们对瑞典采取敌对行动所找到的必要的商务借口,是瑞典的私掠船给英国商人造成的损失,虽然瑞典人的行为是完全符合当时的国际法的。

人们可能以为英国当时只是仿效荷兰的先例,荷兰也把瑞典没收它的船只称作纯粹的海盗行为。的确,在一方面,荷兰在同瑞典的关系上和英国处于同样的地位。两国都受英国于1700年与瑞典缔结的防御同盟的约束,两国都无权对瑞典采取任何敌对行动。

但是另一方面,荷兰的地位与英国又截然不同。荷兰失去它在海上和商业上的霸权地位以后,当时已进入衰落时期。正如热那亚和威尼斯由于通商航道的改变而失去了它们昔日在商业上的霸权以后一样,荷兰这时也不得不把国内容纳不下的资金借给其他国家。俄国显而易见是个巨大的市场，这个市场与其说是荷兰的贸易市场，不如说是吸收它输出的资金和人口的市场。早在十九世纪上半叶，荷兰就是俄国的主要资金提供者。在彼得大帝时代，荷兰向俄国提供船只、军官、武器和金钱。当时的俄国舰队可以称作荷兰舰队。荷兰人夸耀自己第一个把一艘欧洲船只开往新兴起的城市彼得堡；并且以他们同日本交往时的那种奴颜婢膝来回报从彼得那里获得的或者希望获得的商业特权。

因此马克思对荷兰要更宽容得多。如果说荷兰的政治家是亲俄派，那么，他们还有与英国人完全不同的、更为坚固的基础。尽管如此，马克思不顾上面提到的"坚固基础"，仍然把荷兰人对瑞典私掠船提出的抗议完全归咎于英国人的压力，虽然他很清楚，彼得曾利用荷兰人向英国外交家施加压力以使俄国得利。

总之，英国以及受它影响的荷兰的全部政策，促进了俄国的强大。

但是，马克思还有另外一些证据可以证明，俄国势力强大的主要根源是它的帮凶英国的大力效劳。直到彼得大帝时代的整个俄国历史表明，如果不是推进到波罗的海，很难想象会有今天的俄国。为了证明这个观点，马克思对彼得大帝前的俄罗斯帝国史作了清晰的概述。

"俄国压倒一切的影响曾在不同时代使欧洲感到突然，使西方各国人民感到震惊，并且被当作命中注定的事物一样予以顺从，或者仅仅遇到断断续续的抵制。但是对俄国的魅力总是不断产生着怀疑。这种怀疑就像阴影一样追逐着俄国，随着俄国的成长而增长；它把刺耳的讥讽音调同遭受苦难的各国人民的呼声混杂在一起，并且嘲笑俄国的赫赫威严不过是用来进行炫耀和欺骗的装腔作势的姿态。其他的帝国在其幼年时期也曾遇到过同样的怀疑，然而俄国变成了一个巨人以后，仍然没有消除这些怀疑。一个庞大的帝国甚至在取得了世界规模的成就之后，它的存在本身还始终被人看作一种信念中的东西而不是事实上的东西，俄国提供了历史上这样一个绝无仅有的例子。从十八世纪初直到如今,从没有一个作者,不管是想歌颂俄国还是抨击俄国,认为有可能无需首先证明它的存在。

"然而,不管我们对俄国是采取唯心主义的,还是唯物主义的态度,也就是说,不管我们把它的力量看作是明显的事实,还是只看作问心有愧的欧洲人民的幻觉,问题都是一样:'这个国家,或者这个国家的幽灵,是如何设法达到这样大的版图,竟致一方面激起人们激烈地断言它以排演大一统的君主国威胁着世界,另一方面又激起人们愤怒地否认这种威胁的存在呢?'"①

三、马克思关于俄国发展的论述

有些历史学家硬说,这个使十九世纪欧洲害怕的北方幽灵在九世纪的时候就已经出现,罗曼诺夫王朝的政策是那些从瑞典来的诺艾人柳里克及其后裔的政策的自然继续,他们在九世纪来到俄罗斯并在那里建立了国家。

"然而,尽管这些往事的回忆提示了似是而非的类比,早期柳里克王公们的政策跟现代俄国的政策是根本不同的。它不折不扣是席卷欧洲的日耳曼蛮族的政策,现代各民族的历史只是在这场洪水退去之后方才开始。俄罗斯的哥特时期只不过是诺曼人征服的一章而已。正如查理曼的帝国是现代法兰西、德意志和意大利奠基的先导一样,柳里克王公们的帝国也是波兰、立陶宛、波罗的海国家、土耳其和俄国本身奠基的先导。这一迅速扩张的活动,并不是深思熟虑策划的结果,而是诺曼人征

---

① 《十八世纪外交史内幕》第64—65页。——译者注

服的原始组织——没有采邑的臣属关系或者只是纳贡的采邑——的自然产物，因为渴望荣誉和掠夺的新的瓦利亚基冒险家源源不断地涌来，使得必须不断进行新的征服。渴望休息的首领们被亲兵队所迫而不得不继续前进，在俄罗斯，正像在法兰西的诺曼底一样，出现了这样的时刻，这时首领们把他们那些无法驾驭和贪婪成性的战友们派去进行新的掠夺性的征伐，唯一的目的只在于摆脱他们。早期柳里克王公们在作战和征服的组织上同诺曼人在欧洲其他地方的做法毫无区别。如果说，使斯拉夫各部落屈服的，不仅是武力，而且也有彼此间的协议，那么这个特点应归因于这些部落所处的特殊地位，他们处于北方和东方的侵略之间，接受前者是为了抵御后者。把北方其他野蛮人吸引到西方罗马去的那种神奇的魅力，也把瓦利亚基人吸引到东方罗马去。俄罗斯的首都，柳里克定于诺夫哥罗德，奥列格迁至基辅，而斯维雅托斯拉夫又企图建在保加利亚，这种迁都的本身无疑地证明了，入侵者还只是在探索道路，把俄罗斯只是当作继续南下去寻求一个帝国的落脚地点。如果说，现代俄国觊觎君士坦丁堡为的是建立它对世界的统治，那么柳里克王公们则相反，他们是由于齐米斯基斯统治下的拜占庭的抵抗，最后才被迫在俄罗斯建立他们的统治的。"①

如果在那个时代可以说有一点斯拉夫影响的话，那就只有城市共和国诺夫哥罗德的影响，而它的政策和整个传统与现代俄国的传统是截然相反的。

"在雅罗斯拉夫统治下，瓦利亚基人的优势已经打破了，但同时，第一时期的征伐势头也随之消失，哥特俄罗斯的衰落也开始了。这一衰落的历史，比征服和形成的历史更加能证明柳里克王公们的帝国纯属哥

---

① 《十八世纪外交史内幕》第65—66页。——译者注

特性质。"①

这个帝国同所有中世纪的君主国有过同样的命运。

"这个由柳里克王公们堆砌起来的不协调的、庞大的、早熟的帝国,也像其他发展类似的帝国一样,分裂为许多封土,在征服者的后裔之间一再进行分割,被封建战争弄得分崩离析,被外族的干涉弄得支离破碎。大公的至高权威在七十个同族王公的角逐中消失了……这样,诺曼人的俄罗斯从舞台上完全消失了,而它仍然残存下来的丝微痕迹在成吉思汗可怕地登场时消逝得无影无踪。**是蒙古奴役的血腥泥潭而不是诺曼时代的粗野光荣,形成了莫斯科公国的摇篮,而现代的俄国只不过是莫斯科公国的变形而已。**"②

鞑靼人的枷锁使俄罗斯历史上诺曼人(基辅)时期的所有传统都丧失了。此外,它对俄罗斯人民的心灵发生很大的影响。

"鞑靼人的枷锁从1237年持续到1462年,长达两个多世纪,这种枷锁不仅压迫了,而且凌辱和摧残了成为其牺牲品的人民的心灵。蒙古鞑靼人建立了以破坏和大屠杀为其制度的一整套恐怖统治。同他们的大规模征服相比,他们的人数太少,因此需要用一道吓人的光环来虚张声势,并以大肆杀戮来减少可能在他们后方起来反抗的人民。此外,他们制造荒土正是本着那曾使得苏格兰高地和罗马近郊平原人口灭绝的同一条经济原则,即把人变为羊,把肥沃土地和人烟稠密的居处变为牧场。"③

征服者并不摧毁他们面前的公国,只是使它们不能独立,而且有纳

---

① 《十八世纪外交史内幕》第67页。——译者注
② 《十八世纪外交史内幕》第67页。——译者注
③ 《十八世纪外交史内幕》第67—68页。——译者注

贡的义务。莫斯科公国在那些公国中开始崛起的时候,鞑靼人的枷锁已经存在了大约一百年之久,那些公国在鞑靼国家金帐汗国跟前用贿赂和互相诽谤这些最卑劣的手段彼此进行攻击以取得它们鞑靼主子的宠爱。

"莫斯科这一支最终赢得了这次竞赛。1328年,伊万·卡利塔之兄尤里在乌兹别克汗的脚下拾起了以告密和暗杀手段从特维尔那一支夺过来的大公国的王冠。伊万一世·卡利塔和绰号"大帝"的伊万三世,象征着借助鞑靼人的枷锁而兴起的莫斯科公国和由于鞑靼人的统治消失而获得独立权力的莫斯科公国。莫斯科公国从它最初登上历史舞台起的全部政策,就体现在这两个人物的一生当中。"①

马克思接着尖锐地指出了奠定莫斯科公国权势地位(1328年左右)的伊万·卡利塔的政策特征。他写道:

"他的人民恰如其分地称他为卡利塔,即钱袋,因为他用来为自己开辟道路的是钱袋而不是刀剑……他那一套可以用寥寥数字来表述:一个篡权的奴隶的马基雅弗利主义。他把他自己的弱点——他的奴才地位——变成了他的力量的源泉。"②

但伊万·卡利塔仅仅为莫斯科公国最高统治的宏大建筑奠定了基础。公国的真正创建人是伊万三世。

"伊万三世在位(1462—1505)初期,仍然臣属于鞑靼人;他的权威仍然受到拥有封土的王公们的竞争;俄罗斯诸共和国中为首的诺夫哥罗德统治着俄罗斯北部;波兰—立陶宛正力图征服莫斯科公国;最后,利沃尼亚骑士团尚未解除武装。但是到了他在位的末期,我们就看到伊万三世坐在独立的宝座上,身旁是拜占庭末代皇帝的公主;脚下是喀山

---

① 《十八世纪外交史内幕》第68页。——译者注
② 《十八世纪外交史内幕》第69—70页。——译者注

汗，金帐汗国的余部也群集来朝；诺夫哥罗德和俄罗斯其他共和国都已屈服——立陶宛萎缩了，它的君主成了伊万手中的一个工具——利沃尼亚骑士团也被击败了。惊惶的欧洲，当伊万在位之初，几乎不知道夹在鞑靼人和立陶宛人之间还存在着一个莫斯科公国，这时看到一个庞大的帝国突然出现在它的东部边境而弄得目瞪口呆；甚至使欧洲发抖的土耳其苏丹巴耶济德本人也破天荒第一次听到了这个莫斯科公国人的傲慢的语言。"①

为了说明被俄国所有历史学家公认为懦夫的伊万三世是怎样完成所有这些英雄业绩的，马克思概述了他在位时发生的最重大的事件：同鞑靼人的斗争，征服诺夫哥罗德共和国，同其他各公国的斗争，最后，同立陶宛—波兰的斗争。

"伊万把莫斯科公国从鞑靼人的枷锁下解救出来，并不是通过一次勇敢的攻击，而是通过二十年左右的耐心工作。他不是打碎这个枷锁，而是偷偷地摆脱了它。因此，推翻鞑靼统治看起来更像是自然的产物而不像是人为的事业，在这个鞑靼魔怪终于咽气时，伊万来到他临终的床边，与其说像一个带来死亡的勇士，还不如说像一位前来诊断并推究死因的医生。"②

在这段大体正确的描述（俄国历史学家索洛维约夫也没有说挣脱鞑靼人的枷锁，而是说枷锁破碎）之后，马克思做出如下的结论：

"任何一国人民，一旦摆脱外国统治，声望总是提高的；可是伊万手下的莫斯科公国却显得声望下降了。只要把西班牙反抗阿拉伯人的斗争和莫斯科公国反抗鞑靼人的斗争加以比较就可以看出来……

---

① 《十八世纪外交史内幕》第70页。——译者注
② 《十八世纪外交史内幕》第71页。——译者注

"但是,如果说在目击他的耻辱的人面前,他是非常谨慎而不肯摆出征服者的架势的话,那么,这个骗子却完全明白,鞑靼帝国的倾覆在远处会多么令人眼花缭乱,会带给他多么光荣的光环,并且会多么便于他堂堂皇皇地步入欧洲强国的行列。因此,他就对外摆出一副装腔作势的征服者姿态。而且的确在高傲专横和盛气凌人的假面具后面,成功地隐蔽了这个对于亲吻大汗最低贱使臣的马蹬仍然记忆犹新的蒙古奴才的死皮赖脸。他以较为压低的声调模仿他以前的主子曾使得他丧魂落魄的那种语言……"①

马克思认为,在现代俄国外交用语中也可看到这种鞑靼人精神的影响。

"现代俄国外交中某些常见的词句,诸如宽宏大量、有损君主尊严之类,就都是从伊万三世的外事诏令中借用来的。"②

如果说在伊万三世看来,摆脱鞑靼人的枷锁是建立莫斯科公国统治地位的第一个前提,那么,第二个前提就是摧毁俄罗斯的自由。原先的俄罗斯诸共和国相继被征服,如维亚特卡和诺夫哥罗德诸城市,而普斯科夫共和国只剩下了它过去独立的影子。

"至今仍然值得注意的是,莫斯科公国也像现代俄国一样,始终是煞费苦心地来搞掉各个共和国。首当其冲的是诺夫哥罗德及其拓殖地区,随后是哥萨克人的共和国,最后轮到波兰。要了解俄国对波兰的并吞,就必须研究自1478年至1528年诺夫哥罗德如何被搞掉的情况。"③

在消灭了这些共和国以后,伊万就着手征服最后几个公国。

---

① 《十八世纪外交史内幕》第71—73页。——译者注
② 《十八世纪外交史内幕》第73页。——译者注
③ 《十八世纪外交史内幕》第75页。——译者注

"看来,伊万夺下蒙古人禁锢莫斯科公国的锁链,仅仅是为了用它来束缚俄罗斯各共和国。看来,他奴役这些共和国,只是为了使土耳其人①共和化。"②

伊万三世以同样巧妙的手法进行同立陶宛的斗争,他不仅煽动马克西米利安皇帝和马特维·科尔文国王,而且还煽动摩尔达维亚大公斯特凡和芒吉—吉雷汗反对立陶宛,芒吉—吉雷不论在同立陶宛的斗争中还是在反对金帐汗国的斗争中同样是一个强有力的工具。

他信仰希腊正教,这对他权力的巩固起了无可估量的作用。

"但是要对拜占庭的遗产提出要求,要以拜占庭皇帝后裔的外衣来掩盖他那蒙古奴才的烙印,要把莫斯科公国的暴发户王位和圣弗拉基米尔的光辉帝国联系起来,要使他自己成为希腊正教新的世俗首脑,伊万在全世界应该把谁挑出来呢?罗马教皇。在教皇的教廷里住着拜占庭的末代公主……"③

这个公主就是在君士坦丁堡沦陷以后住在罗马的索非娅·帕伦奥洛盛,在那里罗马教皇当了她的义父。她成了伊万的夫人(1472)。

马克思从伊万三世的政策中已经看到了现代俄国政策的一切要素。

"只要改换一下姓名和日期,就可以明显看出伊万三世的政策和现代俄国的政策并不是什么相似,而是一模一样。而伊万三世则不过是把伊万一世·卡利塔遗留下来的莫斯科公国的传统政策加以完善化而已。伊万·卡利塔这个蒙古人的奴才,是靠运用他的最大敌人即那个鞑靼人

---

① 在《十八世纪外交史内幕》中这里是"俄罗斯王公们",不是"土耳其人"。——译者注

② 《十八世纪外交史内幕》第75页。——译者注

③ 《十八世纪外交史内幕》第76—77页。——译者注

的威力来反对他的次要敌人俄罗斯的王公们，从而获得他的权威的。但除非采取欺诈手段，他就不能运用那个鞑靼人的威力。他在主子面前不得不隐蔽自己实际积聚的力量，而又必须向和他一样的奴才们炫耀自己并没有掌握的那种威力。为了解决他的问题，他就得把最卑贱的奴才的全部阴谋诡计整理成一套体系，并且以奴才的那种耐心的辛勤去实现这套体系。公开的力量本身只有作为一种阴谋才能加入到一套阴谋、腐蚀和暗中篡权的体系中来。他不先施毒，就无法进行打击。目的的单一性在他那里变成了行动的两面性。狡诈地使用敌对的力量来扩大自己，通过对那种力量的使用本身来削弱它，最后通过它本身产生的效果来推翻它——伊万·卡利塔的这一政策是由统治种族和被奴役种族二者的特性所激发出来的。他的政策也就成了伊万三世的政策。这也就是彼得大帝的政策和现代俄国的政策，不管被使用的敌对力量在姓名、地点和性格上可能经历了什么样的变化。彼得大帝确实是现代俄国政策的创立者，但他之所以如此，只是因为他使莫斯科公国老的蚕食方法丢掉了纯粹地方性质和偶然性杂质，把它提炼成一个抽象的公式，把它的目的加以普遍化，把它的目标从推翻某个既定范围的权力提高到追求无限的权力。他正是靠推广他的这套体系而不是靠仅仅增加几个省份，才使莫斯科公国变成为现代俄国的。

"总结一下。莫斯科公国是在蒙古奴役这所恐怖而卑贱的学校中养育和成长起来的。它只是由于成为一个奴性艺术的大师才积聚起力量的。甚至在获得解放之后，莫斯科公国还在继续扮演着它那奴才兼作主子的传统角色。彼得大帝终于把蒙古奴才的政治手腕和蒙古主子继承成吉思汗征服世界遗志的狂妄野心结合在一起。"[1]

---

[1] 《十八世纪外交史内幕》第77—78页。——译者注

但是，如果说莫斯科公国已制定出了彼得大帝政策的一切要素，如果说在彼得以前，不断扩张领土就已经是莫斯科公国君主们全部活动的宗旨，那么只有从彼得时代起这种政策才有了可靠的基础，只有彼得才奠定了俄国向西方扩张的基础。

事情是这样的：在彼得时代以前，斯拉夫族有一个使每个观察家都感到惊奇的明显特点，这就是他们几乎到处都定居在内陆，而把沿海地区让给其他非斯拉夫部落。斯拉夫人不管到哪个近海的地方，他们都屈从异族的统治。俄罗斯人民也同样有过所有斯拉夫人的这种命运。它基本上是一个内陆民族，在彼得大帝前，除白海以外得不到一个出海口，而白海一年中有九个月的冰封时间。现在的彼得堡所在地在过去几千年中是芬兰人、瑞典人和俄罗斯人争夺的对象。现在属于俄国的波罗的海其余的沿海地区、黑海沿岸——所有这些地区是在彼得死后俄国才占领的。不仅如此，好像是为了显示斯拉夫族的抗海特性，直到现在波罗的海沿岸还没有一个地区真正斯拉夫化，黑海的切尔克西亚和明格列里亚海岸地区也没有真正斯拉夫化。

彼得一上台就打破了斯拉夫族的全部传统。"俄国需要的是水域"——这句话成了他终生的口号。他第一次对土耳其作战的目的是占领阿速夫海，对瑞典作战是为了占领波罗的海，他第二次对土耳其作战是为了占领黑海，他入侵波斯是为了占领里海。

"对于一种地域性蚕食体制来说，陆地是足够的；对于一种世界性侵略体制来说，水域就成为不可缺少的了。只是由于把莫斯科公国从一个单纯内陆国家变成濒海帝国，莫斯科公国政策的传统局限性才得以打破，并融化在那种把蒙古奴才的蚕食方法和蒙古主子的世界性征服的倾向混杂在一起从而构成现代俄国外交的生命源泉的大胆综合中。"①

如果说有人在说明彼得大帝的政策时曾说过,没有一个大国能够没有水域而生存,俄国不能让涅瓦河、顿河、德涅泊河和布格河的入海口留在异族人手中,彼得只不过占有了他的国家发展所绝对必需的东西,那么,他们在这里忽略了一个重要的事实:彼得以出色的本领把国都从内陆中心迁到滨海地区,他以惊人的胆略把新都建立在他征服的第一块波罗的海沿岸土地上,距离边境几乎在大炮的射程之内,以此给他的领土制造了一个外偏中心。

在俄国的文献中,至今对彼得大帝时代的评价还有激烈的争论。俄国政治思想的两个主要派别——亲斯拉夫派和亲西方派及其一切最新变种——一向是按照对彼得大帝表示憎恶,还是赞许来划分的。按照亲斯拉夫派的说法,彼得使俄国成了腐朽的西方的牺牲品,与此相反,按照亲西方派的说法,彼得使俄国接近了欧洲文明。关于彼得的主要成就——开创了俄国历史上的彼得堡时期——的意义,在所有这些论战性的文献中,很难找到像马克思在下面几段话中那样形象的论述:

"把沙皇的宝座从莫斯科迁往彼得堡,这在从里巴瓦到托尔尼欧的海岸线尚未全部征服(这项工作直到1809年征服芬兰之后才完成)的情况下,就是把它置于一个不能保证安全,甚至不能保证不受屈辱的地位。阿尔加罗蒂说,'圣彼得堡是俄国得以俯瞰欧洲的窗户'。它从一开始就是对欧洲人的一种挑衅,就是激发俄国人进行新的征服的一种诱因……彼得堡这个帝国的外偏中心从一开始就表明:一个圆周尚有待于划定。因此,仅仅对波罗的海诸省的征服并没有把彼得大帝的政策与其祖先的政策区别开,都城的迁移才显示出他征服波罗的海诸省的真正意

---

① 《十八世纪外交史内幕》第80页。——译者注

义。彼得堡与莫斯科公国不同，它不是一个种族的中心，而是一个政府的所在地，不是一个民族的悠久业绩，而是一个人物的瞬时创造；不是使一个内陆民族的特征得以传播的媒介，而是使这个特征消失的滨海地区；不是民族发展的传统核心，而是一个为进行世界性阴谋而精心选中的巢穴。通过迁都，彼得斩断了把老莫斯科公国沙皇们的蚕食体制与大俄罗斯种族天赋的才能和抱负连接在一起的天然纽带。通过把都城建在海边，他向俄罗斯种族的抗海本能提出了公开挑战，并把那个种族贬低到只是他的政治结构中的一个砝码的地位……通过迁都，彼得宣告了他打算反过来借助于西方来影响东方和各紧邻国家。如果对东方的借助由于亚洲各国人民的停滞特性和有限交往而大受限制的话，那么对西方的借助则由于西欧的活动特征和频繁交往而顿时变得毫无限制和无所不包了。迁都表明了这种对借助对象的有意识改变，而波罗的海诸省的征服为实现这种改变提供了手段，因为它立即使俄国在北方各邻国中居于优势地位；使俄国与欧洲所有地方保持经常的直接接触；奠定了同海上强国建立物质联系的基础，这些国家由于俄国征服了波罗的海诸省而开始依赖俄国供应造船材料；这种依赖关系，在莫斯科公国这个出产大量造船材料的国家没有自己的出海口，而原来掌握这些出海口的强国瑞典没有拥有这些出海口背后的土地时，是不存在的。

"如果说，主要借助于鞑靼诸汗以进行蚕食活动的莫斯科公国的沙皇们不得不使莫斯科公国**鞑靼化**，那么，决心借助于西方以进行活动的彼得大帝则不得不使俄国**文明化**。他一把波罗的海诸省攫取到手，就立即掌握了实现这一过程所必需的手段。这些省份不仅给他提供了外交官和将领，即借以推行他那一套对西方的政治和军事行动的人才，同时还向他供应了大批官僚、教师和军训教官，以便训练俄罗斯人，给他们涂上那样一层文明的色泽，使他们能适应西方民族的种种技术设备，**却不**

受其思想的感染。

"无论阿速夫海、黑海或里海都不能为彼得打开这条直接通往欧洲的通道……在构成彼得大帝全部军事生涯的四次战争中，他的第一次战争，即对土耳其的战争（这次战争的成果在第二次对土耳其的战争中丧失了），一方面，固然是对鞑靼人的传统斗争的继续，另一方面，它只不过是对瑞典战争的序幕。第二次对土耳其的战争是对瑞典战争的插曲，而对波斯的战争则是对瑞典战争的尾声。就是这样，持续二十一年之久的对瑞典战争，几乎占据了彼得大帝的全部军事生涯。无论是从这次战争的目的、结局，还是从它的持续时间来考虑，我们都可以公正地把它称为'彼得大帝的战争'。他的全部事业都以征服波罗的海沿岸为转移。"①

马克思认为，他终于找到了问题的答案，解开了俄国巨人的存在这个斯芬克斯之谜。同时他也弄清了当时欧洲所忍受的英俄奴役的根源所在。

"单是莫斯科公国之变成俄国是由于它从一个半亚洲式的内陆国家转变成为波罗的海至高无上的海上强国而实现的这一事实，难道不足以促使我们得出下面这样一个结论吗？即英国这个当时最大的海上强国——一个也扼守着波罗的海门户、从十七世纪中叶起就在那里保持着最高主宰者姿态的海上强国——必定曾经插手过这一巨大的变化，必定曾经是彼得大帝各项计划的主要支柱或者主要障碍，必定曾经在瑞典和俄国之间旷日持久的和殊死的斗争中左右过局势，如果我们没有发现它竭尽全力去挽救瑞典人，那么我们可以肯定它曾尽其所能千方百计地扶持过俄国人。然而，在通常所谓的历史中，英国几乎没有在这场大戏

---

① 《十八世纪外交史内幕》第80—83页。——译者注

的前台抛头露面,它被描写为一个观众,而不是一个演员。真实的历史将表明,金帐汗国诸汗之有助于实现伊万三世及其先人的计划,并不超过英国统治者之有助于实现彼得一世及其后人的计划。"①

现在就让我们看一看,"真实的历史"是怎么说的。

四、鞑靼人的枷锁和俄国的专制制度

俄国"压倒一切的影响"从十八世纪以来就使西欧一切有头脑的人感到惊异,到十九世纪上半叶才不再有人对它表示怀疑,然而这种影响对于自身也明显感到俄国巨人政治压力的俄国思想界来说同样也是一个谜。在"社会"完全消极被动的情况下,"国家"的不断发展和加强使全体俄国人民形成一个紧密的实体,俄国专制政府决心不惜任何代价使这个实体在对外政策中发挥重要作用。"国家和社会"之间的对立在西欧表现得越明显,西欧和俄国就越形成鲜明的对照。如果说欧洲的统治者对不受议会限制的俄国专制制度表示羡慕,而民主分子则切齿痛恨这种制度,那么,他们两方面都必不怀疑,俄国对外政策之所以有强大威力,正是由于专制制度的绝对统治。而对外政策及其成果是俄国沙皇政府最强有力的方面,这种情况又反过来加强沙皇政府在国内的地位,助长它无情地去压制反对派的一切企图。直到现在,俄国历史学最有名的代表人物仍然在西欧和俄国之间划了一道严格的界限。在西方,是资产阶级社会创造了国家,并提供了理解社会发展过程的钥匙。与此相反,在俄国,是国家创造了俄国"资产阶级社会",它是俄国历史的推动力。让我们听听,譬如,米留可夫是怎样说的吧:

---

① 《十八世纪外交史内幕》第83页。——译者注

"情况是这样的:在我国是国家对社会组织产生巨大的影响,而在西方是社会组织决定国家制度。欧洲的国家可以说是由里向外,从下层到上层有机地建立起来的……**在我国(俄国)历史按相反的方向发展——自上而下地发展**……俄罗斯国家不仅不需要同私人和社会集团的特权作斗争,而且它自己必须首先组织这样的社会集团,并促使它们进行活动,以便利用这种活动达到自己的目的。"①

俄国的革命者也具有这种传统观念。他们无疑也认为,"俄国各种社会形式的存在有赖于国家";国家按照自己的设想创造社会阶级,为整个社会的发展指出方向;它是对各劳动阶级进行压迫和剥削的主要根源。犹如莫斯科公国前的俄罗斯的田园式秩序被美化,这种论点同样也为巴枯宁和特卡乔夫所承认,并成为"民意"党的策略和政治活动的基础。俄国的专制制度已成为早已消逝的时代的不幸遗产,在现代它已经没有任何基础,只能阻碍现代社会的发展。

如果说早期的俄国历史学家更多地致力于证明独裁是有益的,俄国应当感谢它的独裁者们,那么,新学派则设法证明,在俄国历史赖以发展的外部历史条件下,独裁是多么需要,多么适当。这些观点直到六十年代才占了统治地位,也立即遭到各民主派别的反对,这些派别指出了"人民"和"社会"在旧俄国历史上的意义,并且在上述历史学家看到有机发展过程的地方,它们看到的是"国家"和"人民"之间持续不断的斗争。他们把鞑靼人的侵略恰恰看成是促使莫斯科大公们同基辅罗斯传统最终决裂的因素。

支持这种观点的人所援引的最伟大的科学权威是尼·车尔尼雪夫斯基的密友、著名的俄国历史学家尼·柯斯托马罗夫。他在题为"旧俄国

---

① 巴·米留可夫:《俄罗斯文化史概述》1898年彼得堡版第115—117页。

君主专制制度的起源"的一本专题著作中，全面地、系统地阐述了自己的观点。这本书是在马克思的上述文章发表十五年以后出版的。这一著作的一些基本思想同马克思关于鞑靼人枷锁的意义的看法，有的地方极为相像，甚至可以说逐字逐句都是一致的。这可举下面的引文为例：

"在鞑靼人以前的时代，还没有形成俄国后来的君主专制制度的任何基础，更谈不上有意识地去追求这种制度了……随着鞑靼人的侵略发生了急剧的变化……在那以前，俄国还从未有过君主，现在他第一次以可怕的征服者的形式，即汗的形式出现了。他通过武力征服使俄国成为他的战利品，成为他的财产。所有俄国人，从大公到最下层的奴隶，毫无例外地都成为他的奴才。而俄国在这种奴役下获得自己的统一，这种统一是它在自由时代所没有想到的。汗们提高了最老的大公的地位，给他以权力和力量……这种地位是通过对最高统治者效忠和献媚取得的……对征服者的卑躬屈节是获取国内安宁的唯一保证……"[①]

马克思不惜以最阴暗的笔调描述了莫斯科大公们的全部卑劣行为。柯斯托马罗夫及其拥护者也是这样写的。但是，后者力图把大公同人民区别开来，并在无情地粉碎了关于莫斯科公国的伊万诸君、德米特利诸君和瓦西里诸君的个人英雄事迹的神话之后指出，人民对鞑靼人进行了不屈不挠的反抗和英勇斗争，而马克思在俄罗斯人民身上却没有看到他认为西班牙人所具有的那些特点。马克思囿于自己的基本思想，而忘记了西班牙人也是经过一个多世纪才摆脱了阿拉伯人的统治。柯斯托马罗夫虽然以自己的无情批判粉碎了关于在德米特利·顿斯科依大公指挥下第一次使鞑靼人遭到严重失败这种个人英雄事迹的神话，但他在描述这

[①] 尼·柯斯托马罗夫：《旧俄国君主专制制度的起源》，《柯斯托马罗夫全集》1905年彼得堡版第5卷第5—95页。

次库利科沃会战（1380年）时也使用了通常描述拉斯·那瓦斯·德·托罗萨会战的语言。

马克思指出了诺曼人（基辅）俄罗斯和莫斯科俄罗斯的根本差别，他是完全正确的。正如不能说奥托帝国是勃兰登堡的摇篮一样，基辅罗斯也不能被看作是莫斯科公国的摇篮。但决不能因此而认为，在俄国历史的这两个时期之间存在着不可克服的对立。也不应该忘记，当基辅罗斯受到鞑靼人侵略的时候，它已远不是处于它在十至十二世纪繁荣时期所达到的那种状况。虽然它在这个繁荣时期就已经是国际交通要道，从亚洲内地来的一批游牧民族经过这里流入西欧；虽然这时它不得不对哈扎尔人、佩彻涅克人和波洛伏齐人作战，但是它抵挡住了这些进攻。基辅当时是一个繁荣的商业城市，它位于斯堪的那维亚国家和君士坦丁堡之间的贸易通道上。但是，由于长期远离世界商业要道、仅仅通过莱茵河才同这些道路有一点联系的德国，在十字军开始远征和世界贸易重心由君士坦丁堡转移到意大利以后，脱离了自然经济体系，这时基辅也就不再是斯堪的那维亚国家和君士坦丁堡之间的桥梁了。俄罗斯国内的渔猎产品在此以前运往基辅，现在却经过普斯可夫和诺夫哥罗德运往波罗的海，那里的商业正是在十二和十三世纪迅速改变自己性质的，卢卑克和维斯比这两个城市开始很快地发展起来。在鞑靼人侵略期间，基辅早已失去它在商业上的重要性，政治和经济生活的重心从西南转向东北。

鞑靼人的威胁在俄罗斯国家形成的历史中所起的作用，就像土耳其人的威胁在奥匈帝国、萨拉森人的威胁在西班牙所起的作用。这种威胁迫使这个国家把国内的所有军事力量都动员起来，并由它来解决纠纷，使其有利于这个国家中拥有最强大的军事力量的那部分人。但是，这个问题的解绝不是靠哈布斯堡、霍亨索伦、柳里克等王朝的统治者的个人气质，而是靠他们统治地区的经济和财政手段。

俄国君主专制的历史就是对这一点最好的证明，根据一般的看法，这种专制制度开始于伊万三世，他在位期间俄国才最终实行了这种制度。在"资本主义前的关系"持续的整个时期直到十九世纪六十年代伟大变革时代，君主专制绝不是社会发展的唯一动力。它的性质、甚至表面形式，经常不断地发生变化。俄国也像西欧一样，经历了等级君主制的发展过程。如果说，这种发展过程以及等级君主制的瓦解过程在俄国都延续了很长时间，如果说，君主专制在这里统治的时间比西欧一些国家长，那么，这种状况正像君主专制在普鲁士和奥地利的类似发展一样，是可以而且应当得到解释的。产生俄国专制制度的那些因素并不是俄国的产物，就像产生普鲁士专制制度的那些因素不可能是普鲁士的产物一样。

马克思没有注意到俄国专制制度发展的这些内部条件。因此，在他的叙述中，俄国历史上从伊万三世到彼得一世的两个世纪消失了，这两个世纪的特点是，社会阶级发生了根本变动。下面的情况就足以说明这一点：在这个时期之初我们还能看到一个自由农民阶层，到彼得一世时它就完全变成了农奴。在这里也像在德国一样，农村的资本主义时代表现为，在农奴徭役劳动基础上的农业大企业时代。君主专制制度对旧世袭贵族的这一胜利，是靠牺牲自由农民阶层换取的，这个阶层成了新贵族的牺牲品。俄国专制制度正好是在它以显赫的权势走上欧洲舞台的时候，最终成为贵族手中的武器。十八世纪是完全由贵族进行统治的时代，在欧洲百科全书派的忠实"朋友"叶卡特林娜二世在位期间是贵族统治的全盛时期。

由于马克思忽视了俄国国内从伊万三世到彼得一世的全部历史，也就堵塞了他理解俄国对外政策的门径。十六和十七世纪的俄国历史表明，那种用马克思的话来说是从金帐汗国骗取的权力，对俄国并没有帮什么忙。那时它不得不进行持续不断的斗争：在北方是同瑞典人，在西方是同利沃尼亚人和波兰人，在南方是同克里木的鞑靼人，后来是同土耳其人，在东方也是同鞑靼人。俄国历史学家描述俄国在这些绵延不断的战争的影响下变为军事君主制国家的过程，就像是重述普鲁士的历史。这些战争对莫斯科俄罗斯许多地区的破坏比鞑靼人的枷锁要严重得多、经常得多。克里木汗以最无礼的态度对待成吉思汗的继承者们，他也像金帐汗国的诸汗一样，坚决要求向他纳贡。如果说威尼斯人、教皇和皇帝马克西米利安在十五世纪末还想把莫斯科公国拉入反对"土耳其威胁"的斗争的话，那么，几乎经过两个世纪，直到十八世纪，俄国才强大到在欧洲政治中不再是一个可以忽视的力量。

俄国发展速度缓慢的一个原因，也就是马克思用来说明十六世纪以来德国发展停滞的原因，就是通商道路的再一次改变。这一点可以从下面的情况得到说明：以波兰和利沃尼亚为一方，以莫斯科公国为另一方为争夺波罗的海的统治权而酣战的时候，正是世界商业的重心由波罗的海子午线移向大西洋沿岸的时候。诺夫哥罗德的商业因汉撒各城市的衰败受到的打击，比它因依附莫斯科公国受到的打击更大。里夫兰各城市和瑞典商人之间的竞争是对衰落中的汉撒同盟的最后打击。它的政治意义随着它的经济力量的削弱而降低。对波罗的海的统治权从波兰人那里转到瑞典人手中，瑞典人最后封锁了俄国人在波罗的海的出海口。俄国人在1558年夺取了纳尔瓦，在1581年又不得不把它让给瑞典。这样，因征服喀山和阿斯特拉罕而大大推动了自己商业发展的俄国，也就不能在波罗的海独立进行贸易了，这种情况正是发生在西伯利亚并入俄罗斯帝国版图和整个伏尔加河流域归属俄罗斯的时候。

这样一来，俄国受到经济完全停滞的威胁。但是，在此以前主要是经过波罗的海的同西欧的贸易，现在找到了新的出路。英国人开辟了一条经过白海的新道路。为了了解十八世纪俄国和英国的这种关系是怎样形成的，我们必须知道英国对俄国的"欧洲化"所起的作用。

五、对英贸易造成俄国欧洲化

殖民制度是资本原始积累最重要的因素之一，它所起的巨大作用使人们常常忘记，典型的资本主义国家英国，直到十七世纪几乎还没有殖民地，只是从十七世纪下半叶开始英国才谈得上是一个殖民国家。

在葡萄牙人和西班牙人逐渐霸占新大陆并控制亚洲产品的贸易时，英国人正忙于摆脱对汉撒各城市的依赖，英国整个对外贸易都掌握在它们手中。1553年装备了一支远征军，打算从东北方向向印度进发。这次远征以失败而告终，其首领威洛比和两艘船一起葬身海底。但是，第三艘船"美好事业号"的船长理查·昌斯勒尔飘浮到了北德维纳河口附近的白海海岸，他从那里到达莫斯科，受到伊万雷帝非常友好的接待。[①]当昌斯勒尔回到伦敦的时候，他的协会得到同俄国和所有它将发现的国家进行贸易的特许状。这就是"寻找英国人不知道或不常去的陆地、国家和岛屿的冒险商人协会"，该协会又被称作莫斯科公司或俄罗斯公司，这个名称是很多人都知道的，马克思也曾提到过这个公司。继1505年得到特许状的"英国冒险商人协会"之后，昌斯勒尔的协会是十六世纪最重要的正规贸易公司。

俄罗斯公司获得在整个俄国免税进行一切商品贸易的权利。

---

① 利沃尼亚、波兰和瑞典既不允许运往俄国的武器过境，也不允许技术人员过境。在这之前不久，有人试图向俄国派遣几十个手工业者、排字工人和医生，也没有成功。鲁道夫三世皇帝的做法也没有改变。

但是荷兰人跟着英国人也来了。由于他们是在英国人之后出现的，所得到的特权较少，而且还不得不经常由英国人出面调停。竞争者之间的关系很快就紧张起来。为了打破英国人的垄断地位，荷兰人采取了一切手段。他们说英国用外来商品进行贸易，而且给这些商品定的价格极高。

伊万雷帝希望在同波兰和瑞典的斗争中得到英国的帮助，作为他给英国人特权的报酬。但是伊丽莎白坚决拒绝同俄国结盟，这并不是因为她害怕俄国强大起来，而是因为这样一种联盟只会对俄国有利，对英国是毫无价值的。

"英国作为商业国家的地位越是重要，它的利益和西班牙的利益就越发生冲突，因为西班牙正是十六世纪的巨大商业强国，并统治了地中海西部，而力图掌握大西洋霸权。英国商业不论想在什么地方发展，它的道路都受到西班牙的封锁或限制……西班牙人在十六世纪成了英国的'世仇'，是不列颠人所深恶痛绝的典型。"①

这种对立决定了伊丽莎白统治下的英国的全部对外政策。面对着西班牙的庞大舰队又为自己树立新敌是非常不明智的，何况英俄在白海上的贸易关系已在波罗的海沿岸国家中引起了极大的不满。

英国的顽固态度终于激怒了沙皇。他在给伊丽莎白写了一封尖刻的信之后，于1570年取消了英国人的一切特权以及同波斯贸易的权利。俄罗斯公司迅速发出呼声，请求伊丽莎白保护面临崩溃的英国贸易。只是到了1580年，当伊万意识到，他必须请求英国提供与瑞典和波兰作战所需的战争物资时，他才由愤怒转为宽恕。伊丽莎白立即满足了他

---

① 卡尔·考茨基：《托马斯·莫尔及其乌托邦》1907年斯图加特版第237、238页。（参看《莫尔及其乌托邦》1963年三联书店版第197、198页）

的请求，1584年春，三十艘装载各种战争物资的船只开往俄国。伊万提出了一项关于缔结反斯蒂凡·巴托里联盟的新建议，遭到了拒绝。虽然荷兰人搞了阴谋，伊万还是不得不重新批准英国人的特权，因为那时他最终失去了他在波罗的海沿岸的一切占领地。不久以后（1584年），当伊万雷帝去世时，英国人的一个死敌、德国贸易的保护人国务秘书舍尔卡洛夫（英国人控告他受了荷兰人的贿赂）对英国公使说："**英国的沙皇死了！**"①

我们看到，英国对于同俄国的贸易关系给以极高的评价，而对于同这个国家缔结任何政治联盟却坚决加以拒绝，对待俄国就如同对待一个殖民地一样。波罗的海的霸权属于谁，这个问题当时对英国来说是无关紧要的。英国不准备支持瑞典，也不准备支持俄国。对它来说，最重要的，是它的商业利益以及它希望保持经过白海同俄国进行贸易的专利权，在那里不必对荷兰人和瑞典人的竞争多加担心。1584年在德维纳河上建立了一座新的城市，取名"新城尔莫戈香"，1637年改名为阿尔汉格尔斯克。彼得堡建立之前，它是俄国最重要的贸易港口，俄国的全部贸易都经过这个港口。向英国出口的最重要的商品有：毛皮、皮革、亚麻、大麻、绳索、桅杆木料、油脂、沥青和柏油，英国人运往俄国的商品主要是：羊毛织物和丝绸织物、布匹、装饰品、食糖、纸张和金属。柳里克王朝以后所谓的"混乱时期"，在对英贸易活动中非常明显地表现出来。

1617年在斯托尔波沃缔结了和约，当时英国公使谴责了同时扮演调解人角色的荷兰公使们的阴谋。英国人开始感觉到那时已在波罗的海

---

① 尼·柯斯托马罗夫：《谈谈十六和十七世纪的莫斯科公国的贸易》（《全集》1906年彼得堡版第8卷第284页）。

的贸易中占优势地位的荷兰人的竞争。此外，莫斯科商人的反对越来越强烈，对这些商人，罗曼诺夫新王朝不能等闲视之。

莫斯科商业界终于达到了目的，英国人享有的与波斯的免税贸易权被取消了。这仅仅是第一步。英国革命提供了剥夺英国人享受了几乎整整一个世纪的这些特权的难得机会。对叛逆的英国人最恼火、并和莫斯科商业界一起极力煽动俄国政府反对英国人的，就是信奉新教、主张共和的荷兰人。

1646年，莫斯科商人向沙皇阿列克塞呈递针对外国商人的控诉状，请求沙皇保护他们，以免破产。

"所有从来就在我们手中的贸易部门，被说英国话的德国人夺去了，因此我们只好留在我们古老的作坊里，不再到阿尔汉格尔斯克去。"英国人"造成了整个莫斯科公国的饥荒，他们在城市里购买肉、面包和其他食品，运往他们的国家"。此外，这些莫斯科商人在控告中还补充了一个对政府最有说服力的论据：英国人"偷了沙皇的税"。他们还控告说，英国商人不能援用他们的特许状，因为"他们背叛了自己的国王查理，已经与他斗争了四个年头"。

直到1649年6月1日，在查理一世被处决以后，才根据沙皇的一道命令把所有英国商人从莫斯科和其他城市赶出去。"我们伟大的君主已得知：英国人共同犯下了一桩大罪，他们打死了自己的国王查理。鉴于所犯罪行，从现在起在莫斯科公国不再有你们的位置。"

但是，沙皇还没有气愤到要完全取消英国贸易的程度。英国人保持了到阿尔汉格尔斯克去的权利，但他们的贸易免税权被取消了。不管怎样，这对俄罗斯公司来说是一个明显的打击。

这个黑人已经做了他该做的事,但他还不离开。① 英国人只是不得不放弃免税贸易。荷兰人已能够在竞争中同英国人并驾齐驱。

然而,俄国当时通过牢固的对外贸易的纽带已经同欧洲联系起来。正是在十七世纪,俄国在英国人和荷兰人的影响下开始了所谓"欧洲化"的过程。

在十六世纪贸易通道变更过程还未结束的时候,金融业一直处于停滞状态,在混乱时期(十七世纪初)过后开始迅速繁荣起来。在通往莫斯科和由莫斯科通往阿尔汉格尔斯克的一些最重要的通道上,出现了不少新的商业中心。以莫斯科为起点的贸易通道有六条,"莫斯科成为全国商业活动的中心,它的意义由于政府本身从事商业活动而提高了,沙皇本人——如同一个英国人所说的——就是俄国头一号商人"②。商品从莫斯科经过雅罗斯拉夫、罗斯托夫、佩雷雅斯拉夫运往沃洛格达,英国人在那里购买运去的亚麻,并拥有一个存放商品的货场,然后再从那里把商品运往阿尔汉格尔斯克。除莫斯科外,位于俄国中心的下诺夫格罗德也繁荣起来,它在十七世纪成了来自四面八方的一切商品的货场,有从阿斯特拉罕运来的亚洲商品、从阿尔汉格尔斯克运来的西欧商品、从喀山运来的西伯利亚商品和从莫斯科运来的向东方提供的当地产品。下诺夫格罗德也是一个主要的谷物贸易中心,人们在那里购买谷物运往北方各省。大商人借助于小代理人的各种形式的网点控制了整个国家,把国内贸易全部掌握在自己手中。

---

① 这里套用了席勒的剧本《热那亚的费斯柯的谋叛》第三幕第四场中的一句话:"这个黑人已做完了他的事,他可以走了。"——译者注

② 尼·柯斯托马罗夫:《谈谈十六和十七世纪的莫斯科公国的贸易》(《全集》)1906年彼得堡版第8卷第254页)。

十七世纪，俄国在荷兰人、英国人和汉堡人的帮助下开始引进工业。

莫斯科在十七世纪下半叶成了手工业者、技术人员、冒险家和骗子密集的中心。根据奥莱阿里乌斯的见证，约在十七世纪中叶，仅在莫斯科一地就有上千户新教家庭，主要是英格兰人、苏格兰人和荷兰人。"德国人城郊"仅仅从名称上看是住德国人的，而在那里人数最多的是英格兰人和苏格兰人。正是使莫斯科政府乘机取消英国人特权的那场革命，把对克伦威尔不满的德拉蒙德、汉密尔顿、达尔齐尔、克罗弗德、格莱安、莱斯利、戈登等家族赶到了莫斯科。在这种气氛中，彼得不仅得到了欧洲的文化，而且还产生了对英国斯图亚特王朝的同情。

俄国的政治集权化过程不是在彼得时期，而是在更早的时候就开始了。在彼得以前，在军事机构和金融组织方面就已开始进行一系列的改革。由于金融业的发展，以货币支付和货币纳税取代多种多样的实物支付和实物纳税有了可能。在十六世纪和十七世纪起过很大作用的缙绅会议被取消了，开始进行省市行政机关的改革。但是，在俄国君主专制制度形成过程中的外表的特殊性，丝毫掩盖不住其主要特征同西欧这一过程的一致性；关于西欧君主专制制度形成的过程，卡尔·考茨基在他的《托马斯·莫尔》一书中作了以下的描述。

"自然，这个新的中央政权是以君主个人为中心的，他是中央行政和军队的首脑。他的利益和商业利益是一回事……贸易需要军队来保护它在国外和国内的利益……但是这个新的国家制度不仅需要君主作为军事统帅，而且也需要他作为政府的元首。封建割据的行政机构已经在解体，而新的中央集权的行政机关，即官僚制度刚刚在开始。在资本主义生产方式发展的初期，政治上的中央集权对于具有发达贸易的商品生产来说，是促进经济集中的一种经济上的必要措施，反过来，经济集中对中央集权也起着制约和促进的作用。这种中央集权,在开始时需要一个强有力的首脑人物,以便对付分裂分子(特别是贵族中的),保持政局统一。只有军队统帅才具有这种力量。把军事和行政机构的一切权力手段都集中在一个人手中,换句话说,君主专制制度,在宗教改革时代和以后很久从经济上说是必要的。"①

在俄国,君主专制制度也同样是在经济上必要的东西。它把彼得大帝作为自己的化身,这个人物按其能力和对国家观念的忠诚能与这种制度的典型代表媲美。只是因为马克思没有看到彼得本质上是欧洲新兴资本主义的产物,他才会把彼得看成是一个现代化的鞑靼人;俄国是属于亚洲还是属于欧洲的问题,早在十七世纪末就已经最终解决了,而俄国真正的教父,它的教导者是两个当时最重要的商业和工业国家——英国和荷兰。

六、俄英贸易对于英国的意义

但是英国和俄国之间的贸易关系对英国也有重大的意义。十六世纪下半叶,这种贸易与海上劫掠和奴隶贸易一起成了资本原始积累的最重要来源之一。汉撒同盟在波罗的海的垄断被打破以后,荷兰就控制了波罗的海沿岸的贸易,一直到十八世纪为止。英国力图把汉撒同盟的遗产攫为己有,但是,一开始就以失败而告终。1579年领到特许状的东方公司,在整整一个世纪中未能击溃荷兰人的竞争。据柴尔德说,在十七世纪末,荷兰的贸易额还超过英国十倍。

---

① 卡尔·考茨基:《托马斯·莫尔及其乌托邦》1907年斯图加特版第17—18页。(参看《莫尔及其乌托邦》1963年三联书店版第18—19页)

但是，俄罗斯公司在另外一方面也起了重要的作用，它在斯皮次伯根群岛附近组织捕鲸。

在克伦威尔执政时期导致公开破裂的荷兰人和英国人的对立，在十七世纪上半叶，还由于殖民地贸易方面的竞争以及北方市场和俄国市场统治权的争夺而加剧。对俄国的贸易所获得的利润不少于对殖民地的贸易。

这样，在俄国就产生了需要加以外交保护的"不列颠利益"。就像在尼德兰、斯堪的那维亚诸国和德国主要是由英国冒险商人协会的成员行使英国外交代表的职权一样，俄罗斯公司的成员就是在俄国的外交代表。在缔结斯托尔波沃和约时，由该公司理事会的成员梅里克行使英国代表的职权。

"殖民制度大大地促进了贸易和航运的发展。'垄断公司'（路德语）是资本积聚的强有力的手段。殖民地为迅速产生的工场手工业保证了销售市场，保证了通过对市场的垄断而加速的积累。"①

从1550年到1650年，垄断公司在英国起了主要作用。欧洲是这种公司活动的最主要的地区。它们以繁荣的羊毛工业作为后盾。如果说英国在十八世纪初就确保了贸易上的优势地位，那么这应当归功于当时它已在工业上占据的优势地位。直到十七世纪末，东印度公司所起的作用，同经过安特卫普和汉堡为英国毛纺织业推销产品的英国冒险商人协会以及在俄国组织销售的俄罗斯公司所起的作用相比，还是无足轻重的。

俄罗斯公司能够产生很大的影响和"发出呼声"是完全可以理解的。人们是很重视他们的呼声的，这一点我们在英国和俄国保持关系的

---

① 《马克思恩格斯全集》第 1 版第 23 卷第 822 页。——译者注

整个时期已经看到。还应当注意到的是，俄罗斯贸易公司和汉堡贸易公司的成员中有许多是"绅士"行列的代表。如果说我们在汉堡公司成员的花名册中看到悉尼、莱斯特伯爵、卡莱尔伯爵①、丘吉尔勋爵、艾释黎勋爵等名字，那么在俄罗斯公司的创办人中就能找到温切斯特侯爵，以及阿伦德耳、培德福德、彭布鲁克等伯爵。

然而，在十七世纪上半叶，俄罗斯公司的"呼声"还压不倒其他"不列颠利益"的代表者的呼声。如果说俄罗斯公司和汉堡公司保持了友好关系，那么在十六世纪末就已经出现一些公司，它们的利益和俄罗斯公司的利益远不是一致的。我们回忆一下，俄罗斯公司的繁荣与汉堡公司不同，它不仅依赖英国工业品在俄国的销售，而且还依赖在北冰洋成功地进行捕鲸和波斯丝绸经过俄国的转口贸易。俄罗斯公司的利益与1579年为在波罗的海进行贸易而成立的东方公司（它当然不严格执行禁止经过纳尔瓦同俄国通商的决定）的利益发生冲突，也与1581年成立后就马上着手组织在波斯购买生丝的土耳其公司的利益发生冲突，这是非常自然的。如果说东方公司的竞争没有造成什么威胁的话，那么土耳其公司的竞争在十七世纪整个过程中则不断激化，原因之一是处决查理一世根本没有给土耳其苏丹们留下什么印象。②但是，这种竞争仅限于生丝贸易这个领域，在这方面，俄罗斯公司和土耳其公司都立即遇到东印度公司这个极其危险的敌人。虽然俄罗斯公司在十八世纪还没有放弃垄断波斯丝绸贸易的欲望，但在十七世纪末它已不得不把注意力集中在与俄国产品的贸易上，这是因为，随着鲸鱼数量减少，捕鲸获利越来

---

① 此人在1664年企图恢复英国人在俄国的特权，遭到失败。
② 在查理被处决的前一年，1648年8月18日伊布拉辛一世"依法"被黜免并被杀害。这是第一个突然遭到这种命运的苏丹。

越少，而1670年北美哈德逊湾公司成立，捕鲸对俄罗斯公司随之失去了重要意义。在各种造船材料的贸易方面，俄罗斯公司又受到这个公司的竞争的威胁。

以上就是俄罗斯公司在十八世纪初的状况。1699年结束了同所谓的"走私贩"的长期争端，走私贩指的是那些受到对俄贸易高额利润的吸引，未经公司许可就进行贸易活动，并不愿交纳高额会费的英国人。在这一年会费降到五英镑，贸易实际上结束了垄断状态。然而，俄罗斯公司始终代表着对俄贸易的利益，并继续在西蒂区和议会维护这种利益。

但是，正像我们所看到的，俄罗斯公司不是唯一的贸易公司。除了它的"呼声"，还有其他有关公司或工商业团体发出的"呼声"。毫无疑问，这些组织力图按照它们的利益对政府施加影响，使政府的政策受它们的控制。但是，工商业的利益越错综复杂，对外关系越广泛、越频繁，和其他国家的关系越复杂，这样一些不同团体之间的斗争也就必然越加持久和激烈。最先取得胜利的，是它们当中私人利益与当时对外政策的总方向吻合的团体，而这种政策的总方向归根结底是根据整个"国家"的商业的总体利益确定的。

在伊丽莎白统治时期，英国的整个对外政策是根据英国和西班牙的对立来确定的。所以，英国和尼德兰一直保持着联盟的关系。同法国的关系一般来说也是友好的，因为法国继续进行着它原来反对西班牙哈布斯堡王朝的斗争。

十七世纪上半叶，英国和荷兰之间的对立进一步发展和加深，在克伦威尔执政时期，这种对立导致了一场长期的战争。从十七世纪七十年代以来，法国就像过去在百年战争时期那样成为英国的一个世仇，而荷兰，用弗里德里希二世的话来说，却变成英国船舶的"一个舢板"。法国的盟国成了英国的敌人，英国的盟国也成了法国的敌人。所谓政治均势体系是根据法国和追随它的国家为一方同英国、奥地利和荷兰为另一方的对立来确定的。

俄国在这两种联合中都没有位置。如果说十七世纪末土耳其的威胁促使罗马教皇、威尼斯和马克西米利安皇帝试图把俄国卷入欧洲事务而遭到失败,那么现在恰恰相反,俄国不得不——越接近十七世纪末,就越坚定——寻求同欧洲国家结成联盟。

俄国现在直接的敌人是波兰、瑞典和土耳其。但是,在所有这些国家中,法国的影响是最大的,它利用这些国家反对哈布斯堡王朝。然而,只要英国的对外政策不是根据与法国的对立来制定的,英国和俄国就不可能在政治上建立联盟。莫斯科的外交家最后也明白了这一点,不再用他们的建议来纠缠英国。在对西欧的政治关系了解甚少的情况下,这些外交家在1687年曾向路易十四建议结盟,但路易十四却斩钉截铁地说:"法国和皇帝之间总是笼罩着敌对气氛,而苏丹和国王之间却保持着永久的和平和牢固的友谊。"

俄国参加了反土耳其的神圣同盟,但是,人们对待它就像对待一个三等国家。直到北方战争以前,在西欧的政治组合中俄国从未被人注意过。

十八世纪初,当西班牙王位继承战争和北方战争一起爆发时,事态起了变化,英俄之间的联盟有了可能。但是,这种可能性如马克思所估计的那样变成现实了吗?1689年以后在英国夺取了统治权的政治寡头真的和俄罗斯公司一起有计划地支持俄国吗?支持它消灭瑞典吗?真实的历史已经告诉我们,不是鞑靼的诸汗们创造了彼得大帝的君主专制制度;莫斯科是由于英国和荷兰的资本而"欧洲化"的,莫斯科的兴起就像日本的兴起一样,不能"归咎"于英国。现在让我们来看一看,真实的历史是否揭露十八世纪的英国政治家们是彼得一世坚定的帮凶?

七、北方战争

马克思认为,北方战争对俄罗斯国家的崛起有极其重大的意义,这是完全正确的。瑞典确实是由于这次战争丧失了在北方的优势。波罗的海的政治霸权转到俄国手中,这种地位它一直保持到十九世纪最后二十五年。

"这里是几个波罗的海国家在 1700、1800、1900 这三年中海岸线增长的情况。如果丹麦的海岸线长度在这三年中都定为 1,其他国家的海岸线同它的比例大致如下:

	1700	1800	1900
丹麦	1	1	1
德国	3	$2\frac{1}{2}$	5
瑞典	10	7	7
俄国	0	$3\frac{1}{2}$	10

由此特别可以看出俄国海岸线的增长。"[1]

马克思说在这个问题上北方战争是个转折点,俄国在这次战争以后才成为欧洲国家,这也是正确的。俄国只是在西方找到了牢靠的立足点之后,它才能在南方和东方扩张,以便日后以新的力量再向西方推进,而在叶卡特琳娜二世即位以后,则要对欧洲的命运起主宰作用。俄国历史学家索洛维约夫对这次战争的意义也是这样评论的:

---

[1] 基尔希霍夫:《波罗的海的强国》1907 年基尔版第 9 页。

"俄国历史上的东方时期,即草原时期结束了,西方时期,即海上时期开始了。斯拉夫人一向在德意志民族面前向东方草原退却,这是第一次转向西方,并迫使德意志人把已经开始属于德国的内海北岸的部分地区让给他们。"①

关于从莫斯科迁都彼得堡的结果,马克思写得更好。如果说他把这一措施的成果归之于彼得个人的首创精神,那是因为他完全忽视了十七世纪在俄国发生的并为建立彼得堡创造了必要前提的整个内部演变过程。最初,彼得堡夺取了阿尔汉格尔斯克的地位。这一点下面情况可以说明:在彼得关于所有出口货物都运往彼得堡的谕旨发出以后,阿尔汉格尔斯克的出口额缩减的数字(2049000卢布),几乎等于彼得堡的出口额增长的数字(2135000卢布)。由这两个城市出口的总额最初并没有变化。彼得只是改变了俄国商品运往西方的路线。在这里经济同政治相比也占了优势。彼得死后,迁都莫斯科的企图以失败告终。朝向欧洲的窗户最终打开了。

俄国历史学家确信,英国一向是彼得同瑞典进行斗争的障碍,而马克思则断言,彼得靠英国的帮助才得以战胜查理十二。在这个问题上,那些用英国的商业利益来解释英国政策的俄国历史学家,丝毫没有因为英国在俄国有重要商业利益这笔赌注而改变看法,例如,马尔滕斯说:"英国担心俄国在博斯普鲁斯海峡的势力加强。"而马克思却责难英国,说它为了那些以其控诉掩盖了英国大臣们犯罪行为的商人的、据他看来是微不足道的商业利益,亲手扶植起在博斯普鲁斯海峡的劲敌。俄国的历史学家和马克思一样都是通过十九世纪后半叶的好恶的感情棱镜来观察十八世纪初的事件的。

---

① 索洛维约夫:《俄国史》第17卷第387页。

1900年，也就是差不多在马克思这部著作重新出版的时候，在《皇家历史学会学报》第十四卷上，刊登了一篇论述同一题目的文章，这篇文章复述了一份在皇家历史学会中宣读过的、题为《评十八世纪前半叶英俄之间的外交通信》的报告。

这篇文章的作者德阿赛·科莱尔夫人认为，首先必须指出，她所使用的材料是完全没有经过加工整理的。她说："就我所见，对于英国政府在同俄国保持外交关系的这个时期的政策，只有根据英国博物馆记录保存的手稿才能进行详细研究。"她根据这些文件得出的结论，有的地方就像是逐字逐句地重述马克思的结论。

但是，要了解英俄关系的"真实历史"，就不应当忽视，北方战争和西班牙王位继承战争恰好是在同一时间内发生的。在北方策划反查理十二的同盟的时候，在南方正准备反路易十四的新同盟。这两场战争都是在欧洲境内进行的。所不同的是，西班牙王位继承战争除确定了地中海的统治权外，还确定了大西洋的统治权，从而解决了十八世纪的世界贸易问题，即贸易霸权和新大陆的统治权属于谁的问题，而北方战争则决定了波罗的海的统治权问题，使波罗的海比地中海更像内海，更加成为一条单纯的运输航道。一边是波罗的海，另一边是地中海，它们作为欧洲贸易的最重要水域的时代早已过去。波罗的海归谁统治这个问题，对波罗的海沿岸国家来说，在政治上是生死攸关的，而从英国和欧洲各大国的立场出发，这纯属涉及局部利益的问题。曾利用汉撒同盟衰败的机会夺取了波罗的海贸易霸权的荷兰和步其后尘的英国，现在只求通过松德海峡的航道继续开放，因此它们时而支持丹麦，时而支持瑞典。对它们来说，波罗的海国家和俄国一样，只不过是经济剥削的对象。瑞典和波兰在政治上是沿法国航道航行的，法国和土耳其一样，常常以现金为报酬唆使它们反对哈布斯堡王朝。对欧洲政治均势论者来说，瑞典和俄国一样都是非欧洲国家。

在西班牙王位继承战争还在激烈进行的时候,一位政论家表达了如下的看法:

"用不着向读者说明,在这里,欧洲应该狭义地理解为参加了目前反法战争这一方或那一方的那些欧洲国家,我们不想涉及瑞典或俄国、匈牙利或土耳其的事务。这些国家的确是在欧洲,但是因为西欧和中欧是欧洲居统治地位的部分,把欧洲这个词仅仅用于这一部分已经由于时间和习惯合法化了。"①

事实很快就改变了这种看法。情况表明:北方战争大大损害了英国、法国和奥地利的利益;西欧和东欧一样,都不能同北方分开。早已在经济领域实现的东西,现在在政治领域必须得到承认。欧洲国家尽管非常希望俄国被列入亚洲国家的时代重新到来,但它们的愿望正像俄国国内彼得的反对派要把俄国从欧洲分开的强烈愿望一样,是软弱无力的。

"出现俄国这样一个有影响的强国的事实,起初并没有对欧洲均势思想产生什么影响,欧洲的政治思想对之避而不提,这表明了旧的政治观点是如何顽强。正像人们构想出一个德意志均势,认为欧洲均势的保持取决于这个德意志均势的保持,以此把德意志国家的内部关系同欧洲的一般关系联系起来一样,现在产生了一种以类似方式与保持欧洲均势的利益联系起来的北方均势思想。"

但是,在西班牙王位继承战争结束之前,英国完全忙于同法国的斗争,同瑞典的关系问题只是和这个问题联系起来解决。必须阻止瑞典和

---

① 《欧洲的均势》1711年伦敦版。引自埃·卡埃伯尔:《十六世纪至十八世纪中叶政论性文献中的欧洲均势思想》1907年柏林版第78页。

法国结成同盟，同时必须制止土耳其同奥地利作战，英国和荷兰的外交界全力以赴地去完成这一使命。

1698年7月9日，法国同瑞典缔结了防御同盟——这次缔约是在瑞典反法派的强烈反对下进行的。而威廉三世于1700年得以用荷兰和英国的名义同瑞典缔结了同样的同盟，关于这个同盟马克思经常提到。瑞典和俄国的关系在当时是友好的。查理十一不仅同意彼得在瑞典订购六百门炮，甚至还答应赠送给他三百门炮，这个诺言在他死后仍然实现了。这是在同土耳其作战期间。没有理由担心在瑞典和俄国之间会爆发战争。瑞典的优势是没有人怀疑的。

也许英国不顾这一切而采取了完全相反的行动，也就是说，也许英国没有履行它对瑞典应负的义务，而支持了俄国真实的历史对此再次做出回答。

我们已经看到：甚至俄国的外交官最后也认识到，不管对俄贸易给英国带来什么利益，要英国同意缔结一个政治同盟还是不可能的。我们也看到，俄国同法国缔结同盟的尝试是以怎样的失败告终的。参加反土耳其联盟这件事表明，甚至奥地利也只是在能够利用俄国的援助来反对土耳其的时候，才需要这种援助。

但是，同盟者是需要的。在1664年，当荷兰人大力谋划反对俄罗斯公司的特权的时候，卡赖尔公使馆作过一次努力，但失败了；在这以后，英国人决定一有机会就要恢复他们过去在俄国的垄断地位。这个机会就是彼得到荷兰和英国的旅行。1697年10月，以彭布鲁克勋爵（出身于创建俄罗斯公司的那个有名望的彭布鲁克家族）为首的英国使节向俄国政府联名提交了一封信。他们在信中提到，"英国人在居住欧洲的各国人民中最早"同俄国进行"贸易并建立了友谊"，"这对两国人民都有很大的好处"，因此他们要求，让"英国商人重新获得他们使用多年的海外商馆,并得到通常有的免税特许权"。同时他们请求,给予他们输入烟草的专利权。

彼得一世尽管对英国人有好感,但未能恢复1649年取消的特权;但是准许给他们以输入叫做"烟草的烟叶"的专利权。尽管有俄国商人的强烈抗议,英国人还是在1702年获得了从俄国出口亚麻的贸易专利权。彼得从英国人那里得到的回报,只是些甜言蜜语和威廉三世送的一艘旧三桅军舰。英国对他的一切建议依然置若罔闻。

1704年威特沃尔思作为特使被派往俄国。他的任务是要彼得相信,**假若俄国和瑞典缔结和约**,英国不会忽视彼得的利益。他拜访的真正目的是要为英国人争取新的特许权。除了亚麻和烟草专利权,他还想得到更多的东西。他特别要为英国人谋求购买和从俄国输出沥青、柏油和其他为繁荣"我们王国"的造船业所必需的材料的权利。

威特沃尔思受到极为隆重的接待。彼得想以这样的接待来表示,他是多么珍视同英国的友好关系。而威特沃尔思在俄国却表现出十足的高傲和轻慢。

然而彼得一世对此还是忍受了下来。威特沃尔思认为,彼得之所以采取这种宽容态度,是由于他希望英国充当俄国和瑞典之间调解人的角色,并且促使缔结一个对俄国来说光荣的和约。

现在让我们看一看,伦敦是怎样对待俄国使节的。1706年底,彼得派遣驻海牙公使阿·马特韦耶夫去伦敦。要他"必须向英国人说明,如果俄国能够在波罗的海有一些合适的港口,这对英国人将多么有利,这样俄国商品就会安全迅速地一年数次运往英国,而不必像现在这样从阿尔汉格尔斯克出口;俄国的商品将会便宜,因为波罗的海的港口离莫斯科和其他大城市都比较近，而且有便利的水路通往这些城市"①。彼得很清楚，还必须向英国政府提出其他论据，于是他通过马特韦耶夫向英国政府表示，准备参加反路易十四的"大同盟"。彼得在不得已的情况下同意让出他在波罗的海占领的全部地方，甚至包括纳尔瓦，而他只是不愿归还彼得堡。"就连出现归还彼得堡的想法也是不应该的。"

但是英国的大臣们愚弄马特韦耶夫，对他说一些"漂亮的废话"。过了几个月。马尔布鲁来到以后，情况发生了变化。彼得已准备把俄国的一个公国让给他，是基辅或弗拉基米尔，还是西伯利亚由他选择，并保证他终生有五万约阿希姆塔勒的进款。英国大臣无可奈何，最后只得对马特韦耶夫说，他们不能充当俄国和瑞典的调解人。马尔滕斯教授对"老奸巨猾的阿尔比昂"的意图是很了解的。他解释英国采取这种态度，是因为"英国政府根本不愿使俄国成为波罗的海国家"。但是据马特韦耶夫说，马尔布鲁和戈多尔芬对他说过下面的话："在瑞典国王具有目前的实力并且我们正同法国作战的时候，难道仅仅为了在莫斯科的商业利益要去激怒瑞典国王？"②

这些谈判进行的时候，正是查理十二实力最强的时候，他刚刚缔结了阿尔特兰施太特和约，成了"欧洲的仲裁者"；他正准备以新的古斯达夫·阿道夫的身份，在保护新教的借口下进攻哈布斯堡王朝帝国；那时法国和"大同盟"双方都竭力想把查理十二拉到自己方面去。马尔布鲁刚刚从查理十二的驻地返回伦敦，他和皇帝在那里作了极大的努力才使瑞典国王平静下来。他们为了使他找不到干预帝国事务的借口，向他保证了要全部满足西里西亚新教徒的要求。

---

① 索洛维约夫：《俄国史》第15卷第195页。
② 索洛维约夫：《俄国史》第15卷第195页。

马特韦耶夫对俄罗斯公司特别气愤。"我煞费苦心地同这些愚蠢的家伙,这些英国商人进行谈判,但是,除了斯塔尔斯,他们没有一个人表示给我任何帮助,甚至连一个答复也没有给我。"而最使他气愤的是,由于一笔五十英镑的债务,按照穆罕默德后裔的条令,他于1708年7月21日被捕,警察对他严刑拷打,然后关进债务监狱,由于商人斯塔尔斯作保才被释放出来。

我们这个可怜的"亚洲人",在受到欧洲人这样细腻对待的教训以后,难怪他于1708年7月30日终于得以离开伦敦,并且再不需要继续同这些"敌视基督教的罪孽深重的人们"打交道时,感到兴高采烈。①

尽管英国政府根本不把俄国放在眼里,它还是感到不安。不过,既然威特沃尔思从彼得堡来信说:"这里对声誉问题并不十分重视","俄国人只是对害怕他们的人才是危险的,使俄国人放聪明的最好办法,就是不对他们让步",英国政府很快也就心安理得了。

1708年10月9日,勒文豪普特在莱斯纳亚战败,1709年6月27日(7月8日),查理十二在波尔塔瓦战败。彼得在根据他的命令向臣民发布的关于波尔塔瓦会战公报中,以附言的形式补充了一句:"这就为彼得堡奠定了基石。"的确,这是彼得的国家和政治这整个大厦的基石。兰克补充说:"从此,俄国就开始称霸北方。"②

情况一下子发生了变化。当彼得作为胜利者回到莫斯科的时候,那同一个威特沃尔思用极其谄媚的词句向他表示了祝贺。他按照十六世纪的英国传统用"皇帝"的头衔称呼彼得,这使彼得非常高兴,以致尽

---

① 这个事件在索洛维约夫著作中有详细叙述,见《俄国史》第15卷第318—319页。

② 兰克:《列强》,见《全集》第1版第24卷第18页。

管他在俄国有过失当行为,他还是得到了一尊镶嵌钻石的彼得雕像作为礼品。他从一个甚至会使戴维·乌尔卡尔特感到满意的扫罗,突然变成了保罗。①

1710年2月5日,威特沃尔思以女王的名义递交了一封就马特韦耶夫受辱一事表示道歉的信,而当他向沙皇呈交一份在这之前刚颁布的、关于驻圣詹姆斯宫外交使团成员特权的新议会法令的文本时,他向彼得说明,绝对不可能把所有侮辱马特韦耶夫的人一律处决。当彼得看到英国女王由于"以前的皇家法律的失效"不可能像他对待自己近卫队的叛乱士兵那样来对待她的臣民,他对这样的道歉也就感到满意了。二百年后的今天,马尔滕斯教授对"老奸巨猾的阿尔比昂"还满腔怒火,他认为彼得这样让步,是因为这个"伟大的改革家认为不能为了伦敦的马特韦耶夫事件所引起的义愤而牺牲俄国更高的政治利益"。彼得还一直希望英国能在俄国同瑞典缔结和约这件事上进行调停。8月9日(20日),英国和俄国签订了一项条约,依此条约,"沙皇陛下认为,为了方便海上贸易,使他的国家的浮标税、灯塔税、停泊税同大不列颠一致起来,是适宜的和有益的"②。

波尔塔瓦的胜利对英国大臣们是否产生了和对威特沃尔思一样的印象呢?他们是否已经意识到俄国对瑞典拥有军事上的优势这个新的事实呢?没有!而且彼得自己也使他们加强了这个看法。彼得由于坚持要求土耳其把查理十二驱逐出境而招致了一场新的战争,只是到1711年末,

---

① 据圣经传说保罗是基督教使徒之一,在信基督教之前叫扫罗。这里指由一个事物的反对者变成拥护者。——译者注
② 在马尔滕斯的著作中,引用的是这个条约当时的德译本。马尔滕斯,前引书第9卷第20—23页。

在彼得牺牲了阿速夫和塔干罗格,并把由于指望得到他支持而起义的斯拉夫人交给土耳其人任意宰割之后,他才摆脱了这场战争的灾难。

在北方战争的这段插曲中,我们第一次看到俄国新的征服政策的特点,或者像俄国爱国者所指责的那样,它的一贯"错误",这就是不善于集中力量去完成一项任务,一个问题没解决又提出另一个问题,或者说得直率些,就是胃口太大。在十八世纪和十九世纪整个进程中,东方问题同瑞典问题和波兰问题交错在一起,而且使俄国的实用主义政治家们极为愤慨的是,东方问题总是妨碍俄国向西方推进,每次都迫使它不是向"狡猾的容克地主的"普鲁士,就是向总是"忘恩负义的"奥地利做出不必要的让步。

但是,在这段插曲中,我们还看到另外一种同样很有意思的现象。如果说,马克思所憎恶的俄罗斯公司尽管具有亲俄性质,也未能促使缔结英俄联盟,那么,土耳其公司虽然把它的主要注意力放在同君士坦丁堡的法国势力的斗争上,但它早就发出了反俄的呼声,时间要比马克思所发现的那些小册子的作者早得多。

如果说,十七世纪俄国和英国之间的外交关系在多数场合都是靠俄罗斯公司的人员维系的,那么,在十八世纪这种现象就已经消失了,虽然英国使节对拖欠薪俸经常发出的怨言表明,他们在物质上曾怎样依赖在俄国的英国商人,也就是说,依赖俄罗斯公司。在土耳其,事情还更明显。那里的英国外交使团直到1803年都是从土耳其公司领取薪俸!如果说,十八世纪以前,近东贸易的主要竞争者是法国人,那么在十八世纪初土耳其公司就开始了它的反俄政策。它的影响在卡尔洛维茨会议上已经引人注意。

关于这些事件的详情都属于东方问题的历史。但是,在这里我们必须指出,理解十八世纪"老奸巨猾的阿尔比昂"在近东的政策和驻君士坦丁堡的英国使节的独立自主立场的钥匙，正是在这些详情中可以找到。驻君士坦丁堡的英国使节向圣詹姆斯内阁呈报的往往是既成事实，即使他们不是经常（俄罗斯公司也是这样）能够执行他们时而反俄时而反法的政策，那么他们也总是英国对外政策中举足轻重的因素，并在相当大的程度上促使这个政策中的矛盾尖锐化。当英国的商业利益变得愈益错综复杂的时候就更是这样。

彼得以极大的努力摆脱了土耳其战争以后，就以当初奔向普各特河时那样的狂热投入西方。西班牙王位继承战争还没有结束。为了防止在北方发生新的纠葛，英国、荷兰和德意志帝国早在1710年3月10日就发表了一个针对彼得的声明，声明宣布维护所有德意志地区的中立，因此也包括波美拉尼亚在内。彼得借日牵制瑞典，侵入波美拉尼亚。

1711年4月17日，约瑟夫一世皇帝去世，西班牙王位追求者查理即位。托利党击败了辉格党，利用这个时机于1711年10月8日同法国缔结了和约。1714年初，西班牙王位继承战争结束。于是英国就腾出手来了。

如果说马克思在评论1714年以前的英国政策时确有错误的话，那么也许他对1714年以后这个时期的评论是正确的吧？的确，彼得已经牢牢立足于波罗的海，占据芬兰，而且已经进驻德国。的确，查理十二以一种同时代人难以理解的固执一直待在土耳其，但是，尽管这样，如果英国听取要它提防新的俄国危险的舆论，并按照1700年防御同盟所要求的那样援助瑞典，那么俄国就会再度被击退到亚洲腹地。但是我们看到的是什么！就是在这个时候（1715年），英国和俄国缔结了同盟，并且向瑞典开战。

关于这个问题，马克思作了如下的论述：

"1715年，在俄国、丹麦、波兰、普鲁士和汉诺威之间缔结了一个北方联盟,其目的不是为了瓜分瑞典本土,而是为了瓜分那个我们可以称之为瑞典帝国的东西。这次瓜分是近代外交史上第一个巨大的行动,是瓜分波兰的逻辑前提。西班牙瓜分条约之所以引起后世的强烈兴趣,是因为它们是王位继承战争的先声,而瓜分波兰吸引了更多的人们的注意,则是因为它的最后一幕是在当代的舞台上演出的。然而,不能否认,开创国际政治近代纪元的,乃是对瑞典帝国的瓜分。这次的瓜分条约除了谈到它的未来牺牲者的不幸以外,甚至没有假惺惺地提出任何借口。在欧洲,这是第一次,不仅撕毁了一切条约,而且把这一行动宣布为一个新条约的共同基础。受俄国辖制的、由萨克森选侯兼波兰国王奥古斯特二世那个荒淫无耻的家伙所代表的波兰本身,被推到了这一阴谋的前台,从而自我签署了死刑判决书,甚至连波利菲米斯给奥德赛保留的那个留到最后吃的特权也没有享受到……参加这一瓜分条约,把英国抛进了俄国的势力圈,从'光荣革命'的时候起,英国就越来越被引向这一轨道了。乔治一世作为英国国王通过1700年的条约曾与瑞典结成防御同盟……可是,他却以汉诺威选侯的身份向瑞典宣了战,并且以英国国王的身份进行了这一战争。"①

我们不打算详细探讨这段话中包含的所有错误,无论是关于这些事件的显然错误的评论也好,或是与1848年《新莱茵报》的关于什列斯维希—霍尔施坦问题的文章相矛盾的地方也好。马克思的根本错误同彼得的根本错误是一样的,彼得因英国无视他同乔治一世订立的同盟,拒绝在他同瑞典的斗争中支持他而对英国大为恼火。彼得在和作为不伦瑞克—律内堡选侯的乔治一世缔结反瑞典的同盟(这个同盟实质上是1710年同汉诺威缔结的同盟的翻版)以后,曾确信他终于达到了和英

---

① 《十八世纪外交史内幕》第19—20页。——译者注

国结盟的目的。

这里,我们看到世界史上的一种奇特现象:许多专制君主同一个德意志小公国的统治者缔结同盟,满以为这个小君主能够像支配律内堡的荒野一样支配大不列颠。可是,在晚年碰上大不列颠王位这样一个肥缺的乔治一世本人,却不大相信他能长期保持王位,于是便联合忠实于他的汉诺威人,竭力尽快地从这种境况中捞取利益,给自己在德国弄到几个新的领地,特别是不来梅和凡尔登。这就是他以一个富裕农民想得到一块新土地时的那种顽强精神去追求的唯一目的。

英国的大臣们一方面感到自己背后有托利党反对派,同时又确信必须保持汉诺威王朝,也就是说,保持由于"光荣革命"而产生的一切。他们在乔治和议会之间摇来摆去,必须对前者做出一些让步,必须向后者提出适当的根据,以便用立宪的面纱来掩盖他们对汉诺威大臣们的让步。

在北方战争的整个过程中,英国一次也没有向瑞典或俄国宣过战。相反,它公开保持中立。不管乔治是像1719年以前那样同瑞典处于战争状态,还是同瑞典结成反俄同盟,他同样都激怒了他的同盟者,因为他没有一次能够履行他的义务。很难说他什么时候给瑞典带来的危害更大些——是作为瑞典的敌人时还是作为它的向盟者时。

彼得不久就明白了,乔治作为大不列颠国王对他来说是毫无意义的,当他把手伸向梅克伦堡的时候,他甚至对乔治突然提出抗议而感到惊讶,在此以前乔治对他在其他德意志国家逞凶一直是冷眼旁观的。在这一对老朋友之间发生了这样严重的冲突,以致乔治竟企图俘获彼得。彼得计划和丹麦一起对紧靠着哥本哈根的瑞典肖楠地区进行远征,这一行动还在准备的时候就以失败而告终。同盟者之间互不信任。

而这时查理十二,或者更确切地说,他的顾问赫尔茨和驻伦敦公使尤伦堡，决定摆脱汉诺威乔治以大不列颠国王身份进行的不受欢迎的干预。为了推翻乔治一世的王位，作为德国新教支持者的查理十二竟通过他的顾问同詹姆士党人，即站在天主教一边的英国王位追求者的拥护者们，以及西班牙大臣阿尔伯罗尼进行谈判。不仅如此，瑞典人还决定利用彼得对乔治的不满，就在俄国驻海牙公使库拉金同阿尔伯罗尼开始谈判的时候，也着手同彼得进行谈判。当1717年初瑞典公使尤伦堡和几个托利党人在伦敦同时被捕后，这场复杂的游戏突然遭到破产。英国政府急忙公布尤伦堡的通信，其中发现有彼得的御医厄斯金的信件。

但是尤伦堡的通信还披露了其他的秘密。这个人（他后来成为瑞典"礼帽派"的领导人）不仅有外交才能，而且有出众的文笔。这个舞文弄墨的外交家，一方面主张在英国复辟斯图亚特王朝，另一方面却又在同时用法英两种文字出版的一些小册子中，振振有词地向英国人指出，他们为了新教的利益必须支持查理十二，为了他们的商业利益必须制止俄国人继续侵略，支持瑞典人收复失地。

在查理十二由土耳其回国以及赫尔茨开展了活动之后，这些小册子从1715年起开始陆续出版。除了马克思发表的前两本小册子外，还有其他一些无疑是尤伦堡写的小册子。它们的论证同《北方危机》和《防御条约》这两本小册子的论证是如此相似，因此，如果要说这后两本小册子也是出自尤伦堡或其助手的手笔，人们是很难不表示同意的。所有这些小册子研究的都是同一个问题。英国和荷兰的商人急忙同彼得堡和纳尔瓦建立贸易关系。查理十二为了阻挠这种关系的建立宣布封锁这些港口，并且开始拦截英国和荷兰的船只。当彼得宣布法令，规定过去运往阿尔汉格尔斯克的商品现在都必须经彼得堡出口之后，情况变得更加严重了。

显然，无论英国商人还是荷兰商人都不愿意等待查理十二收复原来的领土。于是这些小册子就拼命向他们证明，他们没有理由这样做；新教的利益高于少数商人的利益；在这个问题上诚实的托利党人和诚实的辉格党人之间没有什么区别。其中所有的论据都重复一个调子：俄国的势力不断增长。①

但是，发出这种呼声的英国商人是谁？马克思对此已经做出回答：俄罗斯公司。但是，在彼得封锁阿尔汉格尔斯克以前，吃尽瑞典私掠船苦头的是东方公司，人们常常把这个公司和俄罗斯公司混淆起来。而俄罗斯公司最初倒是赚钱的，而且有加倍的收益。它享有从俄国输出英国当时特别主要的商品的专利权。其中有些商品瑞典也出口，但是，自从瑞典的船队发展以后，从那里输出造船需要的这类材料就很困难了。在瑞典成立了一个拥有出口柏油（瑞典柏油公司）和其他造船材料的专利权的公司。早在1703年，英国议会为从美洲殖民地输出这类材料规定了一项奖励金，但一时收效很小。有一本小册子警告英国人提防彼得的强大势力，其中写道："全世界四分之三的柏油、全部亚麻、最好的桅杆和人们通常从北方得到的所有商品的绝对支配者，无疑是沙皇。"②

俄罗斯公司对彼得占领波罗的海地区不会感到很高兴，至少在初期是这样，这从以下说法可以看出："你们自己也承认，沙皇要是能够占据波罗的海的哪怕一个港口的话，阿尔汉格尔斯克的贸易自然就会垮

---

① 这些小册子都收集在德·朗贝特编的文集《十八世纪史回忆录》1735年阿姆斯特丹版第9卷，其中包括《鹿特丹一位知名人士给阿姆斯特丹的友人的信》、《在丹特齐克的一位友人的信》。

② 朗贝特：《与波罗的海海上贸易有直接利害关系的一个人的回忆》第9卷第663页。

掉，这将损害我们成千上万同胞的利益。"① 由此也可以说明，为什么马特韦耶夫受到俄罗斯公司人员的冷遇。

但是从1715年起，这两个互相竞争的公司联合起来，并且联合荷兰人共同维护与彼得堡和纳尔瓦的"贸易自由"。如果这些小册子的作者或作者们对荷兰人说："你们自己将会践踏这种贸易自由，就像你们在日本践踏十字架一样"②，那么，荷兰人就冷静地回答说："波罗的海东部地区属于谁，是属于沙皇还是瑞典，那是无所谓的。"③

马克思自己承认，在这个时期，波罗的海的贸易之所以具有特别的意义，不是根据它的规模，而是根据它的性质。这是造船业发生革命的时期，这次革命同作为十九世纪上半叶标志的那次革命相类似。靠划桨的航运几乎绝迹。帆桨并用的大船当时已经像现在的帆船一样，成为过时的东西。英国、荷兰和法国的造船厂竞相建造大帆船。为了制造船帆和缆绳就需要大量的亚麻和大麻。一艘普通船需要二十四吋宽的帆布一万码。爱尔兰被强制变成一个生产帆布的国家。由汉堡也同样输出大批的德国亚麻布。还要耗费大量的碳酸钾（煮帆布用）、柏油、沥青。此外，英国还要进口桅杆木料等等。总之，这类造船材料像十九世纪时的油脂、棉花和铁一样，对英国的工商业具有重要的意义。中断这类造船

---

① 朗贝特：《与波罗的海海上贸易有直接利害关系的一个人的回忆》第9卷第225页。

② 朗贝特：《与波罗的海海上贸易有直接利害关系的一个人的回忆》第9卷第232页。

③ 朗贝特：《与波罗的海海上贸易有直接利害关系的一个人的回忆》第9卷第242页。

材料的供应就使造船厂的生产陷于停顿。①

彼得这个"亚洲人"(小册子《北方危机》的作者对他的造船才能作了非常热情的描写)对这种情况是很了解的,就像他非常了解:煽动舆论反对汉诺威国王,就可以对英国议会施加强有力的影响。他清楚地知道赫尔茨和尤伦堡的主张,而且甚至像库拉金这样一个地道的俄国外交官也知道这种关系。

当1718年查理十二不知是被丹麦人,还是被瑞典寡头政治集团的爪牙击毙,从瑞典方面已没有任何侵略危险的时候,当乔治一世急忙同瑞典缔结同盟的时候,库拉金从伦敦来信写道:

"让他们开始敌对行动,这样就可以向议会和人民证明俄国的正义性,国王和大臣们的非正义性。我们必须接近托利党的领袖,借助于他们去阻挠议会通过宫廷的提案;我们必须促使那些与对俄贸易利益攸关的英国商人把**他们的建议以友人之间的通信形式在英国匿名印出,以使人民知道,这个内阁在怎样转念头非难英国的自由,波罗的海的贸易将会受到怎样的损害。**"

彼得一世同他的大臣们扮演了英国自由的捍卫者的角色!但是,这些"亚洲人",尽管是亦步亦趋地模仿他们瑞典老师的手法,但在应用灵活方面却超过了老师。1719年6月28日,彼得对各国宫廷,但主要是对英国和荷兰发表了一项声明,他在声明中保证"贸易自由",同时还发表了另外一个专门针对在俄国境内经商的英国商人的声明。

然而,英国和俄国之间的关系还是日益尖锐。1719年不仅有汉诺

---

① 1715年唐森写道:"如果波罗的海船只停驶,那么,造船材料就会出现严重匮乏,国王陛下也就无力在来年春天装备一支舰队。"引自J.钱斯:《威廉三世和安娜时期的英国和瑞典》,载于《英国历史评论》1901年10月版第684页。

威，而且还有英国都站到了瑞典一边。1720年11月23日，英国要求俄国公使离开伦敦，但并没有宣战。对彼得公开采取敌对态度的，不是大不列颠的乔治，而是汉诺威的乔治。

但是，作为大不列颠国主的汉诺威的乔治和作为汉诺威选侯的大不列颠的乔治，不仅使马克思迷惑，也不仅使马克思重新刊印的、显然来自汉诺威的第三本小册子的作者迷惑，而且今天他还继续使研究那个时代的历史学家误入歧途。在马克思看到有亲俄情绪的地方，英国的反汉诺威的反对派看到的却是对汉诺威的卑躬屈节。现代的历史学家以巨大的努力来解决这个混乱的问题：一些人在这些事件中看到取决于汉诺威利益的方面，另一些人试图用那些想在北方建立政治均势的英国大臣们的马基雅弗利式的深谋远虑来解释这些事件，最后，第三种人——特别是英国历史学家琴斯——试图证明，英国只是在它的商业利益需要的时候才同汉诺威联合。但是，他们同样都难以把英国同汉诺威分开，他们往往忘记，乔治在英国是厨师，而在汉诺威则是驭手，而且英国在整个北方战争时期既没有同瑞典作战，也没有同俄国作战。

但是，我们像马克思一样，忘掉了一个人物，他在这场混乱中所起的作用虽然不是突出的，但本身却是十分有利的。这个人就是弗里德里希·威廉一世，俄国的一个历史学家称之为德意志的伊万·卡利塔。"较多的政治上的考虑"，自然迫使他参与瓜分瑞典。"同北方这个最有实力的、最精明、最能干的君主结成联盟对国王是有利的。"① 他保证彼得的占领地，自己也就得到了对占有施特廷的保证。这个曾发誓说，只要在德国领土上还保留一个瑞典人，他就不会心安理得的伟大的德国

---

① 列·兰克：《十二册普鲁士史》1874年莱比锡版第3—4卷第12页。

爱国者，对彼得在梅克伦堡的暴行却无动于衷。"弗里德里希·威廉在这个问题上远远不如丹麦和汉诺威那样坚决。"（兰克）对他来说，汉诺威的竞争比俄国人的横征暴敛更可怕。彼得的友谊是更为有利的。但是当乔治同彼得关系破裂的时候，他就陷于可悲的境地。汉诺威的乔治背后有大不列颠的乔治。英俄之间的战争似乎不可避免。"弗里德里希·威廉夹在西方和东方两种势力之间，一方面他决心为自己夺取大量利益，另一方面他又不愿放弃同俄国的联系。他内心焦虑，以致被过分激动的情绪折磨得生了病。"[①] 但是，对瑞典和作为汉诺威选侯的大不列颠国王乔治一世之间的同盟的畏惧，胜过了对彼得的畏惧。1719年8月17日，他同汉诺威和英国缔结了同盟条约。在他为占有施特廷而得到的保票上，除了有彼得的签字，如今又有了英国的签字。

1720年连瑞典人也明白，乔治提供给他们调遣的只有他的汉诺威军队，也就是说，只有一支毫无用处的军队。瑞典为了孤立彼得，力图满足丹麦和普鲁士的要求，而且也满足了乔治的要求，但在这之后它仍然完全无力对付俄国，它不能指望英国的任何调停，当时英国由于南洋公司的崩溃正穷于应付，它不得不在比以前更困难的条件下同彼得缔结和约。

彼得同英国政治家的隔阂很深，以致在他死后很长时间才恢复外交关系。英国还在昌斯勒尔呈递的国书中就第一个称呼俄国沙皇为"全俄国的皇帝"，在波尔塔瓦战役之后又立即通过威特沃尔思把彼得作为"皇帝"来祝贺，可是这个英国只有到1742年才承认俄国有权使用皇帝的称号。

尽管彼得对英国的政治家不满，但他并没有损害英国的贸易。因为

---

① 列·兰克：《十二册普鲁士史》1874年莱比锡版第3—4卷第27页。

那样就会使出口贸易，从而使国库受到损失。但是，他决定给进口的不列颠商品，换句话说也就是给呢绒工业以打击。

弗里德里希·威廉摆脱了他的热病，并且不再担心丢失施特廷以后，又同彼得和好。"在1724年普鲁士为俄国军队供应了全部呢绒。而英国由于在政治上与沙皇角逐，则把自己同俄国市场隔绝了，一直到1730年。后来它试图迅速弥补因此造成的损失，没有成功。"

普鲁士从和俄国的友谊中得到了好处。当丹麦、俄国、瑞典、德国在长年的战争中受到的创伤还未痊愈的时候，"只有普鲁士随着一个又一个的和平年代变得更加巩固、更加安全了"①。

但是北方战争给德国遗留下了什列斯维希—霍尔施坦问题，它使俄国能够第一次有机会扮演德国仲裁人的角色。如果普鲁士驻伦敦公使本生的话可信，那么，"1848年以前俄国使奥地利和普鲁士忍受的沉重压迫"，是在1717年开始的。

总之，"真实的历史"表明，英国的政治家在提高俄国地位这个问题上同鞑靼的诸汗们一样，是没有"罪"的。真正有罪的是欧洲的资本主义，它使罗曼诺夫王朝成为它的征服者，正像它使霍亨索伦王朝成为它的推销员一样。

---

① 德鲁森：《普鲁士政治史》1869年莱比锡版第4卷第193页。对一个德国历史学家说来，他那善于摆脱由于必须维护最不高明的普鲁士政策而陷入的困境的本领简直是惊人的，他那总是把普鲁士政策的一切突然摇摆看作深刻思想的热情也同样是惊人的。

八、十八世纪的英俄联盟

就马克思这本著作发表出来的那一部分看,他仅就北方战争时期的英俄关系作了比较详细的分析,而关于十八世纪以后紧接着的七十五年,他仅仅发表了英国公使的三封信和一份手稿的几段摘录。然而在他看来,这些文件完全能证明他的主要论题。

我们已看到,马克思由于受他那个基本观念驱使,怎样在十八世纪初国际外交的"秘密"和阴谋的迷宫里迷了路。当时的国际历史状况清楚地表明,北方战争同在大西洋争夺霸权的斗争相比是多么次要,马克思不去分析这个,而是说英国在十八世纪初就同俄国结盟。"真实的历史"表明,马克思把英国对俄友好政策的一切罪责都归咎于辉格党,也是错误的。因为如果说十八世纪初有某个英国党派对俄国抱有某种同情,那么,正如我们已看到的,这就是托利党。

辉格党的对外政策始终是由英法对立决定的。英国同法国在近东、美洲和亚洲发生冲突。但是,英国只有在大陆上找到反法同盟者,才能和法国相对抗。那时它就能利用其海上霸权在世界各地给法国带来危害。因此,它和其他国家的关系始终主要是由法国和这些国家的关系如何来决定的。如果英国暂时和法国保持"友好关系",像西班牙王位继承战争后,法国必须放弃任何进攻政策的时候那样,那么,它因此就要和法国长期的敌人处于敌对或紧张状态。对奥地利首先就是这样的情况。

当卡尔·福格特在他的《欧洲现状研究》一书中提出:"英国从来就不能在比较长的时期内同奥地利和睦相处"这一论断时,马克思回答说:

"果真如此！英国和奥地利反对路易十四的共同斗争，除了几次短时期的停顿以外，从1689年起到1713年都在进行，也就是说，几乎持续了四分之一世纪。在奥地利王位继承战争中，英国同奥地利一起，对普鲁士和法国几乎斗争了六年。只是在七年战争中，英国才同普鲁士结成同盟去反对奥地利和法国，但在1762年，布特勋爵就已背叛弗里德里希大帝，时而向俄国公使哥利岑提议'瓜分普鲁士'，时而又向奥地利大臣考尼茨提议'瓜分普鲁士'……新教的英国厌恶天主教的奥地利，自由主义的英国厌恶保守的奥地利，主张自由贸易的英国厌恶实行保护关税政策的奥地利，有支付能力的英国厌恶破了产的奥地利。但是，在英国的历史中却从未出现撼动心灵的篇章。"①

但是，这些把英国和奥地利联系起来的物质利益也把英国和俄国联系起来。当然这里有一定的区别，这种区别在十八世纪整个过程中还存在着。俄英之间的直接对立仅仅在于土耳其，到了十八世纪末，由于东印度才产生了英国和亚洲的直接对立。英国和俄国在其他所有国家，只是在俄国赞成或反对法国，赞成或反对奥地利的时候，它们才发生冲突。它们在瑞典、波兰甚至土耳其的利益是一致的还是矛盾的，也由此而决定。到了十八世纪最后二十五年，英国和俄国在土耳其的直接对立同英国和法国的对立相比就退居次要地位了。

我们也看到，从1714年起，有一个新的因素，即汉诺威王室进入英国的对外政策，它使英国的对外政策发生混乱，因为起初它迫使辉格党考虑和大不列颠的乔治的利益并不总是一致的汉诺威的乔治的利益。辉格党以此为代价保卫了英国"光荣革命"的果实，保证它从法国霸权下解放出来。英格兰银行特权的捍卫者、听到"斯图亚特"这几个字就吓得去抓钱袋的国家债务人、东印度公司有影响的股东等

---

① 《马克思恩格斯全集》第1版第14卷第528—529页。——译者注

等，都聚集在汉诺威王朝的周围。他们心情沉重地对汉诺威人做出让步，每次让步都惹起反汉诺威王室的反对派，即托利党的攻击。托利党竭力证明，辉格党的汉诺威政策损害了同俄国的贸易。尽管辉格党希望尽量少干涉大陆事务，他们仍必须在一定程度上考虑汉诺威王室的利益。

如果说彼得和乔治之间决裂的主要原因在于梅克伦堡的占领，那么，只要存在着俄国为了彼得大帝的女婿霍尔施坦公爵的利益而进攻丹麦的危险，丹麦从英国那里得到的占领什列斯维希—霍尔施坦的保证必然成为纠纷的新起因。由于在安娜·伊万诺夫娜女皇（1730—1740年在位）统治下废除了彼得大帝颁布的遗产继承制，从1731年起英俄之间敌对的一个原因消失了。同年奥地利和英国也和解了：奥地利在奥斯坦德公司问题上迎合了英国，这个公司的竞争不仅激怒了荷兰东印度公司，同样也激怒了英国东印度公司；英国承认了国事诏书。这样还为英国接近当时和奥地利关系密切的俄国创造了新的条件。1731年英国迈出了与俄国恢复外交关系的第一步，它把龙多作为它的驻办公使派往俄国。俄罗斯公司的"呼声"终于被听到了。正如龙多自己所写的，他的主要任务是，"作为一个工具来复兴那些对我们极有价值的工业部门，例如近年来很不景气的毛纺织工业"①。由他经手给俄罗斯公司送去了一份关于与俄国的贸易情况的有趣备忘录（1732年10月7日）。

"英国人从俄国输出的商品：大麻占总数的三分之二，毛皮和亚麻占一半以上，亚麻布和铁占四分之三以上，碳酸钾的全部，大黄、鱼胶、猪鬃和蜡的大部分。而从英国输入的商品却减少了一半。1724年以前军用呢绒只在英国人那里购买，1724年以后在普鲁士购买。如能

---

① 《俄罗斯历史学会论文集》第66卷第176—177页。

打破普鲁士的垄断,那就会阻碍普鲁士呢绒业的发展,普鲁士的呢绒输出量就会减少。"①

从1719年到1731年,英国和俄国处于相互敌对的状态。但是正如英国必须从俄国输入商品一样,俄国也必须把它的产品向英国输出。

对于俄国来说,这种输出不仅是一种经济需要,而且也是一种财政需要。因为一停止输出,就等于失去了主要由出口税构成的关税收入。英俄关系中断,受害者只是英国的加工工业,而普鲁士加工工业却从中得利。如果我们再看一下,彼得在1724年制定的严格的保护关税率于1731年为放宽的关税率所代替,那么我们就会了解,辉格党的汉诺威政策的反对派在英国掀起了多大的喧嚣。这种政策使英国有完全丧失俄国市场的危险,而有利于它的竞争者。

1734年俄国同英国签订了一项贸易条约,条约规定给英国以最惠国待遇,这种待遇普鲁士根据1726年条约就已享有了。龙多很快就得意扬扬地通知英国的大臣,他已经使俄国政府向英国商人订购四千码军用呢绒,"这使普鲁士人非常懊恼"。

单是贸易上的接近还远远不是政治上的接近。在政治方面俄国还一直是贫穷的,它拿不出多少东西。彼得逝世后,俄国充满了彼得改革的追随者和反对者之间的斗争,自顾不暇。如果说俄国在对外政策中曾扮演过什么角色,那它只是充当了奥地利的同盟者。这种状况在波兰王位继承战争(1733—1735年)和与之密切相连的奥俄同土耳其的新战争(1736—1739年)之后,才发生变化。俄军在米尼希和拉施的指挥下取得的出乎意料的战果产生了极其强烈的影响,这特别是因为,在他们取

---

① 《俄罗斯历史学会论文集》第66卷第515页。

得胜利的同时，奥军接二连三地遭到失败。① 尽管奥地利最后在没有通知其同盟者的情况下同土耳其单独缔结了和约，尽管俄国不得不放弃它占领的大部分地区，俄国的军事威望还是大大提高了。只是在这时，即四十年代初，俄国才成为在欧洲政治舞台上享有平等地位的一员。

奥地利王位继承战争（1741年）开始了。在最近这次对土耳其战争中力量被削弱并受到屈辱的奥地利，现在在德国国内面临一个危险的竞争者——普鲁士。在瑞典、波兰、德国西部和土耳其，法国的影响占优势。在这种情况下同俄国结成联盟具有很大的意义。

"显然，彼得堡或是莫斯科（这要看沙皇宫廷在什么地方）现在已成为欧洲外交活动的中心，也就是说，成为欧洲各宫廷的大臣们互相斗争的场所，为的是迫使或说服俄国政府帮助玛丽－泰莉莎从而保持欧洲均势。"②

在两个世纪的过程中第一次出现了不是俄国请求英国，而相反地是英国请求俄国签订同盟条约。只是从现在起，在英国驻彼得堡公使的指令中，才开始越来越频繁地唱起俄国和英国是天然盟友的调子。

1742年英俄之间签订了第一个防御同盟条约。但是，英国在条约里拒绝承认俄土之间的战争是履行盟约的理由，而俄国方面则仅仅承认欧洲境内的一场战争是履行这种盟约的理由。在英国，反对派的主要矛头正是对准了这一点。反对派指出，同盟条约只是对于汉诺威的乔治具有价值。在1747年英俄还签订了一项协定，根据这项协定，俄国要派一个三万人的军团进驻莱茵河。这是在德国心脏出现的第一

---

① 由马克思重新刊印的龙多的那封信谈的正是这个问题。这封信现在收入《俄罗斯历史学会论文集》第80卷第13—19页。

② 索洛维约夫：《俄国史》第21卷第201页。

批俄国士兵。甚至七年战争都未能破坏同盟条约,尽管普鲁士同英国签订的韦斯明斯特条约(1756年1月16日)使英国负有义务把踏上德意志领土的任何非德意志武装力量用武力驱逐出去。英国仅限于付给弗里德里希二世补助金,而没有使俄国受到干扰。英国公使基思整个期间都在彼得堡,并竭尽全力使法国同奥地利和俄国不和。俄军惨无人道地劫掠东普鲁士、波美拉尼亚和勃兰登堡马尔克,但英国丝毫不履行自己的义务。

我们又看到一个现象,可以说明问题。俄国对英国的输出额不仅没有减少,甚至增加了,而英国向俄国的输出额1760年甚至低于1730年。马克思从这些数字中总是得出同样的结论,即同俄国的友好关系损害了英国的商业利益,因为英国对俄国的输出额到1700年是持续下降的。这个结论和他以前的结论一样是错误的。在俄英关系冷淡的时候,英国的输出总是迅速减少,而俄国的输出则继续不断增加。①

当然,除了这个主要原因,还有另外一个物质原因起作用。梅林也曾指出过这个原因,他说:"任何英国大臣都不敢触动波罗的海的贸易。皮特一掌权,他就立即对普鲁士国王表示,弗里德里希绝不能指望看到韦斯明斯特条约各项条款的执行。"② 因此,英国一有机会就让弗里德里希二世去听天由命。

到这时俄国才开始在欧洲政治中扮演那个使它长期成为欧洲命运主宰者的角色。"1762年,当大淫妇叶卡特林娜二世在丈夫被杀后登上王位的时候,国际形势从来不曾这样有利于沙皇政府推行其侵略计划。七

---

① 1730年为258802英镑、1760年为576265英镑。我有意引用马克思的数字。
② 弗·梅林:《莱辛传奇》第169页。

年战争把整个欧洲分裂成两个阵营。"①

英国固然摧毁了法国在美洲和印度的殖民势力，但是在欧洲内部它却处在"光荣孤立"中。当它同它的老盟友闹翻并把弗里德里希二世当作挤干的柠檬抛开以后，它更加思念它的"天然盟友"俄国。但是英国国内的党派斗争越激烈，英国和北美殖民地之间的关系越紧张，叶卡特林娜二世对英国的追求所采取的态度就越冷淡。

正是这种情况给英国公使的外交通信打上了特殊的印记。他们被迫对俄国做出让步，同时竭力想通过对北方的塞米拉米达低三下四、阿谀奉承，来减少让步的规模。有一点是马克思所没有注意到的，即他们都非常清楚，他们的全部正式通信都受到俄国警察当局的检查，甚至连密码信件也常常是在被俄国政府复制以后才能到达指定地点，他们正因为如此而越发使劲地在通信中使用对女皇谄媚的字眼。英国的状况越困难，俄国的态度就越冷淡。叶卡特林娜准备签订一项防御同盟条约；她根本不愿听到进攻同盟条约，因为"'进攻'一词使她厌恶"②。但是，即使是防御同盟条约也只有在英国承认对土耳其的战争是履行盟约理由，并出钱支持俄国在瑞典和波兰的政策时，她才愿意签订。马克思引用的麦卡特尼和哈里斯的书信正是关于这一时期的。其中一封信是在这一时期开始时写的，另一封信是结束时写的。这两个外交家算是英国外交界中最能干、最果断的成员。他们按照来自伦敦的坚决的指示对彼得堡宫廷极尽恭维之能事，而在他们的秘密报告中，则不惜笔墨地描绘充满彼得堡宫廷的卑鄙和野蛮的气氛。他们不仅不是由叶卡特林娜掌握的

---

① 恩格斯：《俄国沙皇政府的对外政策》，1890年《新时代》杂志第150页（见《马克思恩格斯全集》第1版第22卷第25页）。

② 《詹姆斯·哈里斯的日记和通信》第1卷第169页。

盲目追随者，而且（特别是哈里斯）对当时的彼得堡作了最露骨最尖刻的描述。①

尽管土耳其公司或者——反正是一回事——英国驻君士坦丁堡使节发出"呼声"，尽管东印度公司的呼声越来越强烈，英国不仅没有对1768年开始的叶卡特林娜二世第一次对土耳其的战争提出抗议，而且还装作不知道开往地中海的俄国舰队事实上是受英国军官指挥的，并在英国海军司令部的协助下由英国水兵进行补充。英国不但在整个战争过程中支持俄国舰队，而且当它获悉法国打算帮助土耳其消灭俄国舰队时，还提出强烈抗议。当缔结库楚克—凯纳吉和约（1774年）的消息传到彼得堡时，叶卡特林娜在宫廷舞会上表示希望在她的牌桌旁只看到愉快的笑脸，并且在邀请丹麦使节的同时邀请了**英国**使节。

当弗里德里希二世满怀对叶卡特林娜的炽热"友谊"向她建议，牺牲波兰以安抚奥地利，并同她以及饱含眼泪的玛丽－泰莉莎联合起来对波兰进行第一次瓜分（1772年）时，英国只是对它在但泽的商业利益感到不安。而当弗里德里希二世在1774年5月11日敕令中保证英国人在那里的特权时，它对瓜分波兰表示完全赞同。②

---

① 马克思重新刊印的麦卡特尼的这封信，没有收入皇家历史学会出版的书信集中，但在书信集里提到过这封信。尽管这些书信在发表前经过仔细整理，里面还是有大量尖锐和击中要害的描述。至于哈里斯的信，我们已指出过，这封信已经在1844年发表。马克思没有注意到，作者在信中扼要叙述了他在彼得堡宫廷五年的活动，以证明他继续留在那里是毫无意义的。他的书信集（摘录）要到这一年才发表，这是可以说明问题的。哈里斯的书信是《俄罗斯宫廷一百年》一书的作者描述彼得堡宫廷的主要材料来源，书中的描述可以说绝对不是亲俄的。

② 弗·米夏埃尔:《英国对第一次瓜分波兰的态度》1890年汉堡版。

但是，那些支持乔治三世"个人政权"的权奸们没有得到任何帮助。

叶卡特林娜从心底里希望英国人遇到新的困难，她把他们的让步当作理所当然的事情来接受，并且为他们制造新的困难作为报答。英国国王在同叛逆臣民斗争中的每次失败都使叶卡特林娜感到由衷地高兴。她拒绝乔治提出的派两万人的援军到美国去的要求，而把这种高尚的事情让给德国诸侯去做。1779 年，她建议西摩林在伦敦"只说些捉摸不定的泛泛空话"，并且准备抛出 1780 年的"武装中立"，这种中立保卫中立国同对英国作战的列强之间的海上贸易，矛头直指英国。她用温和而又惊讶的语气拒绝哈里斯的抗议从而表示，这个"武装无力"① 不会使英国遭受损失。

乔治三世和他的大臣们本来是根本不考虑由外国"在他们和他们叛逆的臣民之间"进行什么调停的，1781 年却向叶卡特林娜二世提出要把米诺尔卡岛送给她，在福克斯内阁取代诺斯内阁之后，这些人甚至同意把对土耳其的战争当作履行盟约理由，但是叶卡特林娜拒绝了。到了这时，甚至奥地利、法国和普鲁士的旧制度的最出色的外交家们都相信英国势力必然要衰落了。

英国用 1784 年同普鲁士签订一项同盟条约回答了叶卡特林娜的回绝。这是两个"奴才"对其主子的一种形式上的反抗。但是皮特在 1791 年为保护土耳其而向俄国宣战的初次尝试表明，把英俄联合起来的物质利益有多么大。

福克斯作为对俄战争反对者的领袖在下院作了反皮特的强有力的

---

① 这是文字游戏，原文是 nullité armée，与 neutralité armé（"武装中立"）谐音。nullité 的意思是"无用的东西"，"渺小的东西"。——译者注

讲演。

俄国驻伦敦使节沃龙佐夫写道:"福克斯说话像天使,他证明,造成人们对俄国强烈愤慨的讨厌的武装中立是柏林宫廷的产物,瑞典也积极参与此事……他证明,女皇在这场战争中的地位是多么合理。他指出把我国同英国联系起来的同盟的意义。最后,他说服了几个按皮特的意思说话的皮特的朋友。"

在同一封信里他补充说:"几天内俄罗斯公司将向内阁提交一份关于战争危害贸易的备忘录。"①

总之,站在这次维护俄国的行动前列的是辉格党。是谁的喊叫伴随着福克斯夜莺般的歌唱呢?还是那个俄罗斯公司的喊叫。②

这一政策是由这伙俄国"仆从"的阶级利益决定的,如果我们忘记了他们背后有多么巨大的物质利益,那么,我们就会犯同马克思一样的错误。

友谊还是老样子,但是它的物质基础不仅同十六世纪或十八世纪初相比发生了变化,而且甚至同1760年相比也发生了变化。我们处在工业革命鼎盛时期,在亲俄鼓动中最积极的除了伦敦西蒂区的一部分,除了诺里奇和威克菲尔德,还有新兴工业城市里子和曼彻斯特。1760年

---

① 《沃龙佐夫公爵文库》第9卷第190页:叶卡特林娜委托沃龙佐夫为她购买了一尊这位"大演说家"的大理石胸像,她把这尊胸像安放在皇村狄摩西尼和西塞罗的胸像中间。

② 关于这个公司的历史人们知道得很少,这一点由下面的事实可以看出:关于"正规贸易公司"的一本专门著作(《早期的特许公司》1896年伦敦版第32—59页)的作者考斯顿和吉恩相信,俄罗斯公司"在将近十八世纪末的时候由于资金枯竭而走向崩溃"。而麦克库洛赫在1852年还说这个公司是存在的(《商业词典》)。施穆勒则把它同东方公司混淆起来。

以前从英国仅仅输入呢绒的俄国，现在成了棉纺织品的销售市场。至于说到输出，俄国仍然是造船材料的主要提供者，同时它还成了英国大工业的原料提供者。如果说沃龙佐夫和叶卡特林娜的其他助手在十八世纪末还相信，中断俄英之间的贸易关系对于英国的损害要比俄国大，那么大陆体系（拿破仑想用它来禁止整个欧洲从英国输入商品）向他们表明，这对于俄国商业利益来说是一个非常有害的错觉。

而从颁布新谷物法和英国市场最重要的粮食供应地华沙割让给俄国的1815年起，自由贸易派文献中开始异口同声地热烈赞扬同俄国的联盟，说俄国是决不会让朋友挨饿的英国的"天然""老"盟友。

在几个世纪的进程中，俄英之间友好关系的物质基础就是这样发生着变化。相爱的人吵架，不过是寻开心！作为"正规贸易公司"早就失去任何意义的俄罗斯公司，在十九世纪仍然不断赞扬同俄国结盟的好处。在俄国急切盼望的废除谷物法之前不久（1847年），罗伯特·皮尔在俄罗斯公司成立纪念宴会上的一篇精彩演说中表示希望作为欧洲宪兵的俄国沙皇能够访问英国。他以"大不列颠和俄国之间的友谊万古长存"的祝酒词结束了演说。甚至当克里木战争终于在违背几乎所有英国政治活动家的意志的情况下爆发时（1854年），它在起初只是，而且也不能不只是一场装样子的战争。

甚至那些从小皮特时代起就以反对俄国侵犯土耳其利益为己任、并且对俄国在中亚的进展疾恶如仇的托利党人，也必须考虑这个事实。"英雄"的反雅各宾战争时代向他们表明了，当需要保护资本主义社会的"最高利益"的时候，甚至像皮特那样仇视俄国的人都曾毫不迟疑地和俄国结盟。

九、俄国的对外政策和革命

马克思在同福格特的论战中还援引这部关于十八世纪俄英外交关系的著作并且用了其中主要的结论,这件事表明,他在六十年代初还保持着自己原来的观点。他忽略了从彼得一世到亚历山大二世之间俄国内部的发展。他既没有看到俄国专制制度在这个时期的演变,也没有看到俄国的经济发展及其和英国经济发展的密切联系。他忽视了下列事实:俄国在十六和十七世纪是资本主义英国最重要的殖民地之一;在十八世纪英国造船业的繁荣从而英国在整个工场手工业时期在贸易上的霸权地位都是建立在俄国输出原料的基础上;在十九世纪六十年代俄国还是一个向英国大工业提供原料和为它的奴隶们提供面包的国家。一句话,他忽视了,世界市场的霸主——英国——之所以能够在贸易上奴役和剥削欧洲各民族的资产阶级,其中一个原因就是由于得到俄国暴君的帮助。①

他依然把俄国专制制度看作一成不变的东西。在《福格特先生》一书里,他还写道(1860):"解放农奴的目的只不过是消除障碍,从而使专制扩大到极限;这类障碍就是大专制君主迄今所遇到的俄国贵族中以农奴制为依靠的无数小专制君主和自治的农民公社,这种公社的物质基础,即公社所有制,是要被所谓解放消灭的。"② 因此,俄国专制

---

① 关于这方面,他在《政治经济学批判》一书中就曾指出过:"俄罗斯人早就懂得货币就是商品,不但1838—1842年把谷物输入英国这件事,而且他们的全部贸易史,都证明了这一点。"在这方面他们的老师是英国人。(《马克思恩格斯全集》第1版第13卷第168页注释②)

② 《马克思恩格斯全集》第1版第14卷第535—536页,引文稍有改动。——译者注

制度将继续其侵略政策。这还不够。"此外，**按照俄国政府的精神**去解放农奴，就会使俄国的侵略性增强千百倍。"①

当时恩格斯已经持另一种观点，我认为马克思的话暗含着对他的反驳。恩格斯在《萨瓦、尼斯与莱茵》这本小册子里写道（1860年）：

"同时，我们已经有俄国农奴这样一个同盟者。现在俄国统治阶级和被奴役的农民阶级之间的斗争正如火如荼，它正在动摇俄国对外政策的整个体系。这个体系只有当俄国内部在政治上还没有发展以前，才可能存在。但是这个时代已经过去了。由政府与贵族共同大力促成的农业和工业的发展，已经达到了使现存的社会关系不能再继续下去的程度。这种社会关系的废除一方面是必要的，而另一方面，不经过暴力变革又是不可能的。随着从彼得大帝到尼古拉一世的俄国的毁灭，它的对外政策也将遭到毁灭。"②

事实证明恩格斯是对的。他当时就已经完全正确地指出，俄国欧洲霸权的主要原因在于叶卡特林娜二世的整个对外政策的基本原则：俄国使欧洲其他列强尽可能地互相残杀和互相削弱。也正是他正确地指出了，俄国内部的政治发展必然是破坏这种威力源泉——俄国对外政策的不变性和稳定性——的推动力。

十二月党人的起义就已经是不祥之兆。而俄国革命运动的不断高涨更是越来越明显地揭示出，俄国已经丧失了那使它在1848年还能够以极其鄙夷的眼光看待整个欧洲，看待"腐败西方"的全部优势。

"说起别人的罪过来，
我是怎样地翻弄舌锋！

---

① 《马克思恩格斯全集》第1版第14卷第535页。——译者注
② 《马克思恩格斯全集》第1版第13卷第679—680页。——译者注

> 别人有污点，觉得总还不够，
> 要说得来污上加污，丑上加丑。
> 要把来抬高自己的身份，
> 而今呢我自己成了罪人！"①

正是这种意识——俄国"要是吃喝就要滋养两者"：专制制度和革命——毒害了尼古拉一世整个在位时期的生活；正是这种意识迫使他在国内成为刽子手，在整个欧洲成为宪兵；正是这种意识抑制着他对外政策的规模。

在十九世纪六十年代，恰好是在德英的帮助和法奥的纵容下把叛逆的波兰彻底镇压下去的时候（这个波兰在1795—1796年，1831和1859年都曾经是绑在俄国巨人腿上、妨碍他自由行动的沉重铅球），在俄国开始了革命运动，诞生了这个"亚洲"俄国和欧洲资本主义的"私"生子。从此以后，俄国专制制度的对外政策完全丧失了它致命的不变性。即使西欧发生新的分裂和争吵（特别是德法战争后的分裂，它比七年战争后的分裂更使西欧各国人民互相疏远），不断给俄国专制制度注入新的生命力，但是由于必须经常防备国内的革命运动，它每次都不得不中途罢手。不仅如此。以前作为主要目的的东西，现在变成了达到目的的手段。继续推行传统的对外侵略政策，成了防止国内爆发革命的唯一手段。

当西欧由于革命或争吵而被削弱时，侵略战争是不会爆发的，而当"内部的政治发展"给予这种战争以推动时，才会发生。但是这些战争只是更多地揭露出内部"制度"的不完善。事实表明，只有在革命运动的最低要求得到满足时，这种战争才有成效。因此，由于本身固定不变而丧失了自己的一个主要优点的沙皇政府的对外政策，也就因为这种内部

---

① 歌德：《浮士德》人民文学出版社1955年版第1部第192页。——译者注

矛盾而逐步趋于破产。俄国专制制度的掠夺性虽然没有变,但是不再有能够满足它的力量了。

不仅在欧洲文献中,而且在俄国文献中第二个揭露这一切矛盾的是恩格斯。他在对"民粹派"偏见的出色批判中——在对特卡乔夫的反驳中[1]——已经指出俄国专制制度的阶级特征,指出它对一定的社会经济关系的依赖性。当内部的经济发展把城市无产阶级推向前台的时候,当俄国社会民主党诞生的时候,他在专门为俄国第一家社会民主党杂志撰写的一篇文章中天才地概述了"俄国沙皇政府的对外政策"。

他在这篇文章里证明,尽管俄国从彼得大帝起得到了很大发展,尽管它在欧洲的影响不断加强,只是在叶卡特林娜二世统治下它才开始扮演欧洲仲裁人的角色。此外,他还指出,俄国沙皇政府的对外政策的毋庸置疑的成果,与其说是建立在俄国外交家个人特性的基础上,倒不如说是建立在对这些外交家有利的欧洲政治状况的一般条件的基础上,俄国善于利用这些条件,要不是存在着波兰这个"俄国的肉中刺",它还会利用得更好。他在阐明这个他在1859年就已表达的思想时,进一步指出,俄国内部的政治发展在使得那样一天更快临近,那时俄国人民将参与决定俄国的对外政策,俄国沙皇政府将由于自顾不暇而无心去干夺取君士坦丁堡、印度和世界霸权这样的儿戏。

恩格斯的预言是对的。他击中了问题的要害。但是与此同时,马克思和恩格斯曾在基本点上接受了的欧洲民主派对外政策的旧公式——这里是西欧,那里是亚洲俄国;这里是革命,那里是欧洲反动堡垒,即专制制度——日益失掉了它的意义。传统观念是根深蒂固的,国际社会民

---

[1] 《论俄国的社会问题》1875年版,载于《〈人民国家报〉国际问题论文集》。(见《马克思恩格斯全集》第1版第18卷第610—623页)

主派花费很大力量才改变了它对资产阶级社会所提出的一系列"问题"的观点。国际社会民主派也完全同资产阶级民主派一样，曾在对外政策的领域里使用关于革命种族和国家与反动种族和国家的僵化概念，而不注意那改变现存政府的社会性质以及"应份得到"这个政府的民族的阶级构成的历史进程。

不管马克思对欧洲在1848年以后再度受到的英俄奴役所进行的抨击看来是多么奇怪，其中已包含了如下的认识：即在欧洲除了俄国专制制度以外，还有另外一个反动堡垒，这就是背叛了自己历史使命的资产阶级，用自己的资本养育了俄国专制制度的欧洲资本主义。

这个事实在革命的1905年表现得最为明显。1848年的历史在当时是用头立地的。1848年开始的革命从西方推进到东方，在波兰边境上停留下来，正在敲打西欧的大门。1848年威胁西方民主的沙皇现在成了俄国无产阶级的俘虏。

恩格斯再次显示出自己是个很好的预言家：

"一旦这个主要堡垒本身转入革命的手中，欧洲的反动政府就会彻底丧失自信心和镇静；那时它们将只有指靠自己本身的力量，并且很快会感到局势发生了多大的变化。也许，他们竟会派遣自己的军队去恢复沙皇政权，——这将是世界历史的莫大讽刺！"①

这个讽刺果真成了现实。当时在彼得堡不断流传着一种谣言，说德国皇帝把他的军队集结在波兰边境上，对此反动的俄国新闻界不仅不否认，而且还兴高采烈地加以传布。

---

① 这篇文章的德文原文载于1890年出版的《新时代》杂志。（见《马克思恩格斯全集》第1版第22卷第13—57页）

正如马克思和恩格斯（和他们一起的还有先进的德国无产阶级）在1848年以热切的希望注视着西方，并期待在英国爆发社会革命一样，1905年俄国的革命者和无产阶级在同专制制度进行的英勇斗争中，也把希望寄托在西欧的社会革命上。但是帮助并没有盼到。俄国无产阶级耗尽了多年来储备的革命力量以后，便在力量悬殊的斗争中失败了。

该战败者倒霉！但是，如果昏庸无能的市侩和长于算计的政客们当牺牲的战士们尸骨未寒、沙皇每天竖起新的绞架的时候，板着冷若冰霜的面孔向俄国无产阶级数说它的错误，并且像乌鸦般地诅咒"革命已经死亡"的话，那么，人们就应该说：就算俄国无产阶级犯了罪，就算它接二连三地犯了错误，但是它所犯的最大"错误"是它的革命停留在民族革命上，而站在专制制度背后的却是国际资本。

如果说1848年革命之所以失败，是由于俄国专制制度的破坏和没有紧接着在英国爆发革命，那么，俄国革命则由于停留在民族革命上和没有波及欧洲其他地区而注定要遭到更严重的失败。如果革命不转变为国际的革命，那么，"它要想取得最终的胜利，就只能是并且始终只能是不能实现的良好愿望"。

同1848年的情况一样，在今天，欧洲这个最发达的资产阶级国家中的无产阶级也还很弱小，不能阻止本国资产阶级实行反动的对外政策。今天，俄国沙皇也和当年一样地炫耀同英国的"亲密"友谊。当年英国资产阶级让俄国沙皇在匈牙利任意肆虐，现在，它为了俄国专制制度在俄国的利益和英国专制制度在印度的利益又同利亚霍夫一起扼杀波斯的自由。

（原载1909年3月出版的《新时代》增刊第5期）

（马立 译）

马克思和恩格斯论 1775—1783 年美国独立战争*

内利·鲁勉采娃

"……美国每逢 7 月 4 日都纪念自己的革命。"①

——弗·恩格斯

马克思和恩格斯详尽地研究了许多国家和人民的历史,其中也包括美利坚合众国的历史。早在 19 世纪 40 年代初这个大洋彼岸的共和国就引起了他们的注意,而且他们对美国的兴趣一直延续到他们去世时为止。

马克思和恩格斯都没有写过一部专门的著作来论述美国历史。但是,如果我们把他们写的所有涉及美国的文章、他们在著作和信件中表述的看法加以概括的话,便可以得到一个十分有趣的美国发展的概况:从 15 世纪末美洲的发现,由于欧洲大陆的移民使美洲殖民化到 19 世纪末为止,这时美国已经发展成主要的世界工业强国,进入了垄断资本主义阶段并成为最尖锐的阶级斗争的舞台。这一概况包括对美国不同发展阶段上最重大的政治历史事件和社会历史事件的评价,对美国的农业

---

* 本文选自《马克思恩格斯研究》1992 年总第 9 期。
① 《马克思恩格斯全集》第 1 版第 21 卷第 237 页。

史、社会主义运动和工人运动史，以及美国黑人问题的评价。另外它还包括对美国最重要的政治家和科学家、美国在世界政治中的作用和地位以及对宪法史等等的有趣的看法。马克思和恩格斯的兴趣十分广泛，而且他们的兴趣随着实际任务的变化而转移。不过，通过对他们著作中所探讨的问题作很不完全的了解，他们论述的中心内容是美国历史上特别重要的、持续决定美国发展的两个事件——1775—1783年北美殖民地反抗英国的独立战争和1861—1865年的内战。这两次革命战争是美国资产阶级革命和资产阶级民主革命的顶点或者是第一次和第二次美国革命的顶点。① 这不是偶然发生的事件，因为正是这些事件证明美国人民有民主传统和革命传统，而这些传统在第一次美国革命中就已经开始了。马克思和恩格斯始终对这两个传统给予特别的关注。

马克思和恩格斯的所有这些看法是以精确掌握原始材料、各种文件，以及关于美国的各式各样的历史著作和经济著作作为基础的。美国报纸《芝加哥论坛报》的一位通讯员在1879年1月5日发表的一篇专访中证明了科学共产主义的创始人在美国历史方面所掌握的渊博知识给美国人留下了多么深刻的印象。"本报通讯员拜访过马克思两三次。每次他都是在马克思的书房里见到这位博士的——他一只手拿着一本书，另一只手夹着一支烟……人们多半可以根据一个人阅读的书来评价他。如果我告诉您，我本人在匆匆一瞥中看到了莎士比亚、狄更斯、萨克雷、莫里哀、拉辛、蒙台涅、培根、歌德、伏尔泰、倍恩等人的著作，英国

---

① 参看格哈得·席尔费特：《1775—1783年北美独立革命》，载于曼弗雷德·科索克出版并发行的《1500—1917年新时代的革命》1982年伯林版第85—100页；马克斯·佐伊斯克：《关国内战和第二次资产阶级革命》，载于同上，第369—391页。

的、美国的和法国的蓝皮书,俄语的、德语的、西班牙语的、意大利语的政治和哲学方面的著作等等,那么,你对此将会做出自己的判断。

在我们的谈话过程中,使我惊奇的是,马克思对最近20年来美国的重大问题了如指掌。他的消息如此灵通,在批判我们的立法——联邦的立法和各个州的立法——时又惊人地准确,使我不由想到,马克思显然是从美国本身获得信息的。"①

实际上,在马克思的书房里有大量关于美国的历史和经济的文献。这可以从保存下来的马克思的笔记本和他的藏书的清单中看出来。在原苏共中央马列主义研究院中央党务档案馆和原德国统一社会党中央马列主义研究院图书馆中都收藏有美国和各州的宪法、对各种问题的史学调查,以及美国重要政治家和国务活动家的著作和回忆录。著名的美国经济学家撰写的关于经济问题的著作,以及关于美国社会经济发展的各式各样的统计汇编和文献参考书占有特殊的地位。

人们从其中许多书中都可以看到仔细阅读过的痕迹:书上到处留下了马克思的批注、他划的横线和加的着重号。遗憾的是,在恩格斯的手稿和文献遗物中实际上没有类似的文献;保留下来的恩格斯的文献一般都是涉及美国历史的其他时期的。因此在下面我们不得不主要援引马克思的文献。分析这些文献能有助于我们具体地了解下列问题:马克思是如何研究第一次美国革命的历史的,马克思关于这次革命的结论是以多么丰富的实际材料——历史、经济、哲学和政治方面的材料——为依据的。

我们不妨从分析马克思阅读过的书籍的内容提要的特点开始,并介绍一下那些保留有马克思的批注和画有横线的著作。

---

① 1879年1月5日《芝加哥论坛报》第7版。

1843年夏，马克思在克罗茨纳赫开始仔细研究世界各国的历史。因为他打算批判地分析黑格尔的唯心主义国家学说和法律学说，以及黑格尔关于社会发展规律的唯心主义观点。马克思试图找到历史过程的真正动力。他除了摘录法国、英国、德国、瑞典和波兰等国的历史著作之外，还摘录了1834年在曼海姆出版的英国军官和作家托马斯·汉密尔顿的两卷集著作《美国人和美国风俗习惯》的德译本。①

顺便指出，马克思对第一次美国革命的兴趣是和对1789年法国资产阶级革命的兴趣同时产生的。相反，英国革命和荷兰革命当时不是马克思注意的重点，这显然是因为美国革命和法国革命作为18世纪的社会现象对国际发展产生的影响要比16和17世纪的革命产生的影响大。此外，法国革命和美国革命留下了人权和公民权宣言与独立宣言两篇重要的文献。它们引起了科学共产主义创始人的极大注意。

马克思在这个时期所作的涉及面很广的摘录表明，他仔细地研究了这些事件的过程（简直是逐日地进行研究）以及法国革命的力量配置和文献。马克思之所以这样做首先是因为他打算写一部国民公会史。对第一次美国革命史所做的同样详尽的摘要没有保存下来。也许，除了上面提到的汉密尔顿一书的摘要外，再没有其他摘要了。但是马克思在《论犹太人问题》一文中从某种角度对两个革命进行的对比，② 以及对它们的最重要的文件和结果的描述，使我们可以肯定地认为，马克思这时对第一次美国革命的许多问题已经非常了解了。

汉密尔顿的《美国人和美国风俗习惯》一书中包含有关于美国革

---

① 马克思：《历史—政治札记》（克罗茨纳赫笔记本1—5册），载于《马克思恩格斯全集》原文版第4部分第2卷第266—275页。

② 参看《马克思恩格斯全集》第1版第1卷第425页。

命后的发展史，主要是关于美国的政治发展和法律史方面的相当丰富的事实材料。

汉密尔顿从保守的观点出发研究了从1775—1783年独立战争结束到19世纪30年代初这段对美国历史来说极其重要的时期。当时在美国，资产阶级的社会经济关系和政治关系都出现了迅猛的发展，一位目击者对这些事件的相当精确的观察，向马克思展示了一幅反映年轻的美国资产阶级疯狂追求利润的给人印象深刻的画面，使马克思看到，明显的社会对抗在增加，这在大城市和中心城市暴露得最为明显。

所以马克思摘录了如下那段话，并在他笔记本的边上对那段话作了记号。在这段话中，汉密尔顿断言，在美国的最大城市纽约，居民明显地分成两部分："劳动者和那些无需通过艰苦的手工劳动就能体面地生活的人。"① 马克思在他的摘录中还记下了汉密尔顿书中的一段关于美国在独立战争胜利后一般发展趋势的重要论述："北部各州的需求和愿望与南方截然不同。被称为国会的联邦议会是永远争吵不休的战场。"②

马克思对这本书所作的摘录的篇幅和性质表明，他怀着浓厚的兴趣阅读了该书，在这里我们可以清楚地看到两个方面。一方面，马克思把他的注意力放在了美国人民的政治权利和公民权利上，这个权利是美国人民在革命中赢得的，它不仅反映在美国宪法中而且也反映在各州的宪法中。这样，马克思便在一定程度上强调了资产阶级共和国与欧洲君主国相比向工人阶级特别是无产阶级所提供的政治权利方面的优先权。另

---

① 马克思：《历史—政治札记》（克罗茨纳赫笔记本1—5册），载于《马克思恩格斯全集》原文版第4部分第2卷第271页。
② 马克思：《历史—政治札记》（克罗茨纳赫笔记本1—5册），载于《马克思恩格斯全集》原文版第4部分第2卷第267页。

一方面，马克思又非常重视汉密尔顿书中那些涉及他作为君主制拥护者批判地分析共和制的政府形式及其局限性方面的内容，局限性使人看到美国政府许多法律和规定的蛊惑性质。马克思几乎是在他的摘录的开头就记下了汉密尔顿下面这个独特的论断："但从更重要的意义上讲，平等根本没有实现。"马克思摘录了这个论断的论据，例如："人们习惯于把美国想象为一个自由和平等的国家。如果把平等理解为在法律上不存在特权等级，那么，这种看法对大多数州说来固然是对的；但是，在许多州，例如，在弗吉尼亚州，为了能行使选举权，人们必须拥有相当多的收入。"①在汉密尔顿看来，在教育事业中也明显看得出缺少美国宪法所宣布的平等。马克思还同时摘录了汉密尔顿的下述评语："工人们……清楚地认识到，那些仅仅为了生存而不得不整日工作的人没有时间和金钱来获得必要的知识。因此，他们被排除在没有知识就无法得到的一切职务之外。"②

马克思最早在1846年秋天开始摘抄1830—1845年在耶拿出版的经济史学家古斯达夫·冯·居利希的五卷本著作《关于现代主要商业国家的商业、工业和农业的历史叙述》③。马克思对这部著作做了厚厚3个笔记本（约1000页）、涉及面很广的摘录，其中相当多的篇幅摘录了关于美国从1492年美洲的发现到19世纪中叶的经济发展的内容。然而，

---

① 马克思：《历史—政治札记》（克罗茨纳赫笔记本1—5册），载于《马克思恩格斯全集》原文版第4部分第2卷第267页。
② 马克思：《历史—政治札记》（克罗茨纳赫笔记本1—5册），载于《马克思恩格斯全集》原文版第4部分第2卷第271页。
③ 马克思：《对古斯达夫·冯·居利希〈关于现代主要商业国家的商业、手工业和农业的历史叙述〉的摘录》，载于《马克思恩格斯全集》原文版第4部分第6卷第9—937页。

涉及美国的那部分摘录的重点是那些揭示了导致北美13个州反对大不列颠的战争并最后战胜这一强国的经济原因的章节。马克思尤其重视这次胜利对美国经济进一步发展的意义。他在同时进行的论述——对全部摘录的一种概括——中从各个方面研究了这次胜利对世界经济发展，首先是对像英国、德国和法国这些欧洲国家的发展的影响，从而也强调指出了这次胜利的国际意义。① 此外，马克思认为，除了18世纪末法国资产阶级革命外，第一次美国革命是世界经济发展和政治发展中的一个重要的里程碑。必须强调指出的是，他在所加的一切标题、甚至部分摘录的文字中，和居利希不同，坚持把独立战争称为美国革命。②

在马克思的藏书中有一些第一次美国革命的重要代表所写的书（美国启蒙运动者托马斯·倍恩和托马斯·杰弗逊），其中最著名的著作是倍恩的《常识》和《人的权利》。证明这一点的不仅有马克思的朋友罗兰特·丹尼尔斯1850年编制的藏书目录③而且还有上面提到的那位《芝加哥论坛报》通讯员的评论。可惜倍恩的这些书没有保存下来。④

---

① 参看《马克思恩格斯全集》原文版第4部分第6卷第906—907页。
② 参看《马克思恩格斯全集》原文版第4部分第6卷第906—907页。
③ 参看《马克思和恩格斯的藏书。藏书的命运和目录》1967年柏林版第218、219页。托马斯·倍恩的《常识》一书收在马克思的父亲亨利希·马克思的藏书中。（参看《卡尔·马克思。1818—1968。对其人和学说的新研究》，1968年美因兹版第83页。）在马克思藏书清单上倍恩的这本书是原版书，而在他父亲的藏书目录上登记的是德文版。
④ 在提到的马克思40年代购买的那些书籍中，只有托马斯·倍恩的书没有德译本或法译本，这使我们可以推测，马克思后来在1845年夏与恩格斯一起在曼彻斯特逗留之后才买到了倍恩的书，当时他第一次开始摘录英文书，从这时起他也购买英文书籍了，这一点可以从马克思的一个笔记本中间接地看出来。在这个笔记本里很可能是于1844年年底在巴黎编制的他的藏书的第一个目录，在这个目录里还没有英文书。

杰弗逊的《回忆录》于1833年在巴黎出版了法译本（《政治和哲学杂记。摘自托马斯·杰弗逊的回忆和通信摘要》），书中还包含有他的来往信件。马克思显然在巴黎或者布鲁塞尔居住期间，总之，不晚于1847年秋就读过该书。因为马克思在1847年10月撰写的《道德化的批评和批评化的道德》一文中提到过这本书。①

与倍恩的两本书不同，杰弗逊的《回忆录》是马克思的藏书中没有遗失的书籍，它现在保存在原德国统一社会党中央马列主义研究院图书馆里。②该书第392—397页上的旁注证明，马克思仔细钻研过这本书。他在旁注中摘录了托马斯·杰弗逊1793年8月16日给美国驻法公使莫里斯的一封信。杰弗逊本人从1785—1789年，即法国资产阶级革命开始前夕，曾任美国驻法公使，1790—1793年任美国国务卿，他欢迎法国革命，并主张，向在反对以英国为首的欧洲列强联盟的斗争中的革命法国提供外交上的支持和生活资料的援助。杰弗逊在他的信中也表达了这种观点，马克思对此很感兴趣。

马克思的旁注首先表明他对这个刚刚诞生的大洋彼岸的共和国、对这个爆发了一场革命的国家有着强烈的兴趣。有趣的是，马克思在杰弗逊那封信中勾画记号的那些段落，在这些地方，杰弗逊断然拒绝帮助拼凑旨在反对革命法国的反革命力量。譬如，马克思在第393页上给下面这段话画了着重线："如果美国有权不允许在它的港口和领土上武装船只、招募船员的话，那么中立法则责成美国行使这项权利，禁止任何这种行为。"

马克思的藏书中有一些专门描述北美殖民地的历史和它们在独立战

---

① 参看《马克思恩格斯全集》第1版第4卷第338页。
② 参看《马克思和恩格斯的藏书》1967年柏林版第108页。

争前夕的状况以及它们与英国的关系的书籍。这些书中有1865年在伦敦出版的托马斯·罗林的《英属北美各省联盟；它们过去的历史和前景；兼论英属哥伦比亚和哈得孙湾》和1850年在美因河畔法兰克福出版的弗兰茨·科滕康普的两卷本著作《美国殖民史》①。这两本书中都有很多马克思画的着重线和加的批注。

显然，上面提到的那些著作只是马克思研读过的有关史学和经济学文献的一小部分。但即使是这些少量的证据也足以说明马克思多么认真地研究了北美殖民地战争的一切问题。

关于马克思读过的许多书，我们可以从他同恩格斯和其他人的通信中，以及他的许多文章中了解到，因为马克思在这些文章中不是提到就是援引了若干美国作者或者关于美国的一些著作。马克思在通信中对他所读过的书提出自己的看法，并把这些书推荐给他的信友，或者请他们设法弄到这种或那种他感兴趣的书。② 我们想着重谈谈其中的几本。

1843年秋天，马克思撰写了《论犹太人问题》这篇文章。他在该文中除了提到和援引其他著作外，还提到和援引了两位法国资产阶级历史学家和政治家——古斯达夫·德·波蒙和阿列克西斯·德·托克维尔的著作。他们的著作研究的是我们所感兴趣的那个时代的美国。③

这两本书均为马克思的藏书，④ 也许正因为如此而没有它们的摘录笔记。另一方面可以推测，马克思个人拥有的这两本书里肯定有他作的

---

① 原苏共中央马克思主义研究院中央党务档案。

② 马克思1878年8月24日给英国书商乔治·里弗斯的信里就有这样的请求。马克思在信中请里弗斯把"美国出版物和旧书"的目录给他寄去。（参看《马克思恩格斯全集》第1版第34卷第316页）

③ 参看《马克思恩格斯全集》第1版第1卷425、435、447页。

④ 参看《马克思和恩格斯的藏书》1967年柏林版第213页。

各种各样的批注。遗憾的是，这两本书至今没有找到。

1835年巴黎出版的波蒙的两卷本著作《玛丽或合众国的奴役制》几乎与汉密尔顿的书研究的是同一类问题。此外，该书作者非常重视美国奴隶制的产生和存在的条件以及那里的教养所体制，阐述了北美各州宪法的内容。这些同样引起了马克思的兴趣，并使他能够在《论犹太人问题》中把这些宪法同1791年、1793年和1795年的法国宪法以及人权和公民权宣言进行比较。① 稍后不久，即1844年，马克思在巴黎为他的藏书购买了一本法文版美国宪法单行本，这可以从他的1844—1847年笔记本中看出来。②

阿列克西斯·德·托克维尔的著作《美国的民主》一书也是于1835年出版的，但是迄今为止没有发现马克思对此书的任何评价。但我们还是想强调一下这本书，因为它是迄今美国资产阶级历史学家竭力否定美国独立战争的革命性质的通俗历史著作之一。因为托克维尔早在1835年就写道，那场"伟大的社会革命"，在美洲"简单而又平静"地进行，在美洲的合众国"没有亲身经历革命"就享受到了"民主革命……"的成果。③ 正是法国贵族的这些看法被少数美国资产阶级历史学家接受了。

马克思在1859年2月1日给约瑟夫·魏德迈的信中说明了他的主要经济学著作的写作方案。在信中，马克思列举了他要在第一章"论商品"中利用的著作作者，其中有美国卓越的政治家和科学家：1775—

---

① 参看《马克思恩格斯全集》第1版第1卷第436—437页。
② 马克思的"1844—1847年笔记本"。（原苏共中央马列主义研究院中央党务档案）
③ 阿列克西斯·德·托克维尔：《美国的民主》1836年巴黎第3版第1卷第21页。

1783年北美独立战争的参加者本杰明·富兰克林的"第一部青年时代的著作，1729年"①——《试论纸币的性质和必要性》。除此之外，马克思还十分熟悉富兰克林的另一部著作——《关于国民财富的有待研究的几个问题》。这两部著作均收在波士顿斯巴克斯出版社出版的《富兰克林全集》1836年版第2卷中。马克思在《资本论》第1卷中利用了它们。② 从马克思的1844—1847年笔记本中我们可以看出，他还知道富兰克林的另一著作——《论人类的增长》③，该著作于1751年在费城出版。富兰克林是当时最有教养的、具有民主思想的人之一。他的所有这三本书包括了他对北美殖民地国家、法律和经济状况方面的许多问题的看法，并且在一定意义上为本杰明·富兰克林直接参加筹备和起草的美国独立宣言中所阐述的那些原则奠定了基础。

我们还想提一下伦敦的德国出版商和书商尼古劳斯·特吕布纳的图书目录——《美国图书索引》④。马克思在1859年3月3日给恩格斯的信中谈到他对这本工具书的印象不佳。⑤ 马克思的批评性评价无疑是有趣的：它使我们可以有把握地断定，马克思对美国书籍的兴趣始终不减；同时这种评论也证明他熟悉涉及美国最新书籍的其他资料。

至此，我们已经列举了马克思为了研究独立战争而利用的文献。下面我们谈谈马克思最重要的评论。

马克思和恩格斯是1861—1865年美国内战的同时代人，他们写了

---

① 《马克思恩格斯全集》第1版第29卷第553页。
② 参看《马克思恩格斯全集》第1版第23卷第65、187页。
③ 马克思的"1844—1847年笔记本"。（原苏共中央马列主义研究院中央党务档案）。
④ 特吕布纳：《美国图书索引》1859年伦敦版。
⑤ 参看《马克思恩格斯全集》第1版第29卷第390页。

大量关于美国内战的文章。与此相反，他们没有写过一部论述1775—1783年北美殖民地反对大不列颠的独立战争的专题著作。他们对这场战争的看法分散在他们的全部著作遗产中，这就使我们的任务大大加重了，但我们的努力是值得的。实际上，我们确实在他们的著作中找到了对最重要的问题的回答，这些问题与北美殖民地争取独立的革命战争有关，它们涉及这场革命战争的起因、性质和动力，涉及它的成果和意义、它的理想和传统，涉及那些作为这场战争的思想家和领袖的美国启蒙运动的代表人物。

关于独立战争，马克思写道：它"有崇高目的和社会需要"①。1861—1865年的内战也证实了马克思的这一看法。

马克思和恩格斯极其重视对独立战争前夕北美殖民地状况的研究，因为他们认为这场战争是150年持续发展的结果。他们正是在研究这个状况中寻找关于第一次美国资产阶级革命的社会经济和政治前提这一问题的答案的。

马克思和恩格斯称之为"开拓者"②的北美第一批殖民者，是"为了建立纯粹的资产阶级社会而从欧洲的封建制度下逃出来的"③小资产者和农民。他们"自然地定居在新英格兰、宾夕法尼亚、北卡罗来纳、弗吉尼亚等，总之，是在东临大西洋的地区"④，然后才逐渐向北美西部那些未开垦的森林和草原推进。大部分垦殖者和殖民者是那些逃离旧世界、希望从束缚他们的封建桎梏中解放出来的农民。他们中的每个人

---

① 此处的说法与中译本有所不同，参见《马克思恩格斯全集》第1版第16卷第402页。——本丛书编者注
② 参看《马克思恩格斯全集》第1版第32卷第387页。
③ 《马克思恩格斯全集》第1版第39卷第147页。
④ 《马克思恩格斯全集》第1版第26卷（Ⅱ）第351页。

都可以在新世界找到自由的空间,以便有"空闲的土地来投资耕种"①。马克思断言,初期的农民经济是自然经济,带有明显的家长制的性质。农民自己耕种自己的土地,"他们主要是为了保证**自身的生活**,为自己生产生存资料"②。

随着商品关系的发展,原始自然经济开始向作为新兴的资本主义所有制前提的简单商品经济发展。在人们可以作为自由农民定居的、自由的、尚未殖民地化的土地的存在中,马克思看到了"在殖民地和古老的文明国家之间的巨大的、有决定意义的区别"③。在古老的文明国家,人民群众被排除在土地之外。这个具有决定意义的区别有助于殖民地在资本主义道路上迅速发展。

尽管在殖民时代农业实际上是主要生产部门,但革命时期的殖民地在工业发展方面也取得了显著成就。马克思写道:"另一小部分殖民者,住在沿海,住在通航河流附近等地,形成商业城市。"④ 在那儿逐渐形成了手工作坊和手工工场,它们为美国工业打下了基础。

马克思特别重视在弗吉尼亚、马里兰、南卡罗来纳和佐治亚这些殖民地中存在的以被贩卖到美洲的非洲人的奴隶劳动为基础的种植业。北美殖民地的"直接奴隶制",即"黑人奴隶制"⑤一再引起马克思的注意,因为他认为这种奴隶制有重大的意义。马克思不仅在《哲学的贫困》中,而且在《资本论》中强调指出了奴隶制对北美经济发展所具有的意义。他在《资本论》中写道,起初,美洲的奴隶经济是以家长

---

① 《马克思恩格斯全集》第 1 版第 26 卷第 31 页。
② 《马克思恩格斯全集》第 1 版第 26 卷第 338 页。
③ 《马克思恩格斯全集》第 1 版第 32 卷第 385—386 页。
④ 《马克思恩格斯全集》第 1 版第 26 卷(Ⅱ)第 338—339 页。
⑤ 《马克思恩格斯全集》第 1 版第 4 卷第 145 页。

制形式存在的，然而英国棉纺织工业的发展推动了奴隶制经济向"商业性的剥削制度"① 的转化。至于南部各州马克思强调说，"同机器、信用等等一样，直接奴隶制是资产阶级工业的基础"②。因此，这种种植园奴隶制是资产阶级制度的令人憎恶的附属品，是资本主义的赘瘤。

18世纪中叶左右，北美殖民地的资本主义关系形成过程已经大大地向前推进了。资本主义的产生在这里和在欧洲国家一样，也是与原始积累的过程联系在一起的。一部分美国资产阶级历史学家喜欢把北美的早期资本主义理想化，而马克思和恩格斯则强调指出，这种早期资本主义与田园诗般的景象相去甚远。

在北美的英属殖民地中，原始积累的重要来源之一是土地投机买卖。马克思写道，英国政府无偿分配地产，"如当初英国向海外殖民时的情况"。当英国政府出卖土地时，它"以非常便宜的价格"出售，"1美元或大致这么多的东西可买一英亩土地"。③ 马克思把这种做法描述为"无耻地把殖民地未开垦的土地滥送给贵族和资本家"④。虽然在北美没有发生像英国在原始积累过程中发生过的圈地和把农民从土地上驱逐出去的现象，但是"美国的开拓者和土地投机者的历史的确常常使人想起那些例如在爱尔兰发生过的最丑恶的事情"⑤。大面积的土地集中在投机者手中，他们通过地产交易牟取暴利。

此外，北美的殖民地化也伴随着对当地土著居民——印第安人——的暴力驱逐和种族灭绝。马克思在《资本论》中用异常尖锐的措词揭

---

① 《马克思恩格斯全集》第1版第23卷第828页。
② 《马克思恩格斯全集》第1版第4卷第145页。
③ 《马克思恩格斯全集》第1版第26卷（II）第338页。
④ 《马克思恩格斯全集》第1版第23卷第843页。
⑤ 《马克思恩格斯全集》第1版第32卷第387页。

露了第一批殖民者对当地土著居民的暴行:"在……专营出口贸易的种植殖民地……土著居民所受的待遇当然是最可怕的。但是,即使在真正的殖民地,原始积累的基督教性质也是无可否认的。那些谨严的新教大师,新英格兰的清教徒,1703 年在他们的立法会议上决定,每剥一张印第安人的头盖皮和每俘获一个红种人都给赏金 40 镑,1720 年,每张头盖皮的赏金提高到 100 镑;1744 年马萨诸塞湾的一个部落被宣布为叛匪以后,规定了这样的赏格:每剥一个 12 岁以上男子的头盖皮得新币 100 镑,每俘获一个男子得 105 镑,每俘获一个妇女或儿童得 50 镑,每剥一个妇女或儿童的头盖皮得 50 镑;数十年后,殖民制度对这些虔诚的新教徒们的背叛祖国的子孙进行了报复。在英国人的唆使和收买下,他们被人用短战斧砍死了。"①

马克思认为北美殖民地资本主义迅速发展的原因之一是:"这些国家……拥有古老国家的最进步的个人,因而也就拥有与这些个人相适应的、在古老的国家里还没有能够确立起来的最发达的交往形式。"②

正是北美殖民地的这种状况使恩格斯能够在后来断定,美国是一个"从来没有过封建制度而且社会一开始就建立在资产阶级基础之上"③的国家。

从北美殖民地化的最初日子起,英国政府就企图阻碍它的殖民地的资本主义发展。它想榨取这些海外殖民地的极其丰富的自然资源,以各种方式压榨当地居民,向他们征税、让他们承担费用,而这些费用具有封建专制主义传统的特点,是英国资产阶级从专制主义那里承袭下来

---

① 《马克思恩格斯全集》第 1 版第 23 卷第 821—822 页。
② 《马克思恩格斯全集》第 1 版第 3 卷第 82 页。
③ 《马克思恩格斯全集》第 1 版第 22 卷第 356 页。

的。北美殖民地可以被当作英国正在迅猛发展的工业的重要产品销售市场。这一点极其清楚地反映在英国的税收政策中。所以，用列宁的话来说，这场解放战争是"美国人民反对英国强盗的战争，这些英国强盗当时压迫美国，使它处于殖民地奴隶地位"①。

恩格斯称北美殖民地的这场战争为"摆脱英国暴政的解放斗争"②，他指的就是，英国在殖民地建立封建主义关系的企图从一开始就注定要失败。恩格斯注意到北美殖民地反对英国这一政策的斗争的两个方面：美国殖民者主张取消阻碍经济发展的税收。同时殖民地的这一行动也说明，它们力图"把对税收和立法的监督权掌握在自己手里"③，正像马克思在谈到澳大利亚发生的同样过程时所描写的那样，殖民地采取行动时的出发点是：如果殖民地在英国议会中没有代表，那么议会也就无权向殖民地征税。所以这不仅涉及税收，而且还关系到权力。因为如果英国议会向殖民地征税的权利，也就是为殖民地普遍颁布法律或规定的权利被否决的话，那么一般就会危机到英国对殖民地的权力。马克思写道，乔治三世及其英国议会企图"为美洲颁布法律。他们为此付出的代价是失去北美殖民地"④。

力求废除殖民统治、争取独立和自己决定内部事务的权利，这些都具有深刻的社会经济原因，并且导致了美国的独立战争。这场解放运动的主力是农场主和城市小资产者。

引发这场解放运动的原因除了物质进步和社会经济关系的改变之

---

① 《列宁全集》第 2 版第 35 卷第 47 页。
② 《马克思恩格斯全集》第 1 版第 4 卷第 425 页。
③ 《马克思恩格斯全集》第 1 版第 11 卷第 120 页。
④ 《马克思恩格斯全集》第 1 版第 45 卷第 12 页。

外，还有殖民地在政治生活和精神生活方面的发展。美国启蒙运动的代表人物在第一次美国革命的思想准备中起了重要作用。

恩格斯在对北美殖民地的经济发展水平和思想发展水平进行比较时，认为后者是落后的。他写道：美国是"沿着纯粹资产阶级的道路发展起来的，没有任何封建的旧东西，但在发展过程中却从英国不加选择地接受了大量封建时代遗留下来的意识形态残余，诸如英国的习惯法、宗教、宗派主义"① 等等。随着北美资本主义的发展而出现的、促进了民族自我意识高涨的、进步的资产阶级新思想必定会贯穿在反对北美殖民者从英国那里作为遗产接受下来的、陈旧的、反动的思想的斗争中。因此美国资产阶级启蒙运动，作为殖民地的上升的资本主义的意识形态，在国内资产阶级革命日趋成熟的时代具有伟大的进步意义。而本杰明·富兰克林、托马斯·杰弗逊和托马斯·倍恩就是这个运动最杰出的代表，也是后来第一次美国资产阶级革命的领袖。

我们在马克思和恩格斯的著作中发现了许多关于北美反殖民斗争的鼓舞者、思想家和领袖的论述。正如马克思所断言的那样，被美国人"称为《the revolutionary fathers》（革命之父）"② 的这些人，作为自己祖国的充满激情的爱国者，在他们的著作中无情地揭露了危害他们国家的溃疡。他们是有坚定信念的人道主义者，是一切奴役和殖民主义的死敌。他们把美国殖民者在争取国家独立的斗争中获得的成功看作是人类的共同胜利。

美国启蒙运动者们兴趣广泛。本杰明·富兰克林是一位博学多才的科学家，同时也是一位杰出的政治家。富兰克林除了研究几门自然科学

---

① 《马克思恩格斯全集》第1版第36卷第522页。
② 《马克思恩格斯全集》第1版第15卷第428页。

和哲学以外，还研究历史和政治经济学。他是第一位著名的美国经济学家，并受到了马克思这样的评价。

尽管富兰克林把资本主义生产方式理想化了，并把利润看作是工业家和商人投资的应得报酬，但在经济科学领域里他也阐明了关于价值的性质的天才设想。他认为，价值必须以完成的劳动量来衡量，这一点受到了马克思极高的评价。按马克思的话来说，富兰克林是"首先发现价值的真正实质的人中的一个"①。正像我们已经说过的那样，马克思不仅在《政治经济学批判》、《工资、价格和利润》中，而且也在《资本论》中援引了富兰克林的著作。1859年马克思写道："第一次有意识地、明白而浅显地把交换价值归结于劳动时间的分析，我们是在新世界的一个人那里发现的，在新世界，资产阶级生产关系同它的承担者一起输入进来，并且……迅速生长起来。这个人就是**本杰明·富兰克林**，他在1719年所写而在1721年付印的一本青年时代的著作中，表述了现代政治经济学的基本规律。他说必须撇开贵金属而寻找另一种价值尺度。这种尺度就是劳动。"②马克思惋惜地指出："富兰克林关于交换价值的分析，对科学的总的发展并无直接影响，因为他只是出于一定的实际需要探讨了政治经济学的个别问题。"③

马克思对本杰明·富兰克林所产生的影响有如此的兴趣并给予高度的评价还有另一个原因，即富兰克林作为上升时期的美国资产阶级最有远见卓识的思想家，是奴隶主制度的敌人。他指出，奴隶劳动没有效率，奴隶劳动所需要的投资大大高于雇佣工人的劳动所需要的投资。

---

① 《马克思恩格斯全集》第1版第16卷第137页。
② 《马克思恩格斯全集》第1版第13卷第45页。
③ 《马克思恩格斯全集》第1版第13卷第46—47页。

马克思对美国启蒙运动的另一位杰出代表——托马斯·杰弗逊的文学活动和社会政治活动表示了巨大的关注。马克思强调指出，他是"美利坚合众国奠基人之一、连任两届美国总统"①。杰弗逊像富兰克林一样是一个受过全面教育的人，他是一位政治家、外交家、法学家、农艺师，他在北美殖民地为启蒙运动思想所作的贡献比其他任何人都多。他接近资产阶级启蒙运动的革命左翼，同时捍卫人民主权的思想和殖民地奋起反抗压迫者的权利。这些观点反映在由他起草并受到马克思和恩格斯高度评价的独立宣言中。

在马克思论内战的文章中，我们发现多处提到杰弗逊的《回忆录》。马克思对杰弗逊拒绝在殖民地推行奴隶制以后会导致北美合众国"可怕冲突"②的看法特别感兴趣。"杰弗逊担心联邦将因这种致命的对立而有分裂的危险，这一点我们从他的回忆中可以看到。"③ 在某种程度上马克思从杰弗逊的这一言论中看到了一个预言，即美洲大陆将爆发一场长久的、最残酷的战争——1861—1865年的内战。

美国启蒙运动另一位有影响的人物是托马斯·倍恩。他最激进地代表了这个运动的民主分子。倍恩1774年离开英国到达美国，并立即站在北美殖民地的解放运动这一边反对英国王室。托马斯·倍恩反对奴隶制和种族歧视，是君主制和贵族统治的反对者。他提出了土地国有化和消灭财产不均的要求。倍恩在那篇幅不大却振奋人心的宣传小册子《常识》中表述了这些思想。这本小册子于1776年1月，即在乔治三世把奋起反对英国的北美殖民地居民宣布为叛逆者之后5个月出版。倍恩的

---

① 《马克思恩格斯全集》第1版第4卷第338页脚注。
② 《马克思恩格斯全集》第1版第4卷第338页。
③ 《马克思恩格斯全集》第1版第15卷第324页。

这本小册子认为，独立必须通过建立自由的共和国来确保，这样才能保证使人民有成功的发展。他号召美国人采取坚决而果断的行动。倍恩的小册子在当时获得了非常广泛的传播，有几千本在全国流传。这本小册子对费城代表大会的参加者产生了决定性影响，代表们宣布北美殖民地独立并通过了独立宣言。

虽然官方的美国历史学把托马斯·倍恩看作美国革命的鼓舞者，然而正是因为他的彻底的民主主义观点而未把他列入"革命之父"。在官方的美国历史学看来，他是一位具有煽动性的哲学家。遗憾的是，在马克思和恩格斯的著作中没有对托马斯·倍恩这位第一次美国革命的参加者的描述。但是他们把倍恩称为著名的民主派,[1] 高度评价了他的著作，特别是《常识》和《人的权利》。[2] 在马克思的写字台上恰好摆着倍恩的著作，这不是没有原因的。

在美国革命的军事领袖和政治领袖中，马克思和恩格斯首先指出了乔治·华盛顿，他们还同时提到华盛顿参与美国宪法的起草工作。[3] 马克思对乔治·华盛领的活动评价之高，可以从他的下面这句话中看出来，马克思认为："在美国历史和人类历史上，林肯必将与华盛顿齐名！"[4]

第一次美国革命基本上是以北美殖民地反对英国王室争取独立的战争形式进行的。马克思和恩格斯对美国资产阶级革命的这一特殊性的评价是十分有趣的。当然在这方面恩格斯发表的言论要多得多。马克思本

---

[1] 参看《马克思恩格斯全集》第 1 版第 2 卷第 292 页。
[2] 参看《马克思恩格斯全集》第 1 版第 10 卷第 393 页。
[3] 参看《马克思恩格斯全集》第 1 版第 15 卷第 348 页。
[4] 《马克思恩格斯全集》第 1 版第 15 卷第 586 页。

人把恩格斯看作是军事科学方面公认的权威,并多次向他请教这方面的问题。

科学共产主义的创始人把北美殖民地争取独立的斗争分成两个阶段:殖民者对英国政策进行了12年之久的消极抵抗,逐渐为武装起义做准备。马克思和恩格斯把在波士顿销毁茶叶的事件看作是这种消极抵抗的最高形式。当时,殖民者把英国东印度公司的一批运抵波士顿的茶叶倒进了大海。1773年12月发生的这一事件是独立战争开始的前奏。恩格斯甚至把它看作是"美国人在独立战争期间最初行动"①。

恩格斯在直接描述第一次美国革命的军事特点时,看到了两种互相较量的作战方法:一种是资产阶级的英国在同它的殖民地作斗争时一直使用的、以招募新兵和雇佣兵为基础的封建主义的作战方法,另一种是以美国殖民者使用的自愿原则为基础的进步的资产阶级的作战方法。受过正规训练的英国新兵和雇佣兵遇到的对手是自由的殖民者——农场主、猎人、小商人和手工业者,他们"虽然没有经过步法操练,但是他们能很好地用他们的线膛枪射击;他们为自己的切身利益而战,所以并不像雇佣兵那样临阵脱逃"②。

恩格斯认为,这种新的作战方法反映在整个军事和战争艺术方面的一系列变革中,这些变革在美国独立战争的进程中被采纳了,随后在法国大革命中又得到了进一步发展。

恩格斯首先强调指出了这场战争的人民性。"从美国独立战争起直到美国内战,无论在欧洲或美洲,民众参加战斗已不是例外而成为常规

---

① 《马克思恩格斯全集》第1版第8卷第81页。
② 《马克思恩格斯全集》第1版第20卷第183页。

了。"① 在这里他特别强调了美国殖民地民众是为他们的"切身利益"而战;因此恩格斯着重指出了道德因素对于战争结局所具有的重大意义。他赋予游击战争以特殊意义。恩格斯写道:"凡是一个民族刚毅地进行这样的游击战时,入侵者很快就觉察到:奉行那种血和火的古老法典是不行了。英国人在美洲……很快便不得不承认人民的抵抗是完全合法的。"②

此外,恩格斯注意到,美国独立战争和在它之后的法国资产阶级革命战争使战术发生了很大变化。③ 这首先是指"散开队形的恢复"④。恩格斯写道,"美国革命表明,采用散开队形和散兵进行速射,即使是训练不好的军队也可以取得很大的优势"⑤。这种战术在1775年4月的累克辛顿战斗和康克德战斗中首次使用。当时,美国志愿军"未受过常备军的正规训练",必然要转为"散兵战"⑥。"这样,累克辛顿和康克德战斗就开辟了步兵史上的新纪元。"⑦

因此,美国独立战争具有革命的性质,它决定了战争的最后胜利。马克思和恩格斯高度评价这场战争是一场解放战争,一场人民战争,并强调指出了它的反殖民性质。列宁也给予了同样的评价,认为这场战争是"一次伟大的、真正解放的、真正革命的战争"。"这种战争,同那

---

① 《马克思恩格斯全集》第1版第17卷第178页。
② 《马克思恩格斯全集》第1版第17卷第178页。
③ 《马克思恩格斯全集》第1版第15卷第210页。
④ 《马克思恩格斯全集》第1版第14卷第376页。
⑤ 《马克思恩格斯全集》第1版第14卷第38页。
⑥ 《马克思恩格斯全集》第1版第14卷第376页。
⑦ 《马克思恩格斯全集》第1版第14卷第376页。

些……掠夺战争……比较起来,是不多见的。"①

第一次美国革命产生了巨大的国际影响。马克思和恩格斯首先强调指出,这次革命推动了欧洲反对封建专制的解放斗争,为资本主义发展铺平了道路。马克思在1864年北美内战全面爆发之际起草的《致美国总统阿伯拉罕·林肯》的公开信中这样写道,正是北美独立战争"最先推动了十八世纪的欧洲革命"②。

美国独立战争的影响首先表现在英国本身:爱尔兰反对英国的民族解放运动明显壮大了。马克思断言,"美国的事态在爱尔兰引起了强烈的震动"③。同时,北美独立战争是对法国大革命的一种准备。法国大革命在解决极其重要的革命问题方面比其先驱走得远得多,但总体上还是依靠了它的经验。因此马克思有理由在《资本论》第1卷第1版的序言中写道,"十八世纪美国独立战争给欧洲中产阶级敲起了警钟"④。

第一国际的创始人和领导人马克思和恩格斯强调指出了北美殖民者和主张捍卫美国人民的伟大解放事业的其他民族杰出代表之间的兄弟般的关系。著名的波兰革命家塔杰乌什·考斯丘什科作为志愿军参加了北美殖民地的美国独立战争。马克思和恩格斯写道:"波兰人在国家遭受第一次瓜分以后,就离开了自己的祖国,远涉大西洋,去保卫刚刚成立的伟大的美利坚共和国。考斯丘什科和华盛顿并肩战斗。"⑤ 与美国人一起同他们最可憎的敌人——英国王室进行斗争的爱尔兰人也很积极地参加了这场战争。马克思写道:"许多爱尔兰人,主要是奥尔斯脱的长

---

① 《列宁全集》第2版第35卷第47页。
② 《马克思恩格斯全集》第1版第16卷第20页。
③ 《马克思恩格斯全集》第1版第45卷第13页。
④ 《马克思恩格斯全集》第1版第23卷第11页。
⑤ 《马克思恩格斯全集》第1版第19卷第265页。

老会派，迁往美国，参加了**美利坚合众国的战争**，在大西洋彼岸对英国作战。"① 1789 年法国资产阶级革命的领导人贝尔蒂埃元帅和拉斐德将军当他们在法国志愿军和美国革命的保卫者的行列里进行斗争的时候就开始了他们的军事生涯。②

马克思和恩格斯还强调指出了年轻的美利坚合众国的外交所起的作用，它善于为了自己的利益而利用欧洲列强之间存在的分歧。为了削弱英国，法国是第一个承认美利坚合众国为独立国家的欧洲强国。马克思写道："1778 年 2 月 6 日。——**同法国订立条约**。根据条约，法国承认美利坚共和国的独立并向美国人保证，在他们尚未摆脱英国人时给予支援。"③ 法国的率先承认引起了特殊的连锁反应；继法国之后西班牙改变了它的立场，接着荷兰也起来反对英国。1780 年在俄国的倡议下公布了"武装中立宣言"，大多数欧洲国家不久都参加了该宣言。这在很大程度上促进了起义的殖民地反对英国的胜利斗争。④ 列宁也强调指出了美利坚合众国的外交成就。他写道："美国人民利用了法国人、西班牙人和英国人之间的纠纷。"⑤

关于独立战争给美国人民带来的成果，马克思首先断言，独立战争单在北美本土"开创了资产阶级取胜的新纪元"⑥。事实上，起义者斗争的目的不仅是为了自由和独立，为了排除英国在它的殖民地资本主义

---

① 《马克思恩格斯全集》第 1 版第 45 卷第 13 页。
② 参看《马克思恩格斯全集》第 1 版第 14 卷第 95 页；第 15 卷第 343 页。
③ 《马克思恩格斯全集》第 1 版第 45 卷第 12 页。
④ 参看《马克思恩格斯全集》第 1 版第 45 卷第 13—14 页；第 15 卷第 451 页。
⑤ 《列宁全集》第 2 版第 35 卷第 55 页。
⑥ 《马克思恩格斯全集》第 1 版第 16 卷第 21 页。

关系发展道路上设置的障碍而斗争，而且也是为了巩固正在发展着的北美资产阶级制度，为了维护和扩大资产阶级的自由和特权，反抗英国王室对他们的进攻。美国革命为这个大洋彼岸的共和国的经济发展创造了有利条件，为发展它的工业、农业、技术、科学和文化开辟了广阔的空间。美国在短时间内便跃进到世界上最大的工业国的行列。1845年恩格斯写道："美国有取之不尽的资源，有巨量的煤铁蕴藏，有无比丰富的水力和通航的河流，特别是有坚毅而活跃的居民……在不到十年的时间内建立了工业……已经开始和英国竞争……如果要找一个能够把工业垄断权夺到自己手中的国家，那么这就是美国。"① 1884年，即在北美殖民地独立战争100周年之后，恩格斯把美国描写成"世界第一个工业国"②。

马克思认为1776年7月4日的独立宣言是第一次美国革命的一个重要成就。这个宣言向全世界宣告，这次代表大会——它联合了13个州的代表——决定，断绝与英国王室的一切关系，建立一个独立的新国家——美利坚合众国，一个伟大的民主共和国。③ 宣言强调了资产阶级民主的基本思想、人人平等和人人都具有对生活和自由的权利。在历史上，人民主权的原则第一次在一份国家文件中被宣布为国家建设的基础，第一次使人民有权起来反对损害这一权利的政府。独立宣言被视为美国人民历史上伟大的文献之一。它证明了美国人民的英勇过去和它的革命传统，它是第一次美国革命进步遗产的组成部分。列宁写道："美国人民是有革命传统的，美国无产阶级的优秀代表继承了这种传统……

---

① 《马克思恩格斯全集》第1版第2卷第584页。
② 《马克思恩格斯全集》第1版第36卷第90页。
③ 参看《马克思恩格斯全集》第1版第16卷第20页。

这种传统就是18世纪的反英解放战争以及后来19世纪的国内战争。"①

独立宣言的发表不仅在美洲的殖民地,而且在国外也引起了强烈反响,许多国家的进步人士激动地阅读了宣言的条文,并谈论在全世界传播宣言原则的必要性。独立宣言激励他们同专制主义和封建主义关系作斗争,并号召他们起义。这是独立宣言极其伟大的历史意义之所在。因此马克思称它是"第一个人权宣言"②。

不过,独立宣言并不是在一切问题上都是彻底的。实际上,奴隶制制度被保留了下来。当然,马克思认为,奴隶制是"一种从英国输入并将逐渐消灭的罪恶"③。奴隶制甚至在1787年通过的美国宪法中也被认可。恩格斯写道,"美国宪法,它最先承认了人权,同时确认了存在于美国的有色人种奴隶制:阶级特权被置于法律保护之外,种族特权被神圣化了"④。这里,最为明确地证明了第一次美国革命的阶级局限性。

马克思在《论犹太人问题》一文中批判布鲁诺·鲍威尔关于民族问题的设想的同时阐明了"政治解放"和"人类解放"之间的根本区别的深刻思想。马克思把"政治解放"理解为资产阶级革命,而"人类解放"则是指能使人类从一切社会压迫、政治压迫和民族压迫中解放出来的社会主义革命。马克思从这个论点出发,称美国是政治解放已经完成⑤的国家。这里,他指的是独立战争的结果。马克思首先把共和制度的建立看成是美国资产阶级革命的完成。因此马克思还写道,美国是

---

① 《列宁全集》第2版第35卷第56页。
② 《马克思恩格斯全集》第1版第16卷第20页。
③ 《马克思恩格斯全集》第1版第15卷第348页。
④ 《马克思恩格斯全集》第1版第20卷第116页。
⑤ 参看《马克思恩格斯全集》第1版第1卷第425页。

"政治国家十分发达的地方"①　马克思和恩格斯在《德意志意识形态》中论述费尔巴哈的那一章里直截了当地认为，"现代国家的最完善的例子就是北美"②。

在当时就强调指出了资产阶级革命的局限的马克思首先以资产阶级革命取得了胜利的美国为例说明了这一局限。他在《论犹太人问题》一文中写道："政治解放的限度首先就表现在：即使人还没有**真正**摆脱某种限制，**国家**也可以摆脱这种限制，即使人还不是**自由人**，国家也可以成为**共和国**。"③

18世纪杰出的俄国革命思想家亚历山大·尼古拉也维奇·拉吉舍夫早在1790年就注意到了这一点。他在他的名著《从彼得堡到莫斯科旅行记》中就美国写道："上百个趾高气扬的公民沉溺于花天酒地之中，而成千上万人的三餐既无保障，又没有抵御寒暑的房屋。难道我们愿意把这样的国家称为幸福的国家吗？"④

实际上，随着美国在经济发展的道路上取得迅速进步，随着美国统治阶级即资产阶级的经济地位和政治地位的巩固，资产阶级民主最丑陋的方面开始越来越明显地暴露出来，美国作为"资本主义生意人的共和国"⑤的阶级局限性越来越清楚地表现出来。

独立宣言所确定的权利应该保证每个个人享有生存、自由和追求幸福的权利。然而它们对于全体美国公民来说没有成为现实，而只有他们

---

① 《马克思恩格斯全集》第1版第1卷第424页。

② 《马克思恩格斯全集》第1版第3卷第70页。

③ 《马克思恩格斯全集》第1版第1卷第426页。

④ 亚历山大·尼古拉也维奇·拉吉舍夫：《从彼得堡到莫斯科旅行记》1982年莱比锡版第118页。

⑤ 《马克思恩格斯全集》第1版第38卷第561页。

中的一小部分人——有产阶级的代表才享有这些权利。"曾经给世界树立过以革命战争反对封建奴隶制榜样的美国人民,竟沦为一小撮亿万富翁的现代的资本主义雇佣奴隶。"①

美国在获得独立后大约60多年的时间,在忘却独立战争的伟大理想和传统的同时又开始了第一场征服另一民族的战争——墨西哥战争。马克思认为,这场战争"对美国佬的伟大国家的战争史来说无疑是一个当之无愧的序幕"②。这样一来,美国就暴露了资产阶级民主的另一消极面,美国资本主义的一连串非正义战争和征服战争开始了。

1918年夏,列宁对美国在第一次美国革命胜利后的150年里所走过的道路作了评价:"美国就人的联合劳动的生产力发展水平来说,就应用机器和一切最新技术奇迹来说,都在自由文明的国家中间占第一位。同时美国也成了贫富最悬殊的国家之一,在那里,一小撮亿万富翁肆意挥霍,穷奢极欲,而千百万劳苦大众却永远濒于赤贫境地。"③ 这些话在今天仍具有现实意义。

美国的反动力量妄图把第一次美国革命的理想从人民的记忆中抹去,但是民主和革命传统仍然是人民的历史财富。列宁早在1907年夏天就写道:"反动派的任务是抹掉这些传统,把革命说成是'丧失理智的自发势力'……反动派的任务是迫使人民忘掉革命时期所产生的丰富多彩的斗争方式、组织形式、思想和口号。"④ 因此,在美国成立200周年前夕,《迈阿密先驱报》记者科林·丹加德所作的数百位美国公民

---

① 《列宁全集》第2版第35卷第48页。
② 《马克思恩格斯全集》第1版第28卷第411页。
③ 《列宁全集》第2版第35卷第48页。
④ 《列宁全集》第2版第16卷第21页。

参加的民意测验中所发生的荒谬事件便不解自明了。这位记者复印了独立宣言的全文,并随便请了300人在上面签名。但他们当中只有一位表示愿意签。其他人的反应各式各样,例如:这是共产主义的胡说八道,是一个国家的敌人撰写的,关于这位记者是否想改变国家制度的问题一直持续到有人威胁要叫警察为止。84个人认为,这是列宁撰写的。①

但是,民主和革命的传统还在美国人民中延续。美国人民在本国的任何发展阶段都没有离开过这些传统。进步的美国人接受了这些革命传统。今天,为黑人平等权利而奋斗的战士,和平共处的支持者,在反对工厂主的激烈斗争中捍卫自己权利的工人们,为争取作为劳动人民的政党进行活动并代表人民说话的权利而斗争的共产主义者都在依靠这种革命传统。美国共产主义者在他们的纲领中写道:"我们共产主义者和其他美国人一样也为我国的工人、农场主和科学家的创造力和才智感到骄傲,他们所建设的国家是世界上具有最高生产力的工业和收成最好的农业的国家之一。我们为在我们的人民斗争中所产生的我国的民主遗产和革命遗产感到骄傲。"②

[原载《马克思恩格斯年鉴》(柏林)第7卷]

(张为民、周福海 译 李俊聪 校)

---

① 参看贝·科里奥诺夫:《美国现状。200年;可能性、诺言、现实》1974年莫斯科版第99页。

② 《美国共产党新纲领》1971年柏林版第5页。

马克思和恩格斯与非洲*

〔美〕托马斯·梅森赫尔德

现在几乎人人都认为马克思和恩格斯在对非洲社会的理解方面采取的是 19 世纪的传统观点。最近,爱德华·赛义德发表看法说,马克思和恩格斯所持的主要是黑格尔的非洲观。赛义德认为欧洲文化巨匠如约瑟夫、康拉德、亨利·梅恩爵士和马克思都明显地表现出一种轻率的欧洲中心论。赛义德更为明确地写道:"甚至……马克思和恩格斯……也笃信……黑格尔对东方和非洲的看法,认为它们停滞不前、盛行专制、与世界历史无涉。"②

本篇短文仅就非洲问题对上述见解发表不同看法,回过头来看看马克思和恩格斯的著作关于这个大陆究竟是怎样写的。虽然本文以马克思和恩格斯的原著为依据,但是,在某种程度上仍然有自行发挥之处,因为,如霍布斯鲍姆所指出,马克思和恩格斯著作较少论及非洲。③ 然而,他们关于非洲的论述还是显示出三个主要值得注意的方面:第一是

---

* 本文选自《马克思恩格斯列宁斯大林研究》1997 年第 2 辑。
② 爱德华·赛义德:《文化与帝国主义》1993 年纽约版第 168 页。
③ 参看埃里克·霍布斯鲍姆:《前资本主义经济形态》1964 年纽约版第 25—26 页。

一个广为人知且争议颇多的问题,即所谓的"殖民主义的两面性";第二是非洲社会在历史唯物主义理论中的"位置";最后一点,或许也是最重要的一个问题是,在马克思和恩格斯看来,非洲社会就其本身自然趋势而论,究竟是停滞不前的还是向前发展的。

殖民主义的两面性

众所周知,马克思和恩格斯从奉行欧洲殖民主义的过程及后果中既看到了进步的因素,也看到了破坏的因素。当然,在19世纪的欧洲,殖民主义会给殖民地带来进步和文明这一观点是很普遍的。这种观点既给广为流行的"白人的负担"之说也给貌似"科学"的社会进化理论奠定了部分基础。殖民主义会迫使非欧洲民族现代化,这无疑是马克思和恩格斯的部分思想。如果人们同意把发展具体解释为"人越来越从自然中解放出来并……越来越能控制自然"①,那么,说历史唯物主义所描述和解释的是社会发展过程就是正确的。说得更明确具体一些就是,它设定,至少有一条非常重要的历史之河从"部落"社会的原始共产主义流向"现代"欧洲工业资本主义,也许还要更远。至少在生产力发展的领域(这并不是一个无足轻重的问题),马克思和恩格斯相信,欧洲处于比非洲和其他殖民地区优越的地位。

马克思和恩格斯似乎认为殖民主义能够迫使非洲或其他地区的殖民地在发展的"阶梯"上"向上"攀登。在《反杜林论》中,恩格斯预测殖民关系可能带来殖民地的"快速发展",同样地,马克思也提出过

---

① 埃里克·霍布斯鲍姆:《前资本主义经济形态》1964年纽约版第12—13页。

这样的看法：英国对中国的入侵会引发戏剧性的、进步的社会变动。在写到印度的同样过程时，马克思论证说，英国的殖民主义会引导社会远离"东方专制主义"，转而通过引进中央集权、出版自由、铁路、教育、官僚制度和财产私有制等新事物来实现其历史"命运"。两人都相信，殖民主义会结束殖民地的孤立，打破迷信和传统的文化壁垒。实际上，恩格斯就把法国对阿尔及利亚的征服描述为"文明进程中的一件……幸事"。

但是，马克思和恩格斯也非常清楚欧洲殖民主义带来的可怕的破坏。首先，他们认为一般地说殖民主义，具体地说如所谓的"争夺非洲"，都是资本主义剥削和利润统治在世界范围的扩张。他们认识到殖民主义在殖民地的作用之一就是夺去民众手中的土地。他们知道殖民主义会损害本地工业。在评论英国在印度的统治时，马克思写道："英国摧毁了印度社会的整个结构"并且结束了其村社经济制度。与相对少数的评论者们一起，马克思和恩格斯自始至终地抨击殖民统治令人发指的残酷性，坚持不懈地批评诸如帕麦斯顿勋爵之流的官员们在对外政策方面所做的决定。他们在对殖民主义进行分析时还注意描述了"资产阶级文明的极度虚伪性和固有的野蛮性"，并说这种虚伪性和野蛮性"在殖民地毫无掩饰地呈现于我们眼前"。[①]

当然，马克思和恩格斯还认识到——"白人的负担"且不谈——殖民主义是一种经济过程。在《德意志意识形态》中，他们把殖民主义描述为"各国……彼此瓜分……世界市场"[②]的手段。他们还认识到

[①] 摘引自 J. N. 皮特斯：《白人论黑人》1992 年新哈文版第 100 页。
[②] 《马克思恩格斯选集》第 2 版第 1 卷第 111 页。

了它的漫长历史以及早期贸易关系在作为欧洲工业化之源的资本积累过程中的作用。① 恩格斯这样描述非洲的殖民化：

"它纯粹是交易所的附属品。欧洲列强为了交易所的利益……把非洲瓜分了……非洲已被直接租给各个公司……马肖纳兰和纳塔尔也是为了交易所的利益而被罗德斯占有了。"②

马克思承认奴隶制对早期资本积累过程的重要性，但他们对它的憎恶却丝毫没有减弱。他们谴责"把非洲变成一个为商业目的猎取黑人的猎场"。《资本论》中有几处对贩奴进行了严厉的批判。

马克思和恩格斯把奴隶制作为历史唯物主义理论中社会发展过程的一个阶段来看待。他们发现有些非洲地区的社会中实行着一种本地式的奴隶制。这一事实值得注意，因为它清楚地说明马克思和恩格斯的理论观点是，非洲社会显然确实具有内在社会变革和发展的自发动力。奴隶制被看成是从原始共产主义向后继的更为多样化的生产方式过渡的一种途径。看来，对马克思和恩格斯来说，很多非洲社会都是动态的并展示出一个自发的社会发展过程。

非洲和历史

马克思和恩格斯都广泛地阅读过有关前资本主义社会的资料。在他们生活的较后期，两人都发现自己关于这种社会的总的观点为路易斯·亨利·摩尔根的人类学研究所证实。他们对摩尔根的研究成果印象非常

---

① 参看《马克思恩格斯全集》第 1 版第 25 卷第 372 页。
② 《马克思恩格斯全集》第 1 版第 25 卷第 1030 页。

深刻,认为它为历史唯物主义理论提供了经验上的佐证,特别是关于"原始共产主义"的描述。他们把摩尔根的《古代社会》看成是"划时代的著作"。马克思和恩格斯对摩尔根的社会进化模式的印象也很深。正如恩格斯在《家庭、私有制和国家的起源》一书中所说,按照摩尔根的描述,社会进化经历三个具有内在层次的阶段——蒙昧、野蛮和文明。蒙昧阶段的特点是群婚和财产公有;野蛮阶段的特点是有了较发达的劳动分工,有了一点农业,有了对偶制家庭,出现了私有财产和社会阶级。野蛮被看作蒙昧和文明之间的过渡阶段。文明社会的特点是财产私有制和有组织的国家。摩尔根发现群婚和"氏族"是最初的社会形式,这一点尤为恩格斯所重视,他相信,被这一发现所证实的是历史唯物主义,而不是更为流行的那些宣称父权家庭乃人类家庭最初形式的理论。

恩格斯在发现摩尔根的主要注意力集中在美洲的同时,还注意到摩尔根认为"在美洲普遍流行的制度……在非洲和澳洲各地也经常可以发现它的多少改变了的形式"①。马克思和恩格斯似乎认为,用摩尔根的进化模式来衡量,非洲各地区的社会在殖民化以前大都处于由蒙昧阶段向野蛮阶段的过渡之中,其特征是:存在着群婚制,畜群和土地为部落所有,有了一点农业,有了劳动的社会分工。这也许能够解释为什么马克思,众所周知,把牙买加新输入的未经欧化的奴隶称为"野蛮人",②为什么恩格斯曾评论说,南非"氏族"产生出"祖鲁卡菲人",这些人就"像努比亚人那样",曾非常巧妙而勇敢地抗击英国人,"人类和人

---

① 《马克思恩格斯选集》第 2 版第 4 卷第 25 页。
② 参看席洛幕·阿文勒利:《卡尔·马克思论殖民主义和现代化》1968 年戈登城版第 430 页。

类社会在出现阶级划分之前就同他们一样"。① 马克思的《民族学笔记》里包含有关于摩尔根对非洲社会的"氏族组织"的描述的笔记。这种氏族组织的特征是实行母系继承制和以首领们为中心的非国家化部落民主制,"各个种族或处于蒙昧状态或处于野蛮状态,很难分清"。②

埃及等较为人熟知的北非民族不符合这种非洲社会的概念,在他们那里表现出的似乎是"亚细亚生产方式"。我不想围绕这个概念写得太多,我只想说,它指的是这样一种经济制度,即农业生产以国家提供的大规模灌溉设施为中心。马克思和恩格斯认为这样的社会没有出现私有财产,从而陷入停滞,不得发展。他们认为亚细亚生产方式是对少雨干旱和土地贫瘠的自然环境的一种反映。恩格斯说埃及没有从原始共产主义进入奴隶制而是停留在野蛮状态,其原因就在于亚细亚生产方式。马克思说,与欧洲资本主义的接触会结束埃及的这种社会制度。在其他方面亚细亚社会则是停滞的、没有变化的,其特色是:一个中央集权的国家统治着许多分散的、自给自足的村社,在村社里,财产为公共所有。正是对于亚细亚生产方式的性质的这种认识使得恩格斯把法国对阿尔及利亚的征服与文明进步等量齐观。

自马克思和恩格斯时代以来,出现了论述亚细亚生产方式及其在非洲的实施情况的大量重要著作。苏里特-卡纳勒就根据恩格斯关于埃及和北非的上述评论来论证非洲的经济制度符合马克思对亚细亚生产方式的描述。继他之后,哥德利尔也把非洲经济描述为亚细亚式的,但补充说,非洲经济是发展的(而不是停滞的),并且没有表现出政治专制。

---

① 参看《马克思恩格斯选集》第 2 版第 4 卷第 96 页,译文有改动。
② 马克思:《人类学笔记》(劳伦斯·克拉德编)1972 年阿森凡·戈卡姆版第 111—114 页。

他得出结论说,非洲社会确实发生过变化,这反映在社会阶级的发展上。把亚细亚生产方式的概念引用到非洲受到考克里-维德罗维奇的批评。考克里-维德里维奇提出了一个包含有远距离贸易在内的"非洲生产方式"的概念以代之。为了同样也描绘出一个独特的非洲生产方式,特雷搞出了一个男性长者占支配地位的"血统生产方式"。

赛义德出于对马克思和恩格斯的误解而认为他们没有看到撒哈拉沙漠以南各地社会的独特性,认为他们倾向于把那里的社会看成是一种停滞的亚细亚形态。与此相反,马克思和恩格斯实际上已经暗示出,虽然貌似较"文明"的北非社会的特点是,它的生产方式使它不太可能通过私有财产的发展和新生产力的增长而进化起来,但是非洲的其余部分却可以较容易地看出是符合作为历史唯物主义核心的动态社会发展模式的。用这种模式来衡量,非洲属于前资本主义的"部落"社会形态,经历着由内部变化推动的社会发展过程。

略谈马克思和恩格斯与非洲和种族歧视

马克思和恩格斯作为19世纪的欧洲人,生活在一种充满对非洲和非洲人的贬损和种族歧视的文化背景之下。就像许多学者指出的那样,当时的欧洲人把非洲看成是野蛮人居住的"黑暗的大陆",唯有与文明的欧洲社会接触才能取得进步。非洲是一块处于原始野蛮状态而不是处于文明进步之中的土地,普通的科学理论和社会科学理论一般都把人类按地域和形体分为系列"种族",每个种族在认知、性情和行为方面都有自己的独特倾向。白种的欧洲人当然位于如此形成的种族金字塔的顶端。这些普通的和科学上的概念常常包含有对非欧洲人的贬损描述。马克思和恩格斯有时也受这一文化背景之害。例如，恩格斯关于北非人就说过一些很令人难堪的话，他以厌恶的口气说他们"狡猾"、易表现出"狂热"。在下面这段值得商榷的对祖鲁士兵的评论中，他还使用了"卡菲尔人"这个词：

"祖鲁卡菲尔人……做出了任何欧洲军队都做不到的事。他们的武器只有长矛和投枪，没有火器，就在弹雨之下前进……硬是冲到英步兵的刺刀前面……打得英国兵乱作一团……英军的怨言就是他们能力与耐力的最好证明。英国人抱怨说，卡菲尔人比马跑得还快，他们24小时的行程比马的行程还远。如一位英国画家所说，他们身上最小块的肌肉都是突出暴起的，坚硬如钢，像鞭条一样。"[①]

但是，在其他地方，马克思和恩格斯是反对他们那个时代的种族主义陈词滥调的。在《民族学笔记》中，马克思一再谴责他所阅读的人类学著作中在种族和文化方面表现出的民族优越感。他批判了梅恩的种族偏见，反驳了拉伯克所持的非洲人是"劣等种族"那种说法。马克思反对19世纪流行的生物学种族主义，而主张从社会学的、历史的角度去理解人们之间"特征"的差别。总的来说，很清楚，马克思和恩格斯一般是通过历史和社会发展而不是通过生物学来观察"种族群"的。他们相信，不同种类的社会（生产力和生产关系）产生了人类个人潜能发展的不同形式。

---

① 《马克思恩格斯选集》第2版第4卷第95—96页，译文稍有不同。

非洲的发展动力

19世纪的黑格尔唯心主义产生出停滞的、没有历史的、处于"自然"状态的非洲这样一个哲学概念。马克思和恩格斯在创立了历史唯物主义之后，对这种概念就持反对态度了。在他们看来，非洲是有历史的，也就是说，它经历了自发的社会发展过程。甚至对他们关于北非亚细亚社会历史停滞的描述也不应加以夸大。非洲人像欧洲人一样具有自主性和能动性。这种自主性和能动性既产生出又产生于构成人类历史的不断变化着的所有制形式。事实上，马克思和恩格斯未充分展开的对前资本主义非洲所作的分析已经显示出一种极其复杂而细微的意识，说明他们察觉到非洲存在着繁多的各种各样的社会关系。

马克思和恩格斯没有接受居住着"处于自然状态的人"的停滞的非洲的概念。虽然他们关于殖民主义两面性的概念显然确实包含有殖民主义会对非洲产生"文明化"的作用，可是，如果认为这种思想是在黑格尔把非洲人描写成"没有历史的"民族这样一个基础上产生的，那是不对的。与此相反，他们对非洲的描述以历史唯物主义和"原始共产主义"的概念为基础。原始共产主义也不同于亚细亚社会，它是以财产的部落所有制或公社所有制为基础的。非洲的社会确实发生过变化，而且通过复杂的经济、社会和政治结构而进化着。马克思所作的许多涉及非洲的读书笔记，看来都是为了要理解这种社会的复杂性。马克思和恩格斯之所以赞赏摩尔根的蒙昧—野蛮—文明这一进化模式的理由之一，就是它承认非欧洲社会内部具有推动重要社会发展的内在动力。像摩尔根一样，马克思和恩格斯相信，大多数社会都有一个从"部落"

所有制向私有制的明显可见的自发的进化趋势。恩格斯还专门提及非洲，他提出的看法是，这一动态过程在充满掠夺战争、盛行以俘虏为奴隶的历史中是明显可见的。与"没有历史的"或亚细亚式的社会相反，可以把非洲社会看作是处于向奴隶制、财产和社会阶级过渡过程中的社会，也就是说，非洲社会是"有历史的"社会。马克思和恩格斯相信，即使不与欧洲接触，非洲也是一个发展着的、变化着的大陆。

可以肯定地说，马克思和恩格斯意识到欧洲历史之外还有"别的历史"。从某种意义上说，正是这种意识使历史唯物主义有别于19世纪别的历史理论。实际上，正是原始共产主义社会这一概念（在像摩尔根这样的人类学家的著作中出现的概念）在很大程度上体现了马克思主义对欧洲资本主义的道德批判。[①] 说马克思和恩格斯把非洲看成是没有历史的、停滞的和无变化的，显然不正确。

结　论

以前关于马克思主义经典著作论非洲的讨论常常围绕着民族和民族主义问题。宁尼支持的观点是，马克思是一位把非洲人描述为"没有历史的民族"的彻头彻尾的"欧洲中心论"思想家[②]；另一方面，特拉弗索和洛维则争辩说，马克思的历史观是复杂的，他反对非欧洲人是"没有历史的民族"的观点，而代之以这样的观点，即殖民地缺乏自主性是

[①] 参看埃里克·霍布斯鲍姆：《前资本主义经济形态》1964年纽约版第49—51页。

[②] 参看埃弗里德·宁尼：《马克思和恩格斯论民族问题》（载《科学与社会》53：3）第297—326页。

外国统治的结果。① 本文所作的论述和解释都是为了支持后一种看法的，至少可以说，我同特拉弗索和洛维一样，也认为马克思对没有历史的民族这种理论持反对态度，而他所持的反对态度的表现则是复杂的。

马克思和恩格斯关于非洲的思想的复杂性具有重要意义。他们思想的这种复杂性至少包含着如下的观点：实际上是帝国主义和殖民主义阻碍了非洲的发展。他们的思想既然包含着这样的观点，那么此观点就理所当然地成了研究非洲政治经济学的有力依据。重要的是，不能忘记这种观点是从马克思和恩格斯自己的思想中产生出来的。

(李朝晖 译)

---

① 参看特拉弗索、恩佐、米歇尔·洛维：《关于民族问题的马克思主义方法》（载《科学与社会》54：2）第132—139页。

美国学者梅森赫尔德谈马克思和恩格斯关于非洲问题的观点*

美国学者托马斯·梅森赫尔德在《科学与社会》杂志1995年夏季号上发表了题为"马克思恩格斯与非洲"的文章,他从马恩关于西方殖民主义对非洲的双重影响的分析出发,反驳了马恩是欧洲中心论者的论点。下面将作者的主要观点介绍如下。

西方殖民主义对非洲的双重影响

尽人皆知,马克思和恩格斯发现,在欧洲殖民主义的发展过程和后果中既有进步的成分,也有破坏的成分。在19世纪的欧洲流行着一种看法,即殖民主义给殖民地带来了进步和文明。马恩的思想中当然包含着这样的意思:殖民主义会迫使欧洲以外的民族进入现代社会。如果人们同意说发展就是"使人类从自然中逐渐解放出来,逐渐地控制自然",那么用历史唯物主义解释社会的发展进程就是准确的,至少就生产力的发展而言,马恩认为欧洲处于比非洲和其他殖民地地区更优越的地位。马恩似乎认为,殖民主义可以迫使非洲和其他地区的殖民地向发

---

* 本文选自《国外理论动态》1996年第11期。

展的阶梯迈进，如恩格斯在《反杜林论》中曾推测，殖民联系可能导致殖民地的快速发展。马克思在谈到英国对中国和印度的扩张时，也持相似的观点。他们都认为殖民主义能结束殖民地的孤立状态，打破迷信和传统等文化壁垒。的确，当法国占领阿尔及利亚时，恩格斯曾说这是"文明进程中的一件幸事"。

但是，马克思和恩格斯十分清楚地看到了西方殖民主义给殖民地造成的巨大破坏。他们认为，殖民主义对非洲的争夺是资本主义剥削和利润原则向全世界的扩张。殖民主义者剥夺民众的土地，破坏当地的工业，制定残酷的法律，充分暴露了资产阶级文明的虚伪性和野蛮性。马恩还注意到在对非洲实行殖民主义时出现的奴隶制统治。在这一点上，他们不再强调殖民主义的积极方面，而对这一过程中的非人道表示了强烈的憎恶。

非洲与唯物史观

马恩发现他们对前资本主义社会的总体思想得到人类学家摩尔根研究成果的佐证，因此他们非常重视摩尔根的著作，认为它们不谋而合地支持了自己的唯物史观。摩尔根的蒙昧社会—野蛮社会—文明社会的社会进化模式尤其给马恩以启发。摩尔根的研究主要是建立在对美洲印第安人的社会情况分析之上的，但恩格斯认为非洲的情况只不过是美洲形式的变种，马恩似乎认为大部分殖民主义以前的非洲地区都处于从蒙昧到野蛮阶段的进化过程中，其特征是母系群婚、土地和牛群部落所有，出现了农业和劳动的社会分工。这也许能够解释为什么马克思称当时输入牙买加的奴隶为"野蛮人"，为什么恩格斯称抗击英国人的南非祖鲁人像阶级分化之前的人类和人类社会。

北非国家如埃及的情况是个例外。它们具有亚细亚生产方式的特征，农业生产是以国家提供的大规模水利设施为中心的，财产归公社所有，自给自足，由强大的中央集权国家所统治，这是与当地降水量少、土地贫瘠等自然环境相应的。马恩认为这种社会没有经历私有制，后来陷入发展的停滞阶段，如恩格斯所说：埃及没有从原始共产主义过渡到奴隶社会而停留在野蛮状态，其原因就是因为亚细亚生产方式。恩格斯正是从亚细亚生产方式的这种性质上说法国征服阿尔及利亚是文明进程中的幸事。

非洲是发展的

19世纪黑格尔唯心主义提出一种"自然的"非洲的观点，认为非洲是静止的、没有历史的。马恩在阐述历史唯物主义时批驳了这种观点。虽然马恩谈到了北非亚细亚社会历史的停滞，但总体上看，他们不同意黑格尔关于非洲是一个"自然人"栖息的停滞的大陆的观点，认为非洲同欧洲一样，经历了一个独立的社会发展进程，有过自己的自治和自治机构，正是这些自治和自治机构导致了所有制形式的变化，同时所有制形式的变化也导致了这些机构的产生。

马克思和恩格斯是在历史唯物主义和"原始共产主义"的基础上来描述非洲社会的。原始共产主义与亚细亚生产方式不同，是以财产的部落或公社所有为基础的。它们确实变化着，并且这是一个包括经济、社会、政治结构变化的复杂过程。马克思试图理解这种社会的复杂性。马恩同意摩尔根的进化模式的理由之一，就是认识到导致非欧洲社会发展的内在动力。和摩尔根一样，马恩也相信大多数社会都有明显的自动从部落所有制向私有制发展的趋势。恩格斯尤其指出，在征服非洲和捕捉非洲人使之成为奴隶的历史中，可以明显地看到这一发展过程。

可以肯定，马克思和恩格斯是承认欧洲之外的"别的历史"的，因此，也意识到历史唯物主义不同于19世纪别的历史理论。马恩关于非洲问题的观点是复杂的，因此，梅森赫尔德认为，简单地称他们为欧洲中心论者是不恰当的。

（李朝晖　编译）

马克思和恩格斯论什列斯维希—霍尔施坦问题[*]

〔苏〕Л.К.罗特斯

在《国际工人协会成立宣言》中马克思写道,工人阶级要"洞悉国际政治的秘密,监督本国政府的外交活动,在必要时就用能用的一切办法反抗它……"①

为了帮助工人更好地了解国际政治和对社会舆论施加有利于无产阶级的影响,马克思和恩格斯在革命民主主义的和进步的资产阶级报刊上发表文章,揭露英国、俄国、法国、普鲁士和奥地利等国统治阶级的对外政策和外交活动。尽管材料缺乏又不准确,马克思主义的创始人还是正确地分析了当时国际关系的复杂问题。

他们十分重视研究和评论什列斯维希—霍尔施坦问题。因为这个问题

---

[*] 本文选自《马列主义研究资料》1986年第3—4辑合刊。
① 《马克思恩格斯全集》第1版第16卷第14页。

很复杂,争论了几个世纪之久,在十九世纪发展到非常尖锐的地步。① 什列斯维希—霍尔施坦问题的复杂性在于,它不仅是欧洲列强在波罗的海和北海区域争夺经济和战略地位的矛盾焦点之一,而且是德国成为统一的民族国家问题的一部分。

马克思和恩格斯尖锐地抨击了各国反动政府在1815年维也纳会议决议的基础上建立起来的国际关系体系。1845年10月恩格斯在《德国状况》一文中写道:"民族被买进和卖出,被分割和合并,只要完全符合统治者的利益和愿望就行。"② 这个奴役人民的体系巩固了加入以奥地利为首的德意志联邦的德国三十八个邦的分散状态,"德意志联邦曾宣称是永远不可分割的,但联邦和它的代表机关联邦议会,却从来没有代表过德国的统一"③。奥地利和普鲁士的大部分领土划在联邦之外,而联邦却包括邻国——同丹麦合并为君合国的霍尔施坦和劳恩堡以及其他国家的领土。

欧洲各国之间的冲突表现为企图巩固所谓的北欧均势。位于波罗的海和北海之间的交通要道上的丹麦在这个体系中占有中心地位。维也纳会议规定了丹麦的疆界并保持到1864年。曾经是拿破仑第一的同盟者的丹麦丧失了挪威,而作为补偿从普鲁士那里得到德意志人居住的劳恩

---

① 苏联作此论述什列斯维希—霍尔施坦问题的著作如下:Ф.罗特斯坦:《普鲁士—德意志帝国的历史》1848年莫斯科—列宁格勒版,Л.罗特斯:《什列斯维希—霍尔施坦问题与1863—1864年间欧洲列强的政治》1957年塔林版,Л.И.纳罗赤尼茨卡娅:《俄国与十九世纪六十年代普鲁士"自上而下"实现德国统一的战争》1960年莫斯科版,Т.А.涅克拉索夫:《俄国和瑞典的相互关系与1721—1726年间的大国政治》1964年莫斯科版。

② 《马克思恩格斯全集》第1版第2卷第641页。

③ 《马克思恩格斯全集》第1版第8卷第13页。

堡公国，以交换瑞典的波美拉尼亚。这样一来，丹麦就由一个王国和三个各自处于不同关系的公国所组成。居住德意志人的霍尔施坦和劳恩堡公国加入了德意志联邦。但北部居住丹麦人，南部居住德意志人的什列斯维希公国却是丹麦同德意志联邦争论的主要问题。恩格斯写道："这两个地方在民族、语言和感情方面无疑都是德意志的，而从军事、海运和商业方面说，德国也需要它们。"① 除了丹麦和德意志各邦之外，为解决什列斯维希—霍尔施坦问题而参加斗争的还有俄国、瑞典、英国和法国。

什列斯维希—霍尔施坦问题不止一次地引起科学共产主义创始人的注意，尤其是在1848—1849年的革命时期，五十年代初的政治反动时期和1863—1864年间。

恩格斯在1846年9月18日从巴黎写给马克思的信中谈伦敦教育协会告德国无产阶级者书时第一次提到什列斯维希—霍尔施坦问题。② 众所周知，在1848年以前，霍尔施坦和什列斯维希公国的德意志居民的民族运动具有温和的、自由主义的反对派的性质。它要求另建立一个德意志国家。当时尚未成熟的德国革命引起了马克思和恩格斯对什列斯维希—霍尔施坦以及北欧事务的兴趣。马克思和恩格斯对这一革命寄予很大的期望。他们在《共产党宣言》中写道："所以，德国的资产阶级革命一定要成为无产阶级革命的直接序幕。"③

1848—1849年革命的基本任务是消除德国的政治分散状态。在《共产党在德国的要求》传单中曾经写道："全德宣布为一个统一的、

---

① 《马克思恩格斯全集》第1版第8卷第58—59页。
② 参见《马克思恩格斯全集》第1版第27卷第55页。
③ 《马克思恩格斯全集》第1版第4卷第503—504页。

不可分割的共和国。"① 马克思和恩格斯反对在普鲁士或奥地利的霸权下统一德国的计划，也反对建立联邦制的国家，而是主张通过在德意志联邦各国推翻专制制度的道路"自下而上地"统一德国。他们认为，德国统一是全欧洲的问题。德国的统一在欧洲革命力量同统治阶级的斗争中是有可能实现的。把居住德意志人的霍尔施坦、劳恩堡公国和南部什列斯维希从丹麦人的统治下解放出来是争取德国统一斗争的一部分。

在德意志各邦1848年3月革命的影响下，3月23日，在霍尔施坦最大的城市基尔爆发了起义。不久，整个霍尔施坦和南部什列斯维希也举行了反对丹麦的起义。在起义的过程中建立了什列斯维希—霍尔施坦临时政府。恩格斯写道，什列斯维希—霍尔施坦革命和临时政府开始时就具有极端的小市民的性质。问题不在于统一于德国，而在于从丹麦分离出来并建立小的独立国家。

但是1848年3月底开始的各公国反对丹麦的战争迫使临时政府走上了民主的道路。它公布了比其他德意志国家更民主的法律。基尔国民会议"不仅以普选权，而且以直接选举为基础"。政府向它提交的宪法草案"是至今用德文起草的所有宪法草案中最民主的草案"。因此，恩格斯得出结论说："什列斯维希—霍尔施坦在政治上一直是尾随德意志的，但由于革命战争的结果，它立刻建立了比德国其余各邦都进步的制度。我们在什列斯维希—霍尔施坦所进行的战争是真正革命的战争"②。恩格斯指出，在意大利、波兹南和布拉格"德国人曾**反对革命**，而在什列斯维希—霍尔施坦德国人则**支持了革命**。对丹麦的战争是德国进行的

---

① 《马克思恩格斯全集》第1版第5卷第3页。
② 《马克思恩格斯全集》第1版第5卷第467页。

第一次**革命战争**。"①

各公国反对丹麦的战争是德国人民争取国家统一的斗争的一部分。但是普鲁士却代表德意志联邦于1848年8月26日同丹麦签订了侮辱德国的休战协定。马尔摩休战协定规定,取消什列斯维希—霍尔施坦革命临时政府和民主主义制宪会议,废除这个政府的一切法令并把什列斯维希和霍尔施坦两公国交给由丹麦人组成的共同政府管辖。关于这一点,恩格斯写道:"不仅什列斯维希—霍尔施坦而且全德国(除了旧普鲁士各省以外)都因这个可耻的休战协定义愤填膺。"②

关于丹麦—普鲁士休战协定,恩格斯写了五篇文章,发表在1848年7—9月的《新莱茵报》上。恩格斯指出,按照历来的惯例,在签订休战协定时,双方军队应保持原来的阵地,只有在万不得已时才在双方之间划出一块狭小的中立地带。可是在签订丹麦—普鲁士休战协定时"胜利的普鲁士人要后退20哩,从科尔丁撤到劳恩堡;而被打败的丹麦人却保持着科尔丁的阵地,而仅仅放弃阿尔森。不仅如此,一旦休战协定被废除,丹麦人就会重新回到他们在6月24日所占领的阵地,就是说,他们会一弹不发地占领北什列斯维希6—7哩的地带,即他们曾**两次**被驱逐出来的地带;而德国人却只能推进到阿彭拉特和它的郊区为止"③。

恩格斯尖锐地抨击了丹麦—普鲁士休战协定和普鲁士对保卫德国利益的无能。在普鲁士军队统帅弗兰格里断然拒绝签订1848年7月2日的最初休战协定之后,又重新开始了军事行动,只是到了8月26日,

---

① 《马克思恩格斯全集》第1版第5卷第463页。
② 《马克思恩格斯全集》第1版第5卷第458页。
③ 《马克思恩格斯全集》第1版第5卷第289—290页。

谈判才以签订休战协定而告终。最初协定草案作了一系列不利于德国的修改。

恩格斯写道，按照最初草案的第一条规定普鲁士有权只签订为期三个月的休战协定，而在8月却签订了七个月的休战协定。这就是说，普鲁士"在冬季的几个月间，正当海军（这是丹麦人的主要力量）不能封锁德国和什列斯维希沿岸的时候……给了丹麦人以休战的机会"①。按照第一次丹麦—普鲁士协定草案规定的条件，必须保证什列斯维希—霍尔施坦（德国）派在两公国新政府中比丹麦占优势。恩格斯写道："而普鲁士的做法怎样呢？它同意什列斯维希—霍尔施坦的**丹麦党首领卡尔·莫尔特克**作新政府的首领，并同意丹麦在政府中拥有3票以对什列斯维希—霍尔施坦的2票。"② 其次，普鲁士同意废除临时政府的一切法令。它还同意，什列斯维希军队脱离霍尔施坦的军队，不受德国总司令的支配，并移交给新政府去掌握，而这个新政府的成员五分之三是丹麦人。

停战协定没有涉及海峡税。恩格斯写道："如果德国能达到取消海峡税，即旧时封建掠夺的残余，那它可能真的会把这次丹麦战争看作自己的功劳。"丹麦从十五世纪起在松德海峡和贝耳特海峡征收外国商船的关税。各国商人们经常抗议这个阻碍波罗的海贸易的关税。1848年7月恩格斯写道："遭受封锁和船只被掠夺等损害的德国海滨城市还可能会甘心情愿长期忍受这种压迫，如果这种压迫能使海峡关税取消的话。政府大声疾呼地到处声明，无论如何要取消关税。从这种吹嘘中可以得出什么结果呢？英国和俄国想要保留海峡关税，而一味顺从的德国当然

---

① 《马克思恩格斯全集》第1版第5卷第457页。
② 《马克思恩格斯全集》第1版第5卷第456页。

是唯命是听的。"①

　　普鲁士代表德意志联邦同丹麦签订的休战协定必须经过法兰克福国民议会批准。马克思和恩格斯不相信议会会否决这个休战协定。恩格斯写道，为了本阶级的利益，资产阶级宁愿接受任何侮辱并服从普鲁士的奴隶制度，"也不愿意在欧洲进行革命战争，使自己在德国的阶级统治遭受新风暴的威胁……我们**不相信**，法兰克福议会……能够挽救已经在波兰遭到侮辱的德国的荣誉"②。

　　8月26日签订的休战条件，在德意志各邦引起了强烈的不满，要求法兰克福议会废除休战协定并同丹麦恢复战争。经过激烈辩论之后，9月5日国民议会通过了废除休战协定的决定，但9月16日这个问题又重新提交会议讨论，这次会议取消了它前次的决定并批准了同丹麦的休战协定。因此，恩格斯写道："休战协定以21票的多数获得通过，什列斯维希—霍尔施坦做了牺牲品，'德国的荣誉'遭到了践踏，而且还决定**把德国溶化到普鲁士里面去**……国民议会做出决定：它给自己和由它所建立的所谓中央政权宣判了**死刑**。"③ 恩格斯指出，德国的一切运动，由于缺乏勇气而趋于衰落。同革命的政党一样，反革命也没有足够的勇气采取坚决的打击手段。两派不是勇敢地去迎接这些不可避免的战斗，"而是策划合法的阴谋以尽量长期地拖延战斗"④。

　　1849年春天，休战期满，在什列斯维希—霍尔施坦又恢复了军事

---

① 《马克思恩格斯全集》第1版第5卷第291—292页。关心波罗的海贸易的国家在1857年的哥本哈根代表会议上决定以三千五百万丹麦银币赎回海峡税，期限为二十年。

② 《马克思恩格斯全集》第1版第5卷第459页。

③ 《马克思恩格斯全集》第1版第5卷第482页。

④ 《马克思恩格斯全集》第1版第5卷第483页。

行动。1850年7月2日普鲁士代表德意志联邦同丹麦签订了柏林和约。按照这个条约，两公国重新归属丹麦。

然而，在两公国局势并没有平静。被德意志其他各邦抛弃的什列斯维希—霍尔施坦人继续进行斗争，但在1850年7月24—25日的伊德施太特会战中被丹麦人所击败。恩格斯对伊德施太特会战中什列斯维希—霍尔施坦军队统帅、普鲁士将军维利森的计划给予很高的评价："维利森先生最初的计划非常好，只是太庞大了些；这个计划如此之妙，即使回到这个计划上来为时已晚，而且计划还被歪曲了，却仍然迫使丹麦人考虑退却……但是，当维利森先生真正面对敌人时，他却接到一些自相矛盾的消息和更加混乱不堪的建议而丧失了理智。"①

在《欧洲的军队》一文（1855年）中，恩格斯评价了三年战争中什列斯维希—霍尔施坦的革命军队："丹麦本土人是优秀的兵士，几乎在三年战争的所有战斗中都表现得很出色，然而什列斯维希—霍尔施坦人看来无疑地较丹麦人更出色。"②

恩格斯在谈到德国第一次革命战争时说，它是"历来战争中最滑稽的战争"③。在《战争的喜剧》一文中，恩格斯写道："我们德国目前正在对丹麦这个小国进行全民的战争，像这样的战争，这样的以武力和外交双管齐下的惊人手法，实在是史无前例的！"④ 德国政府利用一切机会出卖什列斯维希—霍尔施坦革命军队并故意让丹麦人把它消灭。他们也这样对待德意志人志愿兵。恩格斯写道，在这次"（至少部分是革命

---

① 《马克思恩格斯全集》第1版第28卷第359—360页。
② 《马克思恩格斯全集》第1版第11卷第533页。
③ 《马克思恩格斯全集》第1版第5卷第463页。
④ 《马克思恩格斯全集》第1版第5卷第38页。

的)战争中,却让军队毫无意义地来回行军,甚至容许外国进行外交干涉,结果尽管作了许多次英勇的战斗,而得到的却是十分可怜的结局"①。

在三年战争期间,极端反对革命的国家都站在丹麦方面。"普鲁士、英国和俄国这3个强国最害怕德国的革命和革命的最直接结果——德国的统一……普鲁士、英国和俄国共同密谋反对什列斯维希—霍尔施坦,反对德国和反对革命。"② 奥地利也和其他各国一起支持丹麦,而且,如恩格斯所说:"它在什列斯维希—霍尔施坦曾经扮演过尼古拉皇帝的刽子手的角色,所作所为事实上比普鲁士还要卑鄙。"③

在五十年代初,什列斯维希—霍尔施坦问题又引起了马克思主义创始人的注意,但这次注意的却是一些别的方面。如果前一个时期,这个问题主要是由恩格斯在研究,而现在这个问题的宪法——法律方面的分析及其国际意义则是马克思感兴趣的。究竟什么引起了马克思的注意呢?

欧洲1848—1849年革命遭到镇压之后,出现了政治上的反动,这时,在丹麦还保持着1849年宪法,而在各公国争取独立的斗争还在继续进行。按照德意志联邦议会的决定,霍尔施坦和劳恩堡公国地位的调整问题委托给奥地利和普鲁士。1851年1月初奥地利和普鲁士的军队开进这两个公国,并在那里驻扎到1852年2月底。欧洲各国反动政府也急忙采取共同的措施来反对革命运动。他们认为这两公国是革命运动的杠杆,而丹麦君主制度的完整性则被看作北欧均势的保证。

---

① 《马克思恩格斯全集》第1版第8卷第59页。
② 《马克思恩格斯全集》第1版第5卷第467页。
③ 《马克思恩格斯全集》第1版第21卷第489页。

丹麦王国和霍尔施坦公国关于王位继承法的分歧使丹麦君主制的国家制度问题复杂了。丹麦本土和什列斯维希公国的王位继承问题，由1665年王位法来解决。它允许按男系和女系实行继承，而在霍尔施坦公国，根据舍拉法，王位只允许按男系继位。在各大国同丹麦的谈判中，国家制度，君主制的完整性被提到了首要地位。英国、俄国、法国、瑞典、挪威、丹麦的代表参加了伦敦会议，稍后普鲁士的代表也参加了这次会议。1850年8月2日会议宣布了丹麦君主制的完整性和不可侵犯。上述国家和普鲁士的代表在1852年5月8日的伦敦会议上签订了关于丹麦不可侵犯和王位继承问题的条约（议定书），按照这个条约，克里斯提安·格吕克斯堡及其男性后裔被认为是丹麦王位的继承人。这个文件中提到俄国皇帝是霍尔施坦—哥托尔普家族长系的家长。这就造成了格吕克斯堡王朝中断时沙皇追求丹麦王位的先例。恩格斯对沙皇政府为实现自己的目的所取得的成就而感到震惊："1852年的议定书是俄国多么巧妙的一击呀！"同时他指出："普鲁士和奥地利曾在这个议定书上签字，这是不可名状的卑鄙行为，他们对此将以血来偿还。"①

伦敦条约为丹麦国王提供了加强权力的可能性。但是，关于新的王位继承制度的建议遭到了丹麦国会内外的反对。在反对政府的小册子中指出，废除王位法会导致国家的灭亡，会把国家变成俄国的附属领地。关于这一点，马克思写道，丹麦人民大概终于认识到，他们盲目反对什列斯维希公国和霍尔施坦公国1848年提出的独立要求，给他们自己带来了怎样的后果。"丹麦人民曾经坚持要保持丹麦和霍尔施坦的永久联合，为此还对德国革命宣战；由于赢得了战争，就保住了霍尔施坦。但

---

① 《马克思恩格斯全集》第1版第30卷第370页。

是现在，丹麦人民对这个战果却不得不付出祖国沦亡的代价了。"①

1853年4月，丹麦议会拒绝了废除王位法的内阁咨文。马克思写道："我们应当把这一举动看作是俄国外交的严重挫折，因为咨文是根据伦敦议定书的精神维护俄国利益的，该议定书承认，俄国是丹麦王国的无可争辩的继承人。"②

马克思认为，丹麦国王和议会发生冲突是俄国和英国影响的结果。1853年6月，丹麦政府将自己关于王位继承问题的建议同各大国互相交换的照会提交议会审议。英国和俄国的照会是最令人感兴趣的，马克思写道："'沉默寡言的'克拉伦登不仅赞同国王诏书，而且明显地向丹麦政府暗示：如果保存原来的、有普选权而没有上院的民主宪法，那么丹麦政府现在就不会继续存在下去了。因此，沉默寡言的克拉伦登才积极主动地鼓励和煽动在丹麦——为了俄国的利益——实行 coup d'état [政变]。"③ 接着，马克思引用俄国首相卡·瓦·涅谢尔罗迭1853年5月11日致俄国驻哥本哈根公使恩·威·翁格恩－斯特恩堡的照会的结尾部分并作结论说："俄国是这样示意的：5月8日的条约所规定的对王位法的暂时废除，应当解释为永久废除，而俄皇对自己权利的永久放弃只不过是暂时放弃，但丹麦的爱国者今后可以指望欧洲列强来保卫本国的神圣不可侵犯。"对此马克思以讽刺的口吻补充说："他们难道没有看见过，在缔结了1841年的条约以后，土耳其的神圣不可侵犯究竟是怎样受到保护的吗？"④

---

① 《马克思恩格斯全集》第1版第9卷第117页。
② 《马克思恩格斯全集》第1版第9卷第77页。
③ 《马克思恩格斯全集》第1版第9卷第269页。
④ 《马克思恩格斯全集》第1版第9卷第270页。

马克思竭力警告丹麦人警惕丧失独立性，当时他写道：随着王位法的废除，丹麦和什列斯维希的王位继承制度就会变得同德国人的霍尔施坦公国一样，而且有权在霍尔施坦代表霍尔施坦—哥托尔普家族的俄国皇帝，同样有权追求丹麦的王位。

丹麦政府成功地通过议会废除了王位法并通过了新的王位继承法。关于这个问题，1853年7月29日，马克思在发表于8月12日《纽约每日论坛报》上的《政府在财政问题上的失败》一文中写道："1848年宪法中的最后一个宪法，现在由于丹麦国王完成了 coup d'état［政变］而被废除了。国家得到的是一个具有俄国精神的宪法，并且由于废除了 Lex Regia［王位法］，丹麦便沦为俄国的一省。"① 在8月16日发表的文章中，马克思报道说："关于王位继承制度的国王诏书之所以被通过，主要是由于埃德尔党②的大部分人在表决时弃权，因为这些人希望用自己的消极态度来防止发生危机。可是，他们所害怕的危机还是以钦定宪法的形式搞到了他们头上，该宪法的矛头首先是针对着'农民之友'——一个过去曾经支持丹麦国王而使他在王位继承问题上取得成就的政党。"③

关于丹麦政府颁布的关于略事修改1849年宪法的法案，马克思指出："把立法会议分割为4个独立的封建的省议会，废除立法会议的自行决定课税问题的权利，废除普选权，取消出版自由，恢复闭塞的行会用以代替自由竞争，剥夺所有官员即丹麦唯一有教养的阶级不经国王特

---

① 《马克思恩格斯全集》第1版第9卷第257—258页。
② 埃德尔党或埃德尔丹麦人党是丹麦的自由主义党派，它坚持什列斯维希公国（埃德尔河以北）同丹麦完全合并。
③ 《马克思恩格斯全集》第1版第9卷第269页。

许而可以被选入代议机关的权利，——所有这一切，都叫做'对宪法的略事修改'！"①

马克思密切注视丹麦事件。1853年9月30日，他告诉恩格斯，他将很快准备好有关丹麦的三篇文章中的第一篇。"一个月以后，各种等级会议又将重新在丹麦上演。"② 马克思10月21日在《德勒克吕兹被捕。——丹麦。——奥地利。——"泰晤士报谈对俄战争的前景"》一文中写道："看来，哥本哈根的coup d'état［政变］不可避免要做出最后一步了，因为内阁不肯让步，而议会③又反对在政府向它提交整个丹麦王国的宪法草案以前取消现行宪法。"④ 马克思认为，为什列斯维希公国和霍尔施坦公国制定的两个单独宪法草案是对旧普鲁士省议会组织法的拙劣模仿：代表名额在几个"等级"之间分配，选举权以占有土地多少而定，选举权的运用受相应选举区的"固定住所"的条件限制，废除法院旧有的取消行政决定的权利等等。

马克思对丹麦所发生的变化以及这些变化所依赖的各政党作了阶级的评价。丹麦政府能够废除王位法并实行新的王位继承法，是由于得到以切尔宁上校为首的农民联盟的成员的支持。1848年成立的民族自由主义的，或者说埃德尔丹麦人党迫使国王接受了1849年的宪法，并进行了反对什列斯维希—霍尔施坦的战争。它主要是由一些从事知识分子职业的人组成，而且和一切自由主义政党一样，不考虑由农民组成的丹麦的基本人民群众的利益。当马克思谈到这个政党的时候，它已经丧失

---

① 《马克思恩格斯全集》第1版第9卷第273页。
② 《马克思恩格斯全集》第1版第28卷第299页。
③ 公国下院。——译者注
④ 《马克思恩格斯全集》第1版第9卷第477页。

了在1849年所得到的影响。

统治阶级利用了这一点，在农民同盟的成员的帮助下；摆脱了埃德尔丹麦人党这个反对派之后，他们不仅不再巴结农民党，而且禁止颁布当时由政府作为对农民的诱饵所提出的新市政法。被欺骗的农民同盟的成员同埃德尔党人结成联盟，并任命蒙拉德牧师，一个埃德尔党的领导人担任了宪法委员会的副主席。马克思1853年11月4日写道："随着这个联盟的成立，一切想用宪法废除宪法的希望都没有了，于是……在紧急关头，俄国的分舰队就出现在丹麦的领水上。"① 马克思严厉地抨击了1854年7月26日颁布的"丹麦君主国一般事务方面的宪法"②。

按照这个文件，1849年6月5日的基本法（宪法）只适用于丹麦王国的内部事务。在各公国恢复了等级会议。为了整个丹麦君主国（即丹麦王国和什列斯维希，霍尔施坦和劳恩堡公国）的公共事务，建立了立法会议——丹麦国会。

马克思援引了新宪法的最主要的几点。新宪法的第一条指出，丹麦君主国的继承制度由1853年7月31日的法律规定。丹麦君主国的总支出超过收入时，按下列比例补偿：丹麦担负60%，什列斯维希担负17%，霍尔施坦担负23%，君主国的公共事务由丹麦议会（大国政委员会）掌握。现届议会完全由国王任命的议员组成，将来的议会议员应当部分地由选举产生。那时议会将由50名议员组成，其中20名由国王任命，30名按下列比例选举：18名由丹麦各界代表会议选出，5名由什列斯维希各州选出，6名由霍尔施坦各州选出，1名由劳恩堡贵族选出。议会的工作由国王任命的主席主持。辩论可以使用德语或丹麦语，

---

① 《马克思恩格斯全集》第1版第9卷第502页。
② 参看《马克思恩格斯全集》第1版第10卷第415页。

决议必须用丹麦语书写。议会会议是秘密的，议会的成员领取酬金。未经议会同意，不得征收、改变或废除全君主国的任何共同捐税，也不得借任何国债，除了联合君主国的财政开支以外，议会对一切事务只有发言权。马克思做出结论说：通过这种新的政变达到的主要目的是"废除丹麦的根本法和代议机关，建立了一个便于宫廷和政府得到它们需要的任何数目款项的机构"①。

马克思在自己的文章中十分强调俄国在丹麦的影响。当然，这种影响特别是在丹麦统治集团中，远没有丹麦民族自由主义报刊所描绘的那样大的规模和那样的形式。马克思曾直接或通过英国和其他国家的报纸利用过这些报刊的材料。不仅俄国政府极力保持和扩大自己在丹麦的影响，并为此目的利用沙皇王朝继承丹麦王位的远系权利，而且同德意志各邦处于冲突状态的丹麦统治集团也向俄国寻求援助和保护。但是，在五十年代初俄国政府主要的注意力集中在中近东，在那里俄国同法国和英国的严重冲突已经成熟。在这种条件下，巩固距离彼得格勒不远的波罗的海地区的阵地对俄国来说具有重要的意义，虽然还不能说是首要的意义。

在1853—1856年的克里木战争期间，同盟国在波罗的海的军事行动的目的在于引起俄国首都的恐慌，阻挠俄国向南方增兵，并迫使瑞典和挪威接近英法。俄国方面力图同丹麦和瑞典缔结同盟，以便对西方国家封锁松德海峡和贝耳特海峡。马克思在1854年1月的《东方战争》一文中论及俄国时写道："直到目前为止俄国所争得的却是，瑞典、丹麦和普鲁士之间缔结了武装中立的条约，并进行了显然用来对付俄国本

---

① 《马克思恩格斯全集》第1版第10卷第416页。

身的武装准备。"① 报纸报道了瑞典—丹麦—普鲁士谈判，但在长期谈判之后于1853年12月宣布中立原则声明（宣言）的却只有瑞典和丹麦。普鲁士不参加中立。

关于俄国对丹麦中立的态度，马克思和恩格斯写道："俄国对丹麦中立的声明的答复于1月20日送到了哥本哈根。据说俄国拒绝承认中立，而要求丹麦同这一方或那一方联合。"接着指出，从非常可靠方面获悉，不过不能担保消息绝对正确，"圣彼得堡内阁的抗议只是一种手法，想以此促使其他强国尽快地正式承认丹麦中立的条件"。②

但事实究竟怎样呢？斯堪的那维亚国家的中立，对在波罗的海没有港口的西方列强比对俄国更为有利。因为俄国海军装备差，只能进行防御，但又不能使用丹麦和瑞典的港口。俄国政府对丹麦和瑞典关于中立原则的宣言采取不同的态度。在丹麦和瑞典政府拒绝修改宣言之后，俄国政府同意丹麦除了个别例外的情况一般决定对交战双方的海军开放港口，却反对瑞典的同样立场。只有在瑞典国王和大臣作了整个一系列的解释之后，它才表示相信瑞典对俄关系的行动和意图。

马克思1854年8月写的关于丹麦新宪法的文章，是他关于什列斯维希—霍尔施坦问题写的最后一篇文章。1857年马克思打算回到丹麦问题上来，为此，他学习了丹麦语并仔细研究了前任大臣厄斯特德所著《我的一生和我的时代》③一书。但马克思的这个愿望没有实现。

在五十年代，什列斯维希—霍尔施坦问题继续保留在恩格斯的视野中。为了研究军事问题，尤其是战术史，1851年恩格斯请求居住在美

---

① 《马克思恩格斯全集》第1版第10卷第26页。
② 《马克思恩格斯全集》第1版第10卷第49页。
③ 参见《马克思恩格斯全集》第1版第29卷第232页。

因河畔法兰克福的魏德迈给他寄一些专用的德国地图，用来研究1792年以来的各次战役（尤其是维尔腾堡、什列斯维希—霍尔施坦及其他战役）。① 1855年，恩格斯写了一篇总结性的著作《欧洲的军队》。他在这篇著作里评价了丹麦军队和什列斯维希—霍尔施坦的军队。②

在六十年代，德国统一问题已经成熟。恩格斯在《暴力在历史中的作用》一文中指出了德国统一的三条道路："第一条道路就是通过消除一切独立的邦而达到真正统一的道路，亦即实行公开革命的道路。……第二条道路是在奥地利统治下的统一。……简言之，德意志在奥地利保护下的统一是一种浪漫的梦想……剩下的第三条道路是：以普鲁士为首的统一。这条道路实际上已采取了，所以它把我们从思辨的领域又引到实际的'现实政策'的那种坚实的、即使颇为肮脏的土地上来"③ 这样，现实的道路是两条。列宁在《奥古斯特·倍倍尔》一文中写道，在当时的阶级对比关系下，德国的统一，可以通过两种方式来实现："或者是通过革命，或者是通过普鲁士王朝的战争。通过革命，就是由无产阶级来领导并建立全德共和国；通过普鲁士王朝的战争，就是巩固普鲁士地主在统一的德国中的领导权。"④

六十年代初，国际形势日益复杂，尤其是因为美国内战和波兰起义。由于1863年秋发生了丹麦同德意志联邦国家的冲突，欧洲外交斗争也尖锐起来。丹麦国王弗雷德里克七世的逝世暴露了列强间的尖锐矛盾。新国王克里斯基坦九世签署了宪法。这部宪法于1864年1月1日

---

① 参见《马克思恩格斯全集》第1版第27卷第578页。
② 参见《马克思恩格斯全集》第1版第11卷第532—533页。
③ 《马克思恩格斯全集》第1版第21卷第474—479页。
④ 《列宁全集》第1版第19卷第292页。

生效，按照这部宪法，什列斯维希公国完全合并于丹麦。

但是早在11月16日弗里德里希·阿古斯基保罗克已经宣布自己是什列斯维希和霍尔施坦的公爵，号称弗里德里希八世。他立即得到一些德意志小邦的承认。关于这个问题，马克思说："德意志各小邦君主十分认真对待虚张声势的什列斯维希—霍尔施坦运动。他们确实认为，德国有了他们还不够，所以德国渴望再立第三十五个王位。"①

恩格斯认为，德国处于严重的转变关头。他感到吃惊，因为英国报刊突然断定说，什列斯维希—霍尔施坦问题十分简单和清楚。而在这以前，多年来它坚持说，"什列斯维希—霍尔施坦问题十分混乱，如邓德里厄里②所说的，'没有一个人能够了解'"③。

恩格斯研究什列斯维希—霍尔施坦问题时尤其注意什列斯维希的状况。原先他把什列斯维希公国同霍尔施坦看成一个整体并支持把整个什列斯维希并入德国。因此，他在《丹麦的休战》一文中写道："对于把什列斯维希列入德意志联邦的这件事却只字未提。"④ 在研究了什列斯维希—霍尔施坦问题之后，恩格斯得出结论说："德国人对什列斯维希的权利仅仅限于南部，因为那里从民族构成和所表现的自由意志来看是德意志的，因而，什列斯维希应该加以划分。"⑤

1864年1月3日恩格斯再次写信给马克思谈同丹麦发生战争的危险。"什列斯维希—霍尔施坦问题又变得非常复杂了。如果像我所设想

---

① 《马克思恩格斯全集》第1版第30卷第381页。
② 邓德里厄里是英国作家汤姆·泰勒的喜剧《我们的美国亲戚》中空虚和华而不实的英国勋爵的典型。
③ 《马克思恩格斯全集》第1版第30卷第370页。
④ 《马克思恩格斯全集》第1版第5卷第291页。
⑤ 《马克思恩格斯全集》第1版第30卷第372页。

的那样，在春季爆发战争，那么对抗我们的将有丹麦、瑞典、法国和意大利，可能还有英国。"①

但是，1863—1864年的外交形势对于在普鲁士领导下"自上而下地"统一德国非常有利，因为英国、法国和俄国——几个有可能干预普鲁士侵略政策的大国——对于波兰问题没有取得一致。1864年1月16日，奥地利和普鲁士向丹麦政府提出了废除1863年宪法的最后通牒，丹麦拒绝接受最后通牒，2月1日奥地利和普鲁士开始反对丹麦的军事行动。关于普奥同盟，恩格斯写道："不管俾斯麦怎样仇恨奥地利，也不管奥地利怎样想在普鲁士身上泄愤，可是，在丹麦的弗雷德里克七世逝世以后，二者还是只好共同——在俄法两国默许下——来干涉丹麦。"②

普奥军队开进什列斯维希以后，有人散布流言说，德意志军队在数量上超过了丹麦军队，一个丹麦人要对付三个德意志人。恩格斯在《什列斯维希的军队人数》一文中对各方作战部队的人数提供了大概的数字。丹麦军队34300人，奥地利2700人，普鲁士38800人。这样一来，联军的总数是65800人，即不到两个德意志士兵对一个丹麦士兵。"如果注意到丹麦在丹涅维尔克、杜佩尔和弗雷德里西亚的工事的防御能力，那么现有的人数优势只不过是保证胜利所必需的。"③

德意志各邦同丹麦的战争在英国议会里引起了热烈的辩论。不满意政府外交政策的反对派要求向议会提交有关丹麦—普鲁士问题的外交信件。迪斯累里声称，只有在大家都认为干涉能取得胜利的时候，政府才

---

① 《马克思恩格斯全集》第1版第30卷第378页。
② 《马克思恩格斯全集》第1版第21卷第489页。
③ 《马克思恩格斯全集》第1版第15卷第618页。

可能干涉交战双方的冲突。他不相信在战争紧张的时候，在签订停战协定以前能够召开会议。关于英国议会的辩论，马克思给恩格斯写信说："你大概已经注意到，可怜的迪斯累里竭力想使帕麦斯顿不必花力气在即将到来的会议上去答复奥斯本和金累克关于什列斯维希—霍尔施坦问题的质问。"①

在4月18日普奥军队占领杜比亚以后，战争的结局已经确定。4月25日在伦敦召开欧洲列强会议。5月12日决定签订一个月的休战协定。按照这个协定，整个什列斯维希和几乎整个日德兰半岛都保留在普奥军队手中，而丹麦人必须解除对德国港口的封锁。中立国家的代表想要以1852年伦敦条约作为会议的基础，但后来向普鲁士和奥地利的观点让步。公国同丹麦合并为君合国的问题已失去意义。提出让什列斯维希—霍尔施坦联合公国独立的建议。

普鲁士首相奥托·俾斯麦一开始把主动权交给各中立国，给与会的普鲁士代表制定了三种方案：1）立奥古斯滕堡亲王为公国的首领；2）立奥里德堡亲王为首领；3）由普鲁士兼并各公国。由于弗雷德里克·奥古斯滕堡不同意俾斯麦的要求，普鲁士便不承认他的候选人资格。奥里德堡亲王的候选人资格也告吹。剩下英国的折中方案：分割什列斯维希。在会议上就边界问题进行长期的争论。分割什列斯维希，按照民族原则让南部脱离丹麦，北部仍保留给丹麦。但这个提案被否决。会议没有做出任何具体的决定，于是6月26日又恢复了军事行动。在德国军队占领阿里斯岛以后，丹麦开始求和，7月20日便停止了军事行动。

马克思和恩格斯密切注视着伦敦会议的召开和进程。马克思估计，各公国同丹麦继续合并为君合国，代表会议是不会通过的。他在1864

---

① 《马克思恩格斯全集》第1版第30卷第384页。

年3月29日给他的姨父莱昂·菲力浦斯的信中写道:"在万不得已时会议将通过什列斯维希和霍尔施坦同丹麦合并为君合国的决议,也许这种合并的规模还更小些,而决不是更大些。"①

5月底恩格斯做出结论说,看来"会签订奥古斯滕堡和约",即奥古斯滕堡成为新公国的统治者。与此同时,恩格斯注意到发表在《晨邮报》上的文章,这篇文章说,应当分割什列斯维希。他给马克思写信说:"尽管这一切看起来好像真有道理,但是我还是不相信俄国人会这样轻易地放弃他们在1851—1852年所取得的一切成就,何况对他们来说,还看不出有什么等价物。"②

在军事行动恢复之后,马克思还不十分相信事情会以各公国同丹麦联合成君合国而告终。"普鲁士和奥地利之间以及它们和德意志联邦之间的竞争,奥古斯滕堡和由俄国提出的奥登堡之间的争执等等,都使得以这种办法解决问题在当前至少还是可能的。"③ 但是到八月底他得出了另外的结论,还写信对恩格斯说:"关于什列斯维希—霍尔施坦事件,我还没有完全明白,要弄清楚,需要新的事实。"④

伦敦会议失败之后,英国和普鲁士之间的关系日益尖锐。英国谴责普鲁士企图兼并公国,普鲁士谴责英国破坏中立。虽然英国不打算参战,但已在显示参战的决心。6月27日恩格斯写道:"发生了一件最不可思议的事:英国用战争威胁德国。"⑤

1864年秋天恩格斯准备去汉堡,以便看一看什列斯维希和霍尔施

---

① 《马克思恩格斯全集》第1版第30卷第648页。
② 《马克思恩格斯全集》第1版第30卷第394页。
③ 《马克思恩格斯全集》第1版第30卷第413页。
④ 《马克思恩格斯全集》第1版第30卷第414—415页。
⑤ 《马克思恩格斯全集》第1版第15卷第619页。

坦的德国领地。① 为了准备这次旅行,他研究了弗里西安—英国—南斯堪的那维亚的语言学和考古学。在 9—10 月间,恩格斯完成了从什列斯维希—霍尔施坦到松德堡的旅行。在回到英国之后,他写信给马克思说:什列斯维希是一个有趣的地方:东海岸十分美丽而且富饶,西海岸也富饶,而中部是草原和荒野。他特别注意西海岸的身材魁梧的弗里西安人。弗里西安人认为自己"无论在体力方面或是在精神方面都是比丹麦人优越的种族"并认真地对待同丹麦人的斗争,同时反对依附于普鲁士。恩格斯认为这是符合实际情况的。他们说:"我们反对丹麦人的斗争坚持了十五年,并且固守住了自己的疆土,难道我们会让这些普鲁士的官僚来征服我们吗?"北什列斯维希已经严重地德意志化了,据恩格斯看,要使它重新纯丹麦化是困难的,无疑比德意志化困难。"在这里总是要对斯堪的那维亚人作某些让步的。"②

按照 1864 年 10 月 30 日在维也纳签订的和约,什列斯维希、霍尔施坦和劳恩堡被宣布由奥地利和普鲁士共管。恩格斯在 1866 年 2 月已经指出:什列斯维希—霍尔施坦有可能成为普奥战争的借口,因为"既然现在士兵已经集中在边界上,那么一有合适的借口,即使只是由于什列斯维希—霍尔施坦而发生的严重纠纷,就可以引起冲突。"③ 当普奥战争发生的时候,恩格斯的这个预言被充分应验了。

马克思和恩格斯对什列斯维希—霍尔施坦问题的看法说明,他们要使革命工人懂得,应当根据欧洲各国的进步和革命的发展的利益来观察和解决国际问题。马克思恩格斯坚持自下而上以革命的方式统一

---

① 参看《马克思恩格斯全集》第 1 版第 30 卷第 416 页。
② 《马克思恩格斯全集》第 1 版第 31 卷第 6—8 页。
③ 《马克思恩格斯全集》第 1 版第 31 卷第 179—180 页。

德国和反对与征服其他国家的人民和土地的政策相联系的国家普鲁士化反动纲领的事业，他们认为决定这一事业的成败的事件具有头等重要的意义。恩格斯在《波河与莱茵河》一文中写道："如果我们不是把占领别国领土和镇压别国民族……当作自己力量的源泉，而是关心**使自己在本国内成为统一的和强大的**，那样我们就会做得好一些。"①1893 年恩格斯再次指出，吞并丹麦的北什列斯维希"和恢复'国家统一'毫无共同之处"②。

（原载《恩格斯和历史问胭》1970 年莫斯科版）

（刘怀璋、朱逢森 译）

---

① 《马克思恩格斯全集》第 1 版第 13 卷第 281 页。
② 《马克思恩格斯全集》第 1 版第 22 卷第 464 页。

图书在版编目（CIP）数据

科学社会主义研究Ⅲ / 陈喜贵主编.
—北京：中央编译出版社，2014.12
（马克思主义研究资料 / 杨金海主编；21）

ISBN 978 – 7 – 5117 – 2449 – 6

Ⅰ.①科⋯ Ⅱ.①陈⋯ Ⅲ.①科学社会主义理论 – 文集
Ⅳ.①D0 – 0

中国版本图书馆 CIP 数据核字（2014）第 306064 号

科学社会主义研究Ⅲ

出 版 人：	刘明清
责任编辑：	薛迎春
责任印制：	尹　珺
装帧设计：	田晗工作室
排版制作：	北京宏章文化发展中心
出版发行：	中央编译出版社
地　　址：	北京西城区车公庄大街乙 5 号鸿儒大厦 B 座（100044）
电　　话：	（010）52612345（总编室）　　（010）52612335（编辑室）
	（010）52612316（发行部）　　（010）52612317（网络销售）
	（010）52612346（馆配部）　　（010）55626985（读者服务部）
传　　真：	（010）66515838
经　　销：	全国新华书店
印　　刷：	山东鸿君杰文化发展有限公司
开　　本：	787 毫米 ×1092 毫米　1/16
字　　数：	406 千字
印　　张：	32.5
版　　次：	2014 年 12 月第 1 版第 1 次印刷
定　　价：	200.00 元

网　　址：	www.cctphome.com　　邮　箱：cctp@ cctphome.com
新浪微博：	@中央编译出版社　　微　信：中央编译出版社（ID：cctphome）
淘宝店铺：	中央编译出版社直销店（http：//shop108367160.taobao.com）
	（010）52612349

凡有印装质量问题，本社负责调换。电话：（010）55626985